“十二五”职业教育国家规划教材
经全国职业教育教材审定委员会审定

汽车电控基础与电路分析

主　编　邱　桦　黎亚洲
副主编　林月明　葛长兴
参　编　郑从镔　魏华典　潘汉荣　谭永谦
主　审　向智华

机 械 工 业 出 版 社

本书是经全国职业教育教材审定委员会审定的“十二五”职业教育国家规划教材。

本书对元器件在车上的位置，电路图，元器件、插接器及其工作原理一并进行了介绍，使知识更系统，层次更清晰，更易于学生理解，且本书既注重必要的理论，又注重实际操作，集理论与实践为一体，便于初学者学习。

本书可作为职业教育汽车电子技术专业教材，也可作为汽车维修电工岗位培训教材。

图书在版编目（CIP）数据

汽车电控基础与电路分析/邱桦，黎亚洲主编．—北京：机械工业出版社，2017.3

“十二五”职业教育国家规划教材

ISBN 978-7-111-55874-3

Ⅰ.①汽… Ⅱ.①邱…②黎… Ⅲ.①汽车－电子系统－控制系统－高等职业教育－教材②汽车－电路分析－高等职业教育－教材 Ⅳ.①U463.6

中国版本图书馆CIP数据核字（2016）第323339号

机械工业出版社（北京市百万庄大街22号 邮政编码100037）

策划编辑：曹新宇 责任编辑：曹新宇

责任校对：肖 琳 封面设计：张 静

责任印制：李 洋

河北鹏盛贤印刷有限公司印刷

2017年2月第1版第1次印刷

184mm×260mm·17印张·412千字

0001—1900册

标准书号：ISBN 978-7-111-55874-3

定价：44.80元

凡购本书，如有缺页、倒页、脱页，由本社发行部调换

电话服务	网络服务
服务咨询热线：010-88379833	机 工 官 网：www.cmpbook.com
读者购书热线：010-88379649	机 工 官 博：weibo.com/cmp1952
	教育服务网：www.cmpedu.com
封面无防伪标均为盗版	金 书 网：www.golden-book.com

前言

本书是“十二五”职业教育国家规划教材。

本书主要介绍元器件在车上的位置，电路图，元器件、插接器及其工作原理，重点强调培养识读汽车电路图的能力，编写过程中力求体现以下的特色。

1. 执行新标准。本书依据最新教学标准和课程大纲的要求，对接职业标准和岗位需求。

2. 体现新模式。本书采用理论与实践一体化的编写模式，先介绍电路中各元器件在汽车上的安装位置，再讲解电路的工作原理，突出“做中教，做中学”的职业教育特色。

3. 本书以现在市场上保有量较多的车型为主线，以原厂汽车维修手册为蓝本，资料翔实，方法既专业又科学。

本书建议学时为100，学时分配建议见下表。

章　节	课　时	章　节	课　时
第一章　汽车电路概述	4	第六章　汽车点火电路	12
第二章　汽车整车电路	12	第七章　汽车照明、信号、仪表及报警电路	10
第三章　汽车电缆与配电装置	12	第八章　汽车辅助电气设备电路	10
第四章　汽车电源电路	14	第九章　汽车发动机控制电路	8
第五章　汽车起动电路	10	第十章　汽车自动变速器控制电路	8

本书由广东省高级技工学校黎亚洲和深圳市语丽龙汽车维修护理中心邱桦主编，黎亚洲进行了统稿工作，邱桦从汽车维修实际提出了大量修改意见。本书由广东省机械高级技工学校向智华主审。其他参与编写的还有宁德技师学院葛长兴、广东省高级技工学校林月明、河南交通高级技工学校魏华典、清远市技师学院郑从镔、广州市南沙区岭东职业技术学校潘汉荣、广州市公用事业高级技工学校谭永谦。本书经全国职业教育教材审定委员会审定，评审专家对本书提出了宝贵的建议，在此对他们表示衷心的感谢！编写过程中，编者参阅了国内外出版的有关教材和资料，在此一并表示衷心感谢！

由于编者水平有限，书中不妥之处在所难免，恳请读者批评指正。

编　者

目　录

第一章

汽车电路概述

第一节　汽车电路简介

如图1-1所示，在汽车上，往往一条线束包裹着十几条甚至几十条线路，密密麻麻，令人很难分清它们的走向。加上“电”是看不见摸不着的，因此汽车电路对于许多人来说，是很复杂。但是，任何事物都有它的规律性，汽车电路也不例外。

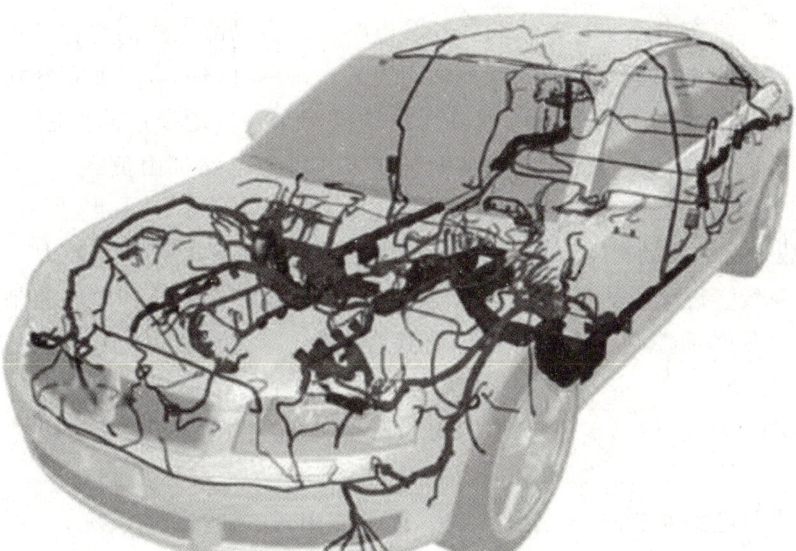

图1-1　汽车电路

一般家庭用电是交流电，实行双线制、并联电路，用电器通常有两根外接电源线。从汽车电路上看，从负载（用电器）引出的负极线（返回线路）都要直接连接到蓄电池负极接线柱上，如果都采用这样的接线方法，那么与蓄电池负极接线柱相连的导线会多达上百条。为了减少接线，设计者采用了车体金属作为电路的负极，例如金属制作的大梁车身等。因此，汽车电路与一般家庭用电有着明显的不同：汽车电路全部是直流电，实行单线制、并联电路，大多用电器只用一根外接正电源线即可。

蓄电池负极和负载负极都连接到车体金属上，称为“接地”或“搭铁”。这样负载引出的负极线能够就近连接，电流通过金属架回到蓄电池负极。随着塑料件等非金属材料在汽车上应用越来越多，现在很多汽车都采用公共接地网络线束来保证接地的可靠性，即将负载的负极线接到接地网络线束上，接地网络线束与蓄电池负极相连，如图 1-2 所示。

图 1-2　汽车搭铁点

从总体上看，汽车电路实行单线制的并联电路，但在局部电路仍然有串联、并联与混联电路。全车电路其实也都是由各种电路叠加而成的，每种电路都可以独立分列出来，化复杂为简单。全车电路按照基本用途可以划分为发动机控制、自动变速器控制、底盘控制、灯光、信号、仪表、起动、点火、充电、辅助等电路。每条电路都由负载、导线、控制开关、熔丝盒相连接。有的电路还有传感器和控制器（ECU）。

1）大多数车型的发动机控制电路和自动变速器控制电路共用一个 ECU。发动机控制电路由空气供给系统、燃油供给系统、点火控制系统、污染控制系统和电子控制系统 5 个子系统组成，主要实现燃油控制、点火控制、怠速控制、进气控制、排放控制、自诊断控制等功能。

2）自动变速器控制电路实现自动选择最合适的档位，在汽车载荷变化时，保证发动机始终工作在最大功率、最大转矩和最小油耗等最佳工况。

3）灯光照明电路是指控制组合开关、前照灯和小灯的电路系统；信号电路是指控制组合开关、转弯灯和警告灯的电路系统；仪表电路是指点火开关、仪表板和传感器电路系统。

4）起动电路是指点火开关、继电器、起动机电路系统。

5）充电电路是指调节器、发电机和蓄电池电路系统。

6）辅助电路是指控制刮水器、电动座椅、电动门窗、电动天窗、空调系统、音响等电路系统。随着科学技术的发展，现代汽车各种辅助电路将越来越多。具体应用情况如图 1-3 所示。

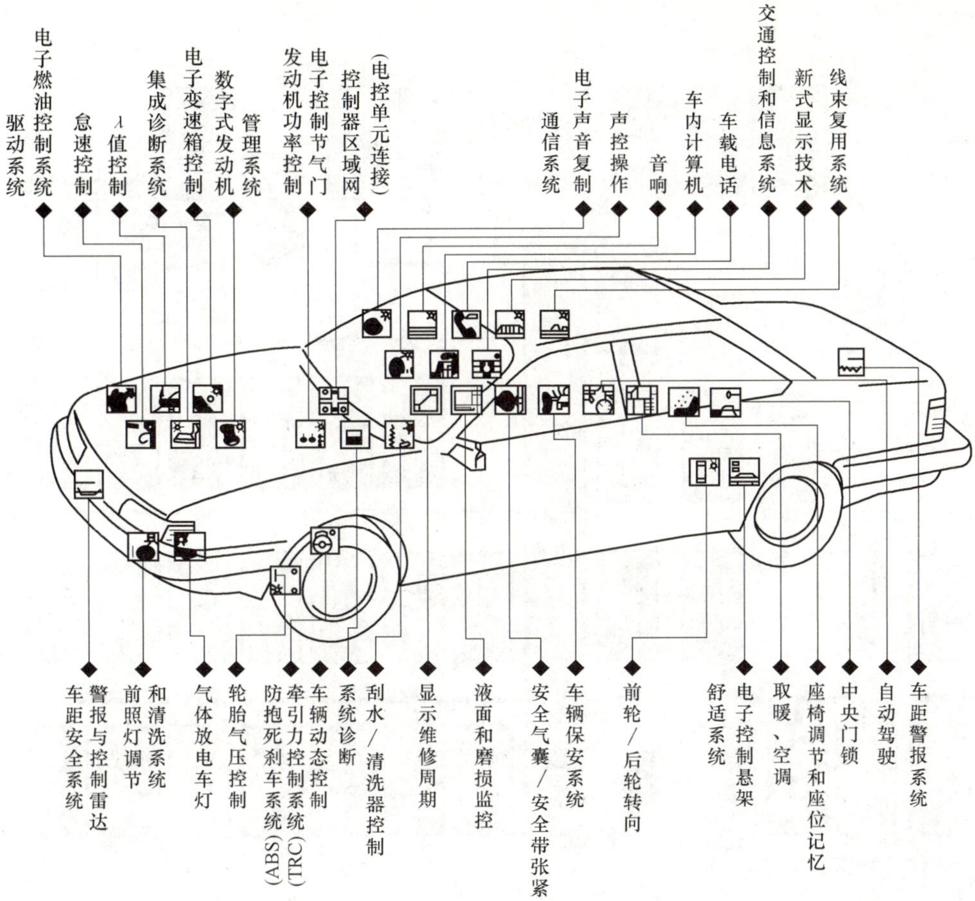

图 1-3　现代汽车电路应用情况

第二节　汽车电路新技术

传统汽车电路比较简单，一般情况下，它们的正极（俗称火线）与熔丝盒相接，负极线（俗称地线）共用，重要节点有三个，即熔丝盒、继电器和组合开关，绝大部分电路系统的一端接熔丝或开关，另一端连接继电器或用电设备。但是，在现代汽车的用电装置越来越多的情况下，线束将会越来越多，布线将会越来越复杂。随着汽车电子技术的发展，现代汽车电路已经与信息技术相结合，采用车载网络系统，而不是通过单独的导线来传送控制信号和检测信息。

据统计，一辆采用传统布线方法的高档汽车中，其导线长度可达 2000m，电气节点达 1500 个。随着汽车电器的增多，该数字大约每 10 年增长 1 倍，从而加剧了粗大的线束与汽车有限空间之间的矛盾，布线越来越困难，限制了功能的扩展。同时导线质量每增加 50kg，油耗增加 0. 2L/100km。传统的电气系统大多采用点对点的单一通信方式，相互之间少有联系。然而，现代汽车上使用了大量的电子控制装置，如图 1-4 所示，许多中高档轿车上采用了十几个甚至二十几个电子控制单元，而每一个电子控制单元都需要与相关的传感器和执行

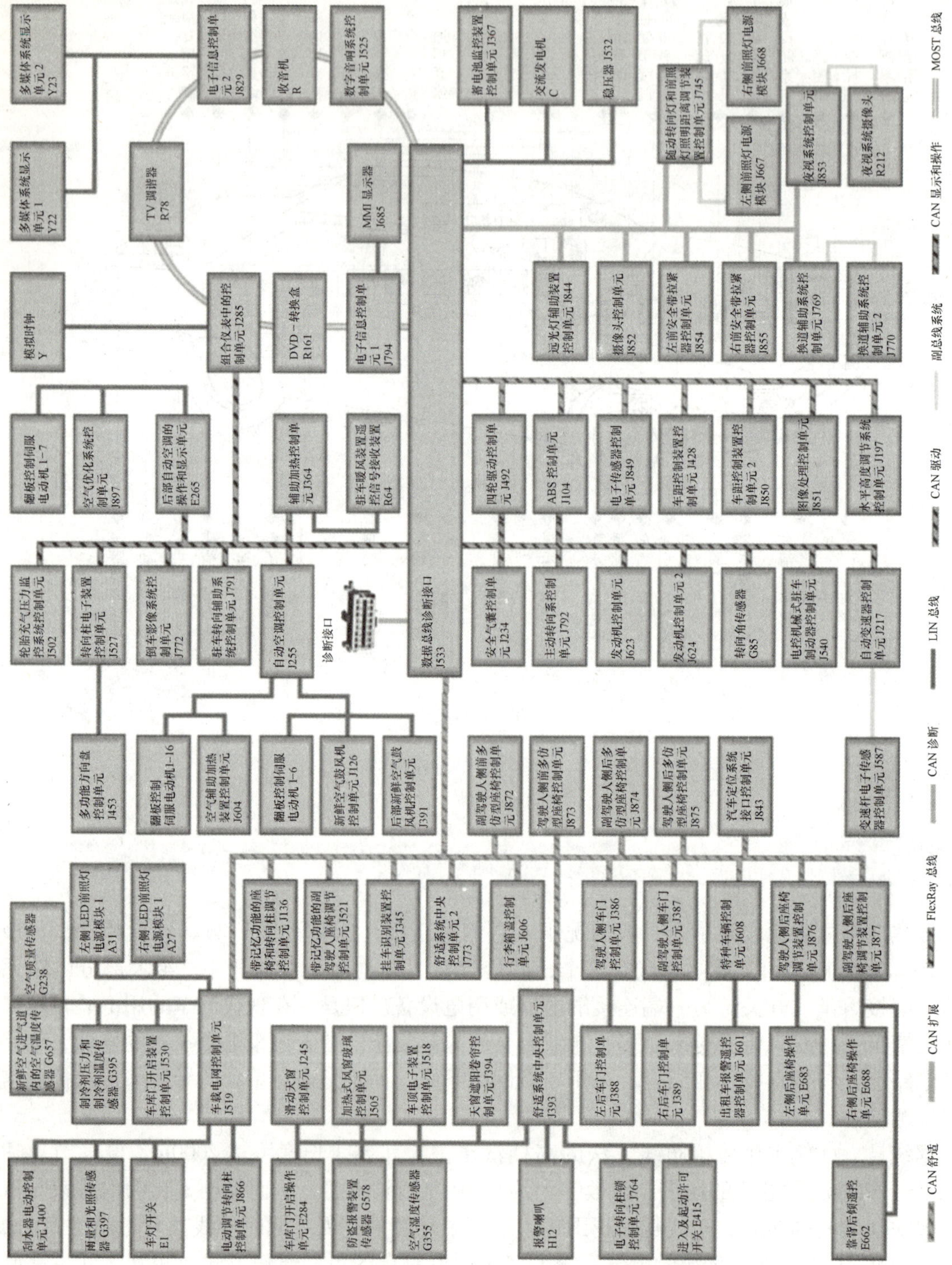

图 1-4 奥迪 A6 电子控制系统

器进行通信。每一个子系统都由电子控制单元、传感器、执行器、数据传输线路组成。各子系统的电控单元要进行信息交流，并经过复杂的控制运算、发出控制指令。另外，同一个信号需要多个传感器传送到不同的系统，这样必然需要庞大的布线，并且各控制单元间也需要进行信息交换。如果这些电路只进行简单的连接，就会导致电控单元针脚增加、电气系统线路复杂、故障率高、维修难度大等问题出现。

因此，采用车载网络系统（图 1-5）将网际网络、无线连接、个人通信设备、娱乐设备等整合到汽车上，与动力系统相结合，为乘客提供了前所未有的便利。同时，这样还减少了线束数量，并能够通过电子控制单元（Electronic Control Unit，ECU）对各分支电路系统进行故障检测。

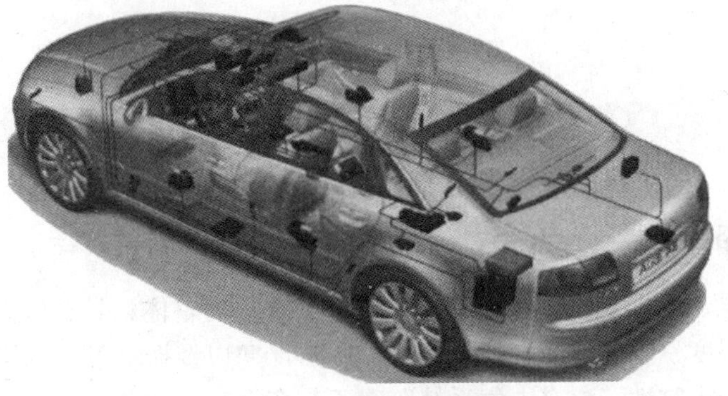

图 1-5 汽车车载网络系统

习 题

1. 简要介绍汽车电路。
2. 汽车电路连接采用什么新技术？

第二章 汽车整车电路

第一节 汽车电路的特点和布置

一、汽车电路的主要特点

汽车电路的供电、配电、用电系统共同形成一个统一的整体，具有较高的独立性。它又要经受地域、气温、湿度、空气污染、炎夏雨淋、冬雪严寒以及振动颠簸的影响，与一般家用电器相比要求有更高的可靠性。汽车电气系统分布于汽车全身，线路错综复杂但它也有其必须遵循的规律，掌握这些规律或共同的特点，在汽车电路的运用、修理时便有一个大致的方向。

1. 低电压

汽车电路普遍采用直流 12V 制，大功率柴油车采用直流 24V 制，这已是国际通用标准。

2. 直流电

汽车电路采用直流电。这主要是因为起动电动机是性能优良的串励直流电动机，这种电动机的转矩与电流的二次方成正比。它可以在低速大电流时产生大的转矩，以克服起动阻力；当阻力减少时，电流减小，转速又能自动升高。起动电动机必须以直流电源为能源，同时又要求直流电源在短时间内（几秒至几十秒内）供给数百甚至上千安培的直流电流，这个要求，只能用蓄电池来达到。蓄电池依靠极板与电解液的电化学反应，可以将化学能转化为电能，满足起动、点火及其他用电的需要；又可以将发电机旋转产生的电能转化为化学能储存起来，这就叫做蓄电池的充电和放电。

蓄电池的充电只能使用比蓄电池电动势高出 1～2V 的直流电（对于 24V 系统，需要比蓄电池电压高出 3～4V），若用交流电通入，只能使蓄电池发热、损坏。为了保证给蓄电池充电，又不使蓄电池充电过度，汽车上的交流发电机发出三相交流电以后经过桥式整流的输出电压都限定在 13.8～14.8V（24V 制则控制在 27.6～29.6V）范围内，所以汽车上采用的电源都是低压直流电。低压直流电使用起来既方便又安全。但是，汽车电路的点火电路是高压电，其脉冲电压高达 15000～30000V，专供火花塞点火用，能量在 100mJ 左右，应当注意安全。

3. 电气设备相互并联

首先是发电机与蓄电池是并联的，当发电机不工作时，蓄电池便是唯一的电源，它不仅向汽车上所有电气设备供电，还能向发电机的磁场预充磁，向点火电路提供电能。当发电机正常运转起来，它的端电压就会高于蓄电池电动势，蓄电池就变成了发电机的负载而被充电。其他用电设备与发电机、蓄电池都是并联的，既可以从发电机获得电流，也可以在发电机不工作时从蓄电池获得电流。这些用电设备相互独立、相互并联，可以由各自的开关控制是否投入工作。当然，由于开关之间控制关系的组合，有些电气设备可能只受一个开关控制，有的要受两个以上开关的控制，对不同电路要做具体分析。

在发电机设计中，只要发动机处于怠速（500～800r/min）状态，发电机的输出电压就可以达到14V左右，此时发电机转速约为1000r/min。当发电机处于低速或不工作时，其内部的整流二极管阻挡蓄电池电流反向流回发电机，防止其烧毁；但蓄电池可以代替发电机向各用电设备供电。由于蓄电池容量有限，这种供电状态一般只能持续几十分钟至几个小时。以25A电流放电为例，使蓄电池电压降到10.50V时的持续时间叫做蓄电池的储备容量，12V、60A·h的蓄电池储备容量仅94min，所以不允许单以蓄电池为电源长期工作。

由于汽车电路是低电压，所以要获得较大的功率，其电流往往较大。这就要求汽车电路的导线截面积较大，汽车电路开关，继电器触点的尺寸也较大，各连接点如蓄电池极桩与正极、搭铁线的紧固、电刷与整流器的压力、接线柱间的连接、插接器中插头与插座端子的接触紧密程度都要达到规定的标准，防止产生过大的电压降，导致用电器无法工作、发热烧毁等故障。

4. 单线制与负极搭铁

汽车的金属机体就是良好的导体，可以作为一根公共导线。从电源到用电设备之间只用一根导线（包括开关、熔丝在内）连接，另一根导线用金属机体来代替以构成回路的连接方法，称为“单线制”。在单线制接法之中，电源和用电设备都必须有一个部位与汽车的金属机体相接，这个部位，称为“搭铁”。如果发电机的负极与机体相接，称为“负极搭铁”，反之称为“正极搭铁”。蓄电池的搭铁极性必须与发电机搭铁极性相同，才能保证发电机与蓄电池的并联关系，如果相反，则蓄电池的大电流将进入发电机，使二极管组烧毁，蓄电池也会因过度放电而损坏。国际上普遍采用负极搭铁制，我国《汽车拖拉机用电气设备技术条件》规定，统一为负极搭铁。在汽车上安装蓄电池接线时应特别注意。

由于机体、车架经常与泥水油垢接触，极易产生搭铁不良的问题，发动机与车架之间装有橡胶减振垫，驾驶室、车身注塑件、泡沫绝缘件及木质、铝质件都影响到搭铁回路的沟通，因此要注意另加搭铁导线。

蓄电池极桩与搭铁线、正极之间常因化学腐蚀或连接松动而接触不良，在这些部位产生的电压降可能使电流减少，电流通过困难，从而影响起动和其他电器正常工作，这也是应当引起注意的。

二、电气设备在汽车上的布置

汽车电路维修人员必须熟悉各种电器的名称、外形、功用及其在汽车上的安装位置。由于汽车的用途、形式和生产厂商不同，电器系统在车上的布置也各有不同，但总的来看，以下几点是相近的。

1）汽车的前方有前照灯（远光和近光）、示宽灯（小灯）、转向灯（当左、右信号灯同时闪光时称为危险信号灯）、雾灯等，如图2-1所示。汽车尾部则有尾灯、转向灯（危险信号灯）、制动信号灯、牌照灯和倒车灯（倒车报警器），如图2-2所示。

图 2-1　汽车前部电气设备

图 2-2　汽车后部电气设备

2）发动机总成上集中了最基本的电气设备。如起动机通常安装在发动机后部靠近飞轮齿圈的座孔上（图 2-3）。发电机（图 2-4）由曲轴前端的带轮驱动。轿车蓄电池通常在发动机机罩下，而中、重型汽车蓄电池因为重量和体积都很大，布置在驾驶室下方或货厢下的大梁一侧。

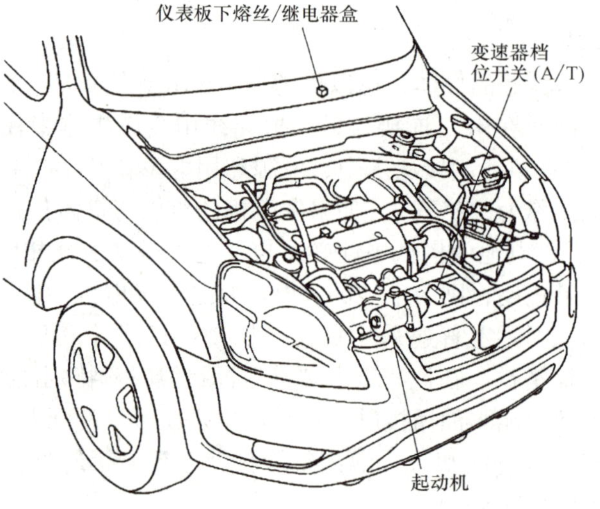

图 2-3　起动机安装位置

汽油机分电器常与配气凸轮、机油泵有着齿轮啮合关系。点火线圈一定离此不远，火花塞则与气缸数相同。柴油机没有高压电路，但必有喷油泵、高压油管、喷油器等。大马力柴油机常有预热塞，安装在各气缸内或进气管内。此外，发动机缸盖或出水管附近必有冷却液温度传感器或冷却液温度过高报警开关、散热器冷却风扇控制开关。在主油道和机油滤清器上常有机油压力表传感器或油压过低警告灯的传感开关。有些汽油机化油器上还装有怠速油道电磁阀。电子控制燃油喷射装置，供油量由分置在各缸进气管的喷油器控制，喷油量的大小、喷油时间的长短则由电子控制单元控制。电子控制单元上则有导线分别连接空气流量传感器、发动机转速传感器、冷却液温度传感器、进气温度传感器、节气门开度传感器等，如图 2-5 所示。有的车型将电子控制单元安装在发动机舱内，如沃尔沃轿车的电子控制单元安装在仪表台下。

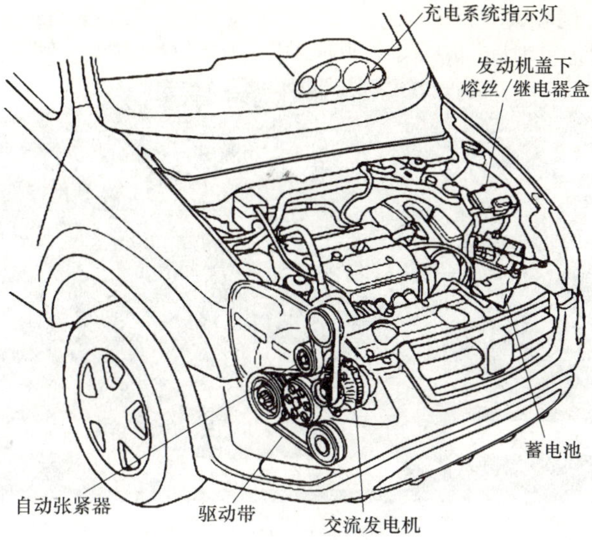

图 2-4 发电机安装位置

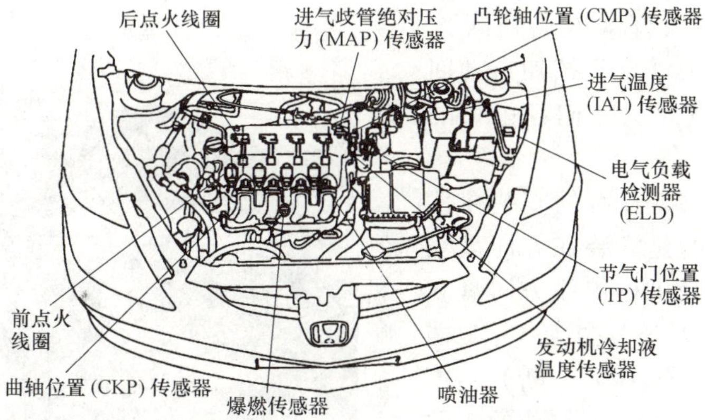

图 2-5 发动机传感器的安装位置

3）在驾驶室内前围上靠近方向盘的部分集中着监视发动机和车辆技术状态的仪表（如冷却液温度表、燃油表、车速里程表、电流表等）、警告灯（如充电指示灯、机油压力过低警告灯、制动气压过低警告灯、燃油量不足警告灯、冷却液温度过高警告灯等），如图 2-6 所示。在前围上远离方向盘的部分，除了杂物箱而外，常有中央接线盒在此安装，中央接线盒的上平面通常固定着各种继电器和各条支路上的熔断器，这些熔断器，少则几个，多则几十个，熔断器盒盖上常用图形符号或文字符号标识所控制的电器。接线盒中部是几层分别连接各条电路的铜条，接线盒下部或侧面则是各条电缆的接插口。各接插口多用字母加以区分。

现代汽车方向盘立柱，已经成为组合开关的安装基础件，它将众多开关集中在方向盘立柱的周围，不仅使驾驶人操作方便、集中注意力观察路面，而且可以使前围、仪表盘周围的布置简洁、明朗，减少前围下导线集中的根数。一般组合开关上多用不同图形符号表示不同的开关，有的也用文字加以区分。

如图 2-7 所示，常用的组合开关有：转向灯远近光开关（常为扳杆式）、危险警告灯开

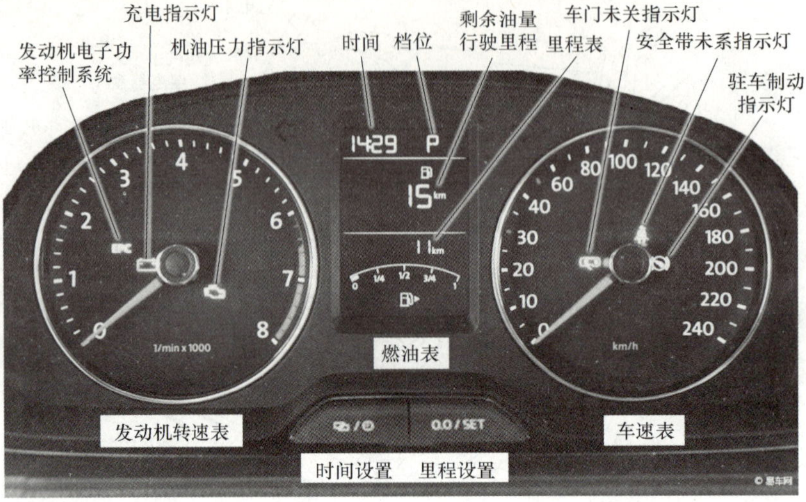

图 2-6　仪表

关（常为按键式或推拉式）、变光开关、超车信号灯开关（常为抬杆自动回位式）、风窗玻璃刮水开关（常为扳杆式或旋钮式）、风窗玻璃洗涤器开关（常为按钮自动回位式）、喇叭按钮（常为方向盘中央的弹块）。

图 2-7　汽车前部的电气开关

点火开关（图 2-7）有的安装在仪表盘前围上，更多的是安装在方向盘立柱上，有坚固的锁紧机构锁住方向盘立轴，用以防盗。点火开关多为 3 ~ 5 档位，三档钥匙开关有 OFF（断）、ON（通）、ST（起动）三档；五档位的钥匙开关通常有 LOCK（锁住方向盘）、Acc［专用附件（如收放机、点烟器）］档、ON（接通电路时正常工作）档、HAET（预热）档、ST（起动）档。

暖风装置一般安装在驾驶室前围下方，多利用发动机冷却水的热量。制冷用的空调压缩机一般安装在发动机前方用带轮和电磁离合器与曲轴带轮相连接。空调系统的冷凝器则位于冷却水散热器前方。

4）底盘—车架上的电器一般较少。有些平头汽车的发动机后置，一些电器也就安装到车架中部了。倒车灯开关一般安装在变速器倒档拨叉轴能碰到的地方。车速传感器和重型汽车的变档预选开关多安装在变速器总成上。其他传感器如制动气压过低警告灯传感器，多数安装在贮气筒或制动阀体上，差速锁指示灯传感器、燃油箱油量传感器则多安装在各自总成上。

有的车型采用混合动力驱动电动机和自动变速器、电控悬架（图 2-8），以及防滑差速器、ABS（制动防抱死系统）、ESP（车身稳定控制系统）、EPS（电控动力转向系统）等。

从仪表盘、中央接线盒、转向柱组合开关到汽车后端灯具之间，往往有一条很长的电缆，注意配线安装要牢固、防止拉伸、切割、磨破和油泥沾污。

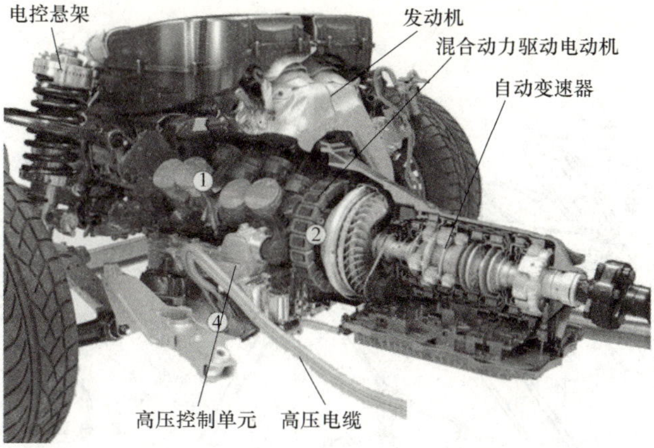

图 2-8 混合动力驱动电动机、自动变速器和电控悬架

蓄电池开关是全车电路的总开关，通常安装在车架顺梁的内侧或蓄电池附近。手动开关，则常处于驾驶人能触及的部位。

第二节 汽车电路图的表达方法

一、汽车电路图的现状与发展趋势

20 世纪 90 年代以来，国内外汽车电气系统电路图发生了巨大变革，电路图的篇幅大大增加，信息量加大，复杂程度大幅提高。就在国内实施电路图简单化与规范化的同时，进口汽车修理手册中的汽车电路图也发生了巨大的变化，这主要体现在以下几方面。

1. 简化表达形式

虽然电缆布线图（图 2-9）在制造电缆时是必不可少的，但在修理手册中以布线图的形式表达全车电路已不多见。这主要是线路复杂程度太高了，在有限的幅面上画出全车电路布线图难度太大，若分散到不同页面上表达又不便于阅读。

2. 用提纲图表达整车电路概貌

提纲图体现了电源的分配关系，多用主要开关（点火开关、灯光控制开关）和主要继电器，以及主要易熔线，其中熔丝为主干，标明各熔丝 FU 的所控制电路与电器。现代伊兰特提纲图如图 2-10 所示。

3. 简化后的局部电路信息量大幅增加

为了便于携带与收藏，汽车电路图也很少用八开以上的版面印刷，多采用 16 开或大 16 开版面，每页只能表示局部电路，但一般修理手册中增加了局部电路中的插接器、每根线在插接器中的位置、多线插接器（尤其是微机插接器）的数字序号及文字符号、接线柱标志、导线颜色、截面积、搭铁地点等。

4. 电路图形符号尚难统一

各国各厂家电路图形符号尚未朝着国际标准（ISO）或欧洲标准（IEC）迅速靠拢，德国的宝马（BWM）公司与奔驰（BENZ）公司电路图的画法与大众、奥迪公司画法存在很大差异。美国与韩国汽车电路图表达形式比较接近，日本汽车电路图简化但十分严格细致，详尽准确。

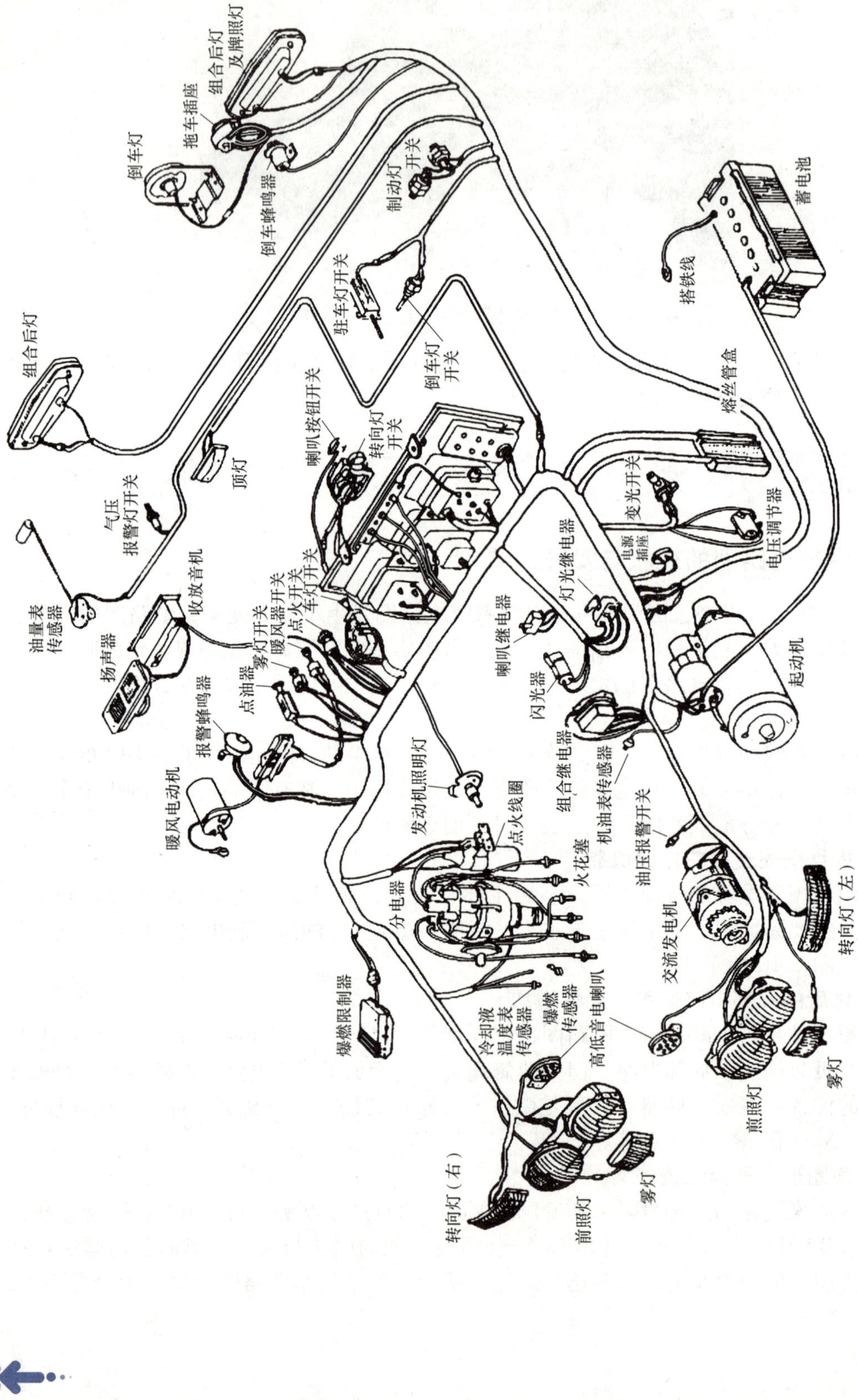
组合后灯
及牌照灯
拖车插座
倒车灯
倒车蜂鸣器
制动灯
开关
驻车灯开关
倒车灯
开关
蓄电池
搭铁线
组合后灯
喇叭按钮开关
转向灯
开关
熔丝管盒
顶灯
气压
报警灯开关
变光开关
电压调节器
电源
插座
灯光继电器
收放音机
车灯开关
点火开关
暖风器开关
雾灯开关
油量表
传感器
扬声器
点油器
喇叭继电器
闪光器
起动机
报警蜂鸣器
组合继电器
机油表传感器
暖风电动机
发动机照明灯
点火线圈
火花塞
油压报警开关
分电器
交流发电机
转向灯（左）
爆燃限制器
冷却液
温度表
传感器
爆燃
传感器
高低音电喇叭
雾灯
前照灯
转向灯（右）
前照灯
雾灯

图 2-9　电缆布线图

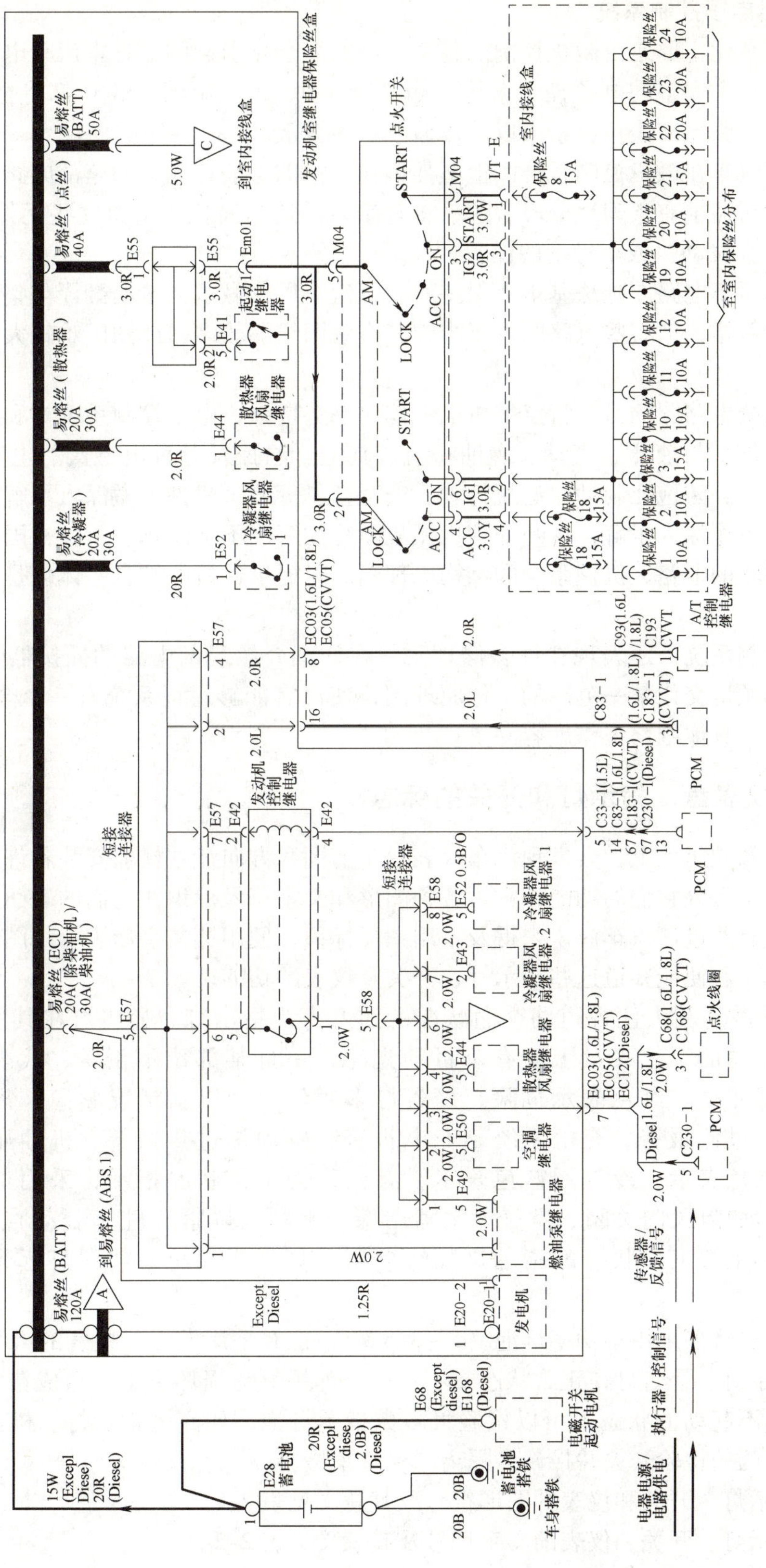

图 2-10 现代伊兰特提纲图

5. 重点突出电子控制系统

电路图的复杂化主要是由微机控制的各个系统的复杂化引起的。日本汽车电路图倾向于在一幅图上表达一个完整的电子控制系统，如皇冠3.0、雷克萨斯LS400都将全部传感器、执行器与微机用一张图来表达，给人以整体概念、不分散。

美国与韩国汽车在微机控制系统图上不强调在一幅图上表达完整的全部电路，而是将微机、传感器、执行器很有条理地分段表达，将复杂电路适当简化，给出这些元件（传感器、执行器和微机）在发动机或车身上的位置。

我国引进的轿车电路图画法基本上保持原貌，汽车厂家做了大量的翻译与整理工作。这样不易产生新的差错，但有些电路图过于零碎，有些图错漏较多，读图困难较大，应该适当修改重画。

电子控制系统电路图的另一特点是机电一体化趋势增强，电子控制系统常和新颖复杂的机械元件协同工作，与液压、气动、燃油喷射、真空、温控及各种电磁阀、电动机密不可分，对自动变速器、防抱死制动、巡航行驶、安全气囊等复杂机件不做深入了解，只处理电路故障而对电路不作深入了解，单纯处理机械故障往往解决不了问题。所以，国外汽车修理手册常将相互关联的电路、机械系统的结构原理图同时提供，机电结合一体化是汽车电路图的发展趋势。

突出电子控制系统，还表现在许多修理手册在详细介绍局部电路的插接器、导线的同时，仍然提纲挈领地交代某一范围的工作原理图，使读者能够对该系统有一个全面的了解。待弄懂原理之后，具体维修工作就容易了。

二、汽车仪表盘、指示灯和开关的标志

当我们坐在驾驶座位上，会发现汽车仪表盘、前围和方向盘立柱上安装着许多开关、指示灯和仪表。为了区分它们的功能，常用各种图形和文字符号标识在它们的表面。这些标识是国际通用的，有些进口汽车尚未来得及采用图形标识，便用英文字母表示。图形标识大都形象简明，使人一看便能知道这些指示灯、开关及仪表的功能。

为了减少分散驾驶人注视道路交通状况的注意力，指示灯、警告灯在其所指示部位工作正常时是不亮的。仪表盘上没有刺目的光亮；一旦某部位不正常，代表其工况的指示灯、警告灯才亮。红色表示危险，警告灯多用红色，以示情况紧急，需要及时检修。如制动气压过低报警、充电系统不充电报警、发动机过热报警、机油压力过低报警等。暖风用红色表示，冷气用蓝色表示。有些作为工作状况指示，采用桔黄色指示灯，表示注意，如阻风门关闭、空气滤清器堵塞、手制动拉紧（驻车制动）。绿色表示安全，一些属于正常工作状态的指示灯如转向指示灯采用绿色。前照灯远光指示采用蓝色等。

指示灯与警告灯多采用小功率灯泡（1~3.5W），也有采用发光二极管的（要加适当的限流电阻）。指示灯、警告灯在正常状态下不点亮，如果灯泡损坏了也会造成错觉，为此在点火开关接通而不起动的状态下可以检验大多数指示灯泡，如充电指示灯、机油压力警告灯，有些要用专门的检验开关并接许多隔离二极管来检验。

1）各种指示灯、开关和仪表的图形符号及其意义见表2-1。

2）各种指示灯、开关和仪表的文字符号及其意义见表2-2。

表 2-1　各种指示灯、开关和仪表的图形符号及其意义

名　称	图形符号	说　明	名　称	图形符号	说　明
点火开关（4 档）	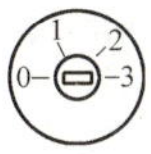	0—OFF 或（S）锁止方向盘；1—Acc 或（A）附件（收放机）；2—IGN 或（M）点火、仪表；3—START 或（D）起动	发动机罩开启拉手指示		
柴油车电源开关		0—OFF 断开；1—ON 接通；2—START 起动；3—Acc 附件；4—PREHEAT 预热	门未关警告灯		
点火开关（5 档）		0—LOCK 锁止方向盘；1—OFF 断开；2—Acc 附件；3—ON 接通；4—START 起动	车窗玻璃升降开关		
发动机故障代码灯（自诊断）	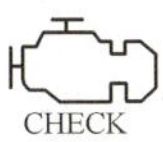	电控发动机喷油与点火的传感器与微机出故障时灯亮，通过人工或仪器可将故障代码调出，迅速查明故障原因	后视镜加热指示		
化油器阻风门关闭指示		冷车起动时阻风门关闭，指示灯亮，起动后应及时打开阻风门，否则发动机冒黑烟。节气门关闭时灯亮	后视镜镜调节开关标志		
蓄电池充电指示灯	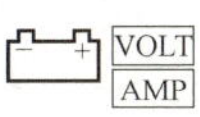	发电机不充电时灯亮，正常充电时灯灭。VOLT—电压（伏特）表；AMP—电流（安培）表	燃油粗滤器水位超标警告灯		
蓄电池液面过低指示灯		当液面低于规定值时灯亮	空气滤清器堵塞警告灯		
冷却液温度		冷却液温度过高时警告灯亮	后窗玻璃洗涤开关		
机油压力警告灯		当机油压力过低时，灯亮。有的车型采用机油压力表	后窗玻璃刮水开关		
燃油表		燃油不足警告灯亮	风窗玻璃洗涤开关		
柴油机熄火	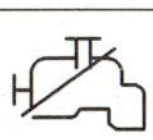	柴油机停止供油（熄火）拉杆（钮）标志	风窗玻璃刮水开关		
柴油粗滤器积水警告灯		柴油粗滤器中积水超限警告灯	前照灯刮水洗涤开关		

（续）

名　称	图形符号	说　　明	名　称	图形符号	说　　明
白烟消除指示灯	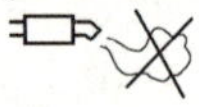	又称为白烟限制器柴油重型车暖机时使用		WHITE SMOKE	
排气制动指示灯	 EXH·BRAKE	下长坡时，堵住排气管，利用发动机阻力使汽车减速，踩离合器、加油时自动解除			
驻车制动指示灯	(P) PKB	在拉起驻车制动器时，灯亮	液力变矩器开关指示	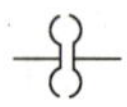	
制动系故障警告灯	(!) BRAKE AIR	制动液面过低（气压低）时，制动系故障警告灯亮	驾驶室锁止：驾驶室回位没有到达规定锁止状态，警告灯亮		
举升倾卸装置开关或指示灯		翻斗汽车举升倾卸装置开关或指示灯标志			
电力制动器		电磁减速装置（TELMA）	车速表	km/h	
发动机转速表	r/min R P M	发动机转速表（TACHO METER），能指示快怠速、经济转速与换档时机、额定转速，用途很多	数字时钟	20:08	
冷却液液位指示灯	 COOLANT LEVEL WATER LEVEL	当冷却液液位低于规定值时，灯亮报警	制动蹄片磨损超限警告灯		
机油油面指示灯		当发动机机油量少于规定值时，灯亮报警	高低双级减速驱动桥指示灯	LOW HIGH	
机油温度过高警告灯		机油温度超过规定值时，警告灯亮	示宽灯开关指示灯		
安全气囊指示灯	SRS	安全气囊装在方向盘毂内和仪表盘内，当汽车受到碰撞时气囊引爆，膨胀将乘员挤靠到座椅靠背上，减轻伤害	前照灯远光指示灯	 BEAM	
动力输出指示灯	 P.T.O	在专用汽车上有其他机械，如起重机、绞盘机需要挂入时	前照灯近光		

（续）

名 称	图形符号	说 明	名 称	图形符号	说 明
差速锁联锁指示灯	DIFF LOCK	车辆转弯时必须脱开	喇叭按钮	HORN	
分动器前桥接入指示灯		用于越野车全驱动时，灯亮	转向灯 L—左转向；R—右转向		
巡航（恒速行驶）指示灯	CRUISE	设定某一车速以后，微机根据车速变化自动控制节气门开度，使车速在设定范围内，装置起作用时灯亮、有故障时显示故障码			
电子调整空气悬架指示灯	AIR SUSP	根据驾驶条件自动控制悬架中起弹簧作用的空气，改变弹簧刚度与减振力以抑制车辆侧倾，制动时前部栽头，高速时后身下坐，保持乘坐舒适性和操纵性。指示灯显示车身高度变化。HIGH—高度调整，NORM—正常			
自动变速器档位指示灯	P R N D 2 L	P—停车制动；R—倒档；N—空档；D—前进档，自动在 1、2、3、4 档间变速；2—锁定档，自动在 1 和 2 档间变速，上下陡坡用；L—低档，只允许 1 档行驶，上、下陡坡用			
防抱死制动指示灯	(ABS)	钥匙在起动档或车速在 5～10km/h 以下时应亮。ABS 能在紧急制动和湿滑路面制动时，控制 4 个车轮油缸的油压，防止车轮抱死，ABS 出现故障时报灯亮，并可显示故障代码			
自动变速器模式指示灯	ECTPWR	电控自动变速器有两种已编程好的换档方式：即正常模式（Normal）和动力模式（Power），用开关选择动力模式时，指示灯亮			
预热塞指示灯	HEAT GLOW	电热或火焰预热塞指示灯在常温下起动亮 0.3s，可直接起动。低温起动前亮 3.5s，表示“等待预热”灯灭可起动		GLOW	
电压表	VOLT	又称为伏特计。12V 电系量程为 10-16V，24V 电系量程为 20V-32V	倒车灯开关	R	
排气温度过高警告灯	EXP TEMP	大于 750℃时警告灯亮	室内（顶）灯开关指示		
转向灯与超车灯开关	PASS L HI LO R	L—左转向；R—右转向；PASS—瞬间远光（超车信号）；HI—常用远光；LO—近光，定位中间档	空调系统双层（上冷下热）	BI-LEVEL	
危险警告指示灯		当汽车遇到交通事故要呼救或需要别车回避时，左、右转向灯齐闪，正常行驶时不用	空调系统鼓风机指示	FAN	

（续）

名　称	图形符号	说　明	名　称	图形符号	说　明
灯光控制开关指示		可接通示宽灯、尾灯、仪表灯（亮度旋钮）、牌照灯等，前照灯接通常在此开关的第Ⅱ档	车内空气循环风道开启指示（REC）		
雾灯开关指示		后雾灯必须在前雾灯已亮的前提下使用，正常行驶时应关闭此雾灯	车外新鲜空气循环风道开启指示（FRESH）		
旋转灯标志		警车、急救护车、消防车的车顶旋转警灯开关标志	空调系统制冷压缩机开启指示	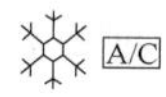	
安全带指示灯		当点火开关接通，安全带未系时灯亮或伴有蜂鸣器报警	空调系统加热（吹脚）挡		
超速开关	O/D OFF	超速开关（OVER—DRIVE）装在换档手柄上，按下此开关，变速器换入超速档。再按一下此开关变速器退出超速档，同时 O/D OFF 灯亮	空调系统除霜与吹脚（加热）档		
点烟器		按下点烟器手柄即接通电路，发热体烧红后（约几秒钟）自动弹出，可供点烟用	检查指示灯好坏开关		
行李箱盖开启拉手		行李箱盖开启拉手或电动按钮指示	真空度指示灯	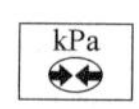	
刮水洗涤开关		OFF—断开，INT—间歇，LO—低速，HI—高速	除霜线加热指示灯		

表 2-2　各种指示灯、开关和仪表的文字符号及其意义

名　称	文字符号	说　明	名　称	文字符号	说　明
锁止	LOCK	钥匙开关锁住方向盘，使转向机构失灵	控制系统	ECCS	计算机集中控制系统
附件	ACC	发动机不工作时，接通如收音机、点烟器等附件	组合开关	PASS	L—左转向；R—右转向；PASS—瞬间用远光（超车信号）；HI—远光
电源控制	ON	开关接通车上电源	远光灯	BEAM	远光指示灯标志，使用远光时发蓝光
	OFF	开关关断车上电源	倒车镜	MIRROR L　R	自动调整方向的后视镜控制开关指示 L—向左；R—向右

（续）

名　称	文字符号	说　明	名　称	文字符号	说　明
起动	START 或 S	钥匙开关起动发动机	液面刻度	FULL 或 F LOW 或 L	用于油标尺、油杯刻度线 FULL—最高；LOW—最低
预热	CLOW 或 H	钥匙开关使发动机通电预热	安全带指示灯	BELT	红灯亮表示安全带未系好
充电指示灯	CHARGE	蓄电池充电时熄灭，不充电时发红光	电压表	VOLT	其示值可以说蓄电池充放电情况
闪光	FLASH		制动指示灯	BRAKES	制动时，发红光
蓄电池	BAT		熔断器	FUSE	
危险	HAZ		发光二极管	LED	
开锁	UNLK		通风	VENT	
正常	NORM		后	REAR	
开关	SW		洗涤	WASH	

3）汽车拖拉机电器与电子设备术语汉英对照见表 2-3。

表 2-3　汽车拖拉机电器与电子设备术语汉英对照

元件名称	英　文	元件名称	英　文
1. 通用性术语		负极搭铁	negative earth
标称电压	nominal voltage，basic system voltage	额定电压	rated voltage
单线制	single wire system	接线片	blade terminal
接线柱	terminal post	搭铁	earth，ground
2. 蓄电池部分			
蓄电池	battery	盖	cover
正极板	positive plate	加液盖	vent cover
负极板	negative plate	连接条	cell connector
隔板	separator	极桩	terminal post
木隔板	wood separator	免维护蓄电池	maintenance-free battery
橡胶隔板	rubber separator	蒸馏水	distil water
电解液	electrolyte	外壳	housing
3. 充电系统			
磁场继电器	field relay	充电指示继电器	charge indicator relay
电磁振动式调节器	electromagnetic regulator，vibrating type regulator	双级电磁振动式调节器	double stage voltage regulator
单级电磁振动式调节器	single stage voltage regulator	内置式调节器	built-in voltage regulator
并联线圈	shunt winding	集成电路调节器	IC regulator，solid state regulator

（续）

元件名称	英　文	元件名称	英　文
串联线圈	series winding	晶体管调节器	transistor regulator
加速线圈	accelerating winding	磁分路片	magnetic by-pass plate
补偿线圈	compensating winding	搭铁螺钉	earth screw
调节电阻	regulating resistor	衔铁	armature
加速电阻	accelerating resistor	动触点	moving contact
铁心	core	静触点	fixed contact
直流发电机	DC generator，dynamo	触点	contactor
前端盖	drive end bearing bracket	后端盖	commutator（slip ring）end bearing bracket
机壳	frame	定子总成	stator assembly，field frame assembly
磁场绕组	field coil，excitation winding	电枢总成	rotor assembly armature
电枢绕组	armature winding	换向器	commutator
电刷	brush	电刷架	brush holder
电刷弹簧	brush spring	带轮	belt pulley
“A”接线柱	armature terminal，output terminal	风扇	fan
“F”接线柱	field terminal	交流发电机	alternator，AC generator
“E”接线柱	earth terminal	转子总成	rotor assembly
散热板	heat sink	定子铁心	stator core
爪极	claw pole	直流发电机调节器	DC generator regulator
集电环	slip ring，collector-ring	交流发电机调节器	alternator regulator
“B”接线柱	battery terminal	电压调节器	voltage regulator
“N”接线柱	neutral terminal	电流限制器	current limiter
无刷交流发电机	brushless alternator	截流继电器	cutout relay
整体式交流发电机	integrate alternator	调节电压	regulating voltage
磁轭	yoke	限额电流	limiting current
整流器	rectifier	闭合电压	cut-in voltage
二极管	diode	最大输出电流	maximum current output
输出特性曲线	output characteristic curve	磁场电流	field current
空载转速	cut-in speed	内搭铁	internal earth
负载转速	load speed	外搭铁	external earth
4. 起动系统			
起动机	starter，starting motor，cranking motor	单向离合器	overruning clutch

（续）

元件名称	英　文	元件名称	英　文
滚柱式单向离合器	roller-type overruning clutch	摩擦式单向离合器	multi-disc clutch
惯性式离合器	inertia clutch, bendix drive	棘轮式单向离合器	ratchet type clutch
驱动齿轮	pinion	电磁开关	solenoid switch, solenoid
吸拉线圈	pull-in winding	保持线圈	holding winding
拨叉	shift lever	起动继电器	starter relay
啮合弹簧	meshing spring	复位弹簧	return spring
机械啮合式	mechanically engaged drive	电磁啮合式起动机	pre-engaged drive starter
电枢移动式起动机	sliding armature starter	同轴式起动机	coaxial drive starter
齿轮移动式起动机	sliding gear starter	惯性式起动机	inertia drive starter
减速式起动机	gear-reduction starter	电热塞	glow plug
转矩	running torque	空载转速	no-load speed
5. 点火电路			
点火电路	ignition system	无触点点火电路	breakerless ignition system
传统点火电路	classical ignition system, conventional ignition system	电子点火电路	semi-conductor ignition system, electronic ignition system, solid state ignition system
电感点火电路	inductive ignition system	无分电器点火系	distributorless ignition system
高压插座	high tension terminal	一次绕组	primary winding
低压接线柱	low tension terminal	二次绕组	secondary winding
分电器	ignition distributor	附加电阻	ballast resistor
断电器	contact breaker	凸轮	breaker cam
分电器盖	distributor cap	断电器臂	contact breaker arm
离心调节装置	centrifugal advance mechanism	分火头	distributor rotor
触点间隙	point gap	真空调节装置	vacuum advance mechanism
电容器	condenser	高压阻尼线	anti-interference ignition cahie
火花塞	spark plug	阻尼电阻	suppressor resistor
侧电极	ground electrode	火花间隙	spark gap
火花持续时间	spark duration	高压线	coil high tension cable
二次电压上升时间	secondary voltage rise time	闭合角	dwell angle

（续）

元件名称	英　　文	元件名称	英　　文
点火提前角	spark advance angle	离心提前角	centrifugal advance angle
磁脉冲传感器	magnetic pulse generator	光电传感器	Photoelectricsignal generator
6. 小功率电动机（微型电机）			
燃油泵电动机	fuel pump motor	暖风电动机	heater motor
门窗电动机	window lift motor	座位移动电动机	seat adjustment motor
7.　照明装置			
封闭式前照灯	sealed beam headlamp	前照灯	headlamp
雾灯	fog lamp	配光屏	filament shield
远光	high beam	近光	lower beam
8. 信号系统		前示宽灯	side light
转向灯	turn signal lamp	示廓灯	marker lamp，position light
危险报警闪光灯	hazard warning lamp	门灯	door lock warning lamp
晶体管闪光器	transistor flasher	喇叭继电器	horn relay
9. 电子控制系统			
防抱死系统	ABS Anti-Braking System	电子制动力分配系统	EBD Electric brakeforce distribution
电子稳定装置	ESP Electronic Stability Program	自动变速箱油	Automatic Transmission Fluid（ATF）
电子控制单元	ECU Electronic Control Unit	防滑系统	ASR Acceleration Slip Regulation
发动机管理系统	EMS Engine Management System	牵引力控制系统	TCS
电动助力转向系统	Electric Power Steering（EPS）	控制器局域网	CAN Controller Area Network
胎压管理系统	TPMS Tyre Pressure Management System	全轮驱动	AWD All Wheel Drive

三、汽车导线的标记

（一）汽车导线标记的重要性

汽车导线的功用主要是将电源、开关及电气设备连接起来，构成回路，实现电能与其他能量的转换。如何更快、更准确地识别线头，对于汽车制造厂的电缆装配、用车部门查线判断故障原因、修车部门重新配线都具有十分重要的作用。随着汽车上电器的增多，连接汽车电器的导线根数、导线总长、导线接头数量也在成倍增加。解放 CA1091（CA141）型汽车有导线 117 根，接头 200 多个；美国通用汽车单台导线总长在 30 年间增长了 17 倍，导线接头数增长了 20 多倍。这么多的导线，如果不加以区别，要想准确、迅速、牢固地连接起来，那是相当困难的。例如：由三根并列的导线组成的一条电缆（电缆），如果这三根导线的绝缘外皮颜色相同，线芯直径、线芯铜丝头数都一样，要把这三条导线的始末端准确地区别开来，借助欧姆表（或试灯）至少要测试3次，最多要测试6次。对于 n 线电缆所需测试的次数 C 为

$$C=\frac{(n+1)n}{2}(\text{次})$$

假如某汽车电缆中有100根颜色、线径都相同的导线，要找准每根导线的起末端，所需测试的次数为5050次。这仅仅是对没有分支的双端电缆导线而言，如果是分支较多的电缆，测试的次数将会更多。对于起末端相距较远，安装位置不便测试的电缆，所需的测试时间将是十分可观的耗费。因此，将汽车导线用各种标记（如颜色、花纹、字母、数字）加以区别，是提高配线、查线速度的有效措施。

从配线、查线的角度来看，导线实质上是开关和电器上各种接线柱的延伸，如能准确地识别导线接头，实际上等于抓住了接线柱的标记。熔丝虽然不是开关，但它可能是各条分支电路汇集的公共点，也起着保障安全作用。为了在判断故障时提高准确性，从熔丝盒引出的许多导线，也必须用标识严格区分。

在实际生产中，人们对于接点繁多的开关（继电器、熔丝），往往要花费很多心思。例如：这个开关是控制哪个电器的？在哪个档位接通哪些电路？不接通哪些电器？开关上哪些接线柱是接电源的？这个开关（熔丝）是否还受别的开关（熔丝）控制？对于用电器，则特别要注意这个电器受哪个（或哪几个）开关的控制？在哪个档位（或哪个工作状况下）接通与关断？针对导线，需要标清：这条导线两端各接哪个电器和哪个开关，这条导线是经常有电（与蓄电池直通），还是暂时有电（受别的开关或别的电器控制），它是总线、支线还是干线，电流在导线中的流向如何等信息。由于开关、继电器、熔丝大都集中安装在仪表盘附近，一般不易看到或接触到它的接线柱及其代码标志，如果导线能在自身的绝缘外皮上将与其相连的接线柱标记和将其是否带电表达出来，就可以在不拆卸开关、电器的前提下，准确地判定电路的控制关系。如果接线柱标记、导线标记标准统一，对于节省人们配线、查线时间，提高准确性有十分重要的作用。经常与电路打交道的汽车装配工、汽车电工、汽车驾驶人不看电路图也能知道电器的接线方法。现代汽车配线广泛采用插接元件，作为多对导线之间的连接件，其连接的准确性是由导线在插头插座中所处的位置坐标的准确性来保证的，当数量较多的导线集中于一个大型插件时，每根导线的标志也显得十分重要。

世界各国标记汽车导线不外乎四种情况：第一种是以颜色为导线标记；第二种是以有一定含义的颜色为导线标记；第三种是以数字和字母为导线的主要标记，颜色为辅助标记；第四种是以有一定含义的数字和字母为导线的主要标记，以颜色为辅助标记。

（二）汽车电路图中导线的颜色

我国在1975年颁布了《汽车、拖拉机电路导线颜色选用规则》（JB/Z 116—1975），后来用《汽车用低压导线颜色》（ZBT 35002—1989）取代之，现在采用《汽车用低压电线的颜色》（QC/T 414—1999）。联邦德国早在1951年4月就对汽车导线颜色作了一般规定。

在行业标准中，基本上是按电路的重要程度将导线按顺序编号，重点线路选用醒目的颜色作为导线颜色。确定了单色导线的颜色应符合10种色标：红、黄、蓝、白、黑、棕、紫、灰、绿和粉。双色导线的主要颜色是红白（红为主色、白色为条纹辅色，下同）、红黑、白

红、白黑、棕红、棕白、棕黑、绿红、绿白和绿黑等。标准中还给出了典型汽车电路中各条支路颜色的选用。

以捷达汽车为例，其导线标记基本与上述要求相符见表 2-4。这种标记方法简便易行，导线原料容易选择、制造工艺简单、便于统计导线总数。在不太复杂、车型单一、产量很大、多年不更换车型的情况下，这种导线标记是可行的。因此，导线颜色没有严格的、特定的含义，可以任选代用色，致使连接区间没有严格的范围，此时导线代号只标在说明书的图样、表格中，实际电缆中不这些代号，代号没有严格的使用范围，因此导线代号在查线配线中不起作用。如果电路复杂、变型车较多，则颜色相近而不属同一电路的导线容易混淆，查线、配线费时间。

表 2-4　捷达汽车导线标记

电线代号	线芯截面积 /mm^2	颜色		名称及电线走向
		中文	英文	
1	1.5	棕/红	br/ro	点火线圈负极端，熔丝盒/点火线圈
15	2.5	黑	sw	点火开关 ON 和 ST 输出线
30	6	红	ro	接蓄电池正极
31	2.5	棕	b	接蓄电池负极
X	2.5	黑/黄	sw/ge	点火开关 ON 和 ST 大容量输出线
a/b/c	—	—	—	中央线路板内部接线
50	2.5	棕	br	起动机控制端，点火开关在 ST 档时有电
61	0.35	蓝	bl	交流发电机充电指示灯端
67	1.5	黑	sw	交流发电机励磁端
B +	16	黑	sw	交流发电机输出端
DF	0.5	蓝	bl	交流发电机励磁控制端

再如，美国通用汽车导线代号是 469BLK/ORN，其中前面的数字表示该导线的线路编号为 469 号；斜线上方的字母表示导线底色，斜线下方的字母表示彩条颜色。该线路代号为黑底橙色彩条线路。

美国通用汽车导线颜色意义：BLK—黑色（Black）；BRN—棕色（Brown）；PPL—紫色（Purple）；TAN—褐色（Tan）；RED—红色（Red）；DK BLU—深蓝色（Dark Blue）；WHT—白色（White）；DK GRN—深绿色（Dark Green）；YEL—黄色（Yellow）；GRY—灰色（Grey）；LT BLU—浅蓝色（Light Blue）；LT GRN—浅绿色（Light Green）；ORN—橙色（Orange）；RNK—粉红色（Rink）。

（三）用具有一定含义的颜色作为导线标记

在工业产品中，颜色常常作为信号标记和数字代码。在交通信号中，红灯表示停车信号，绿灯表示行进信号；高压气瓶的外表，蓝色表示氧气，深绿表示氢气，黄色表示氨气。在日本工业标准《汽车用低压导线》（JISC 3406—1978）中，导线颜色标记的使用顺序见表 2-5。我国也采用了相应的标准（QC/T 414—1999）。在日产 TKL20 汽车中，主色为黑色的导线属于起动、预热系统及全部搭铁线；发电机系统用白色导线；照明系统用红色导线；信号系统用绿色导线；仪表系统用黄色导线；辅助设备用蓝色导线等，不同条纹的辅色则表示系统内的详细分支。这种导线标记的优点在于能较快地识别导线属于哪个电路系统；能大致找到控制开关。如“黑白”线，“黑”为主色标在前，“白”为条纹辅色标在后。

一个开关控制的电器属于一个系统，则底色就全都相同，只能靠条纹来区分。但是当电路复杂时，查线、配线也不是很方便的。

表 2-5 日本汽车导线的颜色搭配

字母	中文	字母	中文	字母	中文	字母	中文	字母	中文	字母	中文
B	黑	BW	黑白	BY	黑黄	BR	黑红	Lg	浅绿	LgR	浅绿红
W	白	WR	白红	WB	白黑	WL	白蓝	WY	白黄	YW	黄白
R	红	RW	红白	RB	红黑	RY	红黄	RG	红绿	RL	红蓝
G	绿	GW	绿白	GR	绿红	GY	绿黄	GB	绿黑	GL	绿蓝
Y	黄	YR	黄红	YB	黄黑	YG	黄绿	YL	黄蓝	LgW	浅绿白
Br	棕	BrW	棕白	BrR	棕红	BrY	棕黄	BrB	棕黑	LgY	浅绿黄
L	蓝	LW	蓝白	LR	蓝红	LY	蓝黄	LB	蓝黑	LgB	浅绿黑

（四）用数字和字母作为导线的主要标记，将颜色作为辅助标记

当电路特别复杂时，仅用颜色作为导线标记也容易混淆，因为一般人的视觉对于颜色分辨能力往往低于对明暗的分辨能力。此外，有些导线外皮的绝缘材料由于日久高温老化褪色，这样可能黄、白、粉、灰都分不清，蓝、绿也易混淆。在汽车导线上印制出数字或字母作为各条电路的识别标记，则可以做到确切无误。我国解放牌、东风牌汽车虽然在电路图上和明细表中对各条导线加注了编号，而实际导线上只有颜色、没有编号。国外有的汽车电路在导线外皮上印制了数字和字母标记，许多很小的字母、数字都印制得十分清楚，这对于查线配线无疑是有帮助的。但是目前大多数国家的字母、数字编号不是统一标准，随车型而异，一种车型一种编号顺序，换一种车型，这些数字和代码的意义又完全不同，给实际应用带来许多不便。

汽车工业比较发达的联邦德国早在 20 世纪 40 年代就对汽车电器上各种接线柱实行了有一定含义的数字或字母标记。比如大家都很熟悉的 30 就表示与蓄电池火线正极直接相接的接线柱，50 是起动机电磁开关线圈接线柱，31 是搭铁接线柱等。因为阿拉伯数字为世界各国通用，往往比字母和其他文字有更广泛的应用范围，不受字母个数的限制，欧洲有许多国家也都沿用这些接线柱标记，如捷克、意大利、罗马尼亚、波兰、匈牙利等国的汽车电器上也早就使用了这些标记。这些产品被引进到我国，经常与汽车电器打交道的技术人员也是比较熟悉的，对于查线配线确实起到了较好的帮助作用。

联邦德国在 1971 年 3 月发布的关于汽车电器接线柱标记的国家标准（DIN 72552）中，人为规定的接线柱标记约有 160 个，其中基本标记 59 个，附下标的标记约 100 个，常用接线柱标记不超过 30 个，这些标记具体分类如下。

1. 按电路的带电情况分类

1）常带电的接线柱：直接与蓄电池正极（通常是火线）相接的接线柱，如 30，30a，30b 等。

2）搭铁接线柱：直接与蓄电池负极（通常是搭铁）相接的接线柱，如 31，31a，31b，31c 等。

3）主控制开关（或点火开关）的输出接线柱：如 15，15a，15b，15c 等。这种开关常用钥匙开闭，它的输入接线柱为 30，当开关接通，15 接线柱才通电。

2. 按电源主电路与用电支路分类

电源主电路是指直接连接在蓄电池正极的导线。如图 2-11 所示，蓄电池正极到起动机、电流表、发电机及其熔丝的这条线路常用 30 标记。

用电支路可以由蓄电池火线直接引出，也可以经点火开关 15 接线柱引出。由于用电器一般都互相并联，接线关系基本上是各自独立的，采用各种标记则可以迅速识别电器属于哪个分支电路。在基本标记后面附带的下标 a、b、c 等表示了更具体的连接部位。

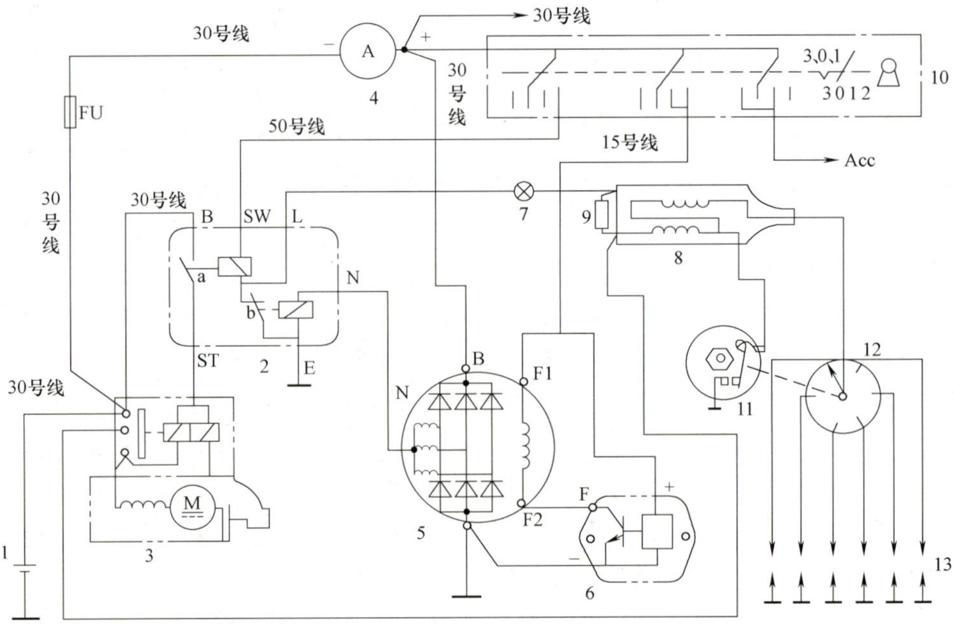

图 2-11 带起动保护与充电指示灯的起动电路中导线编号

1—蓄电池 2—起动机继电器 3—起动机 4—电流表
5—交流发电机 6—电压调节器 7—充电指示灯 8—点火线圈
9—附加电阻 10—点火开关 11—断电器 12—分电器 13—火花塞

四、汽车电路图中的接线柱标志

随着汽车工业的发展及汽车技术的逐步提高，汽车电路也日趋复杂，汽车电器的种类、型号、规格越来越繁多。为了使导线与电器尽可能准确无误地互相连接，特别是在汽车配线总装、使用维护、查找故障、更换元器件时确保工作正常，汽车电器早就采用了大量的接线柱标志。

当电路接线和产品类型经常变化时，不用熟知电器的内部结构也能容易识别产品的接线柱含义。这样，即使在没有电路图和接线图的情况下，熟练的汽车电工与司机也能进行大部分或全部线路的连接与操作。

德国是使用接线柱标志最早，也是最成熟的国家，许多接线柱标志沿用几十年或更久，并已列入德国工业标准（DIN72552）。标志经过多次修改与补充，不仅在德国和欧洲推广，也在日本、美国的汽车电器产品中大量引用。1989 年我国结合自己的国情，参照德国标准制定了《汽车电器接线柱标志》（ZBT 36009—1989）的国家标准，正式用于我国汽车电器产品之中。接线柱的标志是与汽车导线相对应的，其含义如下：

30 接线柱：不论汽车是否工作，都与蓄电池正极相接，一直有电的接线柱。

31 接线柱：与蓄电池负极搭铁相连的接线柱。

31b 接线柱：可以通过一个特定开关搭铁的接线柱。

15 接线柱：在点火开关正常开（ON）时才与蓄电池正极相通的接线柱。

56 接线柱：接前照灯变光器的接线柱。

56a 接线柱：前照灯远光灯接线柱。

56b 接线柱：前照灯近光灯接线柱。

58 接线柱：接示宽灯、仪表灯、尾灯牌照灯、室内灯的接线柱。

49 接线柱：转向闪光器的电源输入端。

49a 接线柱：转向闪光器的闪光信号输出端。

汽车电器接线柱标志的相对固定及长期沿用给人们带来了许多方便。然而，由于电器结构的改进，新颖、复杂电器的增加使接线柱标志的数量及其含义也在发生变化。由于直流发电机和外装式电压调节器的逐步淘汰，有些接线柱标志也就失去了应用价值。由于整体式交流发电机的逐步改进，又增加了一些新的接线柱标志。例如美国的台尔柯-雷米公司的内置调节器交流发电机接线柱，除正极 BAT，增加了 P、L、F、S 四个端子。其中 P 端为三相绕组的起端；L 端接充电指示灯；F 端内接磁场线圈的附加电阻，外接点火开关“15”柱；S 端则为蓄电池电压的检测点，有利于内置调节器按蓄电池的端电压来调整调节器的输出电压。

在日立 LR160 等系列发电机中也增加了蓄电池电压检测点 S 和充电指示灯接线柱 L，发电机正极为 BATT。只要我们依据实际情况，参照过去沿用的接线柱标志含义，就能将问题分析得准确一些。

现代汽车逐渐普及的电子控制系统给汽车电路带来革命性的新变化，电路结构空前复杂。这些新增的元器件，如传感器、电子控制器（ECU）及各种各样的执行器又带来大量的新的接线柱标志，各国各厂家也各有异同，在实际工作中应认真学习和掌握，以便准确适当地加以运用。

国家标准《汽车电器接线柱标志》（ZBT 36009—1989）的主要内容见图 2-12 ~ 图 2-24 和表 2-6 ~ 表 2-14。

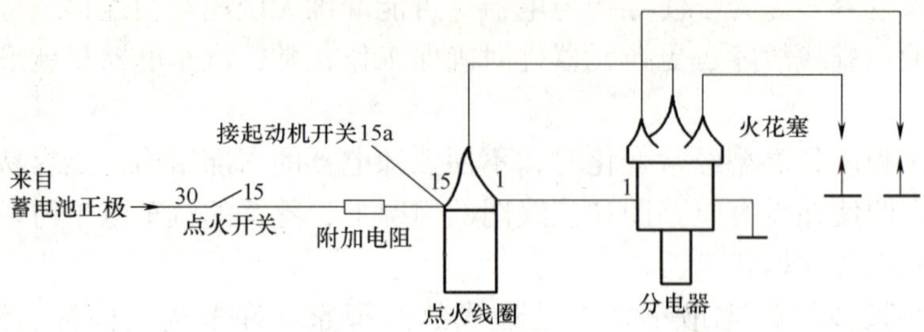

图 2-12　传统点火电路

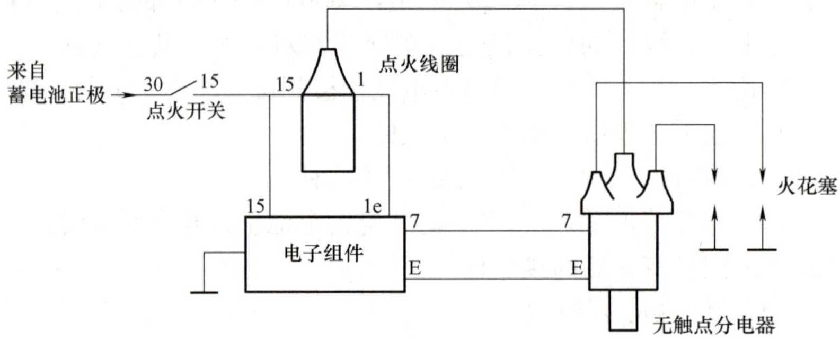

图 2-13　磁脉冲式电子点火电路

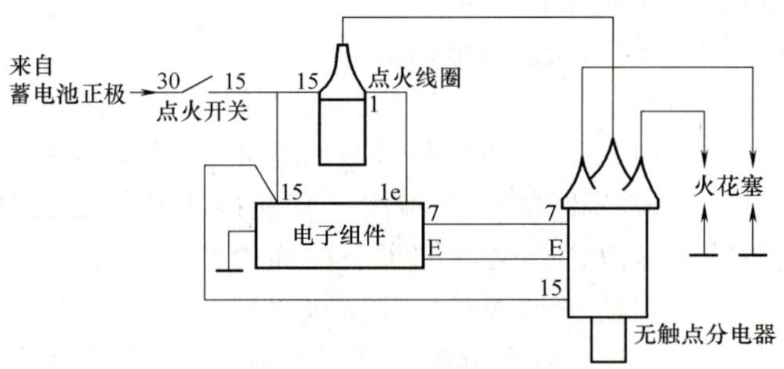

图 2-14　霍尔式点火电路

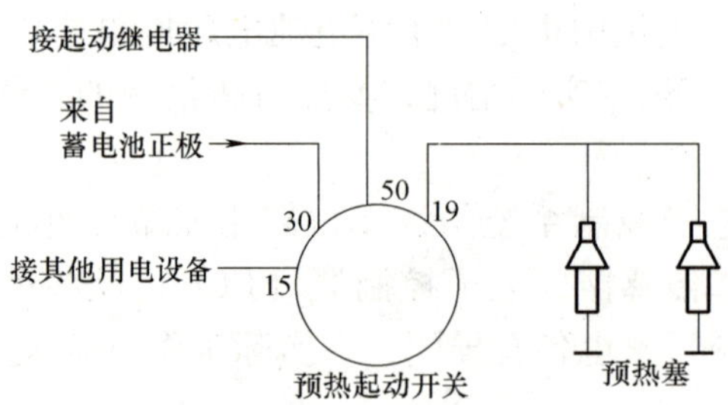

图 2-15　预热装置电路

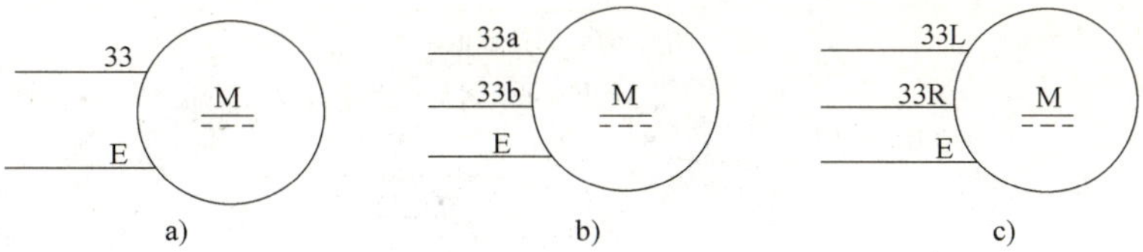

图 2-16 电动机示意图

a）单速电动机 b）双速电动机 c）转向可变速电动机

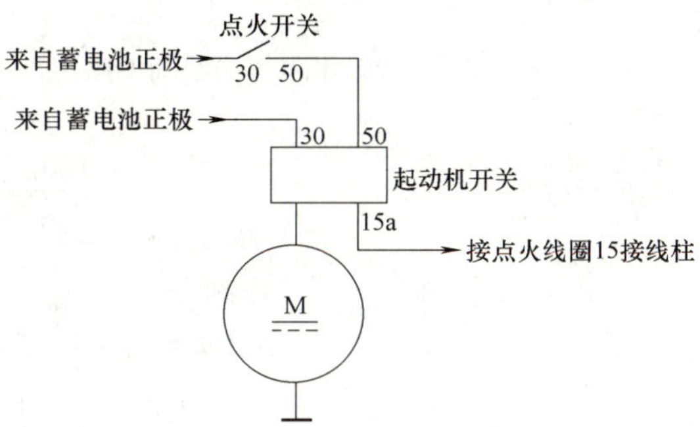

图 2-17 一般起动电路

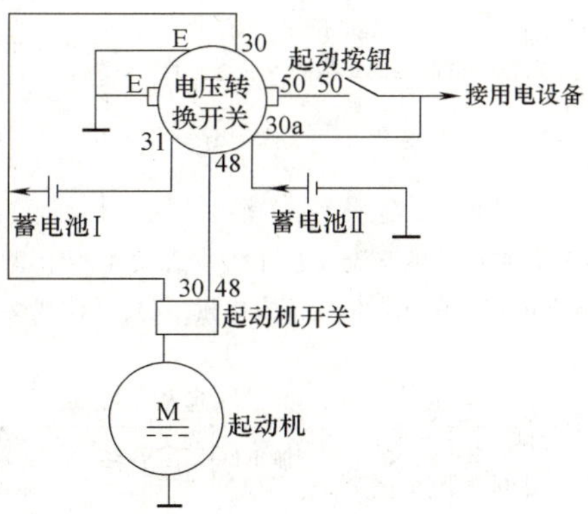

图 2-18 带 12V/24V 转换开关的起动电路

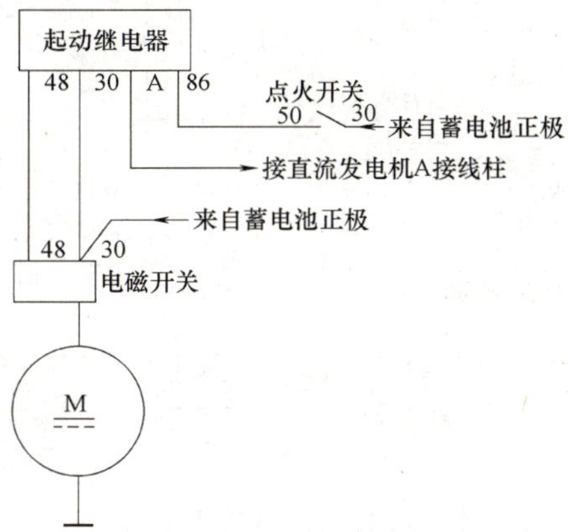

图 2-19 带起动继电器的起动电路

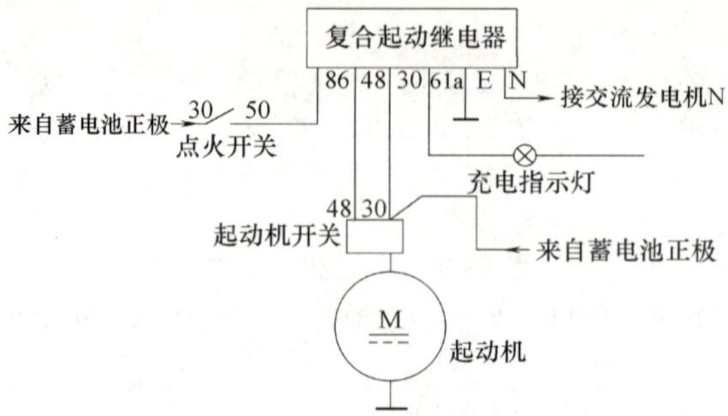

图 2-20　带复合起动继电器的起动电路

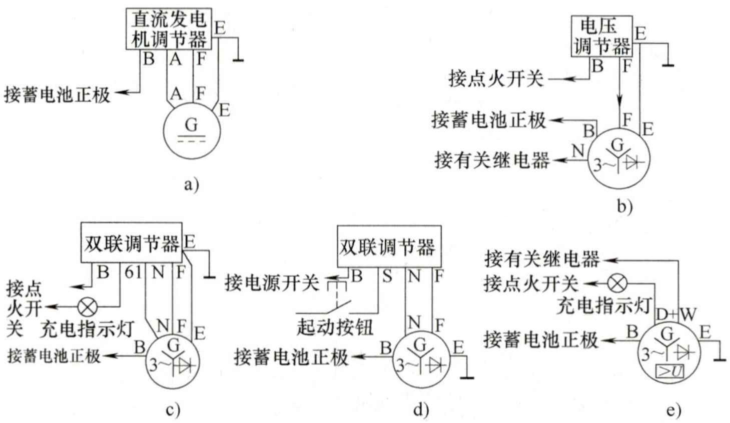

图 2-21　发电机与调节器的接线柱标记

a）直流发电机　b）带调压器的交流发电机　c）带充电指示继电器的交流发电机

d）带磁场继电器、调压器的交流发电机　e）整体式交流发电机

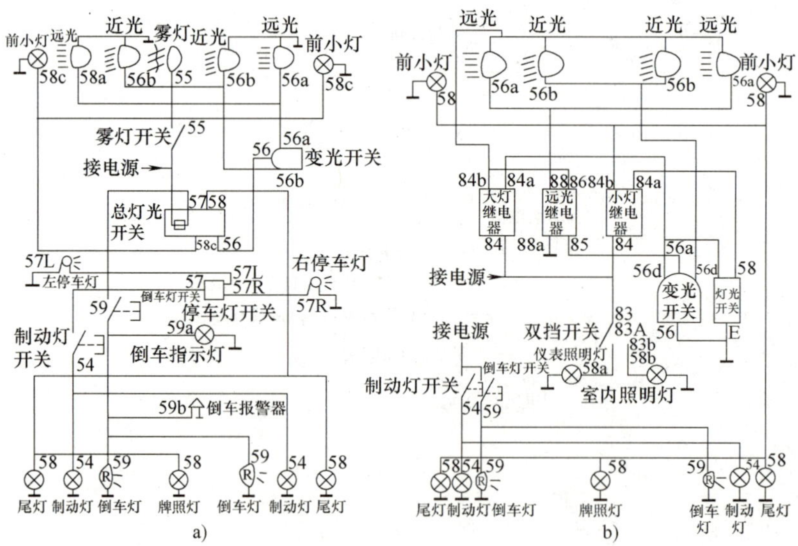

图 2-22　照明与信号装置

a）带灯光总开关的照明与信号装置　b）带灯光继电器的照明与信号装置

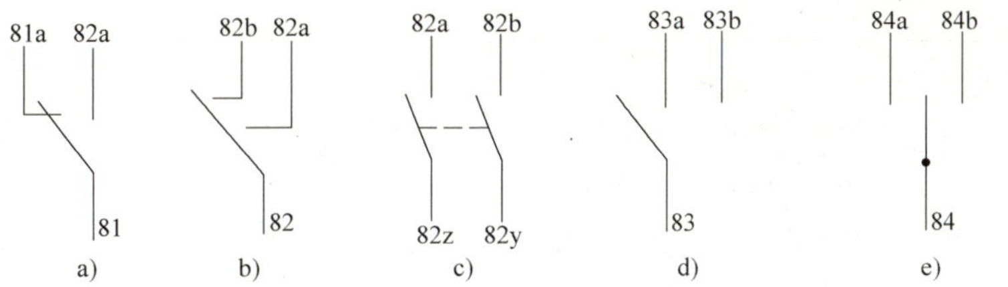

图 2-23　机械开关

a）带转换触点的开关　b）双触点常开开关　c）双触点双极开关

d）双档开关　e）中间零位双向开关

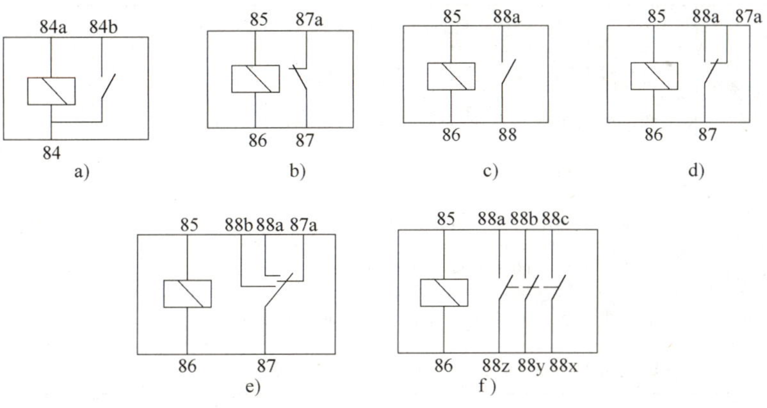

图 2-24　继电器

a）绕组与触点共一个输入端　b）带一个常闭触点　c）带一个常开触点

d）带一个转换触点　e）带组合转换触点　f）三极继电器

表 2-6　点火、起动、电源系统电器接线柱标记

电器	接线柱	接线柱标记的含义	曾用	应用示例
点火装置	1	点火线圈和分电器上，互相连接的低压接线柱；电子点火电路中，点火线圈上输入信号的低压接线柱		图 2-12 图 2-13 图 2-14
	1a	带两个分立电路的分电器 I 的低压接线柱（来自点火线圈 I 的低压接线柱 1）		
	1b	带两个分立电路的分电器 Ⅱ 的低压接线柱（来自点火线圈 Ⅱ 的低压接线柱 1）		
	1e	电子组件上输入信号的接线柱		
	7	无触点分电器上，输出信号的接线柱；电子组件上，输出信号的接线柱	+	图 2-13 图 2-14
	15	点火开关和点火线圈上连接的接线柱；电子点火电路，点火线圈、分电器、电子组件上的电源接线柱		图 2-13 图 2-14

（续）

电器	接线柱	接线柱标记的含义	曾用	应用示例
预热起动装置	15	预热起动开关上的接其他用电设备的接线柱	BR	图 2-15
	19	预热起动开关上的预热接线柱	R1	
	50	预热起动开关上的起动接线柱	C、R2	
一般用途	30	电器上接蓄电池正极或电源的接线柱	B	
	31	电器上接蓄电池负极的接线柱		
	E	电器上的搭铁接线柱	E	

表 2-7 各种用途电动机的接线柱标记

接线柱	接线柱标记的含义	应用示例
33	电动机上的主输入接线柱（单速电动机）	图 2-16
33a	变速电动机上的高速接线柱（双速电动机）	
33b	变速电动机上的第二档低速接线柱	
33c	变速电动机上的第三档低速接线柱	
33d	变速电动机上的第四档低速接线柱	
33L	电动机上的左转接线柱（转向可变电动机）	
33R	电动机上的右转接线柱（转向可变电动机）	

表 2-8 起动系统接线柱标志

接线柱	接线柱标记的含义	常用	应用示例
15a	起动机开关上接点火线圈的接线柱		图 2-17
30a	带有 12V/24V 电压转换开关时，电压转换开关上接蓄电池 I 正极的接线柱		图 2-18
31	12V/24V 电压转换开关上，接蓄电池 I 负极的接线柱		图 2-18
48	起动继电器上或 12V/24V 电压转换开关上，控制起动机电磁开关上的输出接线柱，起动机电磁开关上的相应接线柱		图 2-18 图 2-19
86	起动继电器上，绕组始端接线柱	S、SW	图 2-19
A	起动继电器上，接交流发电机 A 的接线柱		图 2-19
50	点火开关上、预热起动开关上，用于起动的输出接线柱、起动按钮的输出接线柱，机械式起动开关上的相应接线柱；带有 12V/24V 电压转换开关时，电压转换开关上，控制本身的输入接线柱		图 2-19 至 图 2-20
61a	复合起动继电器上，接充电指示灯的接线柱	L	图 2-20
N	复合起动继电器上，接交流发电机 N 或类似作用的接线柱		图 2-20

表 2-9 发电机与调节器的接线柱标记

接线柱	接线柱标记的含义	曾用	应用示例
A	直流发电机上，电枢输出接线柱，调节器上的相应接线柱	A、S	图 2-21a
61	交流发电机和调节器上，接充电指示灯的接线柱	L	图 2-21c
B	交流发电机上的输出接线柱，直流发电机调节器上，接蓄电池正极的接线柱交流发电机调节器上，接点火开关或电源开关的接线柱	B、AB	图 2-21b ~ 图 2-21e
D +	交流发电机上，磁场二极管的接线柱，调节器上相应接线柱当无 61 接线柱时，用于充电指示灯的接线柱	D + S	图 2-21e
F	发电机上的磁场接线柱，调节器上的相应接线柱		图 2-21a ~ 图 2-21d
N	交流发电机上的中性接线柱，调节器上的相应接线柱	N	图 2-21b ~ 图 2-21d
S	交流发电机调节器上，接蓄电池电压检测点的接线柱		图 2-21d
W	交流发电机上的相电流接线柱	R、W	图 2-21e
W_1	交流发电机上的第一相电流接线柱		
W_2	交流发电机上的第二相电流接线柱		

照明信号系统接线柱标志见表 2-10 和图 2-22。

表 2-10 照明信号系统接线柱标志

接线柱	接线柱标记的含义
54	制动灯开关和制动灯互相连接的接线柱
55	雾灯开关和雾灯互相连接的接线柱
56	灯光总开关和变光开关互相连接的接线柱；变光开关上除远光、近光，以及超车接线柱外的另一个接线柱
56a	变光开关上的远光接线柱，远光灯上的相应接线柱
56b	变光开关上的近光接线柱，近光灯上的相应接线柱
56d	变光开关上的超车接线柱
57	灯光总开关上或点火开关上和停车灯开关互相连接的接线柱
57L	停车灯开关和左停车灯互相连接的接线柱
57R	停车灯开关和右停车灯互相连接的接线柱
58	灯光总开关上接示宽灯、尾灯、牌照灯、仪表照明灯等的接线柱；灯光控制开关上，用于控制示宽灯、尾灯、牌照灯、仪表照明灯的接线柱
58a	仪表照明灯开关和仪表照明灯互相连接的接线柱（单独布线时）
58b	室内照明灯开关和室内照明灯互相连接的接线柱
58c	灯光总开关和示宽灯互相连接的接线柱（单独布线时）
59	倒车灯开关和倒车灯互相连接的接线柱
59a	倒车指示灯上电源接线柱
59b	倒车报警器上的电源接线柱

表 2-11 转向信号与危险信号装置接线柱标记

接 线 柱	接线柱标记的含义
49	转向开关上的输入接线柱；报警开关上，接转向开关的接线柱
49a	报警闪光器和报警开关互相连接的接线柱
49L	转向开关上、报警开关上和左转向灯互相连接的接线柱
49R	转向开关上、报警开关上和右转向灯互相连接的接线柱
L	转向信号闪光器上接转向开关的接线柱；报警开关上，接转向信号闪光器的接线柱
P	转向信号闪光器上接监视灯的接线柱
P_1	左监视灯的接线柱
P_2	右监视灯的接线柱

机械开关接线柱标志见表 2-12 和图 2-23。

表 2-12 机械开关接线柱标志

接 线 柱	接线柱标记的含义	应 用 示 例
81	开关常闭触点和转换触点上的输入接线柱	图 2-23
81a	开关常闭触点上的第一个输出接线柱（转换触点在常闭触点一侧）	
81b	开关常闭触点上的第二个输出接线柱（转换触点在常闭触点一侧）	
82	开关上常开触点的输入接线柱	
82a	开关上常开触点的第一个输出接线柱（转换触点在常开触点一侧）	
82b	开关上常开触点的第二个输出接线柱（转换触点在常开触点一侧）	
82z	双触点双极开关上常开触点的第一个输入接线柱	
82y	双触点双极开关上，常开触点的第二个输入接线柱	
83	档位开关上的输入接线柱	
83a	档位开关上，挡位Ⅰ的输出接线柱	
83b	档位开关上，挡位Ⅱ的输出接线柱	
83L	开关左档位的输出接线柱（相当于 83a）	
83R	开关右档位的输出接线柱（相当于 83b）	

继电器的接线柱标记见表 2-13 和图 2-24。

表 2-13 继电器的接线柱标记

接 线 柱	接线柱标记的含义
84	继电器上，绕组始端和触点共同输入接线柱
84a	继电器上，绕组末端输出接线柱
84b	继电器上，触点输出接线柱
85	继电器上，绕组末端输出接线柱
86	继电器上，绕组始端输入接线柱

（续）

接 线 柱	接线柱标记的含义
87	继电器上，常闭触点和转换触点的输入接线柱
87a	继电器，常闭触点的第一个输出接线柱（转换触点在常闭触点一侧）
87b	继电器上，常闭触点的第二个输出接线柱（转换触点在常闭触点一侧）
87c	继电器上，常闭触点的第三个输出接线柱（转换触点在常闭触点一侧）
87z	继电器上，常闭触点和转换触点的第一个输入接线柱（单独电流回路时）
87y	继电器上，常闭触点和转换触点的第二个输入接线柱（单独电流回路时）
87x	继电器上，常闭触点和转换触点的第三个输入接线柱（单独电流回路时）
88	继电器上，常开触点的输入接线柱
88a	继电器上，常开触点的第一个输出接线柱
88b	继电器上，常开触点的第二个输出接线柱
88c	继电器上，常开触点的第三个输出接线柱
88z	继电器上，常开触点的第一个输入接线柱（单独电流回路时）
88y	继电器上，常开触点的第二个输入接线柱（单独电流回路时）
88x	继电器上，常开触点的第三个输入接线柱（单独电流回路时）

五、汽车电路原理图中的图形符号

电路图形符号随着汽车结构的复杂化而逐步得到补充与完善，有些符号正在修改。由长沙汽车电器研究所和《汽车电器》杂志社，推荐使用的汽车电路元件的图形符号及电路原理图的画法，是以德国博世公司（Bosch）多年研究修订的方案为基础，参照国际标准、国家标准和汽车行业具体情况制定的，经过多年来的应用，得到行业内同仁的肯定与推广。

使用电路元件图形符号代替电路元件的内部电路结构图，简明扼要，含义准确，易读、易画、易修改，可以节省大量人力与时间，读者便于抓住重点、难点，在使用维修汽车电路时大大提高工作效率。但如果需要了解元件内部详情时，仍应以标准电工、电子图形符号将内部电路表示出来才能解决问题。

（一）电路图形符号

电路图形符号现有236个，常用的不超过100个，见表2-14。

表2-14 汽车电路原理图中的图形符号

名 称	图形符号	名 称	图形符号	名 称	图形符号
1. 端子、导线及导线连接		正极	+	负极	−
直流	⎓	交流	~	交直流	≂
接点	●	磁场	F	中性点	N
端子	○	可拆端子	⌀	导线的连接	—○——○—
导线的交叉连接	┼（交点加黑点）	导线的分支连接	┬	导线的跨越	┼

（续）

名　称	图形符号	名　称	图形符号	名　称	图形符号
插头的一个极		插座的一个极		插头和插座	
多极插头和插座（示出的为三极）	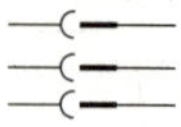	屏蔽（可画成任何形状）		屏蔽导线	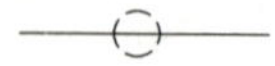
2. 触点开关		推动操作	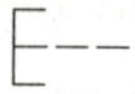	一般机械操作	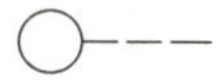
动断（常闭）触点		先断后合的触点		单动断双动合触点	
动合（常开）触点		中间断开的双向触点		联动开关	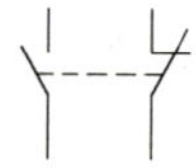
一般情况下手动控制	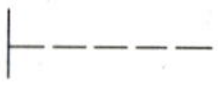	拉拔操作	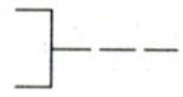	旋转操作	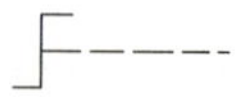
钥匙操作		热执行器操作	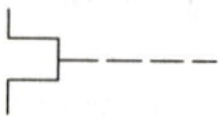	温度控制	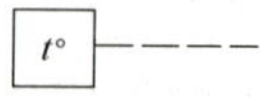
压力控制	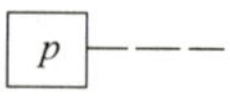	凸轮控制		按钮开关	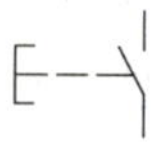
手动开关的一般符号		定位（非自动复位）开关		旋转、旋钮开关	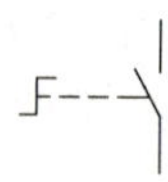
能定位的按钮	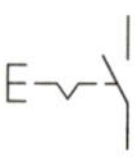	拉拔开关	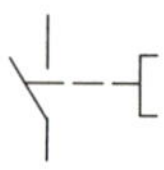	热敏开关动合触点	
液位控制开关	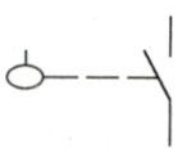	机油滤清器开关	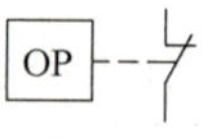	节流阀开关	
热敏自动开关动断触点		热继电器触点	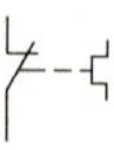	旋转多档开关位置	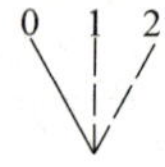
推拉多档开关位置	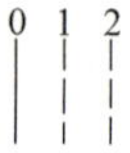	钥匙开关（全都定位）	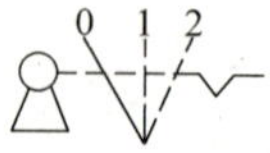	多档开关（2 档不能定位，能自动返回到 1 档）	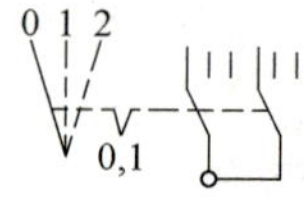

（续）

名　称	图形符号	名　称	图形符号	名　称	图形符号
3. 电气元件		电阻器	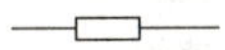	光敏电阻	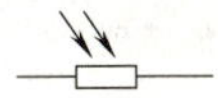
热敏电阻器	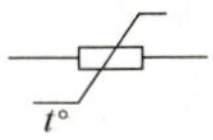	可变电阻器	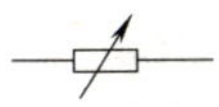	压敏电阻器	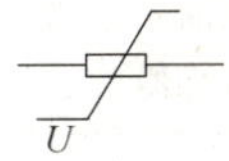
滑线式变阻器或电位器	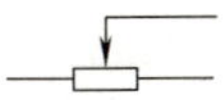	加热元件、电热塞	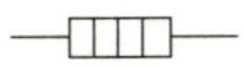	电容器	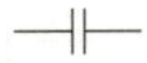
可变电容器		极性电容器	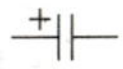	半导体二极管	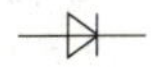
稳压管	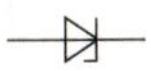	发光二极管		光敏二极管	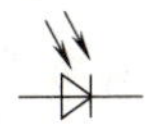
晶闸管	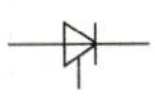	双向二极管	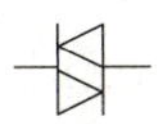	NPN 型晶体管	
PNP 型晶体管		压电晶体	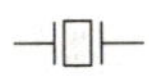	电感、线圈	
熔断器	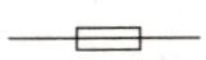	易熔线		双金属片式断电器	
永久磁铁		单绕组电磁铁	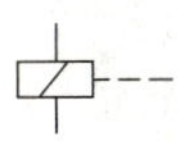	双绕组电磁铁	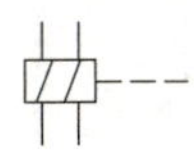
不同方向绕组电磁铁	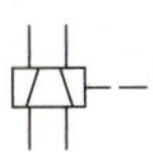	触点常开的继电器	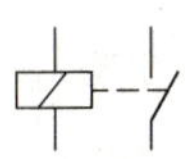	触点常闭的继电器	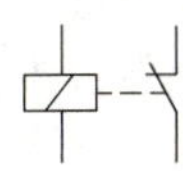
4. 仪表		电压表	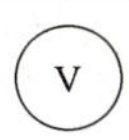	电流表	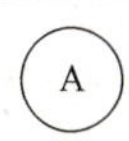
欧姆表		瓦特表		机油压力表	
转速表	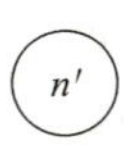	温度表		燃油表	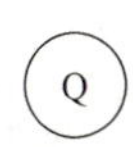
车速里程表	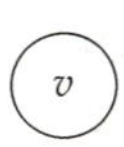	电钟		数字电钟	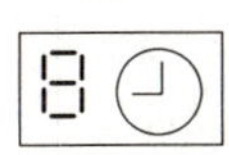

（续）

名　称	图形符号	名　称	图形符号	名　称	图形符号
5. 传感器		空气温度传感器	$t°_A$	冷却液温度传感器	$t°_W$
燃油表传感器	Q	机油压力表传感器	OP	空气流量传感器	AF
氧传感器	λ	爆燃传感器	K	转速传感器	n
速度传感器	v	空气压力传感器	AP	制动压力传感器	BP
6. 电器设备		灯泡		双丝灯泡	
荧光灯		电喇叭		三丝灯泡	
脉冲传感器	G	霍尔传感器		磁感应传感器	
闪光器	G	温度补偿器	$t°$ comp	常开电磁阀	
常闭电磁阀		空调压缩机电磁离合器		电动机操纵怠速调整装置	M
过电压保护装置	$U>$	过电流保护装置	$I>$	加热器（除霜器）	
振荡器		光电发生器	G	点烟器	
热继电器		间歇刮水继电器		防盗报警系统	
天线		火花塞		分电器（图示为 4 缸）	
点火线圈		电压调节器	U	集电环与电刷	
串励直流电动机	M	并励直流电动机	M	永磁直流电动机	M

（续）

名　称	图形符号	名　称	图形符号	名　称	图形符号
起动机（带电磁开关）	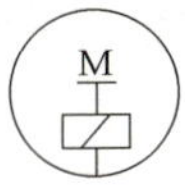	燃油泵电动机、洗涤电动机		刮水器电动机	
天线电动机		垂直驱动电动机	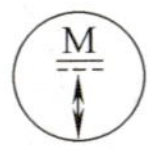	水平驱动电动机	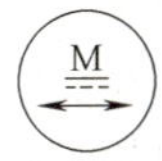
风扇电动机		车门锁电动机		电子中央控制门锁	
蓄电池		星形联结的三相绕组		三角形联结的三相绕组	
星形联结的交流发电机	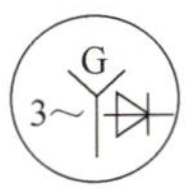	三角形联结的交流发电机	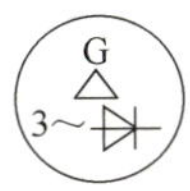	整体式交流发电机	
座椅安全带装置		燃油喷射控制计算机	EFI	空调控制器	A-C

（二）开关及其图形符号

开关是电路分支的控制枢纽，弄清电流经过开关后的去向，基本上就能看懂电路图。下面以点火开关为例，谈谈开关的图形符号。

点火开关是多档多接线柱开关，也是汽车电路中最重要的开关。它的主要功能是：锁住方向盘转轴（LOCK 档），接通点火仪表指示灯（ON 档或 IG 档），起动（ST 或 START 档）和附件档（Acc 档，主要是收放机专用）。柴油车则增加预热（HEAT）档。其中，起动、预热档因为消耗电流很大，开关不宜接通过久，所以这两档在操作时必须用手克服弹簧力，扳住钥匙，一松手就弹回点火档，不能自行定位；其他档点火（ON）、附件（Acc）、锁定（LOCK）均可自行定位。

点火开关各国各厂家不完全一样，具体表示方法如图 2-25 所示。

1. 开关结构示意图

图 2-25 上面一行是点火开关前面的视图。当将钥匙旋转到各档位时，其内部各连通情况见图 2-25 中间一行。

1）锁匙旋转到关闭“LOCK”或“S”档：锁匙使三角形导电片旋转到 1、2 两导电片之间时，三角形导电片右边的凸起（触点）与导电片 1 分离，与电源相连的导电片 1 与导电片 2、3、4、5 都不导通。同时，点火开关锁住了方向盘转轴，使方向盘不能转动。

2）锁匙旋转到专用“Acc”或“·”档：锁匙使三角形导电片旋转到 1、3 两导电片之间时，三角形导电片的下面两凸起（触点）与导电片 1、3 接触，这时点火开关插座的电极 1、3 导通。

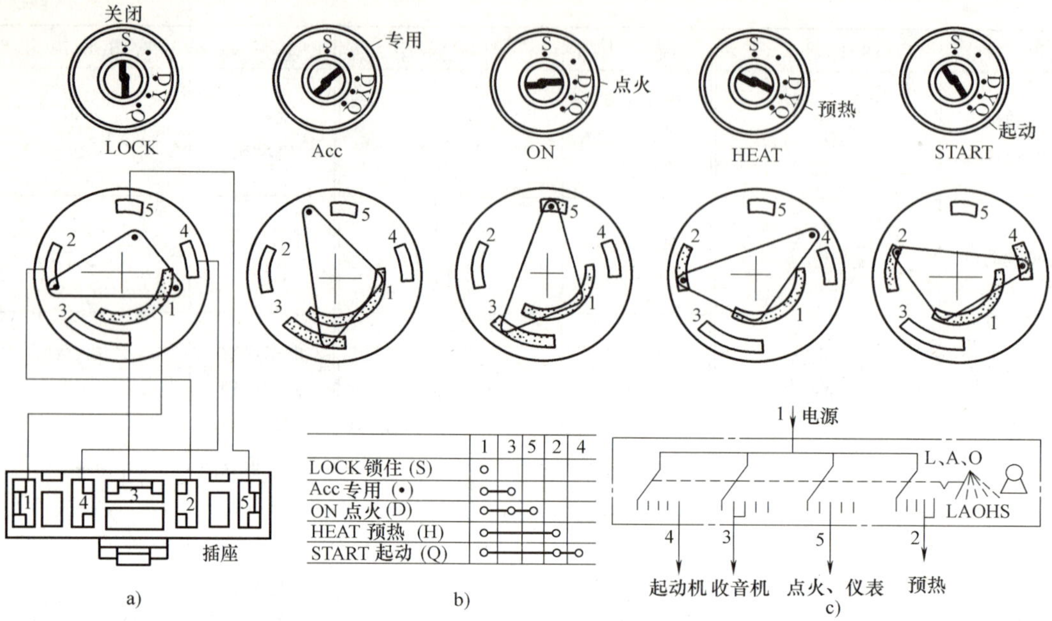

	1	3	5	2	4
LOCK 锁住 (S)	○				
Acc 专用 (•)	○	○			
ON 点火 (D)	○	○	○		
HEAT 预热 (H)	○			○	
START 起动 (Q)	○			○	○

图 2-25　点火开关的三种表示方法

a）结构示意图　b）表格图　c）图形符号

3）锁匙旋转到点火“ON”或“D”档：锁匙使三角形导电片旋转到 1、3、5 导电片上时，三角形导电片的三个角的凸起（触点）与导电片 1、3、5 接触，这时点火开关插座的电极 1、3、5 导通。

4）锁匙旋转到预热“HEAT”或“H”档：锁匙使三角形导电片旋转到 1、2 导电片上时，三角形导电片的两个角的凸起（触点）与导电片 1、2 接触，这时点火开关插座的电极 1、2 导通。

5）锁匙旋转到起动“START”或“Q”档：锁匙使三角形导电片旋转到 1、2、4 导电片上时，三角形导电片的三个角的凸起（触点）与导电片 1、2、4 接触，这时点火开关插座的电极 1、2、4 导通。

2. 开关表格图

如图 2-25b 所示，左边一列表示点火开关的档位，从上到下有 LOCK、Acc、ON、HEAT、START 五个档位。右边每一列表示一条导线的编号，共 5 条。在导线编号的下方，小圆圈之间的划线，表示在各档位时各编号导线之间的连通情况。当点火开关处于 ON 档位时，只有 1、3、5 三条导线连通。当点火开关处于 START 档位时，只有 1、2、4 三条导线连通。

3. 开关图形符号

如图 2-25c 所示，♁表示锁开关；LAOHS 表示该开关是旋转操作，有 L（LOCK）、A（Acc）、O（ON）、H（HEAT）、S（START）五个档位；L、A、O 表示该开关有 L（LOCK）、A（Acc）、O（ON）三个档位能定位，而 H（HEAT）、S（START）两个档位不能定位，当手松开锁匙时，开关将回到 O（ON）档；⌿ 表示在不同档位时，左边的斜杠“⌿”将电源线“1”与“2”下部相应的导线（图示为在 H、S 两档时，1 号线与 2 号线都通）连通的情况。

六、汽车电路图的表达形式

同一辆汽车的整车电路图可以有多种表达形式，常用布线图、结构原理图、电缆配置图及规范化电路原理图等。具体采用哪种形式多从实用出发，也因习惯而异。最先绘制出某型汽车电路图的人是汽车厂的设计师，他们除了将各种电器安置在汽车的适当部位，标定它的主要性能参数外，还要设计全车布线及电缆总成，选定汽车导线的长度、截面积、颜色和各种插接器，编制汽车导电缆的制造工艺流程，所以最翔实可靠的汽车电路图常常是以表现导线分布为主的布线图。

（一）布线图

布线图就是汽车导线在车上、电缆中的分布图。根据电气设备在汽车上的实际大致安装位置绘制，电气设备之间、部件与部件之间用连线或电缆形式绘出的全车电路图。它表示出电器在车身上的布线、整车电气设备的数量、导线的走向等，且有始有终，便于循线跟踪，查找起来比较方便。它按照电缆编制方法将导线分配到各条电缆中，与各个接插件的位置严格对号。在各开关附近用开关表格图表示开关的接线柱与档位控制的关系，熔丝与导线的连接关系，以及导线的颜色与截面积。

图 2-26 所示为铃木 ST90V 型汽车布线图。由图可知，布线图的缺点是：图面上导线纵横交错，印制版面小则不易分辨，印制版面过大又受到装订条件的限制。因此，读图、画图费时费力，不易抓住电路重点、难点；不易表达电路内部结构与工作原理。

（二）局部电路结构原理图

为了弄清楚汽车电器的内部构造，阐述电路工作原理，常将新颖、复杂的电器系统从布线总图中抽出来，参照其他翔实材料，必要时根据实地测绘、检测记录将重点部位详细放大、绘制和加以说明。图 2-27 是日产（NISSAN）TKL-20 型柴油货车电源起动电路局部结构原理图，从中可以了解交流发电机、电压调节器与磁场截流继电器、电磁预热开关、点火开关、电源总开关、空气预热器的结构和工作原理。这种电路图给人以真实、具体、确切、可信的感觉，缺点是绘制过程既费时又费力。如果要表达复杂且数量较多的汽车电器时势必受到幅面的限制，有些众所周知的电器元件也不必一一表达出其内部结构。

（三）整车电路电缆配置图

整车电路电缆配置图常常用于汽车厂总装线及修理厂配线过程中，它主要表明电缆与电器的连接部位、接线柱标记、线头、插接器的形状及位置坐标，它是我们在汽车上实际接触到的汽车电路图。这种图不去详细描绘电缆内部的导线走向，只将露在电缆外面的线头与插接器作详细编号或用字母标记，法国标致汽车常用此法表示整车电路。它是一种突出装配记号的表达方法，便于配线。如果此图各线端都用序号颜色准确无误地标注出来，并与原理图、布线图结合起来使用便有很好的参考价值。

电缆配置图的缺点显而易见：查线不方便，要多次反复地与所有线端核实线端编号、绘制修改都较困难。

解放 CA1090 型汽车整车电路电缆配置图如图 2-28 所示。

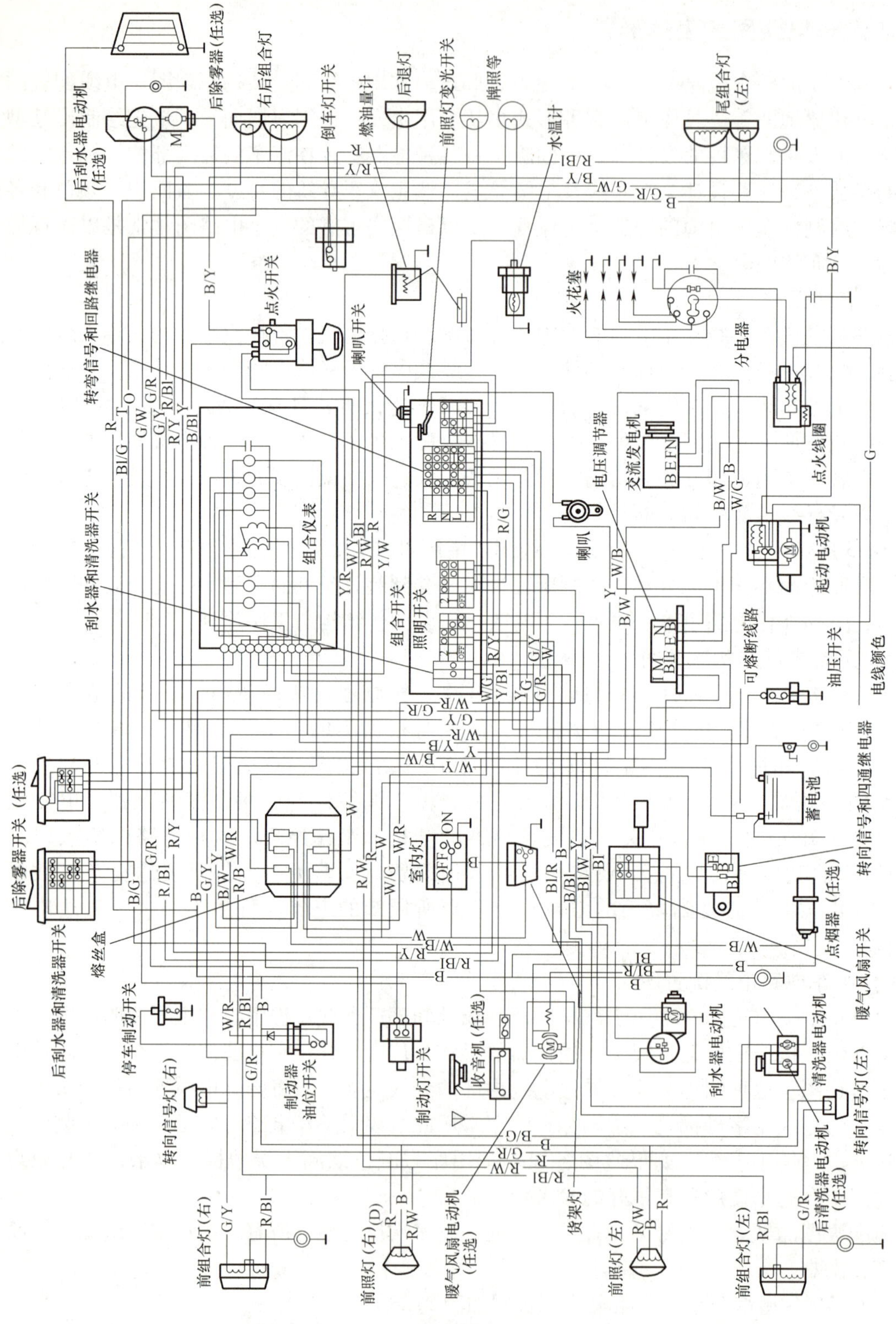

图 2-26 铃木 ST90V 型汽车布线图

电线颜色

B—黑 B/W—黑/白 B/Bl—黑/蓝 W/G—白/绿 Bl—蓝 B/Y—黑/黄 R/B—红/黑 W/R—白/红 Gr—褐 Bl/R—蓝/红 R/Bl—红/蓝 Y/B—黄/黑 G—绿 Bl/W—蓝/白

R/G—红/绿 Y/Bl—黄/蓝 R—红 G/R—绿/红 R/W—红/白 Y/G—黄/绿 W—白 G/W—绿/白 R/Y—红/黄 Y/R—黄/红 Y—黄 G/Y—绿/黄 W/B—白/黑 Y/W—黄/白

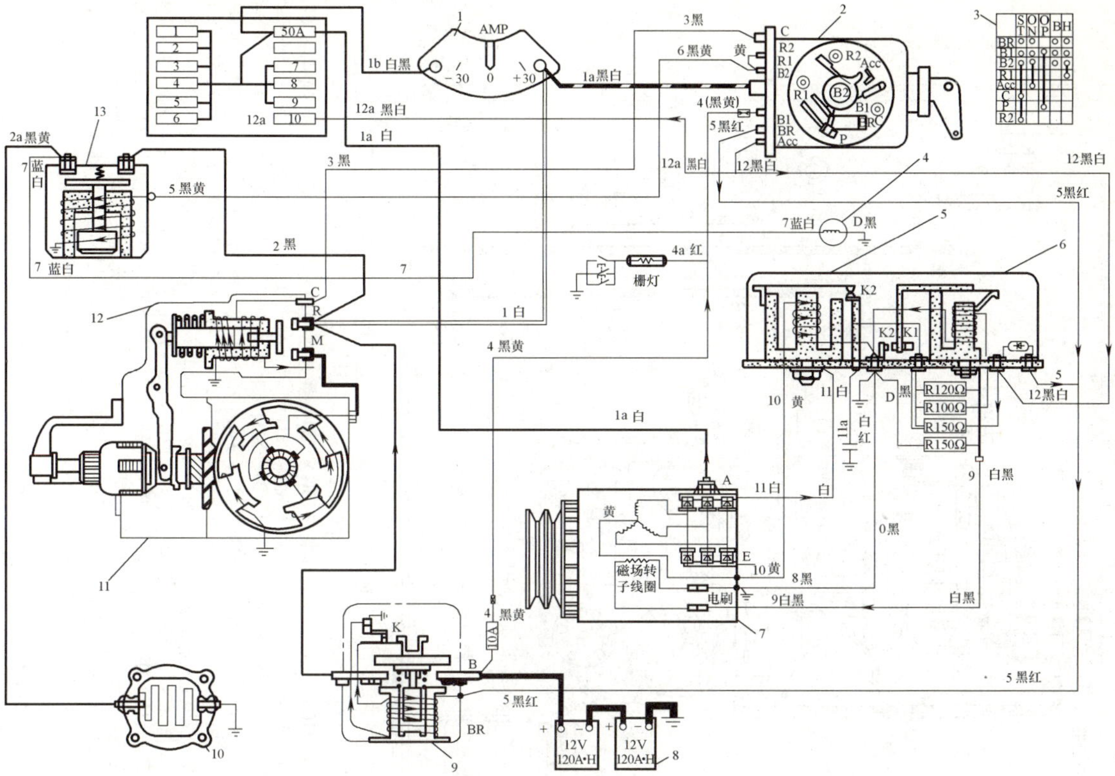

图 2-27　日产（NISSAN）TKL-20 型柴油货车电源起动电路局部结构原理图

1—电流表　2—点火开关　3—点火开关表格图　4—预热指示灯　5—磁场截流继电器　6—电压调节器　7—硅整流交流发电机　8—蓄电池　9—电源总开关　10—空气预热器　11—起动机　12—电磁开关　13—电磁预热开关

（四）整车电路结构原理图

为了生产与教学的需要，常常需要尽快找到某段电路的始末，以便确定故障所在的位置。在分析故障原因时，不能孤立地仅局限于某一部分，而要将这一部分电路在整车电路中的位置及与相关电路的联系都表达出来。整车电路图的优点在于：

1）对全车电路有完整的概念，它既是一幅完整的全车电路图，又是一幅互相联系的局部电路图。重点难点突出、繁简适当。

2）在图上建立起电位高低的概念，负极搭铁电位最低，可用图中最下面的一条线表示，正极火线电位最高，用最上面的一条线表示；电流方向基本是从上至下，电流路线从电源正极→火线→开关→用电器→搭铁→电源负极，这样就避免迂回曲折、看电路图迷路。

3）尽最大可能减少导线的曲折与交叉，合理布局、调整位置，画面简洁清晰，图形符号的绘制考虑元件外形与内部结构，便于读者联想分析，易读、易画。

4）各电路系统的相互并联关系清楚，发电机与蓄电池间、各电路系统之间连接点尽量保持原位，熔丝、开关、仪表的接法与原图吻合。

这种图的缺点是：图形符号不规范，容易各行其是，与国际、国内标准不相符，不利于进行对外和对内交流。

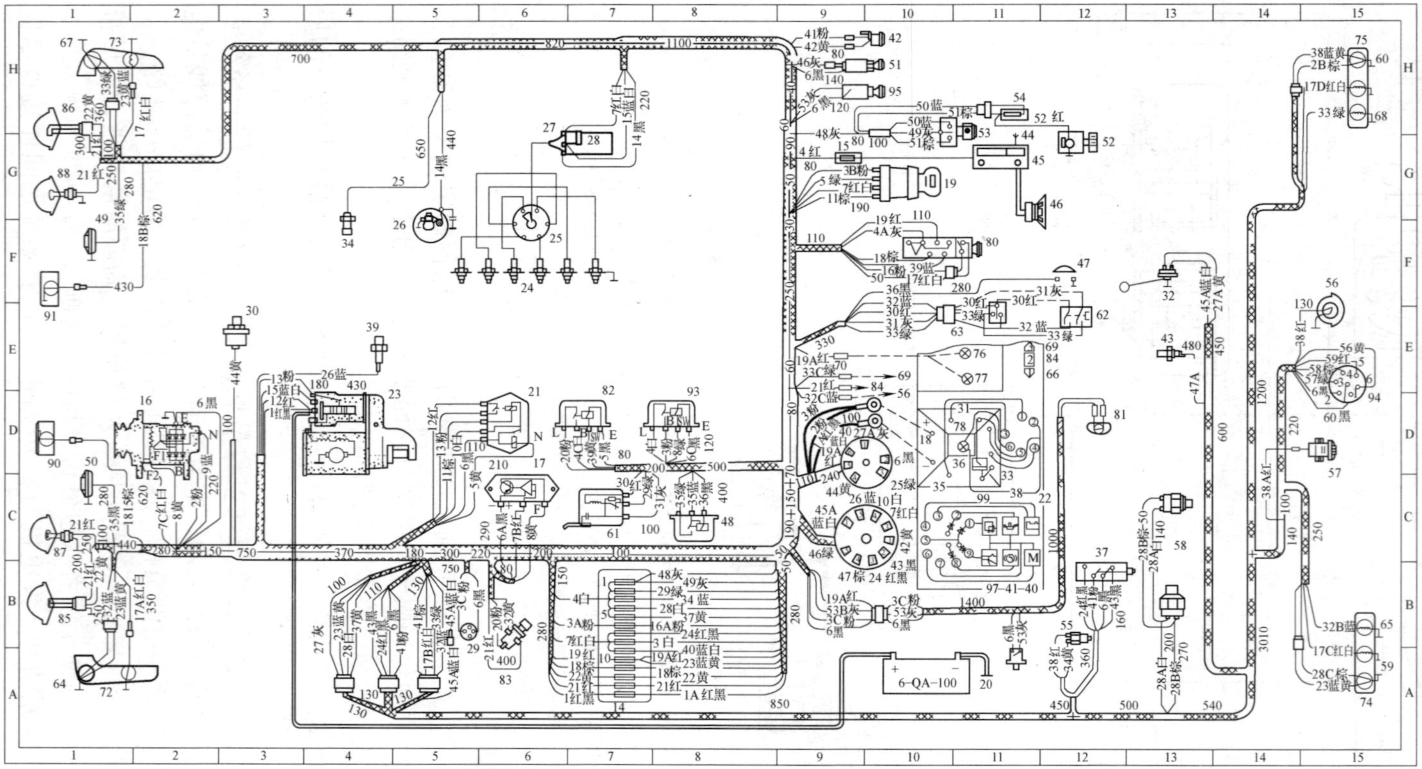

图 2-28　解放 CA1090 型汽车整车电路电缆配置图

1～15—熔断器（7A、8A）　16—交流发电机（2D）　17—晶体管调节器（6C）　18—电流表（10D）　19—点火开关（10G）　20—蓄电池（10A）　21—组合起动继电器（6D）　22—充电指示灯（11C）　23—起动机（4D）　24—火花塞（6F、7F）　25—分电器（6G）　26—断电器（5G）　27—点火线圈（7H）　28—点火线圈的附加电阻（7H）　29—工作灯插座（5B）　30—机油压力表传感器（3E）　31—机油压力表（11D）　32—燃油表传感器（13F）　33—燃油表（11D）　34—温度表传感器（4F）　35—温度表（10D）　36—仪表稳压器（11D）　37—停车灯开关（12B）　38—机油压力警告灯（11C）　39—油压报警开关（4E）　40—停车制动指示灯（11C）　41—低气压警告灯（10H）　42—低气压报警蜂鸣器（10H）　43—低气压报警开关（13E）　44—收放机天线（11G）　45—收放机（11G）　46—扬声器（11G）　47—喇叭按钮（12F）　48—喇叭继电器（8C）　49、50—喇叭（1F、1C）　51—点烟器（10H）　52—暖风电动机（12G）　53—暖风电动机开关（11G）　54—暖风电动机变速电阻（11H）　55—倒车灯开关（12B）　56—倒车灯（15F）　57—倒车蜂鸣器（15D）　58—制动灯开关（13B、13C）　59、60—制动灯（15A、15H）　61—闪光器（7C）　62—危险报警开关（12E）　63—转向灯开关（11E）　64、65—左转向灯（1A、1B）　66—左转向指示灯（11E）　67、68—右转向灯（1H、15H）　69—右转向指示灯（11E）70—发动机罩下灯开关（缺）　71—发动机罩下灯（缺）　72～75—示宽灯（1A、1H、15A、15H）　76～79—仪表照明灯（11E、11D）　80—车灯开关（11F）　81—室内灯（12D）　82—灯光继电器（7D）　83—脚踏变光开关（6A）　84—远光指示灯（12E）　85、86—前照灯（远光、近光，1B、1G）　87、88—前照灯远光（1C、1G）　89—小灯开关（旋转档 11F）　90、91—前小灯（1D、1F）　93—直流接触器（8D）　94—七孔挂车插座（15D）　95—顶灯开关（9H）　96—顶灯门控开关（11A）　97—机油滤清器堵塞报警灯（11B）　98—机油滤心堵塞报警开关（缺）　99—燃油量报警灯（11C）

注：1. 元件名称后括号内的数字与字母表示该元件在图中的位置。
2. 导线穿过的数字和颜色表示电线的序号和颜色标志，如 1A 红黑表示 1A 号导线，红底上有纵贯始终的黑色条纹。
3. 电缆上面和电线旁边的数字表示电线在这一区间的长度，如通往电喇叭的 35 绿线长度为 280mm，这些长度仅供参考。

（五）规范化电路原理图

近十年来，国内外汽车电路变化很快，大量的电路资料被翻译并发表出来。国内汽车电路的设计、使用、维修以及教学科研人员在电路图的表达方式及实际应用方面做了长期的探索与实践，在长沙汽车电器研究所和《汽车电器》杂志社的主持下，各方代表在学术会与杂志上进行了热烈的讨论，取得共识。大家同意推荐以德国博世（Bosch）公司提出的、经多年使用、修改后定稿的《汽车电路图与图形符号》（Automotive symbols and circuit diagrams）为基础，结合国家和国际标准以及汽车电器行业的具体情况，对汽车电路原理图的画法制定了详细的规范，并先后组织编绘了有关国内外汽车电路图集，均受到广大读者的热烈欢迎。这种以规范的图形符号与画法表达的电路，如图 2-29 所示。

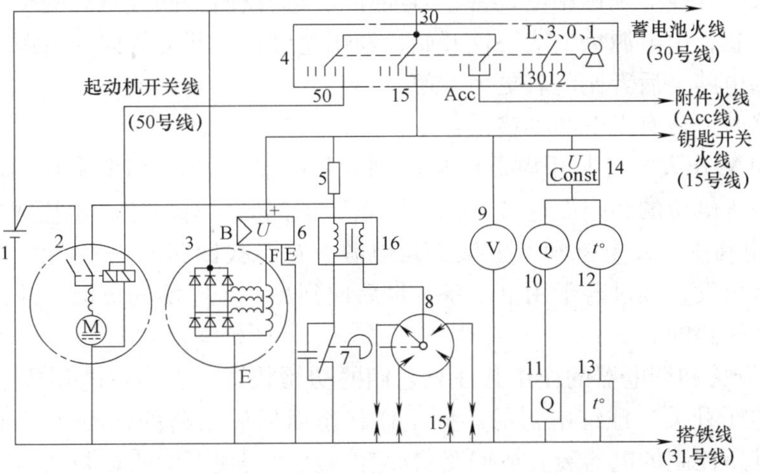

图 2-29　规范化电路原理图

1—蓄电池　2—起动机　3—交流发电机　4—点火（钥匙）开关　5—附加电阻　6—调压器　7—断电器与凸轮　8—配电器　9—电压表　10—燃油表　11—燃油表传感器　12—冷却液温度表　13—冷却液温度表传感器　14—稳压器　15—火花塞　16—点火线圈

这种规范化电路原理图，使我们能迅速抓住电路图的重点与难点，提高工作效率。它适合有一定电路基础和工作经验的汽车电工及驾驶人应用，初学者应当将这种图与实物及结构原理图综合运用，对于提高读图能力会有很大帮助。

第三节　汽车电路图的读图方法

一、识读汽车电路图的方法

（一）要具备读图的基本知识

1）要看懂汽车电路图首先应当具备一定的电工电子基础知识，例如直流电路、交流电路的一般规律，电磁感应定律，整流、滤波、稳压电路，晶体管的放大与振荡电路，晶体管与晶闸管开关电路等。

2）要牢记汽车电气设备的符号。如汽车仪表盘、指示灯和开关的标志、汽车导线的标记、汽车电路图中的接线柱标志、汽车电路原理图中的图形符号、汽车电路图的表达形式。

3）要弄懂各电气设备的结构形式和工作原理。要做到查线熟练，故障诊断迅速，还必须了解各电气设备的安装位置。

4）在读错综复杂的汽车电路图全过程中，始终要牢记汽车电路的普遍共性，即“直流电、低电压、各电气设备并联连接、单线制与负极搭铁”。汽车上有两个直流电源发电机和蓄电池之间也是并联的。

5）任何一个电路都应是一个完整的电器回路。回路是指从一个电源的正极出发，经过用电器，必须回到同一电源的负极。由于汽车电路的主要特点是单线制，各种电器相互并联。因此利用“回路原则”，可以顺着电流查找汽车电路：电流流向必须从电源正极出发，经熔断器、开关、导线等到达用电设备，再经导线或搭铁回到同一电源的负极。也可逆着电路电流的方向查找，由电源负极或搭铁开始，经用电设备、开关等回到电源正极。尤其对于一些不太熟悉的电路，后者比前者更为方便。

在寻找回路时，常有以下两种错误：

① 从电源正极出发，经某用电器或再经别的用电器，最后又回到同一电源的正极。电源的同一电极是等电位的，因而这种“从正到正”的路径没有电流，不构成回路。

② 在汽车电路中，发电机和蓄电池都是电源，在寻找回路时，不能混为一谈。不能从一个电源的正极出发，经过若干用电设备，最后回到另一个电源的负极。这样的路径也是没有电流，不构成回路的。

6）应掌握开关和继电器的作用并注意它们的初始状态。大多数电器或电子设备都是通过开关（包括电子开关）或继电器的不同工作状态而形成回路的，当开关或继电器的触点状态改变时，其所控制的电器装置或回路将改变，从而实现不同的控制功能。

在汽车电路图中，各种开关、继电器都是按照初始状态画出的，即开关未接通，继电器线圈未通电，其触点处于原始状态。因此在读图或分析电路时不应按照原始状态分析，否则很难理解电路的工作原理，而必须按照电路中开关或继电器的工作状态进行分析。

另外，对于采用多档开关或组合开关的电路，应注意蓄电池（或发电机）的电流是通过什么途径到达这个开关的，中间是否经过其他开关或熔丝，火线接在开关的哪个接线柱上；多挡开关共有几个档位，开关内部有几个同时或分别动作的触点；在每一档位接通或关断时哪些电器在工作，其作用和功能是什么；组合开关由哪些开关或按钮组合而成，各通过哪些触点接通或改变哪些回路，电路中哪些开关处于常通或短暂接通，哪些应先接通，哪些应后接通；哪些电器应单独工作，哪些应当同时工作，哪些电器不允许同时接通等。

7）要善于化整为零。汽车整车电路是由多个子系统电路组成的，如电源系统、起动系统、点火系统、照明系统、信号系统、电子控制系统等。由于汽车电路采用单线制、各电路负载相互并联等特点，因此，这些子系统电路基本上都是相对独立的，在分析汽车电路图时应充分利用汽车电路的特点，把子系统电路从整车电路图上分解出来，搞清楚各个子系统电路的结构和工作原理，这样理解整车电路也就容易了。整车电路可以按前面所述的组成汽车电器线路的各个子系统电路逐一进行分析；对于各子系统电路同样可以采取各个击破的办法进行识读。例如电子控制系统电路，就可以分成发动机电子控制系统、自动变速器电子控制系统、制动防抱死电子控制系统等电路；发动机电子控制系统又可分为燃油喷射控制、点火控制、排放控制等不同电路逐一进行阅读分析。另外，还应注意的是，在对各系统单元电路进行分析的同时，还应注意各子系统电路之间的相互关系和相互影响。

8）善于归纳整理、触类旁通。在看汽车电路图时，一定要先分析清楚一种型号的汽车电路，然后举一反三，互相比较，触类旁通，掌握汽车电路的一些共性的规律，再以这些共性为指导，了解其他型号的汽车电路，这样又可发现更多的共性，而且还可发现各种车型之间的差异。例如，掌握了解放牌汽车电路的特点，就可以大致了解东风、跃进等国产汽车电路的特点；掌握了日产、三菱、丰田等汽车电路，就可以基本了解日系汽车电路的特点；掌握了桑塔纳轿车的电路，就可以了解奥迪、捷达等德国大众公司汽车电路的特点等。如此反复，不断积累，便可获得识读各种汽车电路图的能力。

9）掌握电器装置在电路图中的布置。在电器系统中，各种继电器，还有多层多档组合开关在电路图上表示时，有采用集中表示法和分开表示法两种。

集中表示法是把一个电器装置的各组成部分，在图上集中绘制的一种表示方法。集中表示法仅适用于较简单的电路。随着汽车电路日趋复杂，一个电器装置有较多的组成部分（如组合开关），若集中画在一起，则易引起线条往返和交叉线过多，造成读图困难。再如继电器的线圈和触点，有时绘制在一起，也易引起线条往返交叉线过多，造成读图困难。这时宜采取分开表示法，即把继电器的线圈、触点分别画在不同的电路中，用同一个文字符号或数字符号将分开部分联系起来。因此在看图时应注意区别。

（二）布线图与整车电路电缆配置图的识读

布线图与整车电路电缆配置图的识读可按浏览、展绘和整理三个阶段进行。

1. 浏览

首先应认真读一遍图注，然后对照图注了解整车电路中有哪些电器，各电器的分布位置。按照常见电器和新异电器分类，对于新异电器则应尽可能地翻阅有关电器的文字说明，事先了解部件的功能和原理，以及系统原理图。

2. 展绘

浏览后虽然可以基本了解电气各系统的组成或工作原理，但是，由于整车电路支路数较多，浏览不一定能完全了解电路的工作原理及其连接特点。因此，浏览后常常需要把图中的每根线条精确地展绘出来。为避免出现差错，可将直尺放在图中每一条电流支路的图线上，并把它详细绘制出来。为防止遗漏失误，应找出一段电路，立即记录一条，直到绘制最后一根线条为止。展绘时每条支路一般依电源→相线→熔断器或继电器→开关等中间环节→用电器→搭铁的顺序查线。目前，汽车上的熔断器、插接器、继电器、报警指示灯数量较多，应仔细标注清楚。由于灯光总开关、刮水器开关、点火开关、仪表板等处的线头较多，且绘制线条密集，展绘时应仔细观察。展绘不一定要求绘出简洁规范的原理图，展绘的目的仅仅是把布线图与整车电路电缆配置图展开，因此展绘时尽可能用幅面较大些的图纸。

3. 整理

展绘是“化整为零，找出通路”的过程。展绘得到的图样一般较散乱，且分布无规则。为便于分析、保存，一般还要几次反复改绘才能整理出简洁整洁的原理图。为了便于比较和快速记忆，改绘的电路原理图布局应有自己统一的格式；元器件符号也尽可能采用标准符号；有些特殊电器在图注中还需用简要文字说明；原理图上接线柱的标号、电线标号、器件标号尽可能与原图编号一致。

识读一定数量的布线图与整车电路电缆配置图后，一定会发现不同车型全车线路具有许多共性，及时归纳总结出这些共性及差异，对今后快速读图有很大的帮助。由于汽车电器具有通用性和专业化生产的关系，各国汽车的整车电路形式大致也可划分为几种类型。例如：掌握了桑塔纳汽车电路的特点就大致了解了欧洲汽车电路的电气特点。

（三）汽车电路原理图的读图步骤

1. 认真阅读图注二到三遍

对照图注熟悉元器件的名称、位置。初步了解整车电路中的电器数量、连线情况，以及哪些是常见元器件，哪些是新颖、独特、复杂的元器件，只要认真去做，就可以了解一大半电路特点，同时也能较快地发现整车电路的重点与难点。

2. 抓住汽车电路的几条主干线

因为汽车电路有单线制、电器相互并联、负极搭铁等共性，而且某些电器开关在电路中的控制作用一般可以分成几条主干线，在每条主干线上都接有相应的支路熔断器及支路用电器。抓住这几条主干线，对于查找电路，常有事半功倍的效果。汽车电路中以点火开关为分水岭，将整车电路分成几条干线，全车电器按工作需要接在不同的干线上。

（1）蓄电池火线（B线、30号线） 该线直接连接在蓄电池（发电机）正极，是火线，常带电（欧洲汽车电器上标有“30”标志的导线），直通熔丝盒。也有些汽车的蓄电池火线接到起动机火线接柱上，再从那里引出较细的火线。在这条线上，除了用电器自身的开关控制外，不需经过其他开关，一般不受点火开关控制，如工作灯插座、电钟、门控室内灯、行李箱灯、危险警告灯、点烟器等（见图2-29）。

（2）点火仪表指示灯线（IG线、15号线） 该线用汽车钥匙将点火开关打到ON（开）和ST（起动）档才有电，才能接通点火电路、预充磁、仪表系统、指示灯、信号系统、警告灯、电子控制系统等重要电路。

在汽车发动机正常运行时，因为有钥匙控制，这些电器安全性较好，有些车辆，如铃木微型汽车电器几乎都接在这条线上（起动系除外）。

（3）起动控制线（ST线、50号线） 该线是受钥匙开关“ST”（起动）档控制的火线，汽车电器与此线相连的主要是起动机的电磁开关、起动继电器，它主要控制起动机的接入，属于短时间使用的干线。装有自动变速器的轿车，为了保证空档起动，常在50号线上串联空档开关。

（4）受钥匙开关“HEAT”（预热）档控制的火线 在此档主要是柴油机的预热塞（或兼有预热继电器、定时器预热指示灯等）投入工作。

（5）附件专用线（Acc线、15A线） 受钥匙开关“Acc”（附件）档控制的火线，是发动机不工作时应当单独接入的电器，如点烟器、收放机、空调设备等。在发动机正常工作时，这些设备当然也应当接入，单独接入是避免其他不工作的设备也接通电源（如点火线圈、仪表等）。

（6）搭铁线（搭铁线、31号线） 汽车电路中，以元件和机体（车架）金属部分作为一根公共导线的接线方法称为单线制。将机体与电器相接的部位称为搭铁。搭铁点分布在汽车全身，由于不同金属相接（如铜与铁、铜与铝、铝与铁）会形成电极电位差，有些搭铁部位容易沾染泥水、油污或生锈，有些搭铁部位是很薄的钣金件，都可能引起搭铁不良，使灯不亮，仪表不起作用，喇叭不响等。要将搭铁部位与火线接点同等重视，所以现代汽车局部采用双线制，设有专门公共搭铁接点，绘制专门搭铁线路图。为了保证起动时减少线路接触压降，蓄电池极桩夹头、车架与发动机机体都接上大截面积的搭铁线，并将接触部位彻底除锈、去漆、拧紧。

在以上各条干线中，以30、15、50、31号几条线最为重要，先抓住这几条线，整车电路就有眉目了。

熔断器盒一般安装在仪表盘附近或发动机罩下面，常与继电器组装在一起，构成全车电路的中央接线盒。由于全车电路被点火开关和其他开关（如灯光控制开关）分成火线（30号线）、点火仪表指示灯线（15号线）和附件专用线（Acc线或15A线），还可以再由继电器灯光控制开关分成示宽灯、尾灯线（58号线）和前照灯线（56a线、56b线），所以相应的熔丝也有电。

3. 依据回路原则读图

任何一个完整的电路都是由电源、熔断器、开关、用电器、导线等组成的。电流必定是从电源正极出发，经过熔断器、开关和导线到达用电器，再经导线（或搭铁）回到同一电源的负极，才能构成回路，只有这样，这个回路才是正确有效的，否则就是读错了或查错了（接错了）电路。

电流的方向，即正电荷的流动方向，而不是电子的流向。初学者常常任意设定电流方向，这将给识读电路图带来混乱，特别是在晶体管电路和多线圈磁路中，如果电流方向不能确定，就无法得出正确的结论和正确理解电路的工作原理。如果按照这种路线去连接晶体管调节器、晶体管点火电路、晶体管闪光继电器等，可能造成元器件的损坏。

这里强调"同一电源"，是因为汽车上有两个电源——发电机与蓄电池，一般工作情况下，发电机与蓄电池的电压完全相等的情况较少，不是发电机向蓄电池充电，就是蓄电池在向外放电。在工作中，由于发电机转速变化频繁，蓄电池充放电的情况也在经常变化，当发动机转速高于怠速时，则发电机的电压就会高于蓄电池，因此日常供电电源应当是发电机。在读图时应当以发电机为电源。即从发电机正极出发，经用电器后，电流应回到发电机负极。当发电机不工作时（遇到故障时也常将发动机熄火），以蓄电池为电源。此时，电流从蓄电池正极出发，经用电器回到蓄电池负极。

若以发电机正极出发，经用电器回到蓄电池负极，而不是回到发电机负极，则还没有形成回路。比如充电电流因发电机搭铁不良而未回到发电机负极，蓄电池照例不会产生充电效应即无充电电流。

这里强调回到"同一电源的负极"，而不是"正极"是因为电源电动势（电压）是产生在电源正负极之间，电流在用电器回路上产生电压降。如果在读图时使电流又回到"同一电源正极"（整车电路中支路很多，常易出现这种错误），电源的同一电极是等电位的，没有电位差，所以"从正到正"的电流路线不会产生电流，这样读图、查线一定是错误的。

4. 注意开关在电路中的作用

开关是控制电路通断的关键，简单的开关只有两根导线接入，复杂的开关往往汇集着许多导线。分析汽车开关电路时应注意以下这些问题：

1）蓄电池（或发电机）电流是通过什么路径到达这个开关的，中间是否经过别的开关和熔断器。

2）开关是手动、机械联动还是电控的？每个被控电器的作用是什么？开关共有几个档位？

3）开关的许多接线柱中，哪些是直通电源的？哪些是接用电器的？接线柱旁是否有符号？这些符号是否常见？

4）开关共有几个档位？在每一档中，哪些接线柱有电？哪些没电？开关内部有几个同时或分别动作的触点，在每一档中，各接通哪些电器？关断哪些电器？

5）在被控的用电器中，哪些电器应经常接通？哪些应短暂接通？哪些应先接通？哪些应后接通？哪些应当单独工作？哪些应当同时工作？哪些电器不允许同时接通？

其中五档点火开关见图 2-25 的分析。

组合开关通常由转向灯开关、前照灯变光开关、刮水器开关、洗涤器按钮、喇叭按钮、危险警告灯按钮等组合在一起，结构较复杂，但其功能仍然是各自独立的，依各自的回路读图。

5. 整车电路图中各种电器的元件（或部件）表示方法

整车电路图中各种电器的元件（或器件）表示方法分为以下三类：

1）用各种电器的简易外形图表示。

2）用厂方规定的符号表示。

3）用国家标准符号表示。

6. 注意汽车生产的年份

现代汽车更新换代周期很短，电器系统的改进更为突出。同一厂牌、型号的汽车，由于生产年份不同，电器系统多有差异。所以查阅整车电路图时必须注意出厂日期。

7. 注意附加内容

有的汽车整车电路图以某一基本车型为主，又增加了部分附加内容。例如，手动变速器与自动变速器；左方向盘与右方向盘；普通门锁与自动门锁；普通型照明系统与非标准型照明系统；瑞典型、澳洲型及亚洲型等。若电路图上同时存在两种并列的电路，阅读此类综合电路图时，则应针对具体的车辆有选择地利用图文资料。

二、典型汽车整车电路的分析

在初步掌握汽车电路图读图要领的基础上，通过对某种型号汽车电路作具体的分析，就可以掌握这种汽车电路的一些特点，如将货车与客车、货车与轿车、国产车与进口车作一些比较和分类，就可以在使用、维修中减少盲目性。

（一）解放 CA1092 型汽车电路分析

图 2-30 和图 2-31 是解放 CA1092 型汽车全车电路原理图，它的特点是电器部件按功能排列在一起，所用的电器符号为标准符号。导线的线条为水平、垂直布置，并联关系明显，且很少有立体交叉现象。这样便于迅速抓住电路的特点与工作原理，而且能够找到电器所在的大致位置和有关导线颜色及粗细。

1. 电源系统

蓄电池负极搭铁，采用外搭铁式普通 6 管硅整流发电机，配用外搭铁式晶体管调节器。充电指示灯由组合起动继电器控制。其中硅整流发电机有 5 个接线柱，各接线柱的名称及连线特征如下：

E—搭铁，黑色导线。

B 或 A—发电机正极，接电流表和需要与蓄电池火线相接电器的熔断器，是粉红色导线。

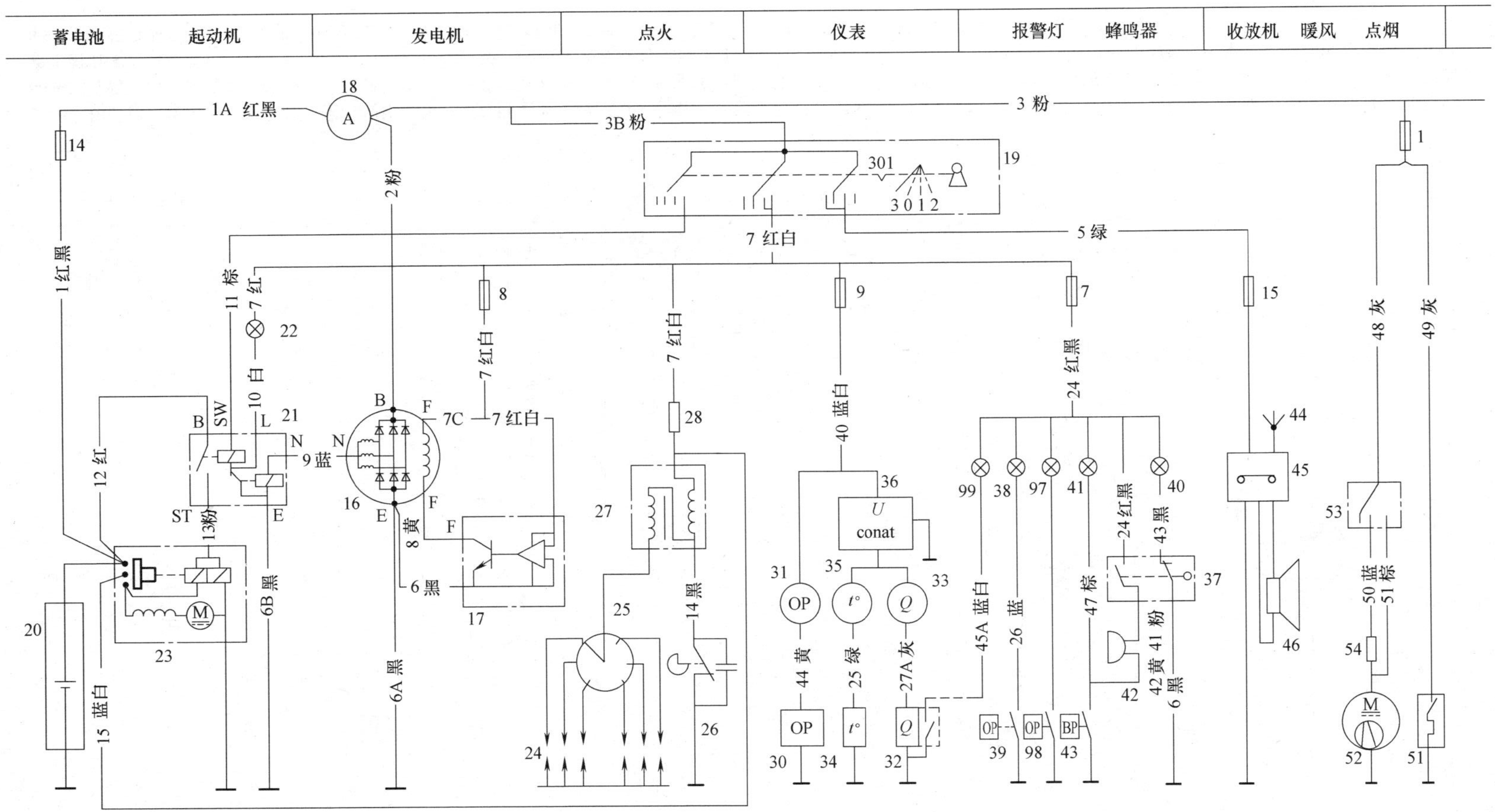

图 2-30　解放 CA1092 型汽车全车原理图（一）

1、7～9、14、15—熔断器　16—发电机　17—晶体管调节器　18—电流表　19—点火开关　20—蓄电池　21—组合起动继电器　22—充电指示灯　23—起动机　24—火花塞　25—分电器　26—断电器　27—点火线圈　28—点火线圈附加电阻　30—油压表传感器　31—油压表　32—燃油表传感器　33—燃油表　34—温度表传感器　35—温度表　36—仪表稳压器　37—停车灯开关　38—机油压力警告灯　39—机油压力报警开关　40—停车制动指示灯　41—制动系低气压警告灯　42—低气压报警蜂鸣器　43—低气压报警开关　44—收放机天线　45—收放机　46—扬声器　51—点烟器　52—暖风电动机　53—暖风电动机开关　54—暖风电动机变速电阻　97—油量警告灯　98—油量警告灯开关　99—燃油过少警告灯

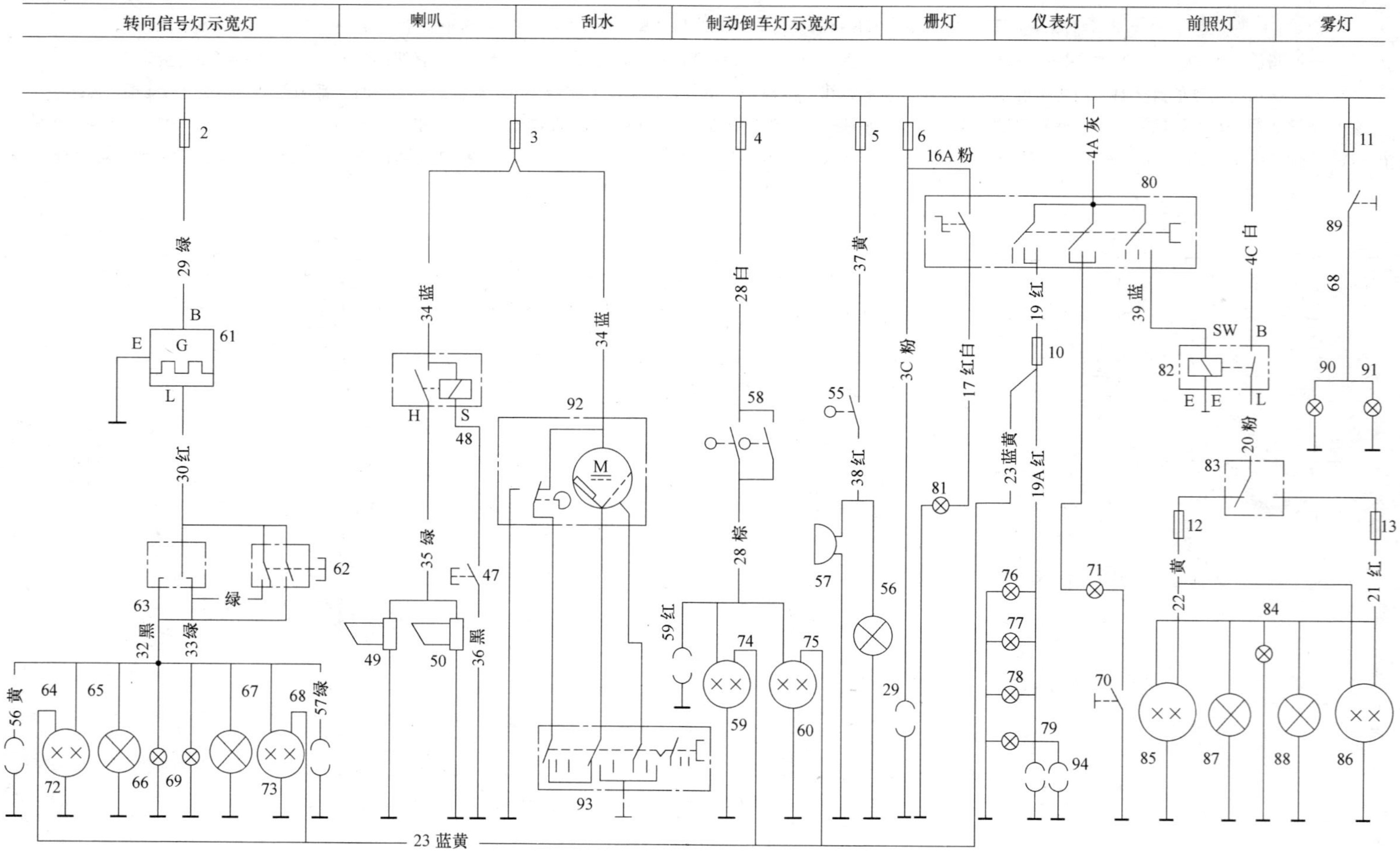

图 2-31　解放 CA1092 型汽车全车原理图（二）

2～6、10～13、15—熔断器　47—喇叭按钮　48—喇叭继电器　49、50—电喇叭（高、低音）　55—倒车灯开关　56—倒车灯　57—倒车蜂鸣器　58—制动灯开关　59、60—制动灯　61—闪光器　62—危险报警开关　63—转向灯开关　64、65—左转向信号灯　66—左转向指示灯　67、68—右转向信号灯　69—右转向指示灯　70—发动机罩下灯开关　71—发动机罩下灯　72～75—示位灯　76～79—仪表照明灯　80—车灯开关　81—室内灯　82—灯光继电器　83—脚踏变光开关　84—远光指示灯　85、86—前照灯（远近光）　87、88—前照灯（远光）　89—雾灯开关　90、91—雾灯　92—刮水器　93—刮水器开关　94—七孔挂车插座

N—发电机三相绕组中性接线柱，接组合起动继电器“N”接线柱，是蓝色导线。

F1—磁场线圈一端，经熔丝 8 与点火开关相通，是励磁电流的流入端，红白色导线。

F2—磁场线圈另一端，励磁电流的流出端，接电压调节器的“F”接柱，是黄色导线。

2. 起动系统

采用电磁操纵式起动机，设有安全起动保护电路，组合继电器内是一个起动继电器和充电指示灯继电器。起动继电器线圈除受点火开关起动档控制外，还受充电指示灯继电器控制，而充电指示灯继电器又受硅整流发电机中性接线柱控制。因此，在发动机正常工作时，即使驾驶人误将点火开关旋至起动档（ST 档），起动机也不会接通工作，从而达到安全起动的目的。

3. 点火系统

可配用传统点火系统，也可选装磁电式电子点火系统。配用传统点火系时统，点火线圈采用三柱式。在起动时，起动机电磁开关的开关接线柱经 15 蓝白线将附加电阻 28 短路，以增大起动时点火能量。配用电子点火系统时，配用带电子点火模块的高能两柱式点火线圈和专用磁电式分电器。点火高压阻尼线按顺时针 1-5-3-6-2-4 的点火次序分布。

4. 照明系统

车灯开关 80 在Ⅰ、Ⅱ档均能接通示位灯、牌照灯、仪表照明灯；Ⅱ档还能接通前照灯。前照灯采用四灯制，远光受灯光继电器控制，近光、远光用脚踩变光开关选择控制。车灯开关还有旋转档，用以控制驾驶室顶灯。雾灯由雾灯开关控制，发动机罩下设有带开关的工作灯。

5. 信号系统

信号系统包括转向（危险）信号、倒车信号、制动信号。闪光器 61 为电容式，转向与危险报警共用。双音盆形电喇叭 49、50 受喇叭继电器 48 控制。倒车时，变速器上钢球顶杆式倒车灯开关 55 会将倒车灯和倒车蜂鸣器接通，同时发出声光信号。

6. 仪表系统

电气仪表有电流表、燃油表、冷却液温度表和机油压力表。其中冷却液温度表、燃油表共用一只稳压器 36。

7. 警告灯

有充电指示灯、驻车制动警告灯、气压过低警告灯、机油压力过低警告灯。接通点火开关Ⅰ档，四只灯均应发亮。发动后，机油压力警告灯和充电指示灯应熄灭；当贮气筒气压升到 4. 2 ~4. 6kPa 时，气压警告灯灭。若气压不足就放松手制动，则气压过低，蜂鸣器鸣叫，以示未具备起动条件，若起动可能有危险产生。

8. 辅助电器

有暖风调速电动机、点烟器、收放机、三速式电动刮水器。

9. 继电器和熔断器

喇叭继电器、闪光器、灯光继电器，都安装在驾驶室内驾驶人脚前方的一个盒子里；组合继电器安装在发动机室起动机上方的驾驶室前围板上。熔断器盒内有 14 个熔断器，安装在驾驶室内驾驶人左脚边。

（二）捷达、高尔夫轿车电路分析

捷达、高尔夫轿车电路图在表达方式与电路结构方面与上海桑塔纳轿车电路有许多相似与相同之处，主要特点如下：

1. 继电器与熔丝所在的中央接线盒都画在电路图的上部

用细实线表示内部接线；用粗实线表示外部电线，所有的开关与用电器都处在未工作的状态。

2. 导线颜色用如下字母表示

ge—黄色　ws—白色　ro—红色　gn—绿色　sw—黑色　li—紫色　bl—蓝色　gr—灰色　br—棕色

3. 导线地址码

如图 2-32 所示，最下面一条线和号码（① ⑲ 3 4 5）表示元件所在地址，便于查找电器元件和导线所在的位置。有些导线在一张图上无法表达，便用导线末端的小方框及数字表示该线要在这个数字所在的地址码处相接。如图 2-32 中地址码 4 上面的 0.35mm²bl（蓝）线去往[55]处。再查图 2-33 中地址码“55”处，有[4]处来的 bl（蓝）线，接发电机的充电指示灯 K2。从图 2-32 的地址码“1”处可见，该线是从发电机励磁二极管引出的 0.5mm² 蓝线 D+从插接器 A2 的 1 号引脚进入中央接线盒的。

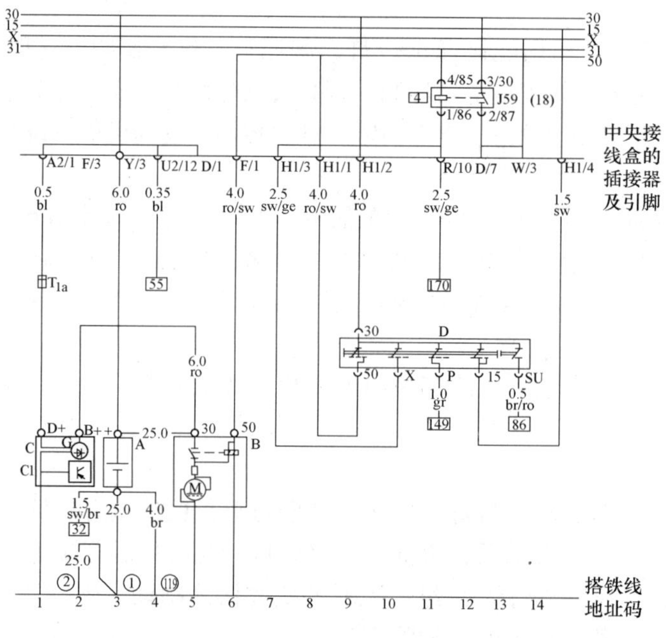

图 2-32　捷达高尔夫轿车发电机、蓄电池、起动、点火电路图

A—蓄电池　B—起动机　C—发电机　Cl—电压调节器　D—点火开关

J59—触点卸荷继电器　Tla—单孔接头（蓄电池附近）

① 蓄电池—车身接地线　② 变速器—车身接地线　⑲ 前照灯线束内接地连接点

另外，与最下面一条线靠近的小圆圈中的数字表示搭铁地点，在每图的图注中都有说明。

4. 大众公司电路图与博世公司电路图区别

线路图中使用的符号常见于大众公司其他汽车电路图中，与博世公司推荐的电路符号和电路图相比，有些符号如直流电动机、点火线圈、上止点传感器的图形中都有大面积涂黑，不仅不便于计算机绘图，也不便于手工绘图。

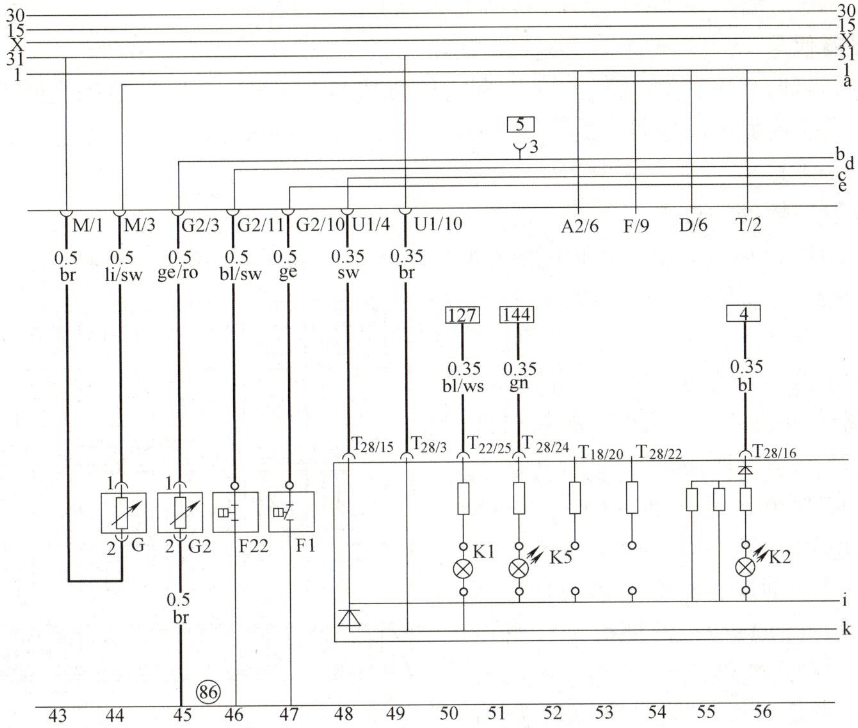

图 2-33 捷达高尔夫轿车仪表板连接、油压开关、冷却液温度传感器电路

F1、F22—油压开关 G—燃油表传感器 G2—冷却液温度表传感器

K1—远光指示灯 K2—发电机充电指示灯 K5—转向指示灯

T_{28}—28 孔插头，在仪表板上 85—搭铁连接点，在发动机舱线束内

5. 中央接线盒中的几条主干线位于电路图的上方

“30”线为常有电的相线，电压 12V，与蓄电池正极直接相连，中间不经过任何开关，不论是停车时或发动机熄火时均有电。

“15”线，只有接通点火开关 ON 挡、ST 挡后才有电。

“X”线，车辆起步时才能接通的大容量电器用相线，起动时自动切断，常接在卸荷继电器之后，电压 12V。

“31”线为搭铁线，与蓄电池负极相接或与搭铁线、搭铁部位相接后再与蓄电池负极相通。

6. 继电器与开关插脚号与接线柱标志

在捷达、高尔夫轿车电路图中，继电器的插脚或接线柱的标志有特定的含义。如图 2-32 中的 J59 触点卸荷继电器的插脚号与接线柱标志对应如下：1/86 和 4/85 继电器线圈的两个端子；3/30 和 2/87 是继电器触点的两个端子。

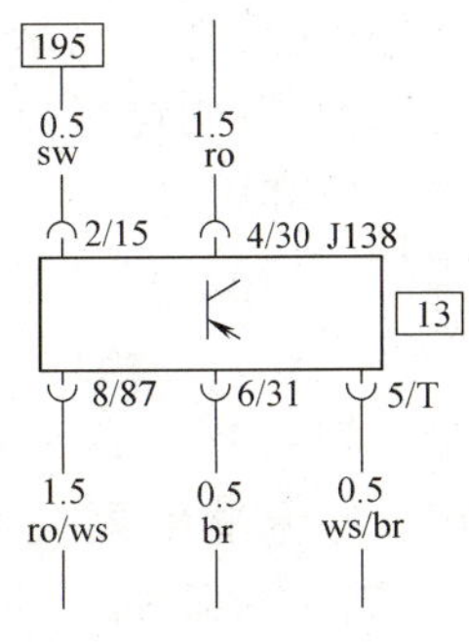

图 2-34 散热器风扇起动控制单元 J138

再如图 2-34 中的散热器风扇起动控制单元 J138 中，2/15 连接点火开关控制图 2-35 中的 S13（10A）熔丝；4/30 连接图 2-35 中 S19 熔丝来的“30”号火线；5/T 连接风扇起动温控开关；8/87 连

接散热器风扇电动机 V7；6/31 经 0.5mm^2 棕线（br）搭铁。

7. 插接器代号

T5e/4 插接器符号的意义是：“T”为插接器代号；“5”为插接器的孔数（电线数）；“e”为在五线插接器中的序号；“4”为电线 1.5SW（1.5mm^2 黑线）的位置。T5e 插接器用于鼓风机串联电阻 N23。

8. 继电器与熔丝的位置

大部分继电器和熔丝都安装在中央接线盒的正面，其配置如图 2-35 所示。几乎全部主电缆都从中央接线盒底部引出，如图 2-36 所示。

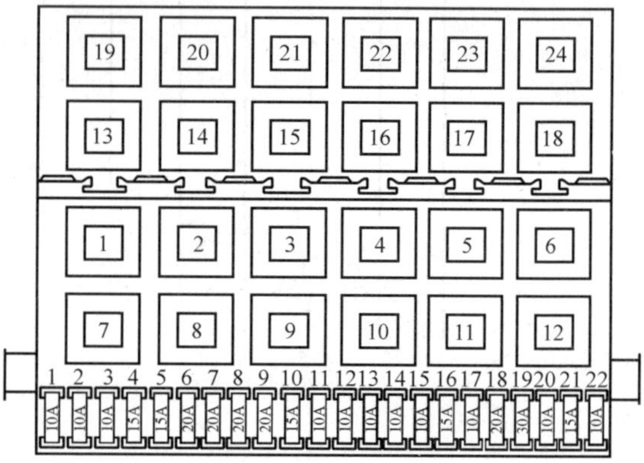

图 2-35　捷达、高尔夫轿车继电器与熔丝在中央接线盒上的配置

（1）继电器与熔丝的名称

1—空调继电器；2—后风窗刮水与洗涤继电器（72）；3—Digifant/Digijet（多点喷射系统）控制单元继电器（61）；4—X 触点卸荷继电器（18）；5—冷却液不足指示仪继电器；6—遇险警报继电器或挂车遇险警报继电器（21）；7—前照灯清洗继电器（22）；8—刮水洗涤间歇继电器（19）；9—安全带报警系统继电器；10—雾灯继电器；11—双音喇叭继电器或喇叭插头（53）；12—进气歧管预热继电器或燃油泵继电器或预热塞继电器；13—散热器风扇起动控制单元或燃油泵起动控制单元或怠速提高控制单元继电器（31）；14—起动保护继电器或散热器风扇起动控制单元，或催化反应器警报控制单元，或进气歧管预热继电器；15—ABS 液压泵继电器或冷却液泵熔断器；16—ABS 继电器；17—空位；18—电动座椅调整机构熔断器或自由轮锁止机构继电器；19—自动变速器继电器或冷却液泵继电器；20—自由轮锁止机构继电器或自动预热过程控制继电器；21—车窗玻璃升降器继电器；22—ABS 阀，ABS 液压泵熔断器；23—空调、电动座椅调整装置、双频道收放机熔断器；24—车窗玻璃升降器熔断器。

以上继电器名称后面括号中的数字表示打印在外壳上的生产控制号。

（2）熔丝的名称和容量

1—左近光灯（56b）10A；2—右近光灯（56b）10A；3—仪表照明，牌照灯（58）10A；4—杂物箱照明灯（15）15A；5—前风窗刮水洗涤设备（X）15A；6—鼓风机（X）20A；7—右停车灯和尾灯（58R）10A；8—左停车灯和尾灯（58L）10A；9—后窗除霜（X）20A；10—前雾灯，15A；11—左远光灯（56a）10A；12—右远光灯（56a）10A；13—喇叭（15）10A；14—倒车灯，可预热喷嘴（15）10A；15—电磁离合器开关、燃油泵起动（15）10A；16—仪表盘（15）15A；17—遇险警报灯（15）10A；18—燃油泵，加热 λ 传感器 20A；19—散热器风扇，空调继电器（30）30A；20—制动灯（30）10A；21—车内灯（30），数字钟（30）15A；22—收录机/点烟器（30）10A。

注意：括号中数字与字母代表点火开关与照明开关有关的接线柱与导线标志。熔丝的颜色及其所代表的容量（A）：30A 为绿色；15A 为蓝色；25A 为白色；10 为红色；20A

为黄色。

（3）多孔接头的线路配置

A1—8 孔插头（黄色），前照灯电缆；A2—8 孔插头（黄色），前照灯电缆；B—6 孔插头（绿色），用于前照灯清洗系统；C—8 孔插头（黄色），用于任选电缆；D—12 孔插头（绿色），用于附加设备；E—5 孔插头（绿色），仪表电缆；F—9 孔插头（白色），发动机舱右侧电缆；G1—12 孔插头（白色），发动机舱右侧电缆；G2—12 孔插头（白色），发动机舱右侧电缆；H1—10 孔插头（红色），转向柱开关电缆；H2—8 孔插头（红色），转向柱开关电缆；J—10 孔插头（红色），转向柱开关电缆；K—12 孔插头（黑色），尾部电缆；L—7 孔插头（黑色），尾部电缆；M—6 孔插头（黑色），尾部电缆；N—6 孔插头（绿色），空调电缆；P—9 孔插头（蓝色），后风窗及前雾灯开关电缆；Q—6 孔插头，（蓝色），仪表电缆；R—10 孔插头（蓝色），灯光控制开关电缆。

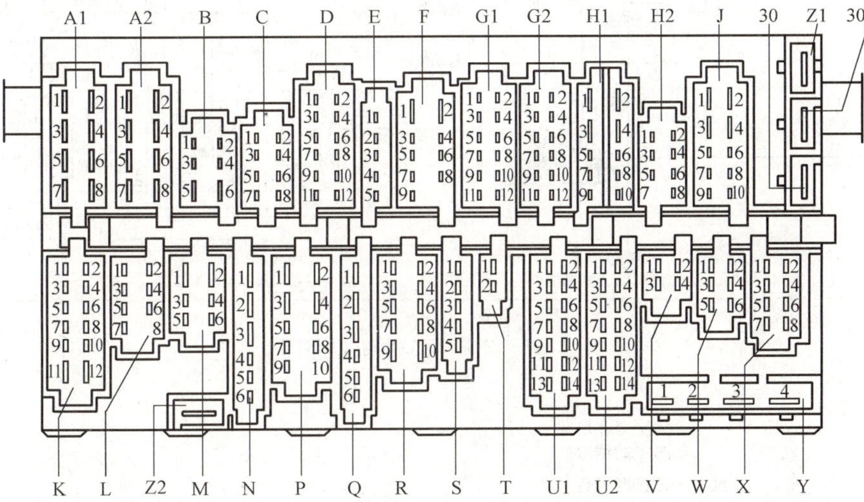

图 2-36　捷达、高尔夫轿车中央接线盒底部多孔接头的配置

（三）丰田汽车电路分析

丰田汽车整车电路图中包括三部分：系统电路图、该系统的插接器图和维修指南。系统电路图如图 2-37 所示，图中各种符号的意义如下：

1）“Ⅰ”表示系统标题以及标记。

2）“Ⅱ”表示配线颜色。配线颜色用字母代号表示。例如：B—黑、L—蓝、R—红、BR—棕、LG—浅绿、V—紫、G—绿、O—橙、W—白、GR—灰、P—粉红、Y—黄，第一个字母表示配线基本颜色，第二个字母表示配线的条纹颜色。

3）“Ⅲ”表示与电器元件连接的插接器图。其中字母为插接器引脚编号，如图 2-38 所示。

4）“Ⅳ”表示插接器的引脚编号，其中插座和插头的编号的方法不同。如图 2-39 所示，插座编号中顺序为从左至右，从上至下，插头则为从右至左，从上至下。

5）“Ⅴ”表示继电器引脚（圈内数字表示继电器盒号码，圈旁数字表示该插接器的插座位置代码）。不印上阴影，以区别于接线盒（J/B）。例如：“2 ①”表示 EFI 主继电器在

1 号继电器盒内，其插接器位置代码为 2 号。

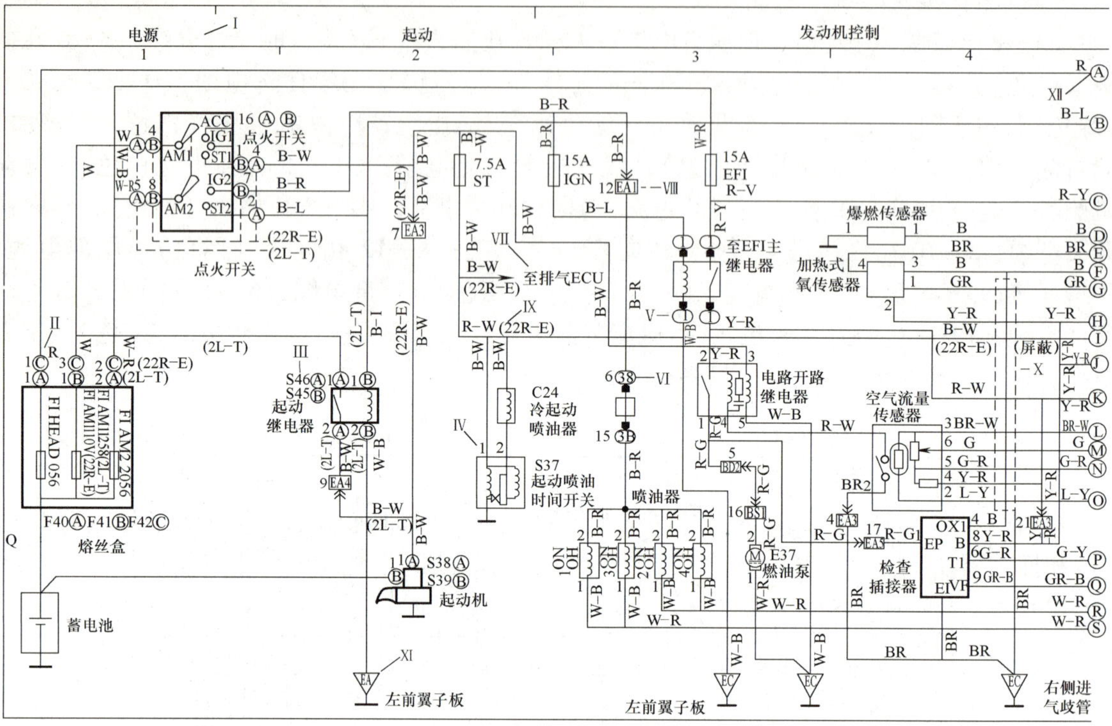

图 2-37　丰田汽车系统电路图

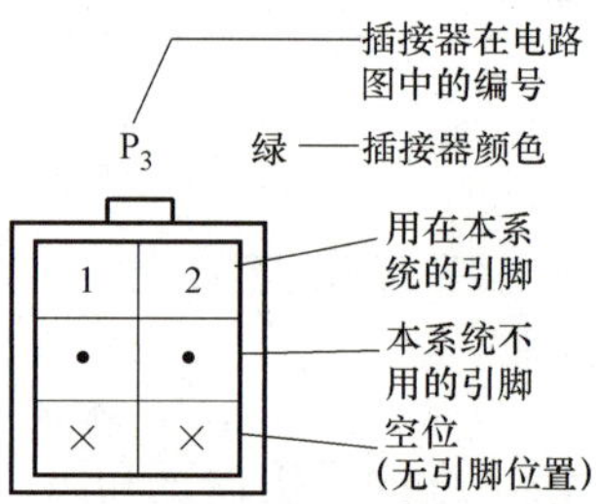

图 2-38　插接器图形中各部分的意思

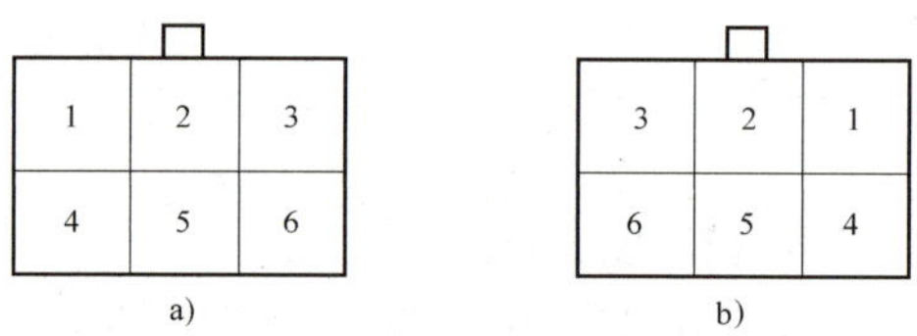

图 2-39　插座插头编号示意图

a）插座　b）插头

电路图中，继电器（R/B）用符号“□”表示。它有两种形式分布在汽车上：一种为多个继电器集装在一个盒内，称为继电器盒（R/B）；一种以一个或两个继电器存在。在继电器位置图后，给出每个继电器在盒内的位置以及每个继电器盒内部电路图，这样在检查电路故障时，对每一系统中涉及的继电器位置及其结构、接线端子都能够一目了然。

6）“Ⅵ”表示接线盒（圈内数字表示接线盒（J/B）号码，圈旁数字表示该插接器插座位置代码）。接线盒印上阴影，使其与其他元件能够清楚地区分开来。不同的接线盒用不同一块的阴影标出，以便区分。例如：“”中的 3B 表示它是在 3 号接线盒内；6、15

表示该两条配线分别在插接器6、15号位置。

接线盒和配线连接器（J/B）在电路图中用“⬭”符号表示。由于汽车的全车电缆（除高压线外）都用阻燃的薄塑料带缠绕包扎成束，或用开口塑料软管包裹电缆，所以必须用连接器将从各方向来的电线分配到各部件上，而这些连接器都在一个接线盒内。

同样，每个接线盒都标出从各方向来的插接器的接线端子和内部电路图，方便读者使用。其车上位置可在继电器位置图上找到。

在配线连接器中设有短路端子。同一个短路端子族上，均匀连接着从汽车内不同元件来的相同颜色的许多配线。当然，在安装相同颜色的配线时，可以将它们随意连接在短路端子族中的任意位置。因此，维修时必须随时检查短路端子族中的安装状态，使之接触良好，如图2-40所示。

7）“Ⅶ”表示该处与其他系统相连接。

8）“Ⅷ”表示配线与配线之间的插接器。带插头的配线用箭号（≫）表示，EAI表示插座的编号，其外侧数字12表示引脚号码。

9）Ⅸ“（22R-E）”括号内表示同车型不同系列、不同发动机或不同技术条件时的不同配线和插接器。

10）“Ⅹ”表示屏蔽的配线。

11）“Ⅺ”表示搭铁点的位置。由于汽车电路是单线制，利用车身或各零部件外壳作为地线而形成汽车电路的闭合回路，所以经常检查各电路搭铁点，清理搭铁点的锈蚀、油污以及拧紧螺栓等，对于保证电路的正常工作是非常重要的。

搭铁点在电路图中用“▽EA”符号表示，其位置在电路图上都标明，也可以在电路布线图中找到。如EA表示该搭铁点在“左前翼子板”。

12）“Ⅻ”R Ⓐ表示如果系统电路图分开两页以上，则相同的配线用同一个字母表示其连接。

13）连接配线与配线之间的连接器（简称配线插接器）。该插接器在电路图中用符号“⊏⊐”表示，它用于连接各元件和配线之间的电路。电路图中插接器位置可在电路布线图中查到。

14）铰接点。铰接点表示配线之间用铰接形式连接，它在电路图中用两配线相交点“・”来表示，而在电路布线图中则用正八边形“○”表示，其中八边形中的“E”表示在发动机室内，“I”表示在仪表板内，“B”表示在车身上，如图2-41所示。

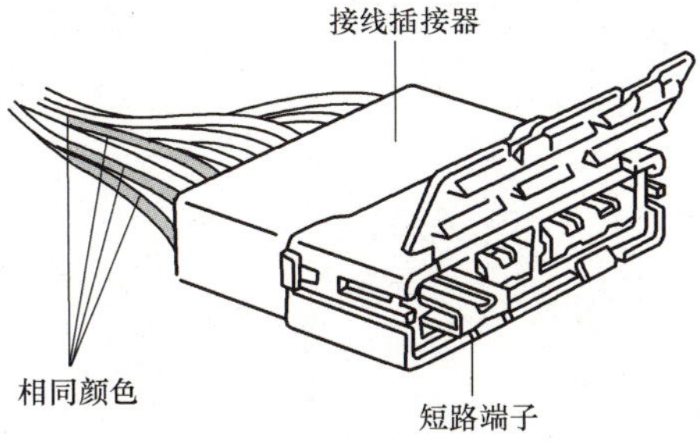

图2-40　插接器

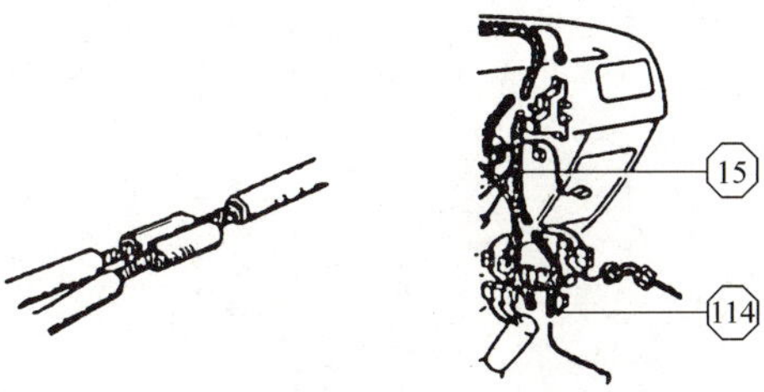

图2-41　电路铰接点示意图

（四）本田汽车电路分析

1. 导线颜色代码

本田汽车维修手册中英文字母缩写所表示的导线颜色及其中文意思见表 2-15。

表 2-15　英文字母缩写所表示的导线颜色及其中文意思

导线颜色字母	中　文	导线颜色字母	中　文	导线颜色字母	中　文
WHT	白色	YEL	黄色	BLK	黑色
BLU	蓝色	GRN	绿色	RED	红色
ORN	橙色	PNK	粉红色	BRN	棕色
GRY	灰色	PUR	紫色	LT BLU	浅蓝
LT GRN	浅绿				

2. 本田汽车电路图的识读

本田汽车电路图与丰田汽车很相似，上面是电源线，下面是搭铁点，电流路径基本上是自上而且下。电源线在右边标出了该线是从哪里引出的，如“No—41（100）”表示是从 41 号熔丝引出的。“G1”表示搭铁点的编号。电路图的上边框的英文字母表示分区。为了在同一张电路图中表达不同车型的电路，用符号“⇔”指引，并画出另一车型的电路图。下三角符号“▽2”及下方的文字“A/T 档位开关 <7- A >”表示与第 7 幅图中 A 区的“▽2”相连接。

习　题

1. 汽车电路的主要特点有哪些？
2. 举例说明汽车仪表盘、指示灯和开关的标志、导线的标记、接线柱标志。
3. 如何识读丰田汽车电路图？

第三章 汽车电缆与配电装置

第一节 汽车导线、插接器与电缆

一、导线

汽车电气线路中的导线分为低压线和高压线两种。低压线中又有普通导线、起动电缆和搭铁电缆之分；高压线则有铜芯线和阻尼线之分。

1. 普通低压导线

普通低压导线为带绝缘包层的铜质多股软线，根据其外面绝缘包层材料的不同，又分为QVR型（聚氯乙烯绝缘包层）和QFR型（聚氯乙烯-丁腈复合绝缘包层）两种。

导线的截面积主要根据用电设备的工作电流进行选择。但是对功率很小的电器，仅从工作电流的大小来选择导线，其截面积将太小，机械强度差，易折断，因此汽车电控系统中所用的导线截面积不得小于0.5mm²。汽车用低压导线的结构、规格与允许载流量见表3-1。

表3-1 汽车用低压导线的结构、规格与允许载流量 （单位：mm）

标准截面积/mm²	线心结构		绝缘层标准厚度	电线最大外径	允许载流量/A
	根数	单根直径			
0.5			0.6	2.2	
0.6			0.6	2.3	
0.8	7	0.39	0.6	2.5	
1.0	7	0.43	0.6	2.6	11
1.5	17	0.52	0.6	2.9	14
2.5	19	0.41	0.8	3.8	20
4	19	0.52	0.8	4.4	25
6	19	0.64	0.9	5.2	35
8	19	0.74	0.9	5.7	43
10	49	0.52	1.0	6.9	50
16	49	0.64	1.0	8.0	65
25	98	0.58	1.2	10.3	
35	133	0.58	1.2	11.3	
50	133	0.68	1.4	13.3	

汽车各系统、各电路导线的粗细，是由该电器在正常工作时的电流决定的，电流越大，导线越粗。汽车12V电控系统主要电路导线截面积的推荐值见表3-2。

表3-2 汽车12V电控系统主要电路导线截面积的推荐值

电路名称	标准截面积/mm^2
后示宽灯、顶灯、指示灯、仪表灯、牌照灯、刮水器电动机、电钟	0.5
转向灯、制动灯、驻车灯、分电器	0.8
前照灯近光、电喇叭、(3A以下)	1.0
前照灯远光、电喇叭、(3A以上)	1.5
其他5A以上的电路	1.5~4
电热塞	4~6
电源线	4~25
起动机电路	16~95

随着汽车电器的增多，导线数量也不断增加，为了便于维修，低压导线常以不同的颜色加以区分。其中截面积在$4mm^2$以上的采用单色线，而$4mm^2$以下的均采用双色线（主色和辅色）。

汽车用低压导线的颜色与代号见表3-3。

表3-3 汽车用低压导线的颜色与代号

导线颜色	黑	白	红	绿	黄	棕	蓝	灰	紫	橙	粉红
代　号	B	W	R	G	Y	Br	Bl、L	Gr	V	O	P

我国汽车用低压导线各系统的主色与代号见表3-4。

表3-4 我国汽车用低压导线各系统的主色与代号

系统名称	主　色	颜色代号
电源系统	红	R
点火、起动系统	白	W
雾灯	蓝	Bl
照明、信号系统	绿	G
车身内部照明系统	黄	Y
仪表、报警系统、喇叭系统	棕	Br
收音机、电钟、点烟器等辅助系统	紫	V
各种辅助电动机及电气操纵系统	灰	Gr
搭铁线	黑	B

日本汽车用低压导线各系统的主色与代号见表3-5。

表 3-5　日本汽车用低压导线各系统的主色与代号

应用电路名称	导线颜色	颜色代号	可选辅色条纹
起动系统、点火系统、搭铁	黑	B	W、R、Y、O
充电、搭铁	白	W	R、B、L、G
灯光、点火系统	红	R	W、B、Y、G
仪表系统	黄	Y	R、B、O
信号系统	绿	G	W、R、Y、B、O
刮水、风机、辅助电器开关	蓝	L	W、R、B、O、Y
收放机等	棕（褐）	Br	B、R、Y
开关照明灯等	浅绿	LG	B、R、W、G
空调器等	粉红	P	L、W、G
	橙（桔红）	O、R	
	灰	Gr、GR	
	紫	V、PU	
	天蓝	SB	

在汽车电路图中，导线上一般标有符号，用来表示导线的截面积和颜色。如在电路图中导线上标注“1.5RW”，其意义是：“1.5”表示导线的截面积为 1.5mm²；第一个字母“R”表示导线的主色为“红色”；第二个字母“W”表示导线的辅色为“白色”（呈轴向条状或螺旋状）。

2. 起动电缆

起动电缆为带绝缘包层的大截面积铜质或铝质多根金属丝软线。用来连接蓄电池与起动机电磁开关的主接线柱，截面积有 25mm²、35mm²、50mm²、70mm² 等多种规格，允许电流达 500～1000A，为了保证起动机正常工作，并且输出足够的功率，要求在线路上每 100A 的电流电压降不得超过 0.1～0.15V。

3. 蓄电池搭铁电缆

蓄电池搭铁电缆有两种，一种外形同起动机电缆覆有绝缘层，另一种则是由铜丝编织而成的扁形软铜线，其长度有 300mm、450mm、600mm、760mm 四种。搭铁电缆常用于蓄电池与车架、车架与车身、发动机与车架等总成之间的连接。

4. 高压线

高压线用来传送点火系统高压电。由于其工作电压很高（一般在 15kV 以上），电流很小，所以高压导线的绝缘包层很厚，耐压性能好，但线芯截面积很小。

国产汽车用高压线有铜芯线和阻尼线两种，其型号和结构见表 3-6。

表 3-6　国产汽车用高压线的型号和结构　（单位：mm）

型号	名称	线心结构		标准外径
		根数	单根直径	
QGV	铜芯聚氯乙烯绝缘高压点火线	7	0.39	7.0±0.3
QGXV	铜芯橡皮绝缘聚氯乙烯护套高压点火线			
QGX	铜芯橡皮绝缘氯丁橡胶护套高压点火线			
QG	全塑料高压阻尼点火线	1	2.3	

注：QG 全塑料高压阻尼点火线线芯是聚氯乙烯塑料加炭黑及其他辅料混炼塑料经注射成型。

为了衰减火花塞产生的电磁波干扰，目前已普遍使用了高压阻尼点火线。高压阻尼点火线的制造方法和结构也有很多种，常用的有金属电阻丝式和塑料芯导线式。金属电阻丝式又分为金属电阻丝线芯式和金属电阻丝线绕式两种。

5. 屏蔽导线

为了防止电磁波的干扰和信号传输失真，在导线的绝缘层外面包上一层金属丝网，称为屏蔽导线，如图 3-1 所示。曲轴位置传感器的连线和音响天线往往采用屏蔽导线。

图 3-1　屏蔽导线

二、插接器

插接器因连接可靠、检修方便，在汽车上应用广泛。按照插接器导线端子数不同可分为单路、双路或多路等几种。

插接器由导线端子和壳体组成。插接器端子上设有自锁舌片，装入护套内以防脱出，插接器端子是在纯铜、黄铜片表面镀锡或镀银制成的，有柱状（针状）或片状两类。插接器壳体由塑料或橡胶制成。捷达汽车发动机插接器如图 3-2 所示。

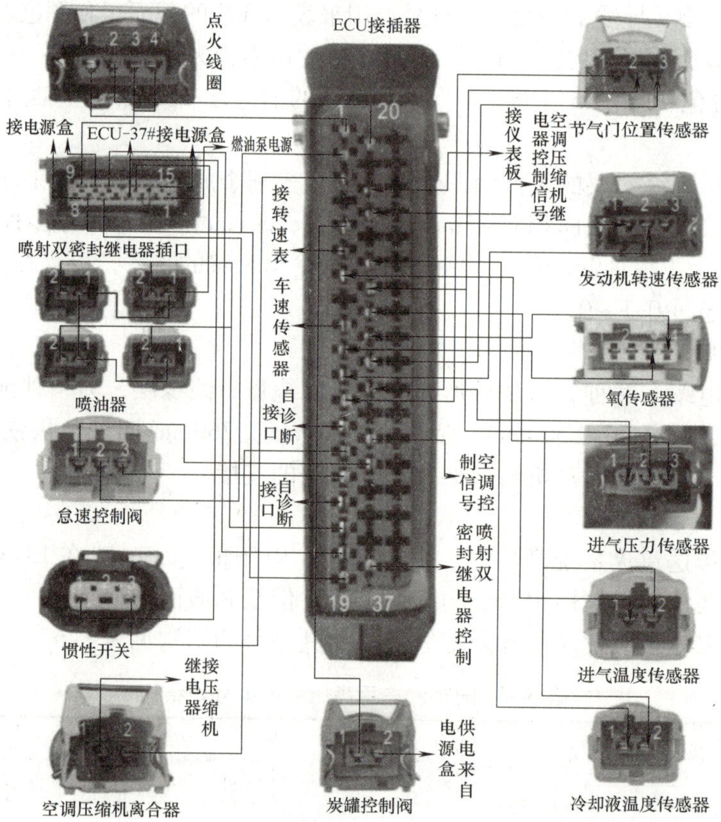

图 3-2　捷达汽车发动机插接器

为了保证插接器的可靠连接，其上都有锁紧装置。为了避免装配和安装中出现差错，插接器还可制成不同的规格和型号、不同的形状和颜色。

拔开插接器时，不能直接拉拔导线，应先将插接器的锁止扣解除，才能向两边用力拉插接器的壳体，如图 3-3 所示。有些插接器用钢丝扣锁止，取下钢丝扣后才能将插接器拔开。

在插接器端子有接触不良或断线故障时，可将插接器分解，用小螺钉旋具或专用工具从壳体中按下端子上的自锁舌片，如图 3-4 所示，取出导线及端子后进行修理或更换。专用工具可用硬钢丝弯曲磨制，或用钢锯片磨成，如图 3-5 所示。

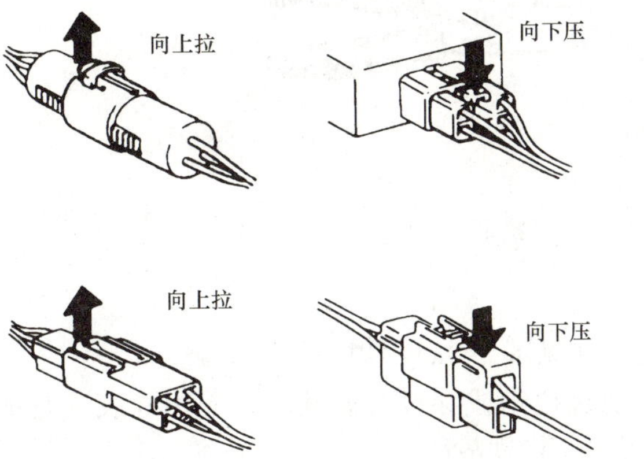

图 3-3　按箭头方向拨开锁扣

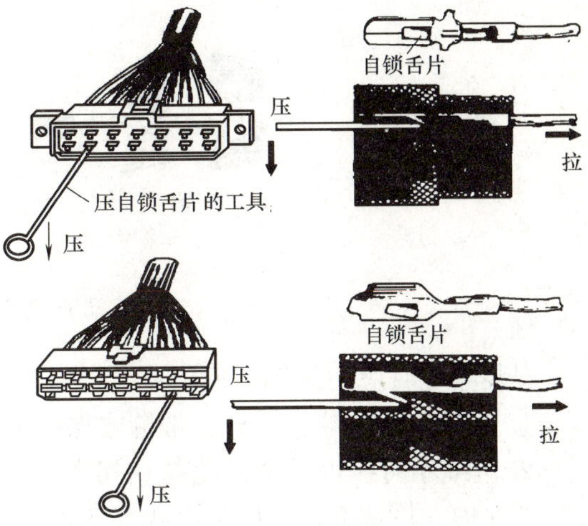

图 3-4　从插接器壳体中取出端子

三、汽车电缆

为了使全车线路不零乱、安装方便并不损坏导线绝缘层，除高压线、收放机天线、蓄电池电缆以外，一般都将同区域的不同规格的导线用棉纱编织成电缆或用薄聚氯乙烯带缠绕包扎成电缆。

一辆汽车的电缆由主电缆、发动机电缆、车身电缆、仪表电缆等分电缆组成。如图 3-6 所示为丰神蓝色轿车电缆的组成。分电缆与分电缆之间、电缆与终端电气设备之间的连接采用插接器。电缆总成由导线、导线端子、插接器、护套、保险器座、继电器座等组成。导线端子与导线的连接一般采用冷铆压的方法连接，如图 3-7 所示。

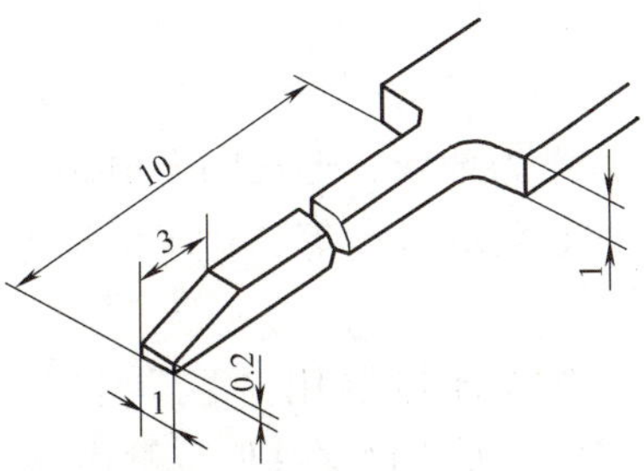

图 3-5　压下自锁短舌片的专用工具

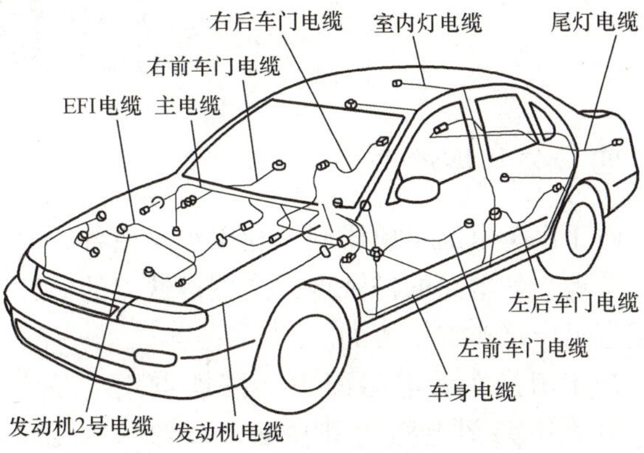

图 3-6　丰神蓝鸟轿车电缆的组成

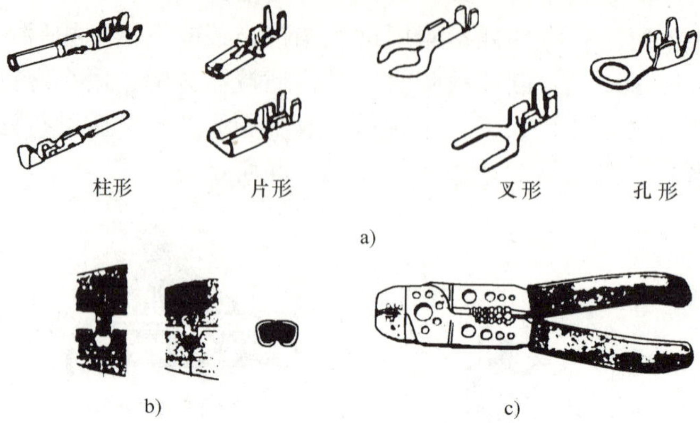

图 3-7　冷铆压导线端子

a）端子　b）压接　c）压接钳

安装电缆时应注意下列事项：

① 电缆应用扎带、卡箍、带箍或保持架固定（见图 3-8a），以免松动磨破。

② 电缆不可拉得过紧，尤其在拐弯处。在绕过锐角或穿过金属孔时，应用橡胶套管或波纹管保护（图 3-8b），以免电缆磨坏而发生短路、搭铁故障。

③ 根据插接器的规格、形状、颜色，以及导线的颜色和粗细，套管的颜色正确接线。若不易辨别导线的头尾时，可用试灯和万用表测试，不得使用刮火法，以防烧毁电缆。

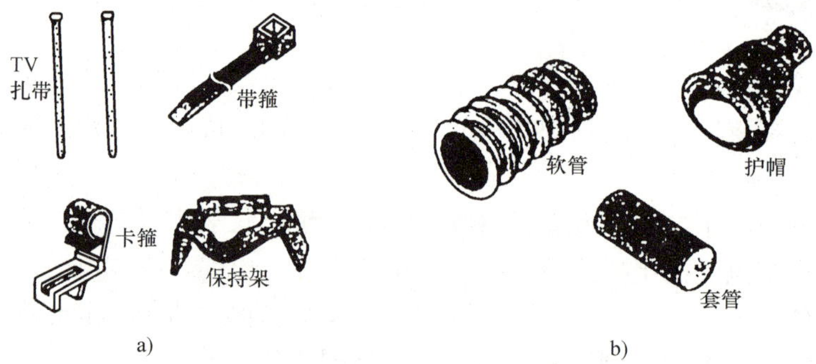

图 3-8　电缆的保护与固定

a）电缆固定件　b）电缆护套

四、公共搭铁点

由于汽车电路是单线制，利用车身或各金属零部件的外壳作为地线，形成闭合电路，所以经常检查各电路的搭铁点，清理搭铁点的锈蚀、油污以及拧紧紧固螺栓等，对于保证电路的正常工作是非常重要的。

在丰田汽车的电路图中，搭铁点用“▽”符号表示，电缆插接器用“□”符号表示，并在电路图上标明其位置。图 3-9 所示为丰田佳美发动机（1MZ-FE）舱电缆搭铁点。

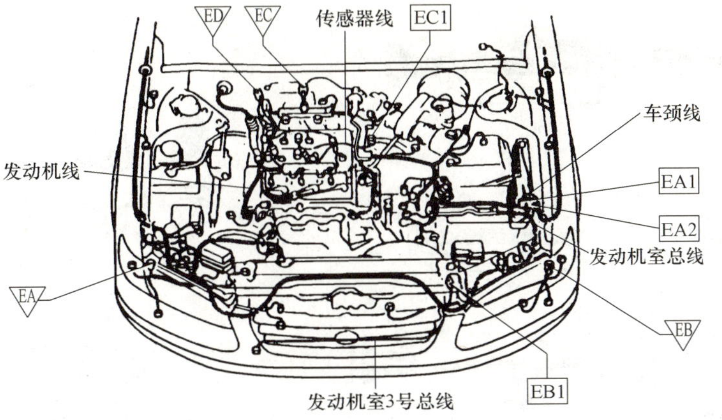

图 3-9　丰田佳美发动机（1MZ-FE）舱电缆搭铁点

第二节　汽车开关

一、开关的类型

开关是用来控制汽车电路中各种用电设备的。它一般安装在驾驶人易于操纵的范围，主要安装在方向盘、仪表板和离合器踏板周围。汽车开关按操纵方式可分为旋转式、推拉式、压力式、顶杆式、翘板式及组合式等多种。按其控制方式可分为手操纵和脚踏式两种；按其结构原理可分为机械开关和电磁开关两类；按其用途可分为电源开关、点火开关、起动开关、灯光控制开关和小型直流电动机开关五种。

（1）旋转式开关　常见旋转式汽车电器开关有点火开关、暖风机开关和东风汽车的灯光控制开关等。

（2）推拉式开关　这种开关一般用于控制照明灯和刮水器，主要由中心拉杆、绝缘滑块、接触片、拉钮、接线柱和壳体组成（图 3-10）。拉钮上标有开关用途的图形符号。操作时，拉动拉钮，移动滑块，使动触点与定触点位置按规定排列组合移动、变换外接线路，达到控制目的。拉钮的控制档位有单档、两档、三档三种。

（3）压力式开关　按作用力的来源不同，压力式开关可分为液压控制式、气压控制式及脚踏式三种（图 3-11），分别作为油压开关、气压制动灯开关、高低压警告灯开关、空调开关（带指示灯）和前照灯脚踏式变光开关。

（4）扳柄式开关　这种开关常用于电源总开关、转向开关及两路转换开关（图 3-12）。

（5）顶杆式开关　它主要用作门灯开关、行李箱灯开关、制动灯开关、驻车制动灯开关、倒车灯开关（图 3-13）。开关由中心顶杆（或顶球）通过机械作用移动触点，从而变换电路。

（6）翘板式开关　这种开关主要用来控制仪表灯、顶灯、停车灯、危险信号灯、雾灯。翘板式开关如图 3-14 所示，一般带指示板照明灯。指示板上制有表示用途的图形符号。

（7）小型直流电动机开关　小型直流电动机开关包括刮水开关和空调开关。刮水开关是用于控制刮水电动机的开关。空调开关控制鼓风机、空调压缩机等，其常用的有推拉式、旋转式和按钮式三种。

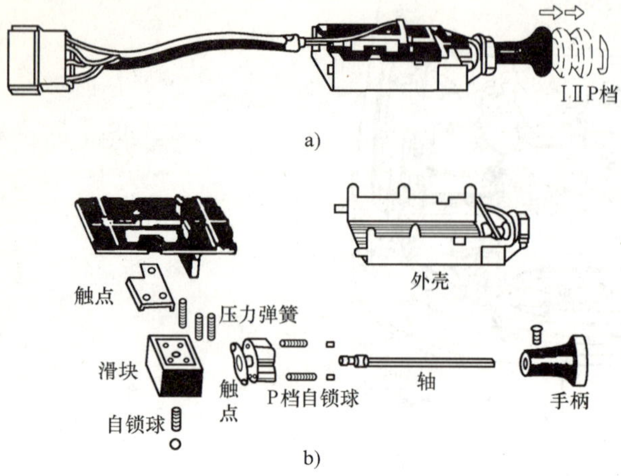

图 3-10　推拉式开关
a）外形图　b）分解图

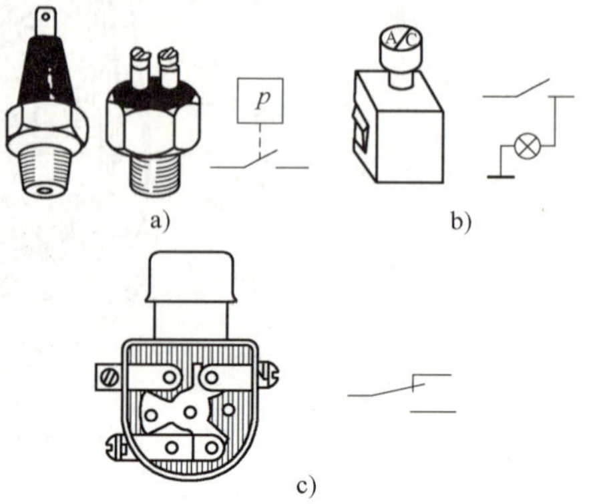

图 3-11　压力式开关及符号
a）油压开关　b）空调开关　c）脚踏式变光开关

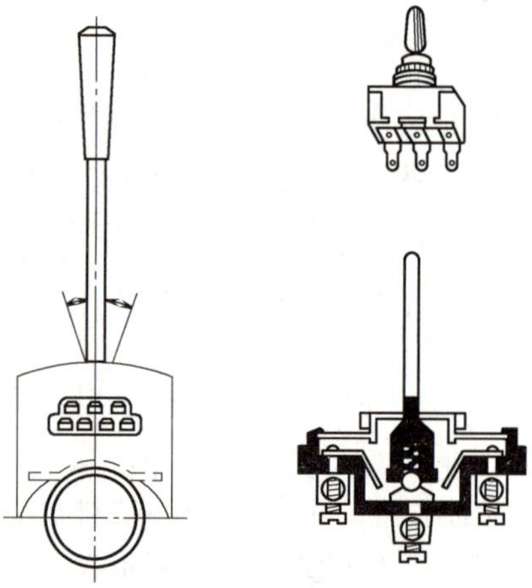

图 3-12　扳柄式开关

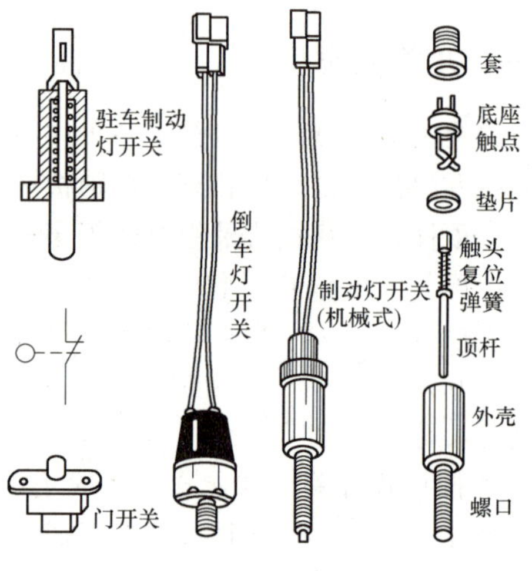

图 3-13　顶杆式开关及符号

根据《汽车电气设备产品型号编制方法》（QC/T 73—1993）的规定，产品型号由产品代号、分类代号、用途代号、分组代号、设计序号和变形代号组成。如 JK300 中 JK 表示机械开关，即“机关”两字第一个拼音字母；“3”表示组合开关，设计序号和变形代号为“00”。

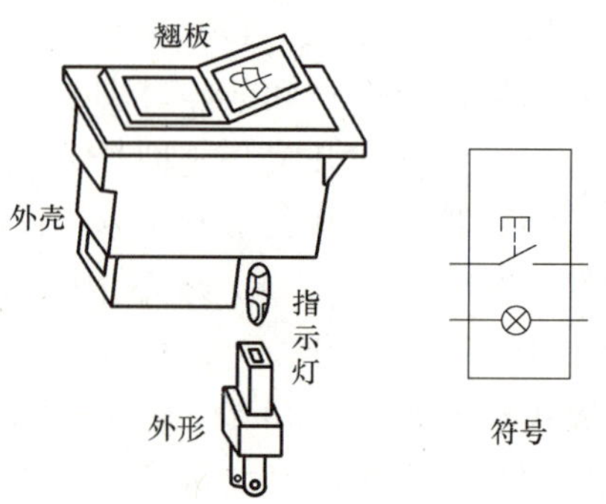

图 3-14　翘板式开关

二、电源开关

电源开关是汽车在停驶时，用来防止蓄电池通过外电路自行放电。它有机械式和电磁式两种，额定电流均为 50A，其结构如图 3-15 所示。机械式电源开关是靠手动来接通或切断电源电路。

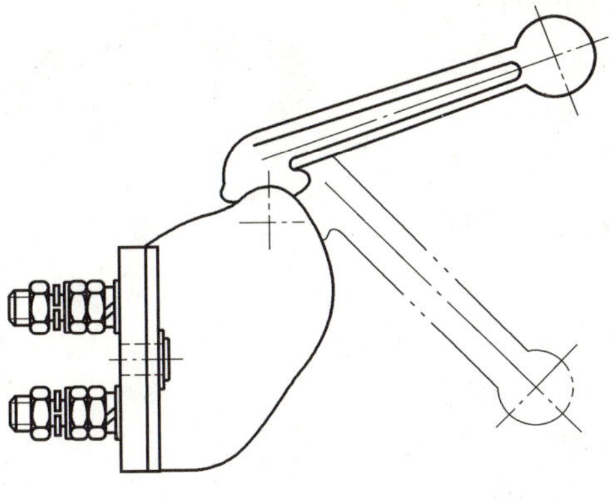

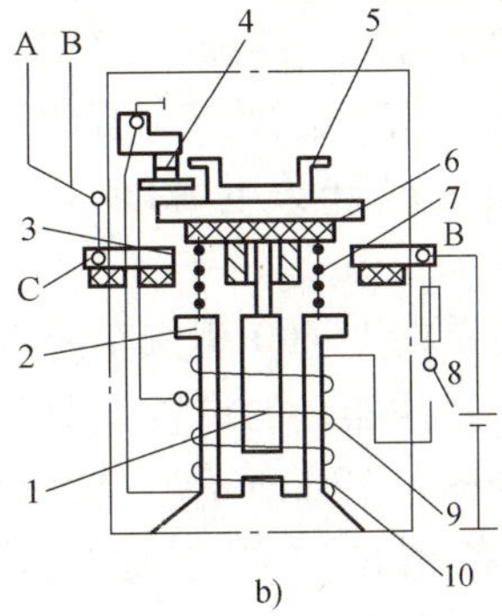

图 3-15　电源开关

a）JK861 机械式电源开关　b）电磁式电源开关

1—钢柱　2—铁心　3—静触点　4—触点　5—触动器　6—接触桥　7—弹簧　8—起动开关　9、10—线圈

A—接预热开关　B—接电流表　C—起动机开关接线柱

电磁式电源开关则是靠电磁吸力来实现电路通断电源的。当起动开关 8 闭合时，电流由蓄电池正极→电源开关接线柱 B→熔断器→起动开关 8→线圈 9→触点 4→搭铁→蓄电池负极，此时线圈 10 被触点 4 短路，电流流过线圈 9 产生的电磁引力吸动钢柱，使接触桥压缩弹簧向下移动与静触点接触，接通主电路。同时与接触桥固定为一体的触动器将触点 4 断开，于是电流便经过线圈 9、线圈 10 回到蓄电池。接触桥在线圈 9、10 的电磁力共同作用下，与静触点接触良好，所有用电设备均能投入工作。

当起动开关断开时，线圈 9、10 中的电流中断，接触桥在弹簧作用下与静触点脱离，从而切断主电路，蓄电池不对外供电。

三、点火开关与起动开关

点火开关主要用来接通和切断点火电路，同时还用以控制起动机、发电机励磁电流、收放机、空调器、刮水器、点烟器、方向盘锁止、仪表、信号灯、进气预热和其他电气设备电路。它均做成钥匙锁形式，其外形如图 3-16 和图 3-17 所示。

图 3-16　点火开关与钥匙

a）点火开关　b）点火开关钥匙

点火开关一般有4～6个接线柱，“B”为电源线，接蓄电池正极（雷克萨斯汽车有两条，称为AM1和AM2）；“Acc”为附加电器电源线；“IG”为点火、发电机励磁线圈电源线（雷克萨斯汽车有两条，称为IG1和IG2）；“ST”为起动机电磁开关电源线（雷克萨斯汽车有两条，称为ST_1和ST_2）。

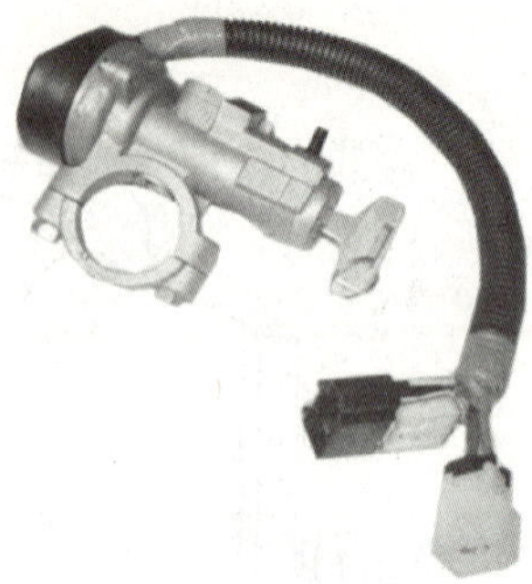

图3-17　点火开关的安装

雷克萨斯LS400型汽车的点火开关及其连线如图3-18所示。其接插器针的位置如图3-19b、c所示。各档位的导通情况如图3-19d所示。检查点火开关是用万用表（欧姆档），在各档位时的连通关系应符合图3-19d的要求（“○—┼—○”为导通），若不通，则应检修或更换。

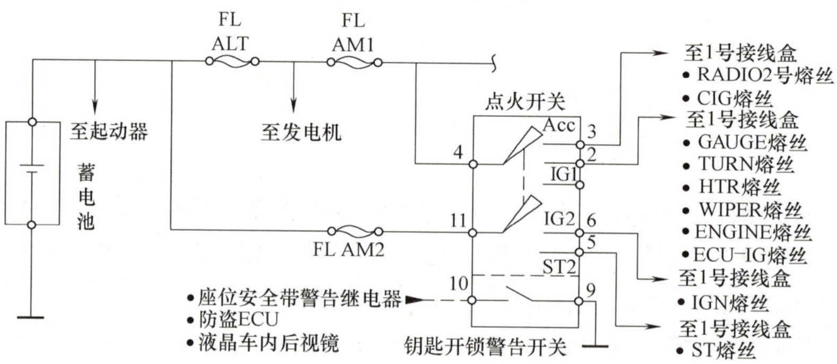

图3-18　雷克萨斯LS400型汽车的点火开关及其连线

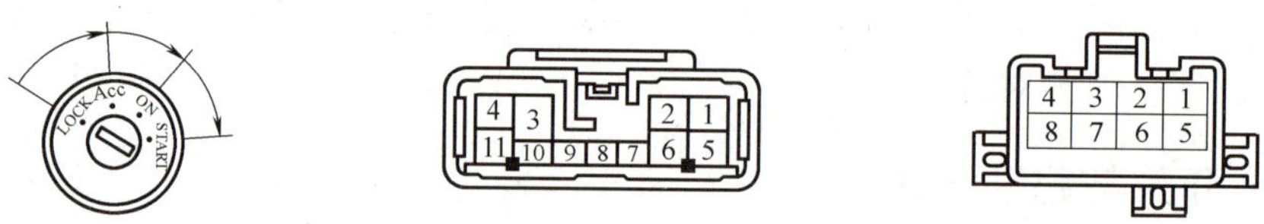

a)　　b)　　c)

开关位置 \ 连接针脚 \ 针脚号	UCF10系列							UCF20系列							
	1	2	3	4	5	6	11	1	2	3	4	5	6	7	8
LOCK															
Acc			○	○					○	○					
ON		○	○	○		○	○		○	○	○		○	○	
START	○	○	—	○	○	○	○	○	○	—	○		○	○	○

d)

图3-19　雷克萨斯LS400型汽车点火开关

a）前面　b）UCF10系列　c）UCF20系列　d）开关框图

四、灯光控制开关

车灯开关一般安装在驾驶室方向盘的前方，以控制全车照明灯（特种信号灯除外）。车灯开关常用的有推拉式和旋转式机械开关两种。推拉式车灯开关通常带用双金属片式保险器、可调电阻或玻璃管熔断器三种形式。

如图3-20所示为一种推拉式车灯开关，主要由开关部分和双金属片式保险器构成，用来控制前照灯、示宽灯和尾灯。开关部分有3个档位，4个接线柱，接线柱4为电源接线柱，接线柱3接示宽灯、尾灯和仪表灯等，接线柱2接前照灯，开关各档位通断情况如图3-20b所示。当按钮完全推入时，为0档位，电源接线柱4与各接线柱均不通，各灯均不亮；当向外拉至Ⅰ档位时，4、3、1三个接线柱连通，电源与示宽灯、尾灯及仪表灯的电路接通，使这些灯点亮；当继续向外拉至Ⅱ档位时，4、3、2三个接线柱连通，除上述灯外，再点亮前照灯。

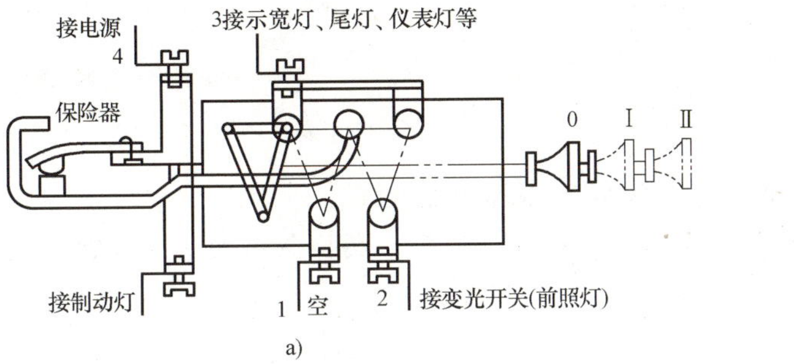

图3-20　推拉式车灯开关

a）结构示意图　　b）档位框图

双金属式保险器的结构如图3-21所示。当电路过载或短路时，电流很大，双金属片受热弯曲，使触点张开（见图3-21a），切断电路；触点断开后，双金属片无电流通过而逐渐冷却伸直，触点又闭合（见图3-21b）。如此循环，触点一开一闭发出声响，灯光不断闪烁，以提醒驾驶人电路出现故障。

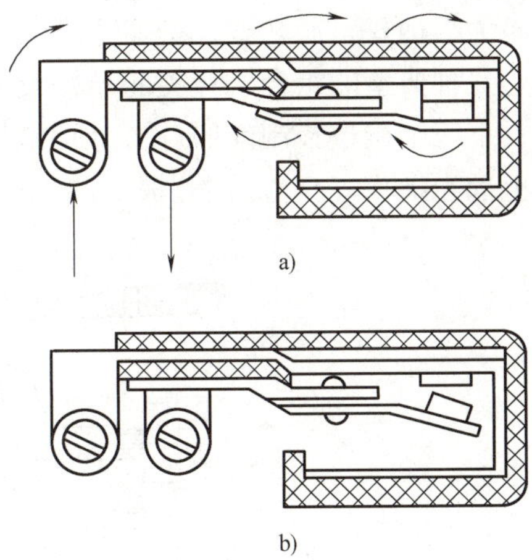

图3-21　双金属式熔断器的结构

a）触点闭合　b）触点断开

EQ1090型汽车使用的JK463B开关即为旋转式开关，其外形如图3-22所示，内部连通情况如图3-23所示。开关有4个档位，6个接线柱，接线柱1、2接电源，4、6接示宽灯，5接前照灯，3接侧灯。此开关上有4个档位，0档位时，电源接线柱1、2与各接线柱都不通，各灯均不亮；当旋至Ⅰ档位时，电源接线柱1接通4、6（位灯）；当旋至Ⅱ档位时，电源接线柱1接通4、5、6（前照灯、示宽灯）；当旋至Ⅲ档位时，电源接线柱1接通4、5、6（前照灯、示宽灯），同时电源接线柱2接通3（侧灯）。

前照灯变光开关、制动灯开关、倒车灯开关、转向灯开关将在后面介绍。

前照灯变光开关是用来及时变换远光和近光，以适应夜间行车的需要。

制动灯开关的作用是在汽车制动停车或减速时，利用制动系统的压力使触点闭合，接通制动灯电路，现代汽车的制动灯开关有液压式、气压式和顶杆式三种。

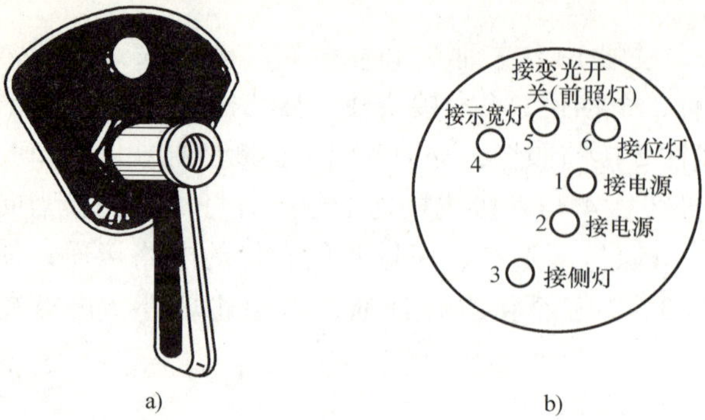

图 3-22　EQ1090 型汽车旋转式灯光开关
a）外形图　b）背面接线柱

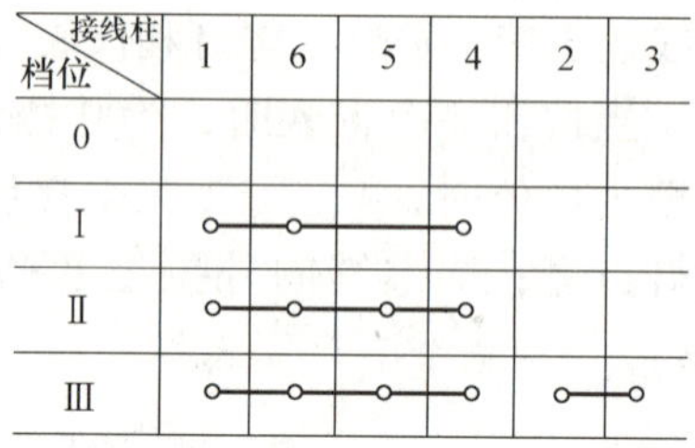

图 3-23　EQ1090 型汽车旋转式灯光开关框图

倒车灯开关是在汽车倒车时接通倒车灯电路以及报警器电路。

转向灯开关是用来控制汽车的转向灯，通常采用扳柄式，安装在驾驶室仪表板上或转向柱上。

五、组合开关

1. 组合开关综述

组合开关是由各种不同功能的电气开关组装在一个开关体内，安装在汽车的转向柱上。它具有控制前照灯及其远近光变换、前后示宽灯、转向灯（具有自动复位机构）、洗涤器、刮水器、危险警告灯、停车灯、超车信号灯、点火预热、起动、喇叭和锁住转向柱等功能。大多为扳柄式、旋转式、按钮式开关的组合。

几种典型的组合式开关的结构及开关档位分布如图 3-24 和图 3-25 所示。左侧扳柄上、中、下三个档位控制前照灯，分别是超车警告（不能定位、闪光）、近光、远光（仪表盘上蓝色远光指示灯亮）。左侧扳柄前、中、后三个档位控制转向灯，分别是右转向、关、左转

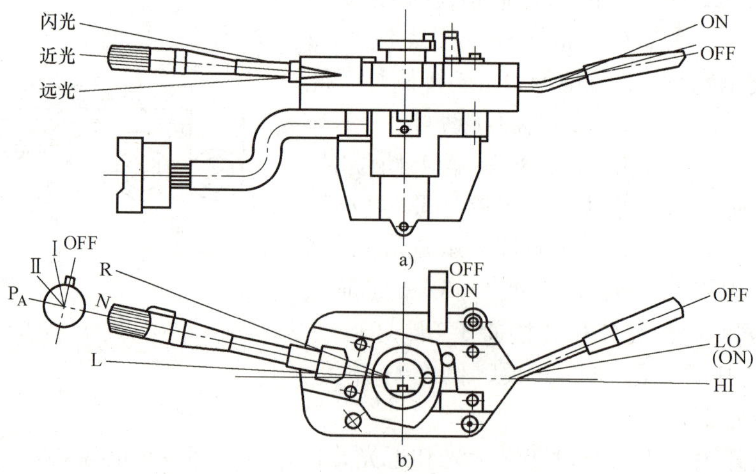

图 3-24　JK306、JK324A 组合开关
a）正视图　b）俯视图

向。如图 3-25 所示为 JK322A 组合开关，其右侧扳柄由前往后共四个档位，控制刮水器，INT 为间歇刮水，OFF 为关，LO 为低速，HI 为高速；右侧扳柄端部的按钮是控制喷水电动机的；危险警告开关拉出时，四个转向灯同时闪烁发光，以示警告。

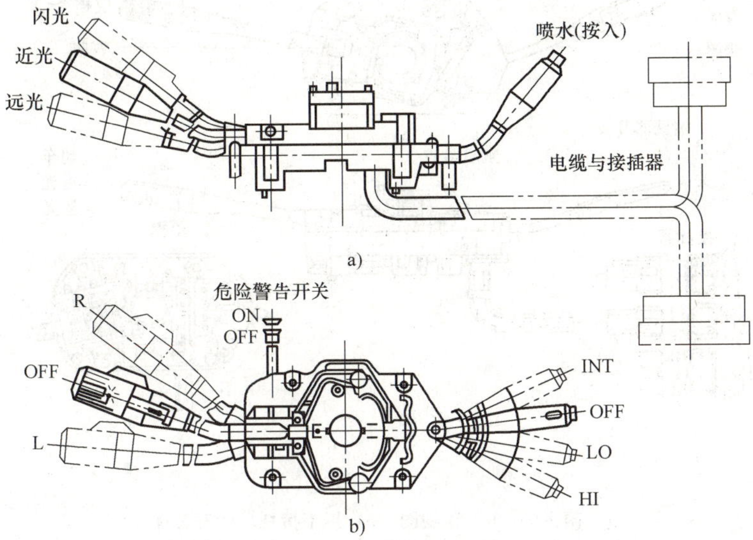

图 3-25 JK322A 组合开关

如图 3-26 所示为本田 CRV 汽车的照明开关，扳柄前部的旋转开关控制灯光，将此开关转到☰OO☰位置时，示宽灯、尾灯、仪表照明灯及后牌照灯亮；将此开关转到☰D位置时，前照灯亮，同时尾灯、仪表照明灯及后牌照灯仍亮。雾灯开关旋转时，“●”档为雾灯关；“‡O”为前雾灯；“O‡”为后雾灯。

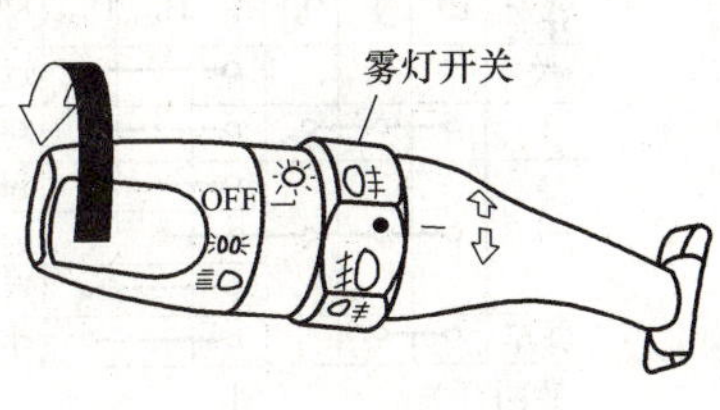

图 3-26 本田 CRV 汽车的照明开关

2. 微型汽车组合开关内部连通情况

图 3-27 所示为铃木、大发、昌河、夏利、华利、长安等微型汽车组合开关各档位操作。其内部连通情况如图 3-28 所示。

3. 桑塔纳轿车组合开关内部连通情况

图 3-29 所示为桑塔纳轿车组合开关（JK307 型）各档位操作。它的内部由点火开关、转向开关、变光开关、刮水器和清洗器开关组合而成。其转向开关、灯光控制开关、变光开关和报警开关内部连通情况如图 3-30 所示。刮水器、清洗器开关内部连通情况如图 3-31 所示。点火开关内部连通情况如图 3-32 所示。

4. 丰田汽车组合开关内部连通情况

丰田汽车照明开关内部连通情况如图 3-33 所示。丰田汽车转向灯开关及警报开关内部连通情况如图 3-34 所示。刮水器和清洗器开关内部连通情况如图 3-35 所示。

导线颜色：WB—白/黑，BY—黑/黄，RW—红/白，W—白，RG—红/绿，R—红，G—绿/黑，GW—绿/白，LgR—浅绿/红，GY—绿/黄，GL—绿/浅蓝，LB—浅蓝/黑，G—绿，GO—绿/橙，B—黑，L—浅蓝，LO—浅蓝/橙，LR—浅蓝/红，LW—浅蓝/白。

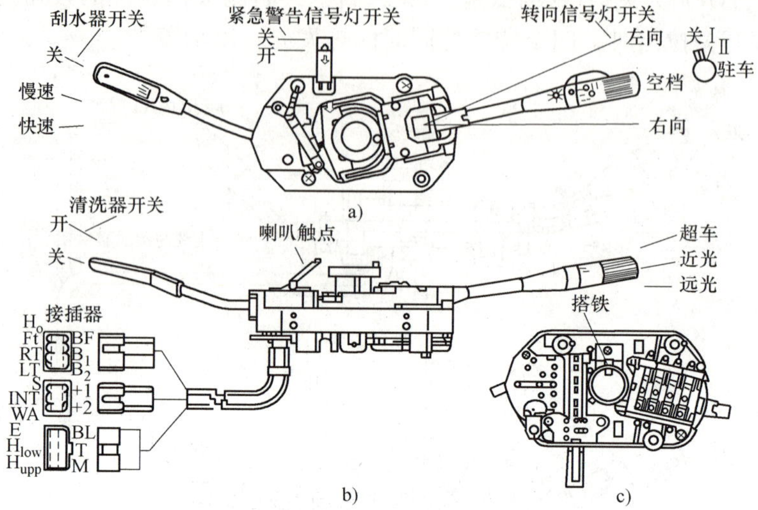

图 3-27　微型汽车的组合开关

a）俯视图　b）正视图　c）拆下拨杆后的开关体

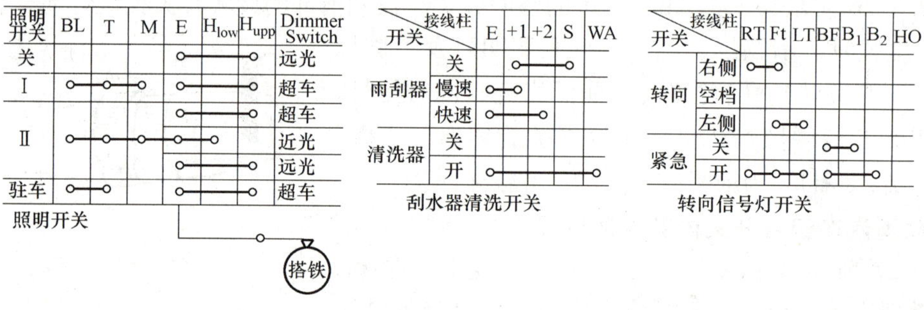

图 3-28　微型汽车组合开关内部连通情况

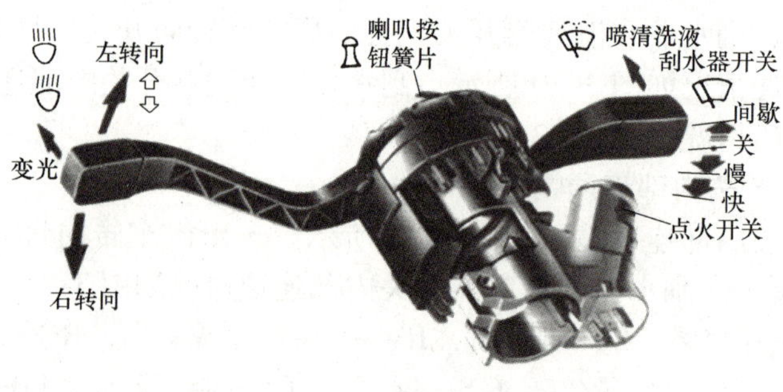

图 3-29　桑塔纳轿车组合开关

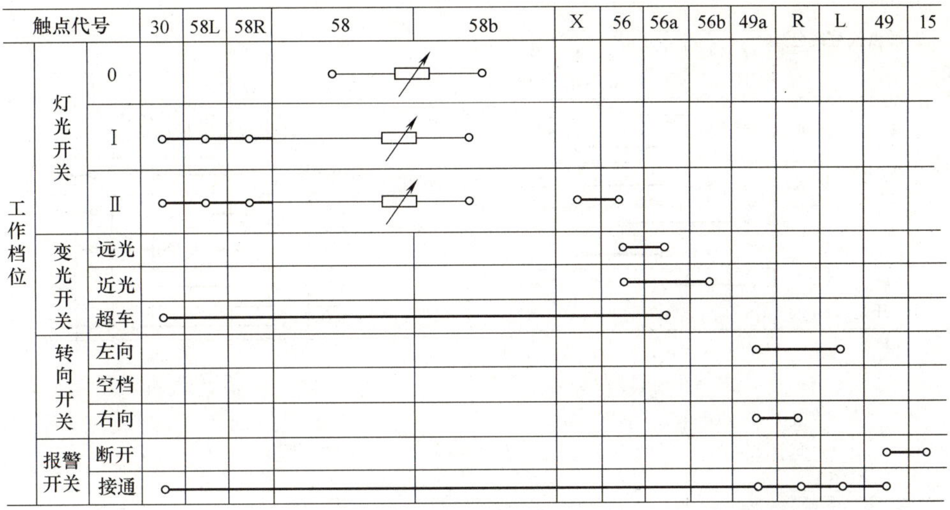

图 3-30 JK307 型组合开关的工作档位（灯光、转向、变光、报警开关）

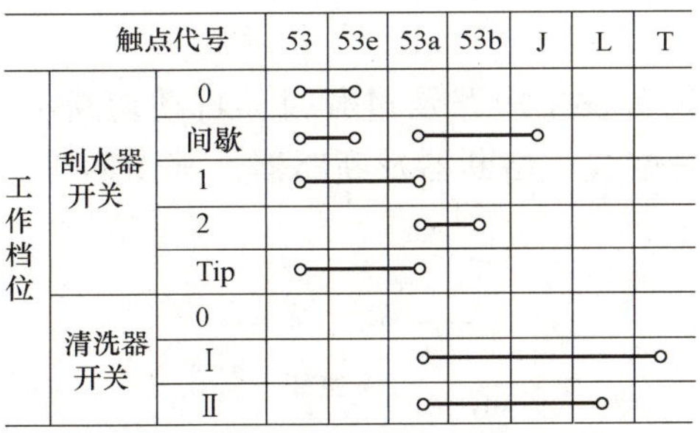

图 3-31 JK307 型组合开关（刮水器、清洗器开关）内部连通情况

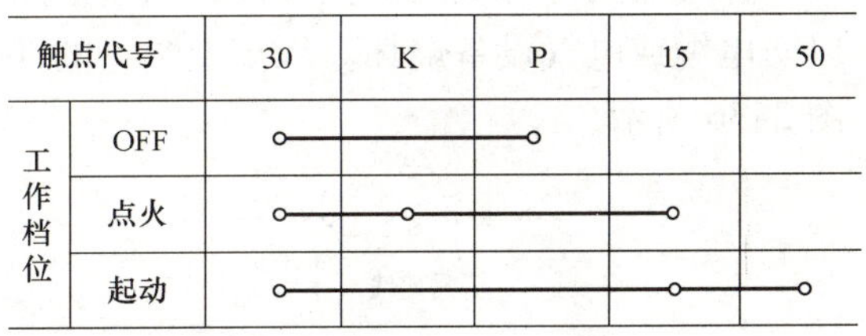

图 3-32 JK307 型组合开关（点火开关）内部连通情况

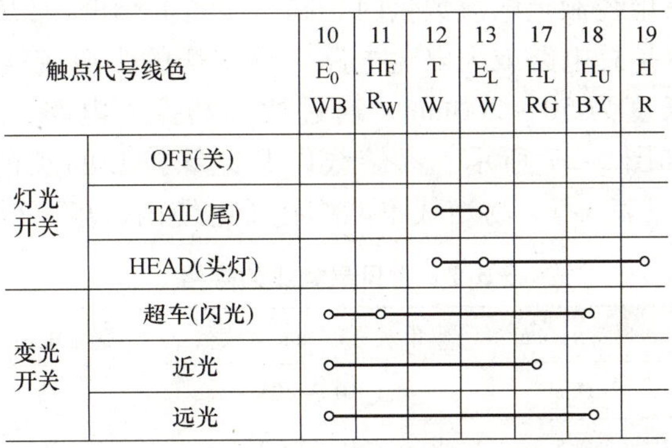

图 3-33 丰田汽车照明开关内部连通情况

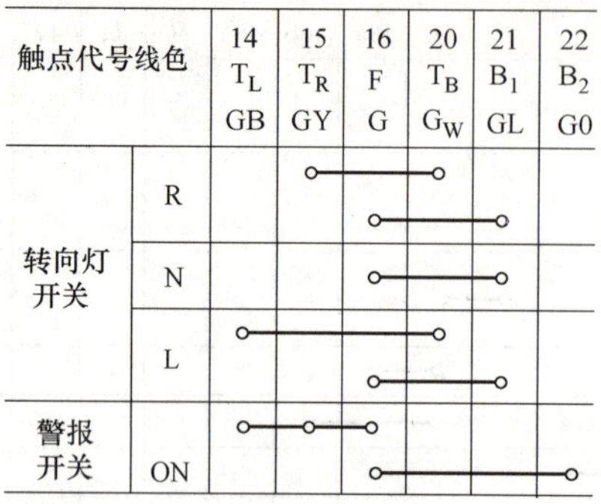

图 3-34　丰田汽车转向灯开关及警报开关内部连通情况

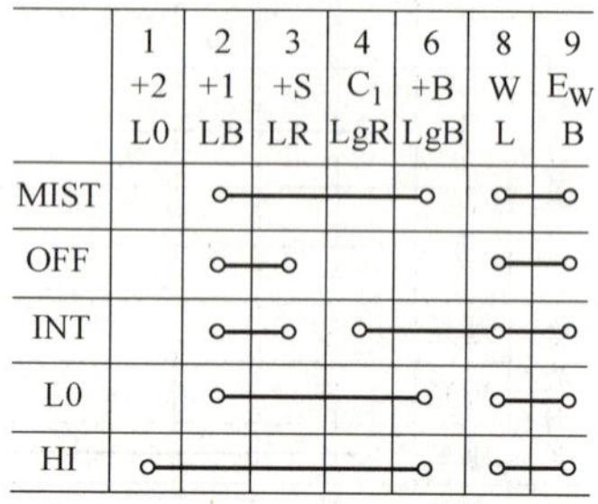

图 3-35　刮水器和清洗器开关内部连通情况

第三节　保险器、继电器与控制盒

一、保险器

保险器又称为电路保护器件，用于电路或电气设备发生短路及过载时，自动切断电路，以防电缆或电气设备烧坏。汽车上常见的保险器有易熔线、熔断器及断路器，其图形符号如图 3-36 所示。

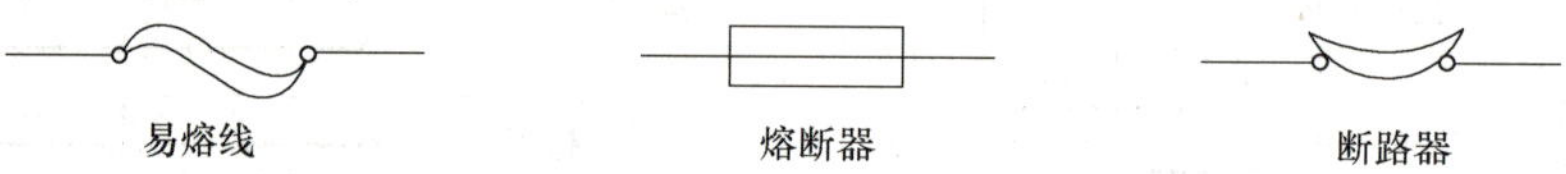

图 3-36　保险器的符号

1. 易熔线

易熔线是一种截面积小于被保护电线截面的、可长时间通过额定电流的铜芯低压导线或合金导线。当电流超过易熔线额定电流数倍时，易熔线首先熔断，以确保线路或电气设备免遭损坏。易熔线常用于保护总电路或大电流电路。易熔线的多股绞线外面包有聚乙烯护套，比常见导线柔软，一般长度为 50 ~ 200mm，通过插接器接入电路，通常接在电路起始端，即蓄电池正极端附近，如图 3-37 所示。易熔线以其绝缘护套的颜色区分其容量（负载能力），常见易熔线的规格见表 3-7。易熔线不能绑扎于电缆内，也不得被其他物品所包裹。

表 3-7　常见易熔线的规格

标称容量/A	颜　色	截面积/mm^2	单线直径/mm × 股数	额定电流/A	5s 熔断电流/A
20	棕	0.3	ϕ0.3 × 25	13	150
40	绿	0.5	ϕ0.32 × 7	20	200
60	红	0.85	ϕ0.32 × 11	25	250
80	黑	1.25	ϕ0.32 × 16	33	300

2. 熔断器

熔断器常用于保护局部电路，其额定电流值较小。熔断器的主要元件是熔丝（片），由锌、锡、铅、铜等金属的合金制成。熔断器按外形可分为熔片式、玻璃管式、绝缘式、缠丝式、插片式等（图3-38）。常见熔断器的规格见表3-8。

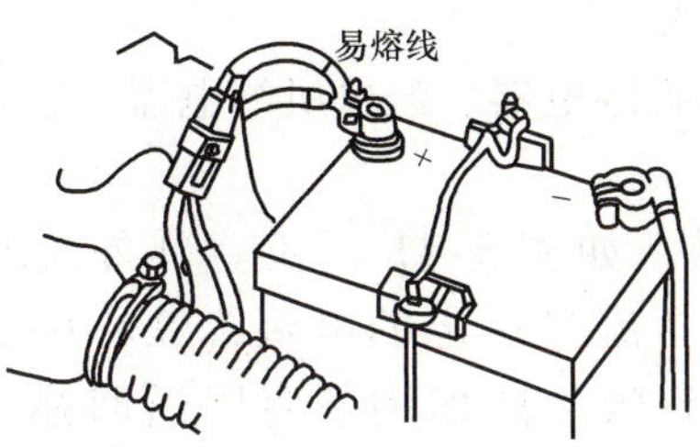

图3-37　易熔线

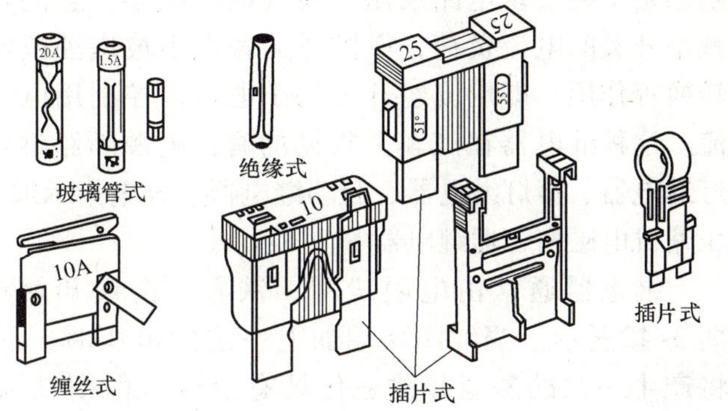

图3-38　熔断器的类型

表3-8　常见熔断器的规格

熔断器的类型		额定电流/A									
玻璃管式		2	3	5	7.5	10	15	20	25	30	40
绝缘式				5	8	10		20	25		
插片式	电流	2	3	5	7.5	10	15	20	25	30	
	颜色	无色	紫	棕黄	褐	红	浅蓝	黄	白	绿	
缠丝式	电流		3		7.5	10	15	20	25	30	
	直径		0.11		0.20	0.25	0.30	0.35	0.40	0.47	
熔片式		20（厚度0.20mm）			45（厚度0.20mm）		60（厚度0.20mm）		80（厚度0.20mm）		

3. 电路断路保护器

电路断路保护器，俗称双金属片式保险器，常用于保护电动机等较大功率的电气设备。其基本组成是一对受热敏双金属片控制的触点。当电动机卡死造成电流过大或发生短路故障时，超过额定值数倍的电流使双金属片受热变形，触点断开，自动切断电路以保护电气设备或线路。与易熔线和熔断器相比，其特点是可重复使用。断路器按其工作后恢复方式不同，可分为按通式与自动恢复式两种。按通式是电路中发生故障时断开，排除故障后，需通过按压将双金属片复位，如图3-39所示。自动恢复式断路器（图3-40）在电路发生过载或短路故障后自动切断故障电路的电流，使双金属片不通电，触点又重新闭合，从而再次接通电路。在早期国产载货汽车前照灯电路和轿车刮水电动机、车窗玻璃升降电动机等电路中应用较多。

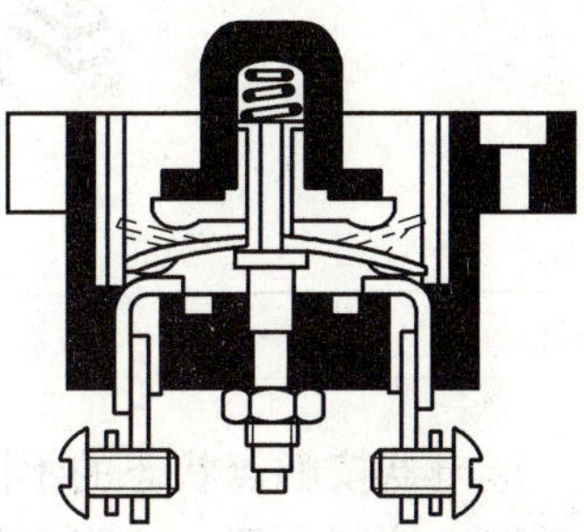

图3-39　按通式双金属片保险器

二、汽车用继电器

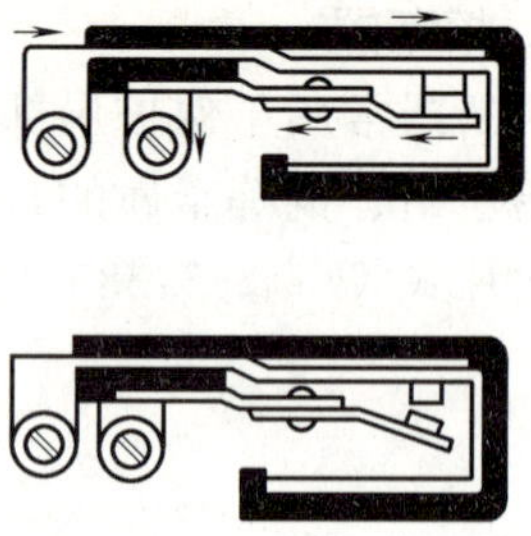

图 3-40　自动恢复式断路器

汽车用继电器可分为功能继电器和电路控制继电器两种。功能继电器有闪光继电器、刮水间歇继电器等。电路控制继电器是单纯实现电路通断与转换的继电器，它的作用主要是减小开关的电流负荷，保护开关触点不被烧蚀或实现电路的转换等作用。即用流经开关的小电流，控制用电设备的大电流。这种继电器在汽车上常见的有：电源断路继电器、前照灯继电器、雾灯继电器、起动继电器、充电指示继电器、喇叭继电器、鼓风机继电器、空调压缩机电磁离合器继电器等。

继电器通常由电磁线圈、铁心、衔铁和触点等组成，如图 3-41 所示。其外形如图 3-42所示。当线圈两端加上一定的电压时，线圈中就会流过一定的电流，铁心中就将产生一定的磁通并被磁化具有磁性，即衔铁就会在电磁吸力的作用下克服返回弹簧的拉力吸向静铁心，从而带动动触点与静触点闭合或分开。线圈断电后，电磁吸力消失，衔铁以及动触点就会在返回弹簧的作用下返回原来位置，动静触点又恢复到原来的状态。

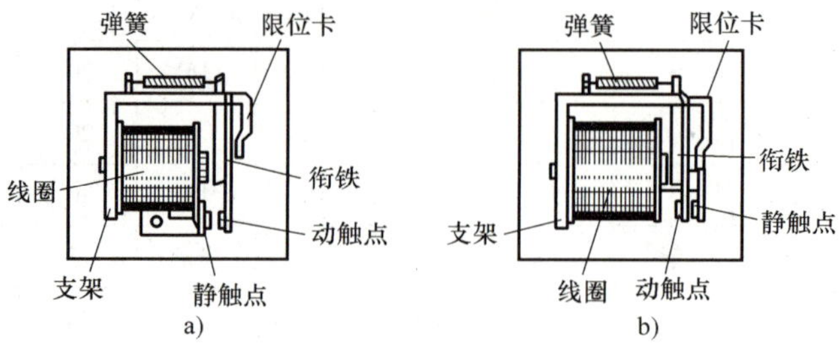

图 3-41　继电器的结构

a）常开型　b）常闭型

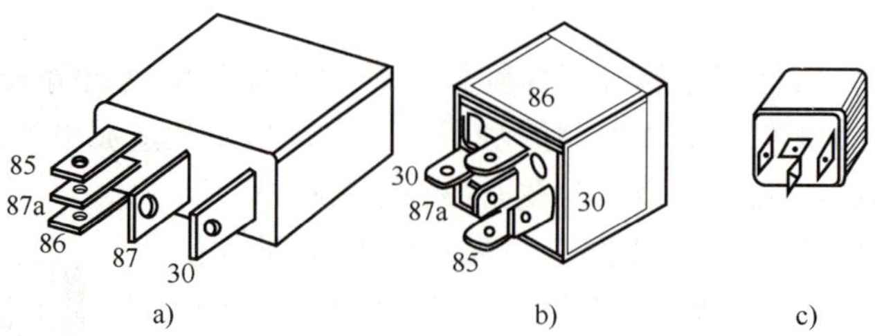

图 3-42　继电器的外形

a）微型　b）标准型　c）4 脚

继电器按触点状态的不同，可分为常开型、常闭型和混合型三类。常开型继电器通电动作后接通控制电路；常闭型继电器通电动作后切断控制电路；混合型继电器平时常闭触点接通，常开触点断开，如果继电器线圈通电，则变成相反的状态。在与电路连接的方式上，继电器可分为接柱式和插接式。接柱式继电器容量（负荷）可做得较大，在国产车的起动电路、喇叭电路中很常见，但连接繁琐。插接式继电器因安装方便、体积较小，在进口汽车和国产新型汽车上均得到了广泛的应用。继电器的工作电压分为 6V、12V 和 24V，分别安装在相应标称电压的汽车上。不同标称电压的继电器不能互换使用。继电器按外形分为圆形和方形两种。按插脚分为三脚、四脚、五脚、六脚多种，如图 3-43 所示。

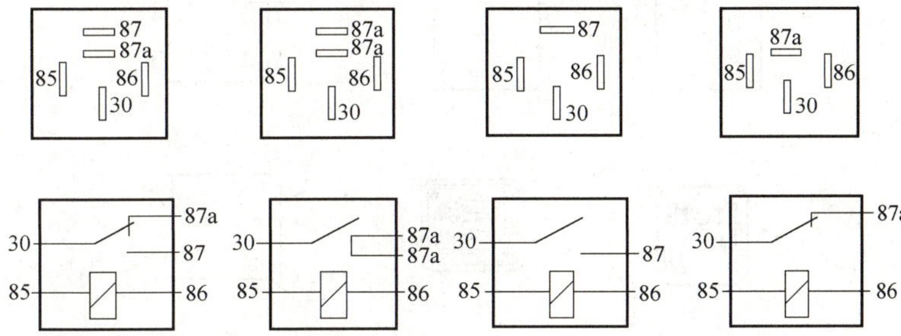

图 3-43　JD 小型通用继电器引脚排列及内部电路

图 3-44 所示为小型通用插接式继电器的内部电路及插座布置示意图。通常插脚“86”为搭铁端，“85”接控制开关，“88”或“30”为电源端，“87”则接负载。常用 12V 汽车继电器磁化线圈电阻为 65 ~ 85Ω，24V 继电器磁化线圈电阻为 200 ~ 300Ω。

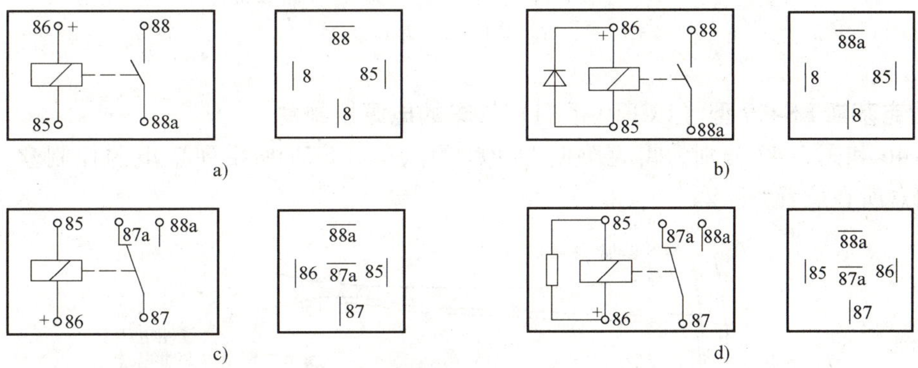

图 3-44　小型通用插接式继电器的内部电路及插座布置示意图

a）常开型　b）常开型（带保护二极管）　c）混合型　d）混合型（带泄放电阻）

为防止线圈断电时产生的自感电动势将电子设备损坏，有的继电器磁化线圈两端并联有泄放电阻或续流二极管，如图 3-44b、d 所示。

继电器的检查方法很简单：在线圈两端加上规定电压，正常时应能听到吸合声，然后用万用表检查触点对应接电片的通断情况。

图 3-45 所示为丰田汽车常用继电器的电路及插脚布置。

三、电源控制盒

为便于诊断故障，规范布线，现代汽车常将熔断器、断路保护器、继电器、接线器等电路易损件集中布置在一块或几块配电板上，配电板背面用来连接导线，这种配电板及其盖子就组成了电源控制盒，又称为熔丝继电器盒。

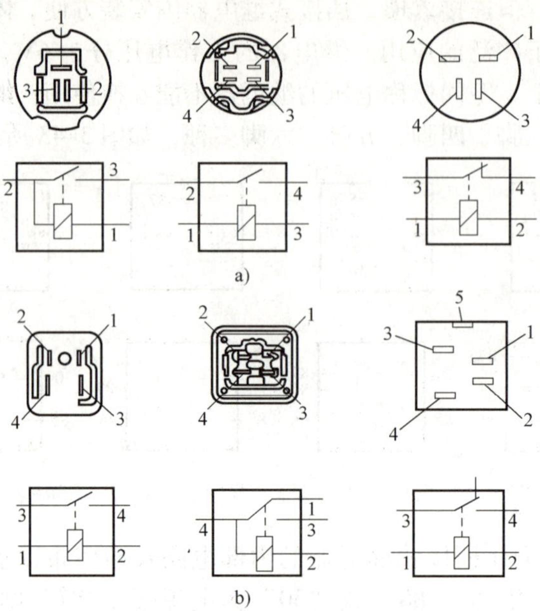

图 3-45　丰田汽车常用继电器的电路及插脚布置

a）圆形　b）方形

1. 雷克萨斯 LS400 型（UCF10 系列）汽车的电源控制盒

图 3-46 和图 3-47 分别为雷克萨斯 LS400 型汽车（UCF10 系列）电源控制盒与驾驶舱电源控制盒所在位置。

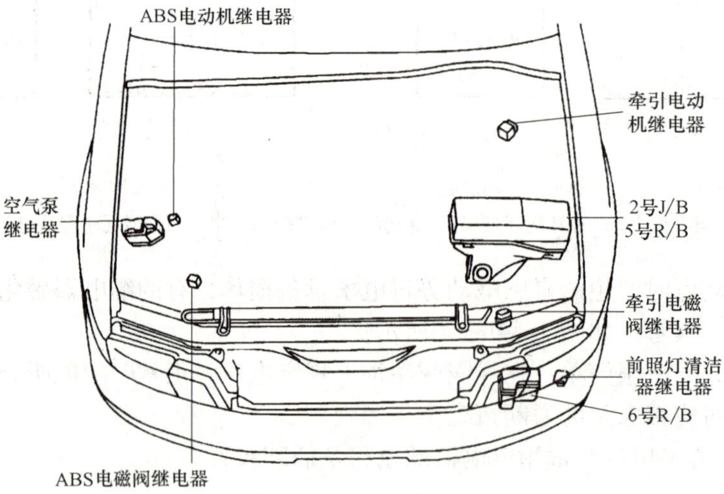

图 3-46　雷克萨斯 LS400 型汽车电源控制盒所在位置

图 3-48 所示为雷克萨斯 LS400 型汽车（UCF10 系列）1 号（位于转向柱左侧）和 7 号（R/B）电源控制盒的结构。“(1B)C3”为插座编号及 3 号针脚。1 号电源控制盒的内部电路如图 3-49 所示。

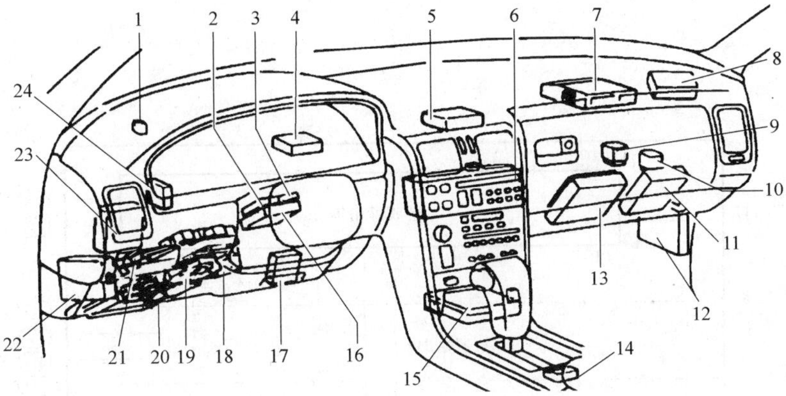

图 3-47 雷克萨斯 LS400 型汽车驾驶舱电源控制盒所在位置

1—自动灯光控制传感器 2—自动灯光控制继电器 3—座椅安全带警告继电器 4—4 号接线盒（J/B） 5—3 号接线盒（J/B） 6—A/C 控制总成 7—遥控后视镜 ECU 8—变阻器和电动安全带张紧继电器 9—超高速继电器（风机电动机） 10—白天行车灯 4 号继电器 11—ABS（不带牵引控制）或 ABS 和 TRC ECU 12—牵引控制 ECU 13—发动机和 ECT ECU 14—换档锁定 ECU 15—中央安全气囊传感器总成 16—方向盘倾斜和电动伸缩 ECU 17—白天行车灯继电器（主） 18—PPS ECU 19—1 号接线盒（J/B） 20—7 号继电器（R/B） 21—集成继电器 22—巡航控制 ECU 23—防盗和门锁 ECU 24—刮水器控制继电器

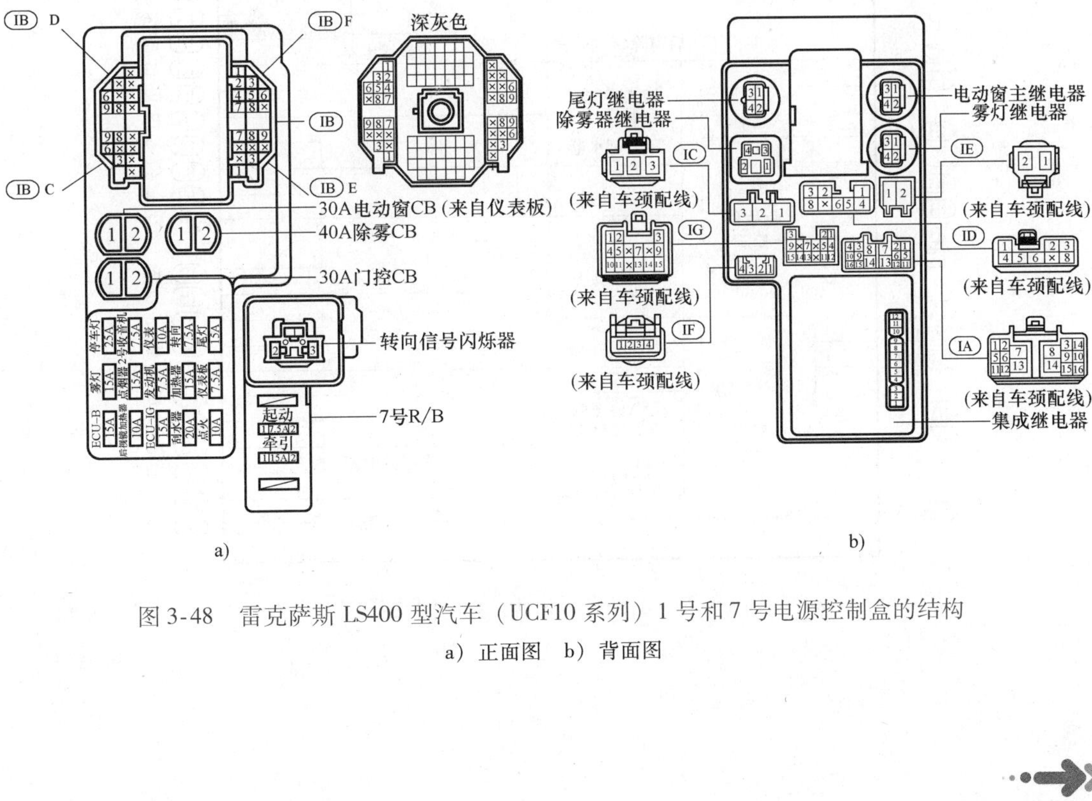

图 3-48 雷克萨斯 LS400 型汽车（UCF10 系列）1 号和 7 号电源控制盒的结构

a）正面图 b）背面图

图3-50所示为雷克萨斯LS400型汽车（UCF10系列）2号（位于发动机舱左侧）和5号（R/B）电源控制盒的结构。2号电源控制盒的内部电路如图3-51所示。

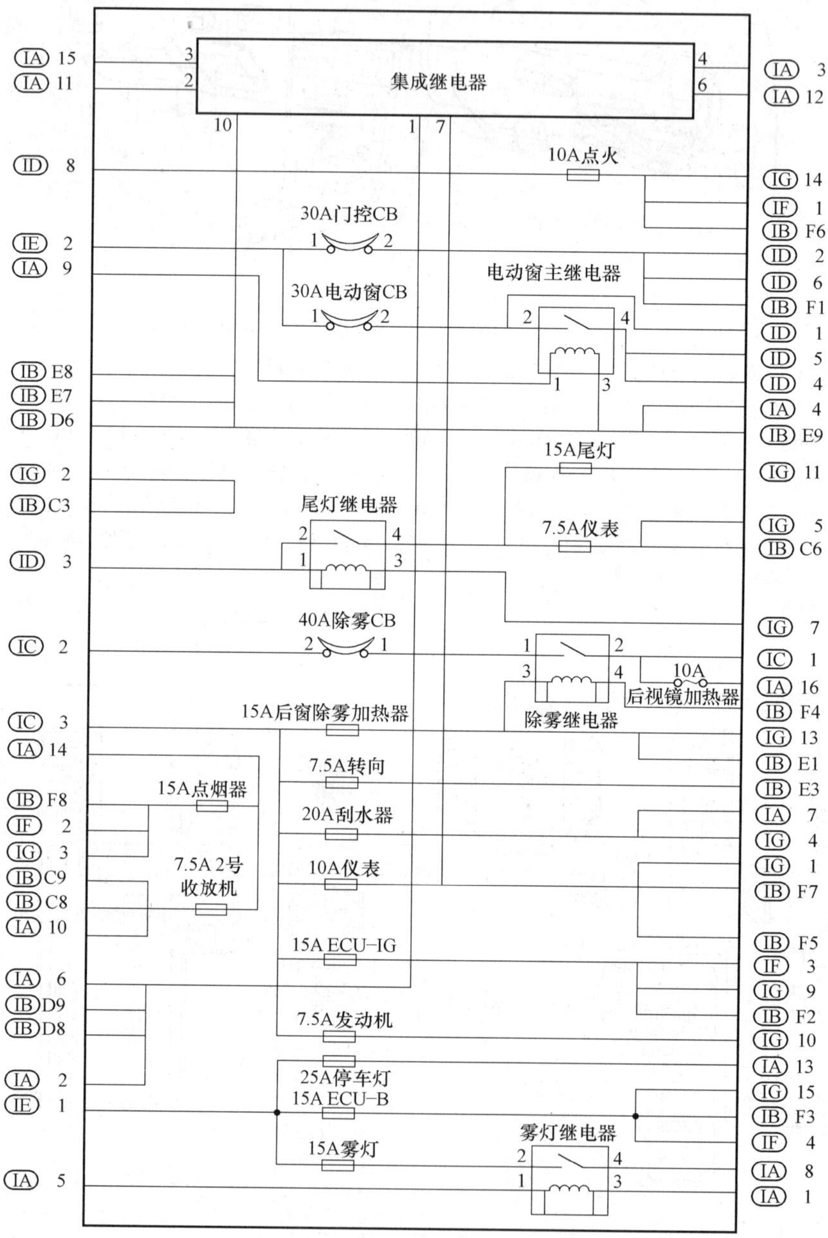

图3-49　1号电源控制盒的内部电路

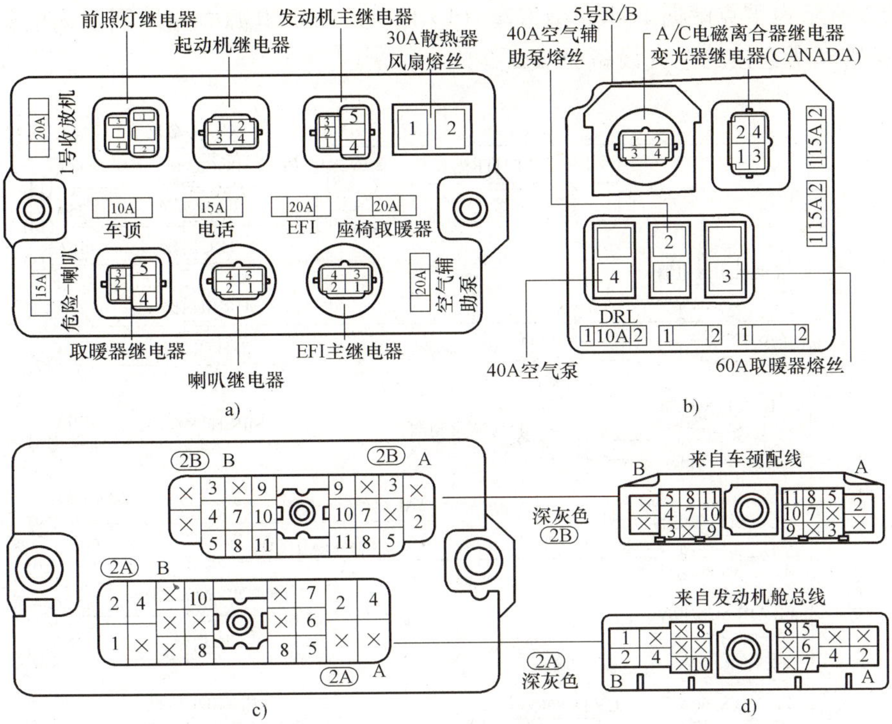

图 3-50　雷克萨斯 LS400 型汽车（UCF10 系列）2 号和 5 号（R/B）电源控制盒的结构

a）1 号正面　b）5 号 R/B　c）1 号反面　d）插头

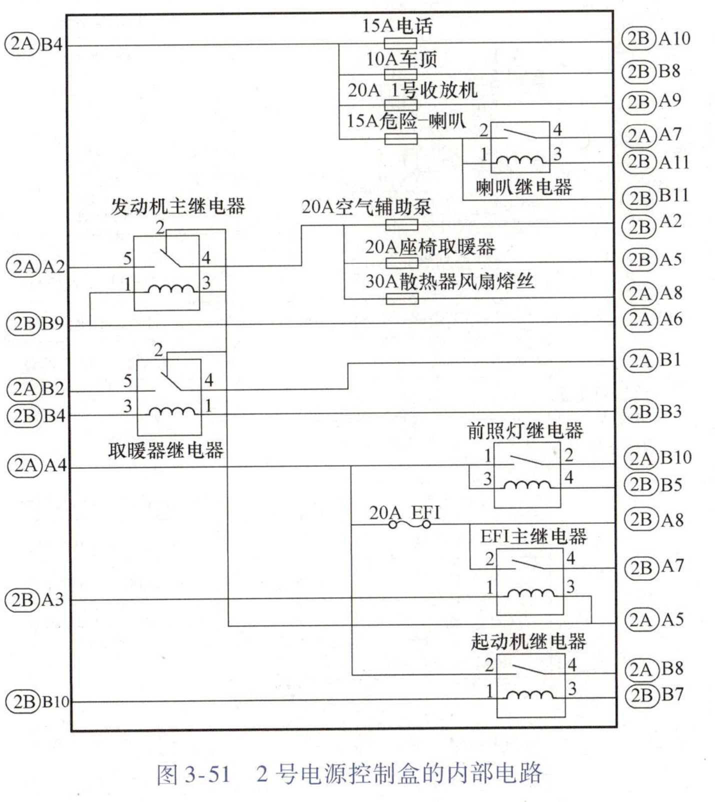

图 3-51　2 号电源控制盒的内部电路

图3-52所示为雷克萨斯LS400型汽车（UCF10系列）电源电路。圆圈内的数字为熔丝的编号。各熔丝所连接的电气设备见表3-9。

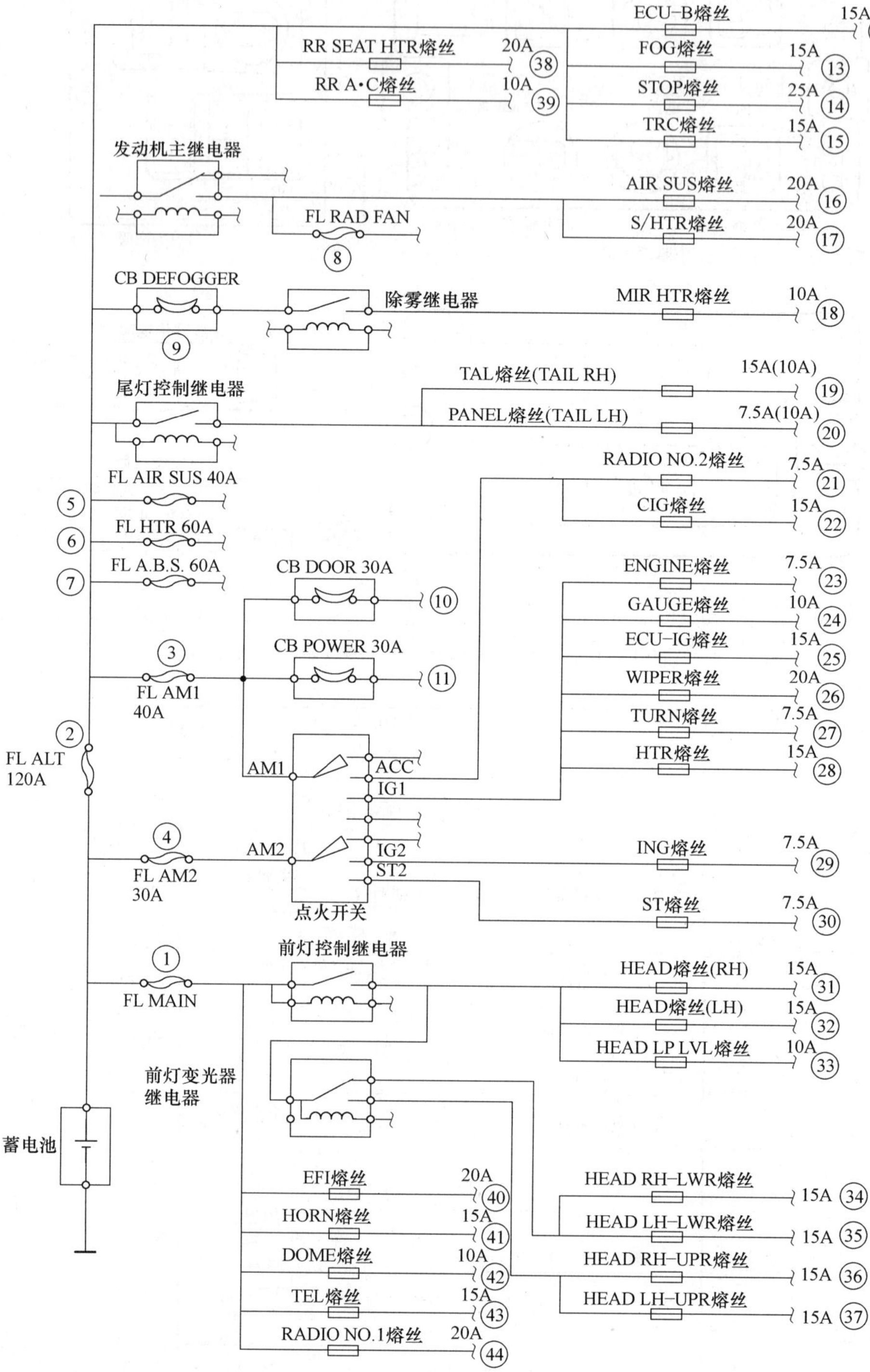

图3-52 雷克萨斯LS400型汽车（UCF10系列）电源电路

表 3-9　熔丝所连接的电气设备

编　号	熔丝名称	所连接的电气设备
1	FL MAIN	车内照明系统、前照灯系统、危险警告灯系统、音响系统、喇叭、电话、起动机
2	FL ALT	雾灯系统、尾灯系统、停车灯系统、转向灯系统、自动天线、点烟器、组合仪表、刮水器和清洗器、门锁控制系统、电动门窗控制系统、电动座椅控制系统、除霜器系统、座椅加热系统、A/C 系统、加热系统、电动安全带系紧系统
3	FL AM1	转向灯系统、门锁控制系统、电动门窗控制系统、电动座椅控制系统、音响系统、自动天线、刮水器和清洗器、电动安全带系紧系统、A/C 系统、加热系统、电动倾斜和伸缩、点烟器、组合仪表、ABS、气垫系统
4	FL AM2	充电警告灯、散热器风扇、起动机、发动机、座椅加热系统、气垫系统
5	FL AIR SUS	气垫系统
6	FL HTR	ABS
7	FL A. B. S	A/C 系统、加热器系统
8	FL RAD FAN	散热器风扇
9	CB DEFOGGER	除雾器系统
10	CB DOOR	门锁控制系统、电动座椅控制系统、燃油加油口盖开启系统
11	CB POWER	电动门窗控制系统、电动安全带系紧系统、滑移式车顶窗系统
12	ECU-B 熔丝	安全气囊警告灯
13	FOG 熔丝	雾灯系统
14	STOP 熔丝	停车灯系统
15	TRC 熔丝	TRC 系统
16	AIR SUS 熔丝	气垫系统
17	S/HTR 熔丝	前座椅加热系统
18	MIR HTR 熔丝	后视镜加热器（除雾器系统）
19	TAIL 熔丝	尾灯系统
19	TAIL RH 熔丝	尾灯系统 RH
20	PANEL 熔丝	照明系统
20	TAIL LH 熔丝	尾灯系统 LH
21	RADIO NO. 2 熔丝	遥控镜系统、音响系统、A/C 系统
22	CIG 熔丝	点烟器
23	ENGINE 熔丝	发动机、充电警告灯
24	GAUGE 熔丝	组合仪表
25	ECU-IG 熔丝	巡航控制系统、ABS、电动倾斜和伸缩控制系统、气垫系统
26	WIPER 熔丝	刮水器和洗涤器系统
27	TURN 熔丝	转向灯系统
28	HTR 熔丝	加热器系统
29	ING 熔丝	发动机、起动机

（续）

编　　号	熔丝名称	所连接的电气设备
30	ST 熔丝	起动机
31	HEAD（RH）熔丝	前照灯（RH）
32	HEAD（LH）熔丝	前照灯（LH）
33	HEAD LP LVL 熔丝	前照灯光束水平控制执行器
34	HEAD RH-LWR 熔丝	前照灯近光（RH）
35	HEAD LH-LWR 熔丝	前照灯近光（LH）
36	HEAD RH-UPR 熔丝	前照灯远光（RH）
37	HEAD LH-UPR 熔丝	前照灯远光（LH）
38	RR SEAT HTR 熔丝	后座椅加热器系统
39	RR A · C 熔丝	后 A/C 继电器
40	EFI 熔丝	发动机
41	HORN 熔丝	喇叭、危险警告灯系统
42	DOME 熔丝	车内照明系统、液晶车后视镜系统
43	TEL 熔丝	电话
44	RADIO NO. 1 熔丝	音响系统

2. 别克汽车的电源控制盒

别克汽车发动机舱电源控制盒的外形如图 3-53 所示。

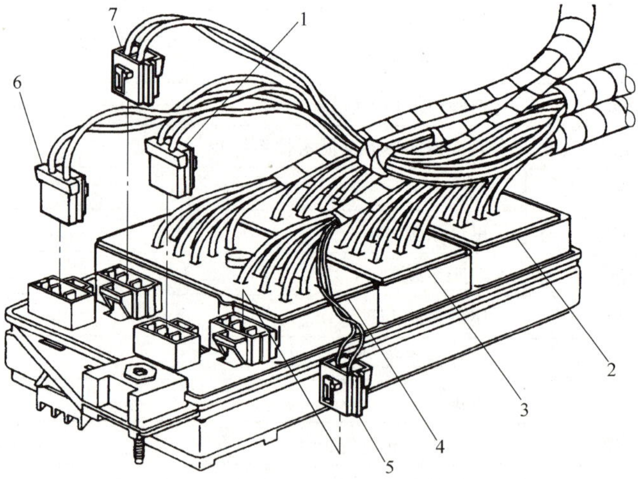

图 3-53　别克汽车发动机舱电源控制盒的外形

1—接插器 C6　2—接插器 C3　3—接插器 C2（至仪表）　4—接插器 C1（至发动机）　5—接插器 C7　6—接插器 C5　7—接插器 C4

图 3-54 所示为别克汽车发动机舱电源控制盒的标签，各标号所连接的电气设备见表 3-10。

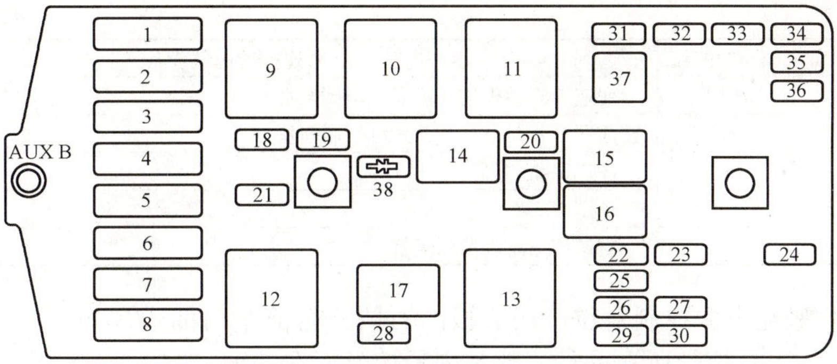

图 3-54　别克汽车发动机舱电源控制盒的标签

表 3-10　别克汽车发动机舱电源控制盒各标号所连接的电气设备

熔丝编号	名　　称	额 定 电 流	所连接的电气设备
1	熔丝	60A	电子制动控制模块/电子制动牵引力控制模块（EBCM/EBTCM）
2		60A	起动继电器
3		60A	点烟器熔丝和后除雾器与电动座椅断路器（即熔丝 G1-2、G3-4、M1-2、N1-2）
4		60A	危险警报、停车灯、门锁和电动后视镜和高速鼓风机断路器、点火开关至点火组件动力系控制模块、车身控制系统、驻车锁、ABS、BTSI
5		30A	驻车、转向信号门控灯、气囊、组件、动力系控制模块、车身控制系统点火继电器和起动信号车身控制系统熔丝
6		25A	冷却液风扇继电器
7		60A	收音机 RFA CLUSTER ABS、车身控制系统、点烟器、INADV 电源总线熔丝
8		60A	附件时间延迟（RAP）继电器，点火开关至刮水器、车身控制系统附件、断电、收放机、低速鼓风机和暖风通风空调熔丝
9、10	继电器		冷却液风扇
11			起动机
12			冷却液风扇
13			点火
14			空调系统
15			喇叭
16			雾灯
17			燃油泵
18	保险丝	10A	发电机
19		10A	动力系控制模块（PCM）
20		10A	空调离合器继电器至空调压缩机离合器线圈
21		15A	冷却风扇 2 和继电器 3
22		15A	点火控制模块（ICM）
23		10A	自动变速器驱动机构：变矩器离合器和换档控制
24		15A	喇叭继电器至喇叭（高音和低音）
25		15A	喷油器
26		10A	加热氧传感器（HO2S）
27		10A	动力系控制的装置：EVAP 炭罐吹洗电磁阀、空气流量计（MAF）、停车灯开关（TCC）至动力系控制模块
28		15A	雾灯继电器至雾灯

（续）

熔丝编号	名　　称	额 定 电 流	所连接的电气设备
29	保险丝	7.5A	变速器驱动机构区段开关至倒车灯
30		20A	前照灯开关，自动前照灯控制模块
31		15A	F/PMP 继电器
32～37			备用
38			空调压缩离合器二极管

别克汽车驾驶舱电源控制盒位于仪表板的右侧，右前车门前边，如图 3-55 所示。字母“A、B、C……”表示熔丝所在的行，数字表示熔丝所在的列，“1、2”，“3、4”，……。而“1、2”表示同一熔丝的两引脚。例如 J 行 1、2 列的熔丝是“刮水器 25A”，在电器图中标为 J1-2，其两引脚为 J1 和 J2。

前照灯 20A		收放机 10A	引出线 10A	车身控制模块 15A	刮水器 25A	J
	仪表板暗光调节7.5A	尾灯、牌照灯 15A	前位信号灯 10A			H
电动座椅 30A				左侧后座点烟器 15A	右侧后座点烟器 15A	G
后窗除霜 30A	电动后视锁 2A	车门锁 20A	制动灯 15A	危险警示、后雾灯 15A		F
		电池动力母线自动保护 15A	点烟器引出线 20A	车身控制模块 10A	收音机、冷暖风空调、遥控频率放大器、数据接口仪表板15A	E
电动车窗 30A	动力传动泵控制模块、车身控制模块、车盖下继电器10A	车大灯自动控制模块10A	组合仪表 10A	完全气囊 10A	转向信号灯、角灯(GLX车型)10A	D
				制动、变速/停车联锁10A	防抱制动系统 10A	C
高速鼓风机 30A	轮胎复位开关			冷暖风空调 10A	低速鼓风机(GL车型) 25A	B
电路断路器		点火位0、组合仪表板、动力传动泵控制模块和车身控制模块　10A	加热外后视镜 10A	曲轴信号、车身控制模块、组合仪表板 15A		A
	10　9	8　7	6　5	4　3	2　1	

图 3-55　别克汽车驾驶舱电源控制盒

直接由蓄电池供电的熔丝有 1～8、18～21、24、28～31 号，这些熔丝都在发动机舱电源控制盒内；7 号熔丝给驾驶舱电源控制盒中的熔丝 P1-3、E1-2、E3-4、E5-6、E7-8 供电；4 号熔丝给驾驶舱电源控制盒中的熔丝 K12、F1-3、F3-4、F5-6、F7-8、F9-10 供电；如图 3-56、图 3-57 所示点火开关由 5、8 号熔丝供电。其连接电路如图 3-58 所示。

电源控制盒的其他电路如图 3-59～图 3-61 所示。

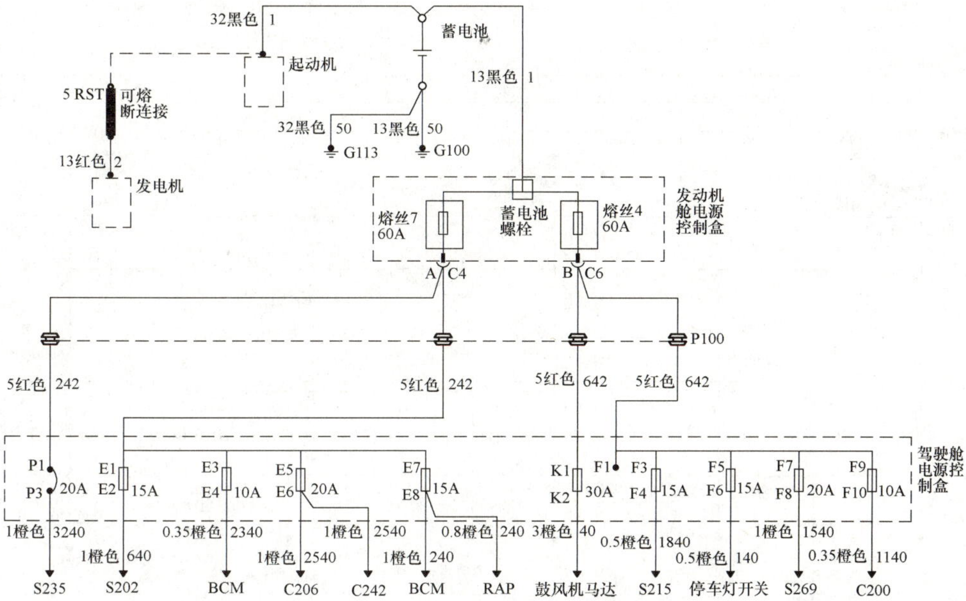

图 3-56　别克汽车电源电路（1）

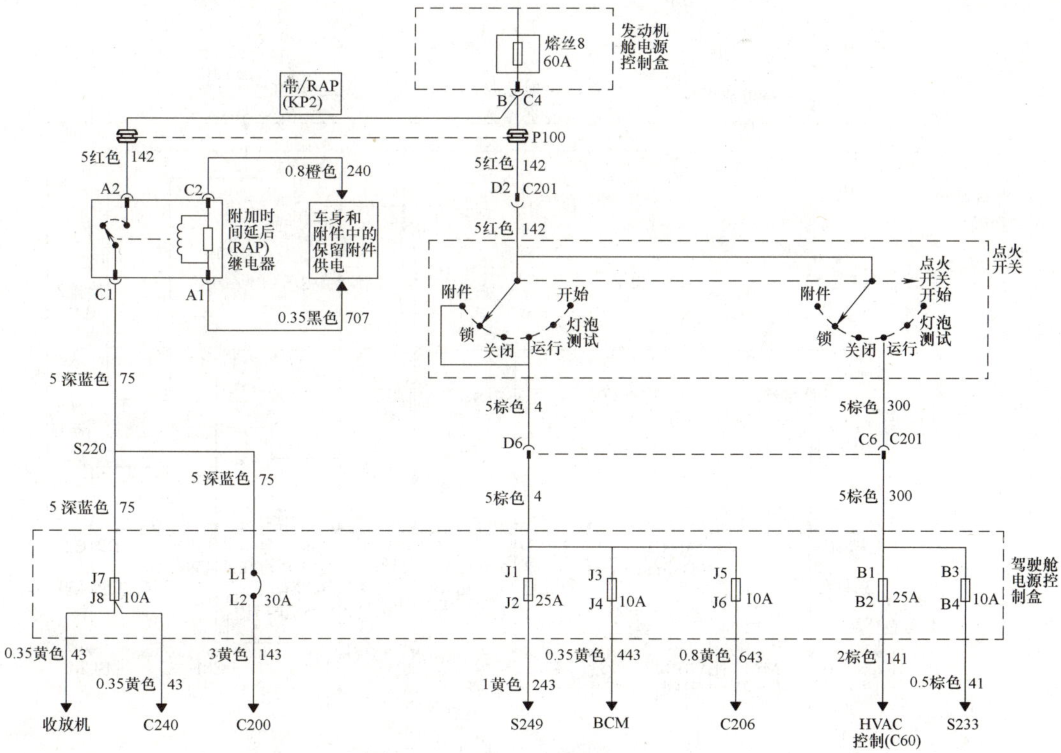

图 3-57　别克汽车电源电路（2）

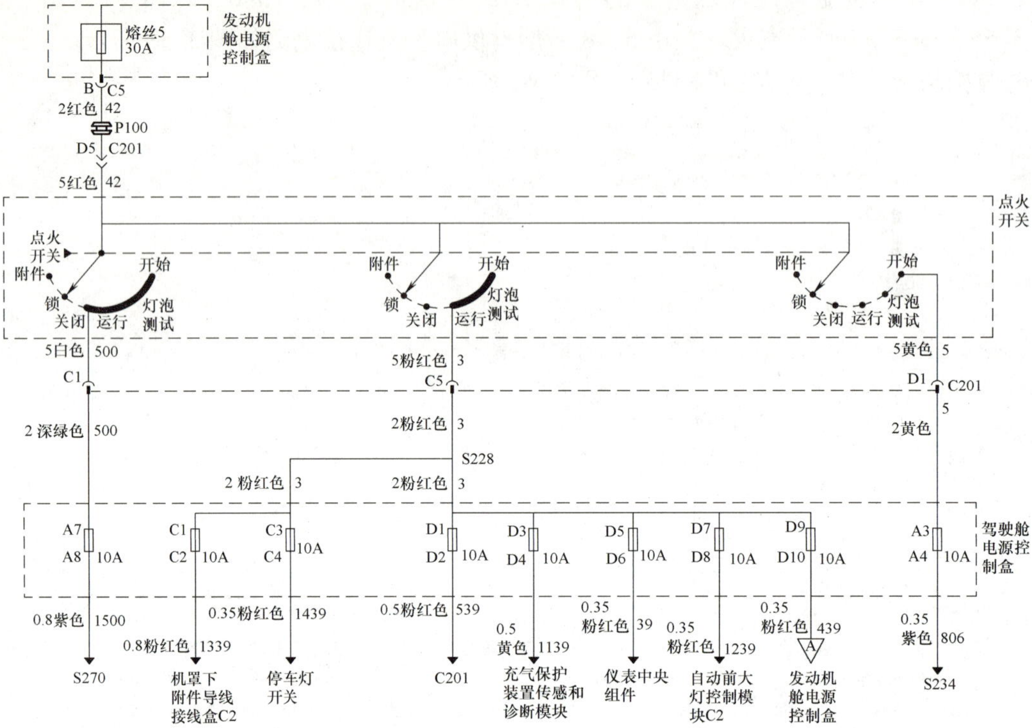

图 3-58 别克汽车点火开关电路

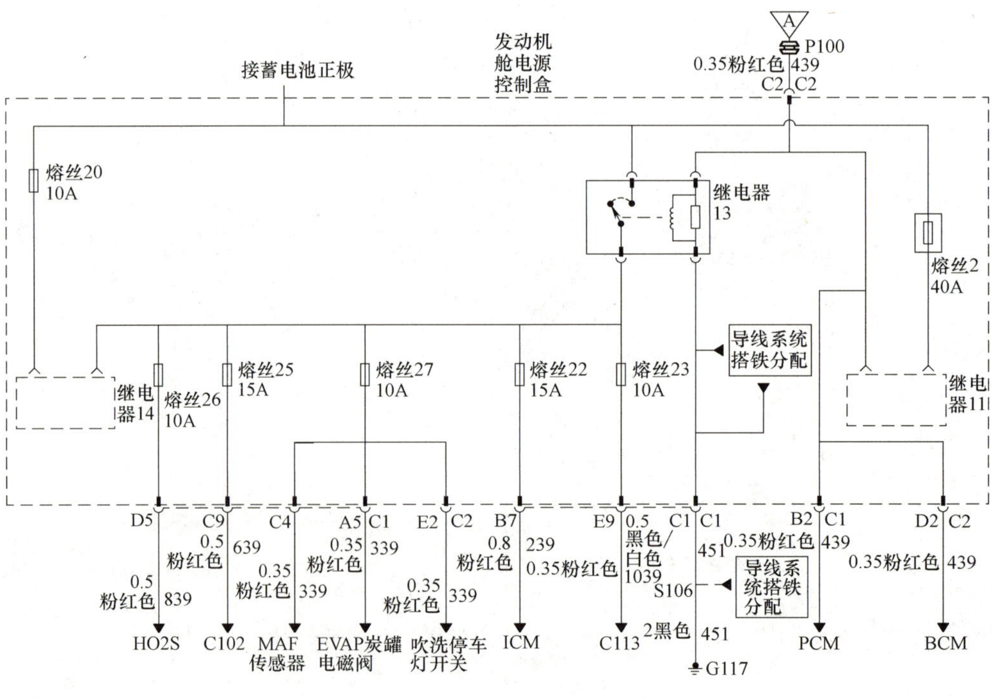

图 3-59 继电器连接电路（1）

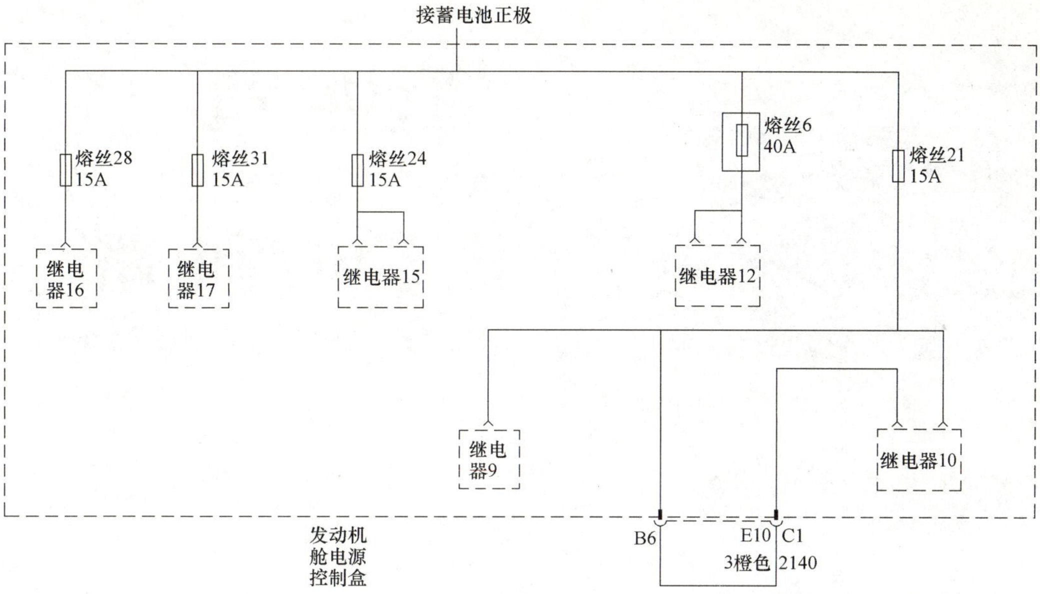

图 3-60　继电器连接电路（2）

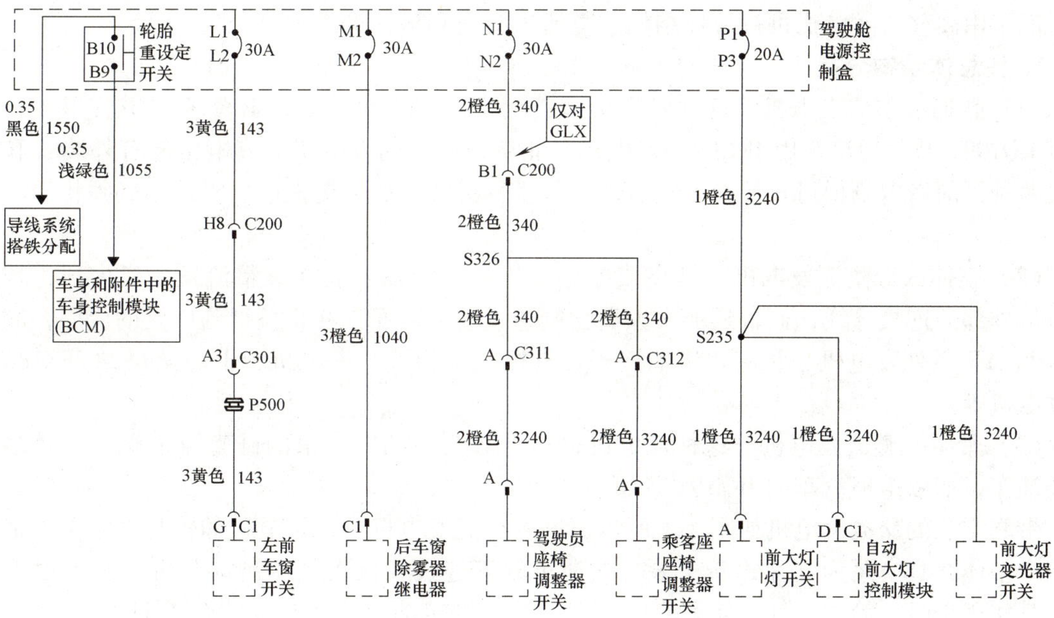

图 3-61　驾驶舱电源控制盒熔丝所连接的其他电路

习　　题

汽车电缆与配电装置有哪些？各有什么作用？

第四章 汽车电源电路

第一节 发电机

一、交流发电机的结构与内部电路

（一）交流发电机的分类

汽车用硅整流发电机可按总体结构、整流器结构和搭铁形式进行分类。

1. 按总体结构分类

（1）普通硅整流发电机　这种发电机由三相交流发电机和6只硅整流二极管组成。如东风EQ1091型载货汽车用JF132型发电机和北京切诺基的发电机。其电刷架有外装式和内装式两种，前者电刷架可直接在发电机的外部进行拆装，后者更换电刷时，则必须将发电机解体。

（2）整体式硅整流发电机　其集成电路（IC）调节器安装在硅整流发电机内部，减少发电机外部的连接导线，而且还能大大简化制造过程，因而正在日益得到广泛的应用，如丰田YR、YB系列发电机、北京切诺基汽车发电机、夏利汽车发电机、上海桑塔纳JFZ1813Z型发电机等。

（3）带泵硅整流发电机　这种发电机是指带真空制动助力泵的硅整流发电机。其多用于柴油车，如依维柯汽车用JFZ1912Z型发电机。

带真空泵的交流发电机如图4-1所示，这种交流发电机是把发电机的轴与真空泵的轴联成一个整体，真空泵为叶片式转子泵，它通过软管连接在汽车液压制动装置的真空增力器上，其作用是吸出筒内空气，使其变成真空。发电机转动时，真空泵按图4-1b所示箭头方向旋转，由于各叶片之间的空间不断变化，就能把空气由进气口吸入，并送到排气口，将与进气口相连的真空增力器的真空筒抽成真空。真空泵的润滑是由泵盖的给油口供给的，来自发动机润滑系统的一部分润滑油进入泵内，循环到各个部分，最后便随空气从排气口排出到真空泵外部。

（4）无刷硅整流发电机　这种发电机是指无电刷和集电环的发电机。这种交流发电机没有电刷和集电环，可以减少在运行中由于电刷与集电环而引起的各种故障。其结构与一般爪极式交流发电机大致相同，但其磁场绕组是静止的，它通过一个磁轭托架固定在后端盖上，如图 4-2 所示。两个爪极中只有一个爪极直接固定在发电机转子轴上，另一爪极则用非导磁连接环固定在前一爪极上。当转子旋转时，一个爪极就带动另一个爪极一起在定子内转动，于是定子的三相绕组中便感应出三相交流电，经整流后再变为直流电。图 4-3 所示为德国博世（Bosch）公司生产的无刷交流发电机。

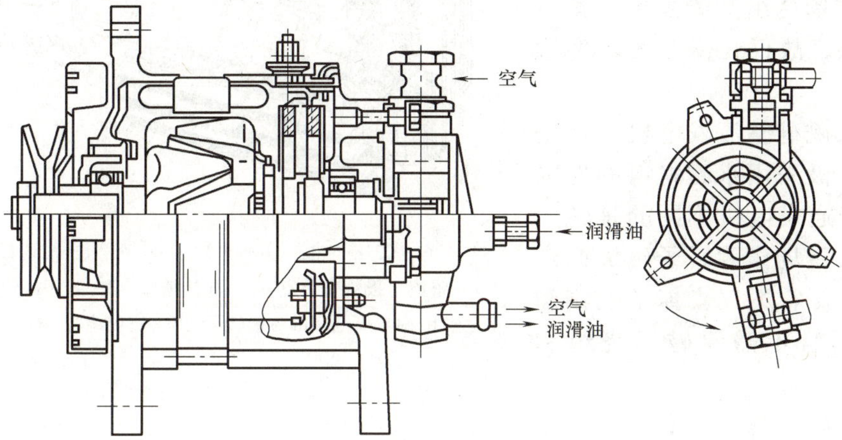

a)　　b)

图 4-1　带真空泵的交流发电机

a）外形　b）真空泵

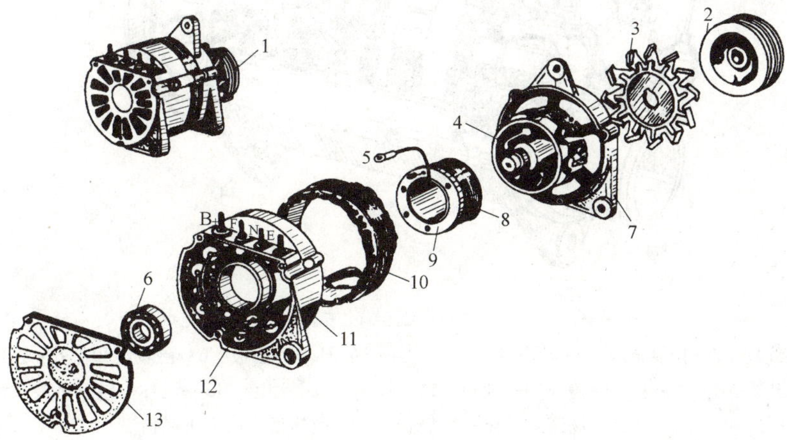

图 4-2　国产 W14X 型无刷交流发电机

1—发电机总成　2—带轮　3—风扇　4—爪极及转子总成　5—磁场绕组接头　6—后轮承　7—前端盖　8—磁场绕组　9—磁轭　10—定子总成　11—磁场绕组支架及后轴承支架　12—整流器　13—防护罩　B_+—电枢　F—磁场　N—中性　E—搭铁

这种交流发电机的缺点是：两个爪极之间连接的制造工艺较困难，另外由于磁路中增加了两个附加气隙，故在输出功率相同的情况下，必须增大磁场绕组的励磁功率。

（5）带有励磁机的无刷硅整流交流发电机　如图 4-4 所示为德国博世（Bosch）公司生产的 T4 型带有励磁机的无刷发电机。它实际上是在爪极式三相交流发电机的基础上，增加了一部专为其励磁的小型硅整流发电机，称为励磁机。其特点是励磁绕组固定，而三相绕组是转动的。当发电机转动时，在三相绕组中便感应出三相交流电，在发电机内部经二极管整流后变为直流电，直接供给爪极式三相硅整流发电机的磁场绕组励磁发电。其结构比较复杂，故仅在需要大功率输出时采用。

（6）永磁硅整流发电机　这是一种转子磁极采用永磁材料的发电机。它与普通发电机不同的是转子部分以永久磁场作为转子磁极而产生旋转磁场。它不仅去掉了电刷和集电环，而且不需要磁场绕组和爪极。

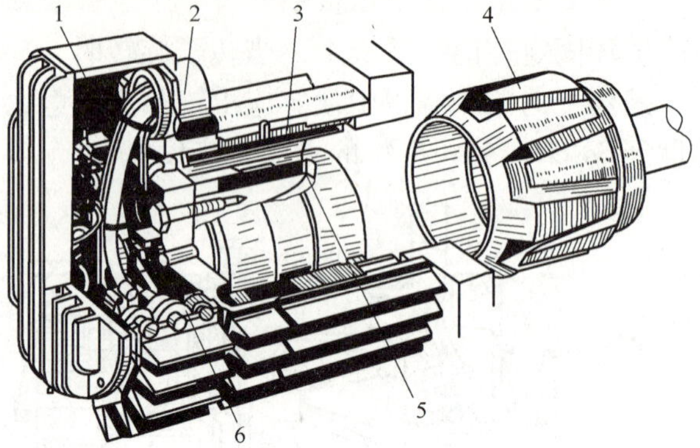

图 4-3　德国博世（Bosch）公司生产的无刷交流发电机

1—整流二极管安装室　2—连接插座　3—定子绕组　4—没有电刷与集电环的磁极转子　5—磁场绕组　6—二极管

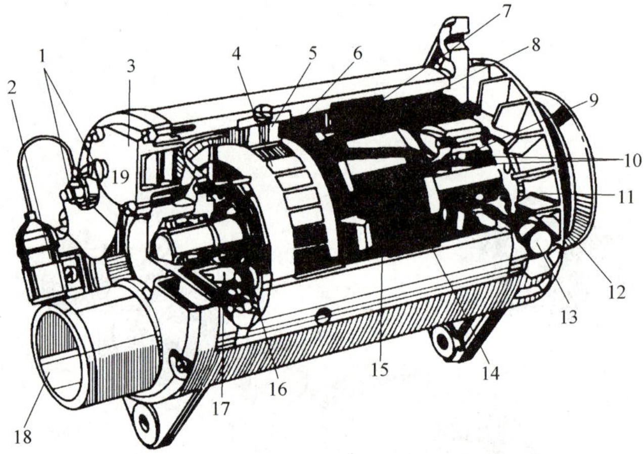

图 4-4　T4 型带有励磁机的无刷硅整流发电机

1—接线柱　2—抑制电容　3—晶体管调节器　4—转子　5—磁极　6—磁场绕组　7—定子铁心　8—定子绕组　9—驱动端盖　10—油封　11—风扇　12—油道　13—油杯　14—爪极式转子　15—磁场绕组　16—二极管　17—散热板　18—进风口

转子常用的永磁材料有铁氧体、铝镍钴、稀土钴和钕铁硼等。其中钕铁硼为第四代超强永磁材料。由于转子采用永磁结构，所产生的旋转磁通是不变的、不可调的，所以在定子绕组中产生的三相交流感应电动势只随发电机转速变化。因此，不能采用普通硅整流发电机控制磁场电流的原理来调节发电机的输出电压。

钕铁硼永磁无刷交流发电机具有体积小、质量轻、结构简单、维修方便、工艺性能好、故障少、节约原材料、无线电干扰少、比功率大等优点，其发展前景十分广阔。

2. 按整流器结构分类

（1）6 管发电机　其整流器由 6 只硅整流二极管组成。如东风 EQ1090 型汽车用的 JF132 型、解放 CA1091 型汽车的 JF1522A、JF152D 型发电机。

（2）8 管发电机　具有 2 只与中性点连接的二极管，其整流器共有 8 只二极管。如天津夏利 TJ7100 轿车用 JFZ1542 型发电机。

（3）9 管发电机　具有 3 只磁场二极管，其整流器共有 9 只二极管。如北京 BJ1022 轻型货车用 JFZ141 型发电机。

（4）11 管发电机　除由 6 只硅整流二极管组成的整流器外，还有 2 只中性点二极管和 3 只磁场二极管，其整流器共有 11 只二极管。如桑塔纳轿车用 JFZ1813Z 型发电机。

3. 按磁场绕组搭铁形式分类

（1）内搭铁式　磁场绕组的一端与发电机壳相连接。如东风 EQ1090 型车用的 JF132 型发电机。

（2）外搭铁式　磁场绕组的一端经调节器后搭铁。如解放 CA1091 型车用的 JF152D、JF1522A 型发电机。

（二）交流发电机的构造

汽车交流发电机可将发动机的部分机械能转变为汽车所需的电能。它主要由转子、定子、整流器、前后端盖等组成，图 4-5 和图 4-6 所示为交流发电机的结构。

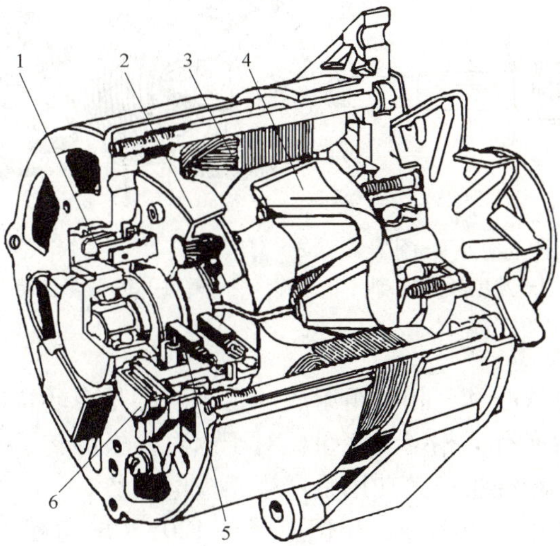

图 4-5　交流发电机的结构

1—端子　2—整流器　3—定子　4—转子　5—电刷　6—调节器

1. 转子

转子是发电机的磁场部分，主要由转子轴、两块爪极、磁场绕组和集电环等组成，如图 4-7所示。

在转子轴的中段轧有纵向滚花，其上压有两块爪极（每块爪极上各具有若干个鸟嘴形磁极），两块爪极的内腔装有铁心称为磁轭，其上绕有磁场绕组，磁场绕组的两引出线分别焊在与轴 2 绝缘的两个铜制集电环 1 上。直流电通过电刷、集电环到磁场绕组，便产生了磁场。

转子用前轴承和后轴承支承于前后端盖上，以保证转子能高速旋转。

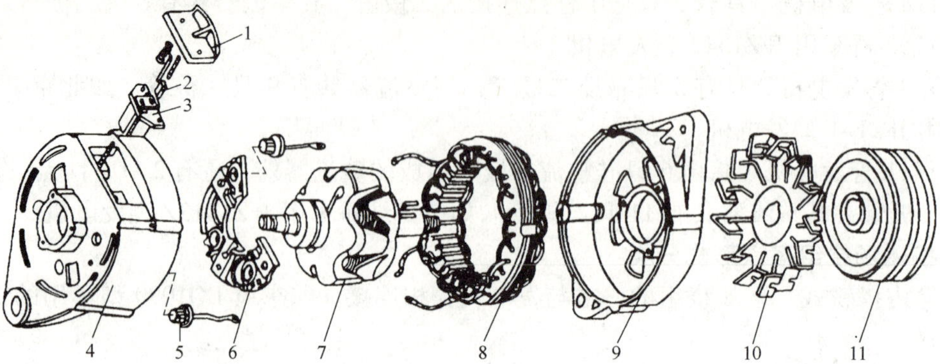

图 4-6　JF1311 型发电机的结构

1—电刷弹簧压盖　2—电刷　3—电刷架　4—后端盖　5—硅整流二极管　6—散热板
7—转子总成　8—定子总成　9—前端盖　10—风扇　11—V 带轮

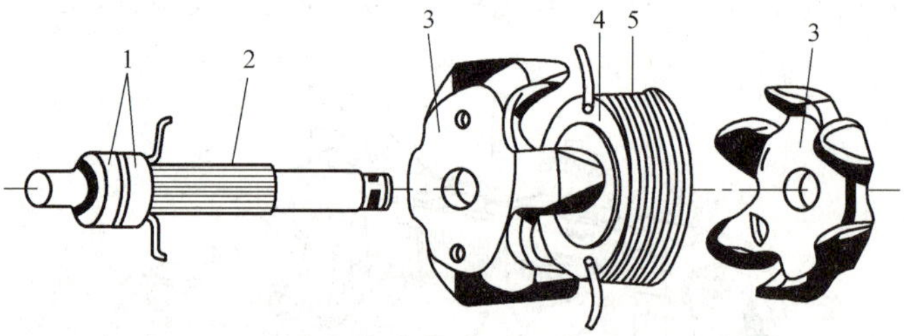

图 4-7　转子总成分解图

1—集电环　2—轴　3—爪极　4—磁轭　5—磁场绕组

2. 定子

定子又叫做电枢，由铁心和三相绕组组成。定子铁心是由环状硅钢片叠成，硅钢片相互绝缘，其内圆有槽，槽内嵌有三相定子绕组。对于六对磁极的转子，每相绕组中都有 6 个相互串联着的线圈，称为三相绕组，其功用是产生感应电动势。

为了使三相绕组中产生大小相等、相位上互差 120°（电角度）的对称电动势，三相绕组有下列特点：

1）每相绕组的线圈个数和每个线圈的节距与匝数都必须完全相等。以 JF11 型发电机为例，磁极对数为 6，定子总槽数为 36，每相绕组占有的槽数为 36 槽/3 = 12 槽，并且采用的是单层集中绕法，即每个槽内放置一个有效边（一个线圈有 2 个有效边，放在 2 个定子槽内）。因此，每相绕组都由 12/2 = 6 个线圈串联而成，每个线圈有 13 匝，则每相绕组共有 6 × 13匝 = 78 匝。每个线圈的两个有效边间隔的定子槽数叫做线圈节距，相邻两异性磁极中心线之间的槽数称为极距。即：线圈节距 = 定子铁心总槽数/磁极个数。

2）三相绕组的首端 A、B、C 在定子槽内的排列必须相隔 120°电角度。转子旋转时，磁极的磁场不断地和定子中的导体做相对运动，在定子绕组中产生交流电动势。每转过一对磁极，定子导体中的感应电动势就变化一个周期，即 360°电角度。每个磁极在定子圆周上占有的槽数为 36 槽/12 = 3 槽，即 180°电角度，所以每两个相邻的槽的中分线之间为 180°/3 = 60°电角度。为了使三相绕组各个首端之间相隔 120°电角度，即线圈的节距为 3，各首端之间

的距离应为 $2+3n$ 个槽（$n=0, 1, 2, \cdots$）即 2，5，8，11…个槽均可。三相绕组展开图如图 4-8 所示。A、B、C 三个首端依次放入 1、9、17 三个槽中，而末端 x、y、z 则相应地放入 34、6、14 三个槽内，就可保证三相绕组之间的相位差为 120°电角度。

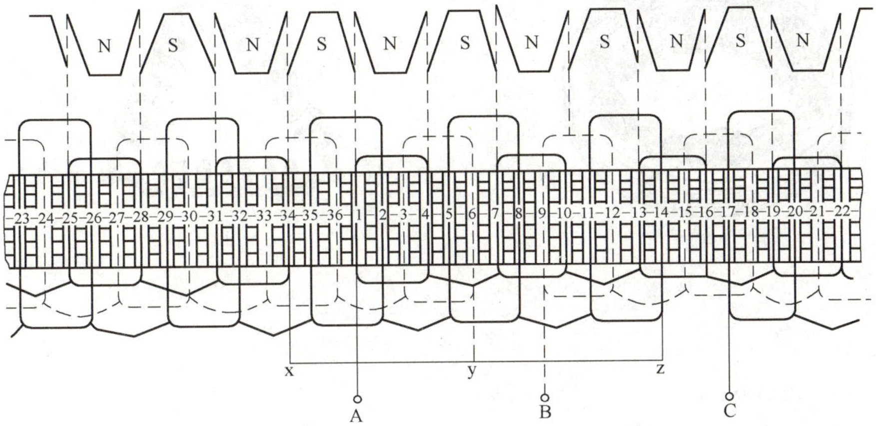

图 4-8　三相绕组展开图

3）三相绕组的连接方法有星形联结（亦称Y联结）（见图 4-9）和三角形联结（又称为△联结）两种（见图 4-10）。Y联结即将三相绕组的 3 个末端 x、y、z 连接在一起，将三相绕组的首端 A、B、C 作为交流发电机的交流输出端。△联结是将每相绕组的首端和另一绕组的末端依次相连接，因而有 3 个接头，这 3 个接点即为交流发电机的交流输出端。汽车用交流发电机大多采用Y联结，只有少数大功率交流发电机采用△联结。

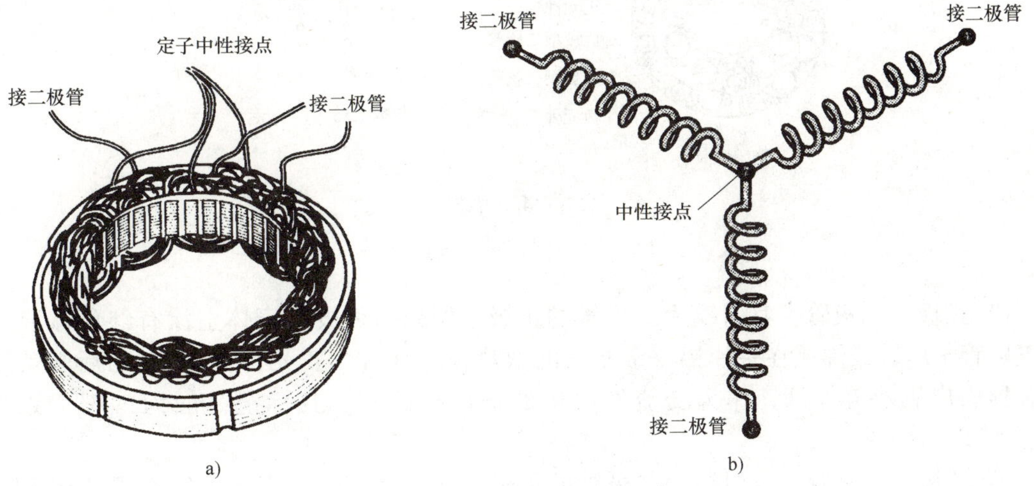

图 4-9　三相绕组的星形接法

a）定子　b）星形联结

3. 整流器

整流器的功用是将发电机定子绕组产生的交流电变换为直流电。一般由 6～8 只硅整流二极管和两片散热板组成。二极管的引线与三相绕组相连接，二极管的外壳分别压装或粘接在两片散热板上，如图 4-11 所示。

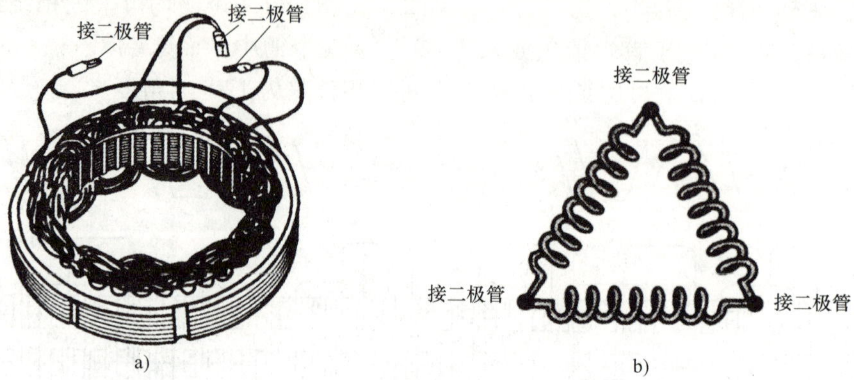

图 4-10　三相绕组的三角形接法

a）定子　b）三角形联结

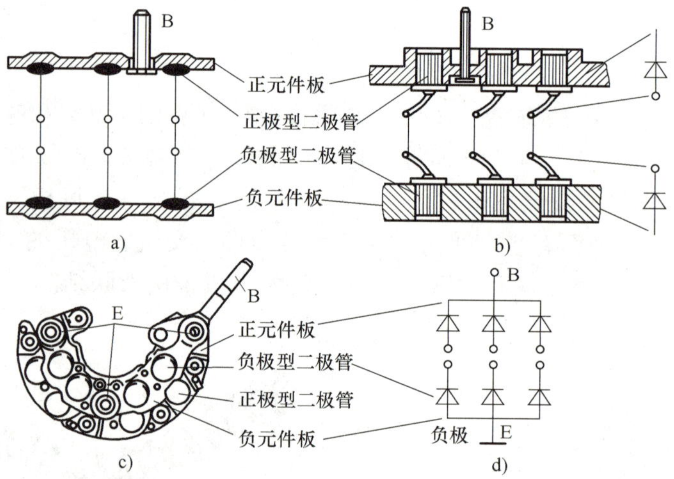

图 4-11　整流器

a）、b）、c）外形　d）电路

1）正极型二极管，其引线为二极管的正极、外壳为负极（壳体上涂有红色标记）。三个正极管子压装或焊接在一片铝合金制成的散热板上（称为正元件板），并与后端盖绝缘，用螺栓引出后端盖外部，作为交流发电机的输出接线柱，其标记一般为“B”或“+”或“A”。

2）负极型二极管，其引线为二极管的负极、外壳为正极（壳体上涂有黑色标记）。三个负极管子压装或焊接在另一片散热板上（称为负元件板），并与发电机的后端盖连接（国产交流发电机多是将三个负极管子压装在后端盖上），构成负极搭铁。

4. 电刷组件

电刷组件由两只电刷、电刷弹簧和电刷架组成。电刷装在电刷架的孔内，由电刷弹簧的压力使电刷与转子总成上的集电环保持紧密接触，用于给转子绕组提供磁场电流。两个电刷的引线分别与后端盖上的磁场接线柱“F”和搭铁接线柱“E”或“-”相连接。

电刷架由酚醛玻璃纤维塑料模压而成或用玻璃纤维增强尼龙制成。电刷架有外装式和内装式两种，如图 4-12 所示。交流发电机磁场绕组的搭铁方式有两种：一种是直接在发电机内部搭铁；另一种则是通过调节器搭铁即外搭铁，外搭铁式交流发电机两个电刷的引线均与后端盖绝缘，接线柱旁边的标记也有别于内搭铁式交流发电机，解放 CA141 型汽车用的 JF152 型外搭铁式交流发电机，其后端盖上两个电刷引线螺栓旁的标记分别为“F1 和“F2”（有的用“DF +”、“DF −”表示），磁场绕组的两端均与后端盖绝缘。调节器内置的发电机都是内搭铁。

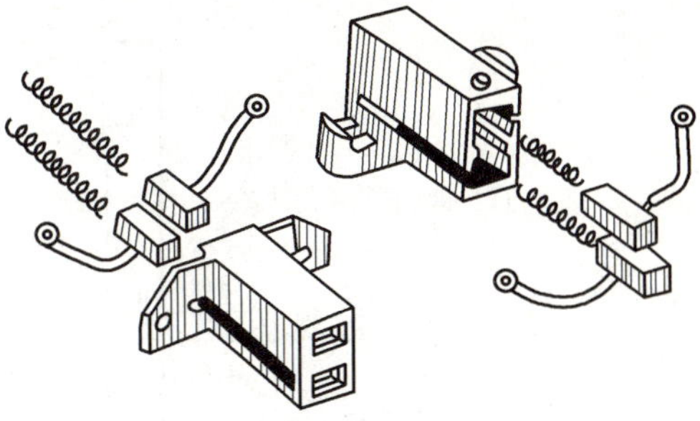

a)　　b)

图 4-12 电刷架结构

a）外装式 b）内装式

5. 前后端盖

前后端盖为铝合金压铸件，可减少漏磁并具有轻便、散热性能良好的优点。为了提高轴承孔的机械强度，增加其耐磨性，在端盖的轴承座孔内镶有钢套。在后端盖内固定有一块或两块元件板，发电机的正极输出线由正元件板上的螺杆（有绝缘套）通过后端盖上的孔输出。后端盖上还装有电刷架。

6. 带轮与风扇

带轮与风扇借助半圆键和螺母固定在转子轴的前端。当带轮由发动机曲轴驱动时，风扇能使空气从后向前高速流过发电机内部进行冷却。

为了保证发电机在工作时不致因温升过高而损坏，在发电机转子轴上装有风扇（用钢板冲制而成或铝合金压铸而成），后端盖上有进风口，前端盖上有出风口。当发电机轴旋转时，风扇也一起旋转，使空气高速流经发电机内部对发电机进行强制冷却。

（三）交流发电机的内部电路

交流发电机的内部电路有多种形式。按整流二极管的数量分有 6 管（无中性点二极管，励磁二极管）、8 管（有中性点二极管，无励磁二极管）、9 管（无中性点二极管，有励磁二极管）和 11 管硅整流发电机；按调节器安装位置分为整体式和外置式两种。

普通硅整流 6 管发电机的内部电路如图 4-13 所示。整体式硅整流 6 管发电机的内部电路如图 4-14 所示。

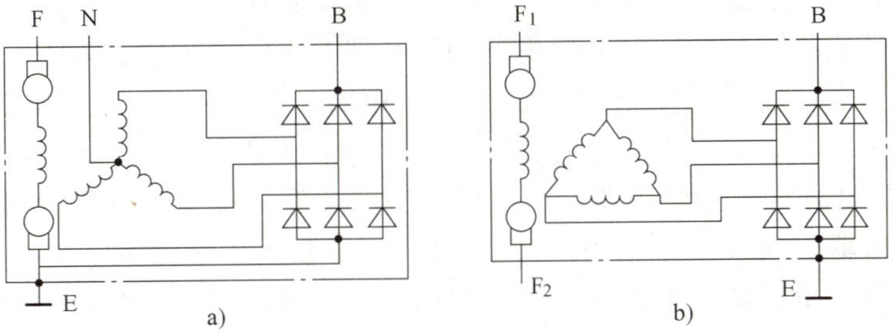

a)　　b)

图 4-13 普通硅整流 6 管发电机的内部电路

a）内搭铁星形联结 b）外搭铁三角形联结

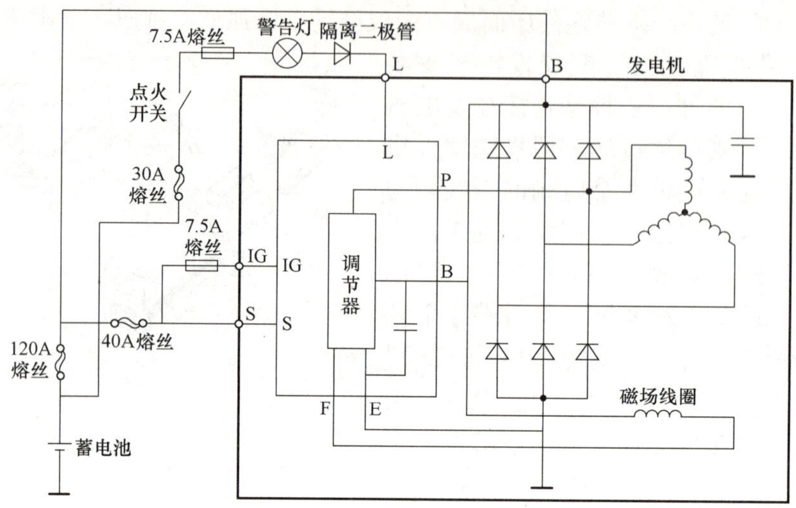

图 4-14　整体式硅整流 6 管发电机的内部电路

如图 4-15 所示为通用公司生产的整体式 11 管交流发电机的内部电路。该整体式发电机由 11 管交流发电机和集成电路调节器两部分组成。中性点硅整流二极管 VD_4 和 VD_8 在发电机高速运转时，可增大其输出功率 15% 左右。

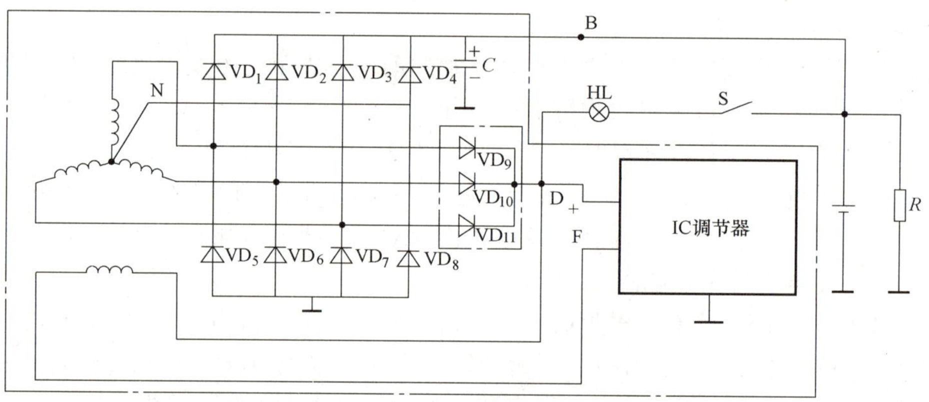

图 4-15　整体式 11 管交流发电机内部电路

三只小功率正极管子 VD_9、VD_{10}、VD_{11}，其引线（正极）分别接在三相定子绕组的首端，外壳（负极）压装在组件的外壳上，其负极端构成 D + 接线柱，并与集成电路调节器及励磁绕组的一端相连，它们和发电机的三只二极管（VD_5、VD_6 和 VD_7）组成了三相桥式全波整流电路，其主要作用是供给励磁绕组励磁电流，因而被称为磁场二极管或励磁二极管。发电机工作时三相定子绕组产生的交流电经二极管组件和三只负极管子（VD_5、VD_6 和 VD_7）整流后流过磁场绕组和调节器，给磁场绕组提供励磁电流，使发电机自励正常发电。

集成电路调节器（IC）具有体积小、质量轻、灵敏高、寿命长、不需维修等优点。它安装在整体式交流电机后端盖上，可以减少发电机外部连接导线和充电系统故障，并大大简化了生产制造过程。它的作用是：当发电机转速变化，输出电压超过极限额值（对于 12V 电控系统，其极限额值为 14V；对于 24V 电控系统，则为 28V）时，自动调节发电机的输出电压，使之保持稳定，以防电压过高烧坏用电设备和使蓄电池过充电。

电容器 C 是防干扰电容，用来抑制对无线电干扰。

（四）交流发电机的型号与主要技术参数

1. 交流发电机型号的编制方法及含义

根据中华人民共和国汽车行业标准《汽车电气设备产品型号编制方法》QC/T 73—1993 规定，汽车交流发电机的型号组成（如图 4-16 所示）如下：

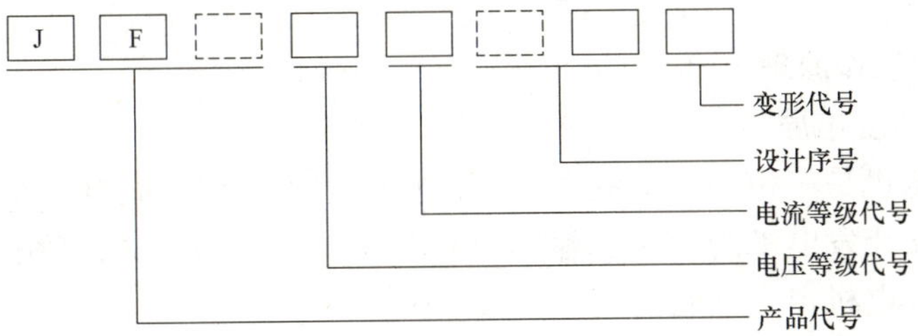

图 4-16　汽车交流发电机的型号组成

（1）产品代号　交流发电机的产品代号为 JF、JFZ、JFB、JFW 四种，分别表示交流发电机、整体式交流发电机、带泵交流发电机和无刷交流发电机。

（2）电压等级代号和电流等级代号　分别用 1 位阿拉伯数字表示，其含义见表 4-1 和表 4-2。

表 4-1　电压等级代号的含义

电压等级代号	1	2	3	4	5	6
电压等级/V	12	24	—	—	—	6

表 4-2　电流等级代号的含义

电流等级代号	1	2	3	4	5	6	7	8	9
电流等级/A	≤19	20 ~ 29	30 ~ 39	40 ~ 49	50 ~ 59	60 ~ 69	70 ~ 79	80 ~ 89	≥90

（3）设计序号　按产品设计先后顺序，用 1 ~ 2 位阿拉伯数字表示。

（4）变形代号　交流发电机以调整臂的位置作为变形代号。从驱动端看，在中间不加标记；在右边时用 Y 表示；在左边时用 Z 表示。

例如：JF152 表示电压等级为 12V，电流为 50 ~ 59A，第 2 次设计的普通交流发电机；JFZ1913Z 为桑塔纳，奥迪 100 所采用的发电机，表示其电压等级为 12V，电流等级为大于 90A，第 13 次设计，调整臂在左边的整体式交流发电机。

2. 常见汽车交流发电机的主要技术参数

汽车交流发电机的型号、规格和主要技术参数见表 4-3。

表 4-3　汽车交流发电机的型号、规格和主要技术参数

型　号	主要适用车型	规　格		空载转速（不大于）/(r/min)	满　载		配用调节器型号	安装方式	质量/kg
		电压/V	功率/W		电流/A	转速（不大于）/(r/min)			
JFZ1913Z	桑塔纳、奥迪 100	14	1260	1050	90	6000	9RC2004	单挂脚	5.7

3. 交流发电机的安装尺寸

交流发电机的安装方式分为单挂脚、双挂脚和抱持式三种。根据《汽车、拖拉机用交流发电机功率等级和安装尺寸》（JB 1545—1975）规定，350W 以及以下的交流发电机不得采用抱持式安装方式。

二、交流发电机的工作原理与特性

（一）发电机的工作原理

1. 交流发电机的发电原理

汽车用交流发电机是三相同步交流发电机，它产生的三相交流电经 6 只硅整流二极管整流后成为直流电。交流发电机的工作原理如图 4-17 所示。发电机的三相定子绕组按图 4-18 所示的规律分布在发电机定子铁心的槽中。

当磁场绕组接通直流电时即被励磁，一块爪极形成 N 极，另一块爪极形成 S 极。磁力线由转子的 N 极出发，穿过转子与定子间很小空气间隙进入定子铁心，最后又经空气隙回到相邻的 S 极，通过磁极构成了磁回路，如图 4-18 所示。

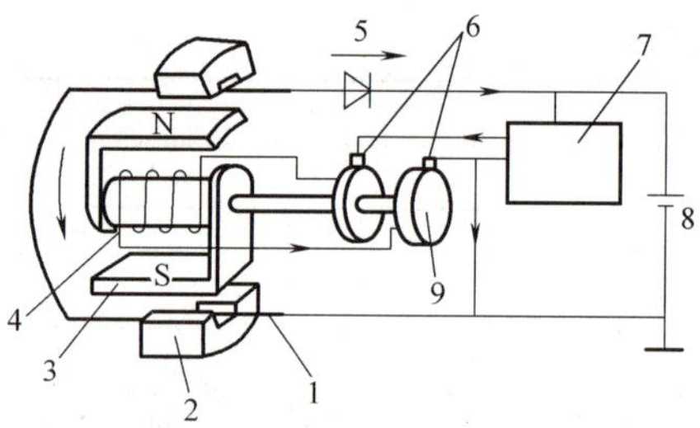

图 4-17　交流发电机的工作原理

1—定子绕组　2—定子铁心　3—磁极　4—磁场绕组　5—二极管整流器　6—电刷　7—调节器　8—蓄电池　9—集电环

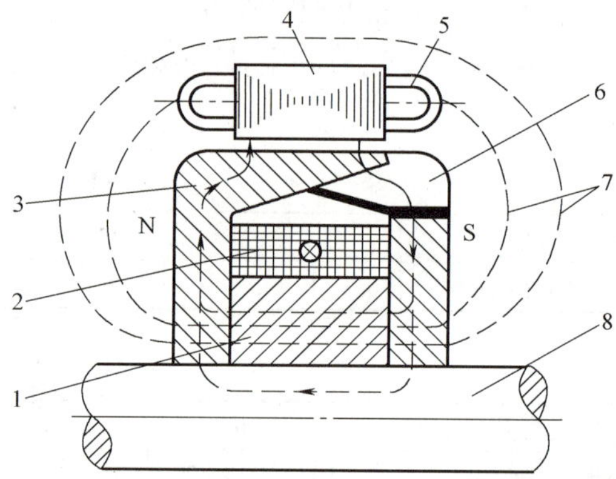

图 4-18　交流发电机的磁路

1—铁心（磁轭）　2—磁场绕组　3、6—爪极　4—定子铁心　5—三相绕组　7—漏磁　8—转子轴

当转子旋转时，由于定子绕组切割磁力线，所以在三相绕组中便产生频率相同、幅值相等、相位相差 120°电角度的三相交流电，波形如图 4-19b 所示。

发电机每相绕组产生的电动势的大小与每相绕组串联匝数以及转子的转速成正比。

2. 交流发电机的整流原理

交流发电机定子绕组中所感应出的交流电，由硅整流二极管组成的三相桥式整流器变为直流电，如图 4-19a 所示。硅整流二极管具有单向导电特性，当二极管外加电压为正向电压时（即二极管的正极电位高于负极电位时），二极管处于导通状态，而当外加电压为反向电压（即正极电位低于负极电位），二极管就会处于截止状态。这样，只有一个方向的电流可以通过二极管，因此可以把交流电变为直流电，其电压波形如图 4-19d 所示。

发电机工作时，三相定子绕组中产生的是相位依次相差 120°的三相交流电，而且，当

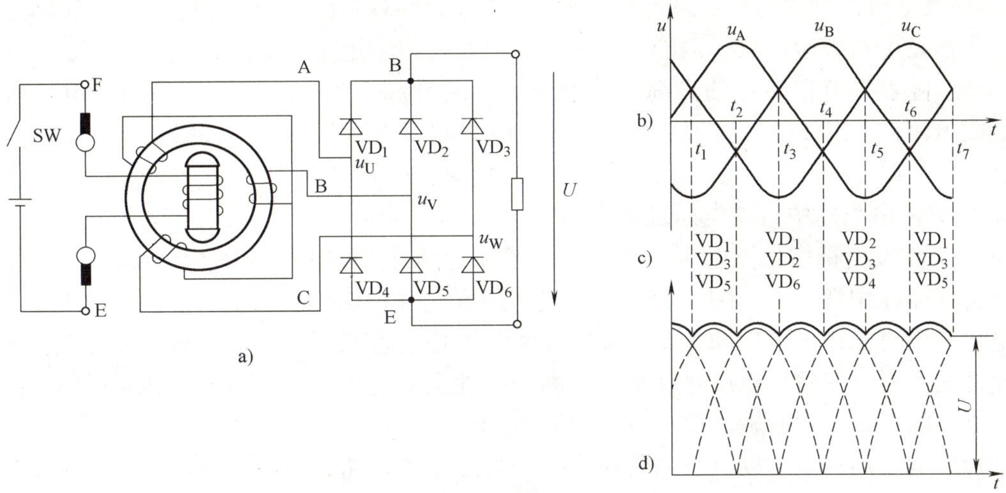

图 4-19　三相交流发电机的整流原理

a）电路　b）三相交流电的波形　c）导通的二极管　d）输出波形

某相电动势的方向是从绕组中流出时，该电动势是正的，曲线在横坐标上方；当电动势的方向是朝绕组流入时，该相电动势是负的，曲线在横坐标的下方，如图 4-19b 所示。

为了便于分析，先把三相交流电在一个循环内变化分为 7 个时间段，在各个时间段再看各相电动势的方向是正的还是负的，然后再根据发电机定子绕组和二极管的线路连接情况，来具体分析在各个时刻中三相交流电是怎样通过桥形电路得到整流的。

在 $0\sim t_2$ 时间段，A、C 相电动势为正，B 相电动势为负，电流从 A、C 相流出，经过二极管 VD_1、VD_3，用电设备和二极管 VD_5，流回 B 相绕组。

在 $t_2\sim t_4$ 时间段，A、B 相电动势为正，C 相电动势为负，电流从 A、B 相流出，经过二极管 VD_1、VD_2，用电设备和二极管 VD_6，流回 C 相绕组。

在 $t_4\sim t_6$ 时间段，B、C 相电动势为正，A 相电动势为负，电流从 B、C 相流出，经过二极管 VD_2、VD_3，用电设备和二极管 VD_4，流回 A 相绕组。

在 $t_6\sim t_7$ 时间段，A、C 相电动势为正，B 相电动势为负，电流从 A、C 相流出，经过二极管 VD_1、VD_3，用电设备和二极管 VD_5，流回 B 相绕组。

由以上分析可看出，电路中的 6 只二极管是轮流导电的，而且在某一时刻，只有 3 只二极管工作。在交流电的每一周期中，每只管子只有 1/3 时间导通，所以每只二极管的平均电流，只为发电机输出电流的 1/3。三相交流电经过整流后，改变为供用电设备使用的直流电，整流后的波形，如图 4-19d 所示，它的脉动性很小，完全能够满足汽车用电设备对电源的要求。

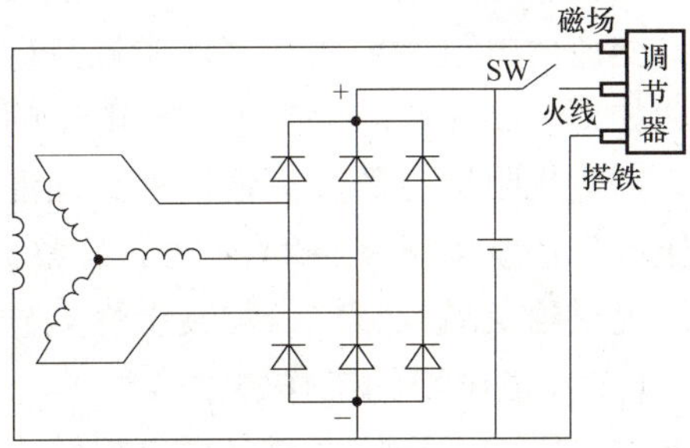

图 4-20　硅整流发电机的励磁电路

3. 硅整流发电机的励磁原理

在汽车上，硅整流发电机与蓄电池并联连接，在低速时，发电机的励磁电流由蓄电池供给，称为他励。硅整流发电机的励磁电路如图 4-20 所示。

硅整流发电机的发电过程是：闭合点火开关

SW，接通发电机的励磁电路。发电机低速运转时，励磁电流由蓄电池提供，因为励磁电流较强，虽然发电机转速较低，但能产生较高的电压，由蓄电池供给励磁电流的发电方式叫做他励发电。随着发电机转速的升高，其电压也不断升高。当发电机电压高于蓄电池端电压时，励磁电流由发电机自身供给，这种由发电机自身供给励磁电流的发电方式叫作自励发电。

4. 交流发电机的中性点电压及其利用

（1）交流发电机中性点电压　交流发电机中性点电压是指三相定子绕组呈“Y”联结时，其公共端即中性点 N（图 4-15）对发电机外壳（搭铁）之间的平均电压，其值等于交流发电机平均直流输出电压的 1/2。因为这个电压是通过三个负极管子整流后的直流电压。由于交流发电机直流输出电压是脉动的，因而中性点的电压也是脉动的，其表现形式为以直流输出电压的 1/2 为中心轴的交流电，如图 4-21 所示。

中性点电压的峰值与发电机的转速有关。当发电机转速为 2000r/min 时，中性点电压峰值便开始超过发电机的直流输出电压（对于 12V 电控系统，其直流输出电压为 13.8 ~ 14.5V）；当发电机转速达到 5000r/min 时，中性点电压峰值将达到 +23V 及 −9V。

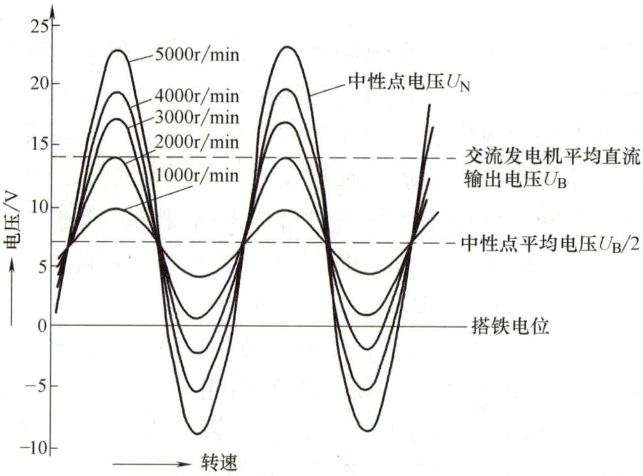

图 4-21　交流发电机中性点电压变化规律

（2）交流发电机中性点电压的利用　交流发电机中性点电压常被用来控制汽车上各种用途的继电器，如磁场继电器、充电指示灯继电器、起动继电器等。

现代新型交流发电机则在中性点加装硅整流二极管，巧妙地利用中性点电压的变化，来提高交流发电机的输出功率。中性点硅整流二极管的作用如下：

如图 4-22a 所示，当中性点电压超过直流输出电压（+16V）时，硅整流二极管 VD_1 导通，发电机除原有的直流输出外，还能向负载提供额外的输出。如图 4-22b 所示，当中性点电压低于搭铁电压（−2V）时，硅整流二极管 VD_2 导通，交流发电机能够将中性点的输出电压提供给负载。显然，加装中性点硅整流二极管能够提高交流发电机高速时的输出功率。

（二）发电机的工作特性

发电机的工作特性就是发电机输出电流、端电压、励磁电流与发电机转速之间的关系。硅整流发电机的工作特性主要包括输出特性、空载特性和外特性。

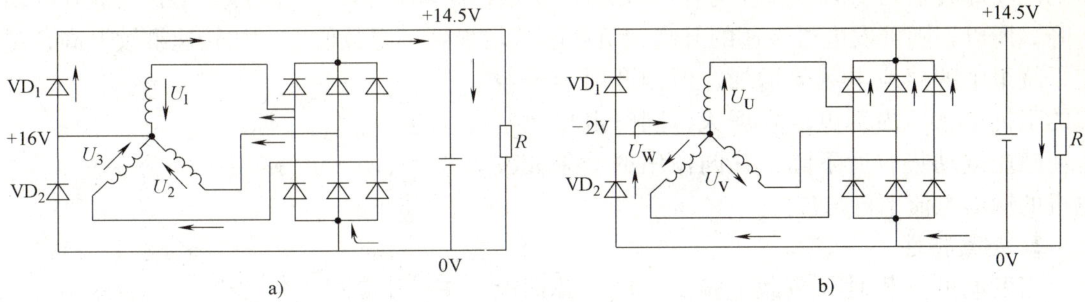

图 4-22　中性点硅二极管的功用

a）$U_N>16V$ 时　b）$U_N\leqslant-2V$ 时

U_1、U_2、U_3—三次谐波电压

1. 输出特性

输出特性也称为负载特性，是指发电机输出电压一定（对 12V 的发电机规定为 14V，对 24V 的发电机规定为 28V）时，发电机输出电流与转速之间的函数关系，如图 4-23 所示。该特性曲线表明，当端电压保持不变时，发电机输出电流随着转速（$n>n_1$）增加而逐渐增大。当 $n<n_1$ 时，因发电机端电压低于额定电压，车用电器由蓄电池供电，发电机不能向外输出电流，故称 n_1 为空载转速，n_1 常用来作为选择发电机与发动机传动比的重要依据。

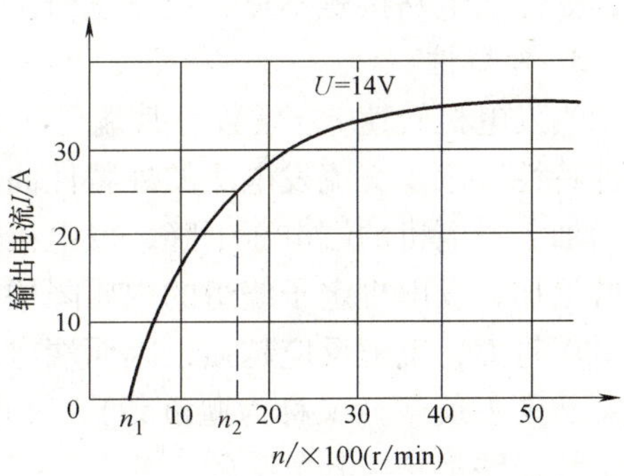

图 4-23　交流发电机输出特性

发电机达到额定功率（或电流）时的转速称为额定转速（也称为满载转速）n_2，发电机额定电流一般规定为最大电流的 70%～75%。

空载转速和满载转速是表示汽车交流发电机性能的主要指标，在产品说明书中均有规定。使用中，只要测得这两个数据，就可以判定发电机性能是否良好。当转速达到一定值后，发电机的输出电流不再随转速的升高而增大，这时的电流值称为发电机的最大输出电流。这表明交流发电机具有自身限制输出电流的能力，这可避免用电设备过多、用电量过大时造成发电机过载而损坏的危险。

汽车交流发电机能自身限制输出电流的原因可简述如下：交流发电机的定子绕组具有一定的阻抗 Z，阻抗由电枢绕组的电阻 r 和感抗 X_L 合成，即

$$Z=\sqrt{r^2+X_L^2}$$

$$X_L=2\pi fL$$

式中　L——定子绕组的电感；

f——感应电动势的频率$\left(f=\dfrac{nP}{60}=\dfrac{\text{转速}\times\text{磁极对数}}{60}\right)$。

因为 X_L 与 n 成正比，高速时，r 与 X_L 相比可以忽略，因此可认为定子绕组的阻抗与转速成正比。此外，当发电机负载电流增大时，由于电枢反应（定子绕组有电流流过时，产

生的磁场对转子磁场的影响称为电枢反应）加强，磁场减弱，使定子绕组中的感应电动势下降。所以，随着发电机转速的升高，负载电流增加到一定数值后，如转速继续升高，尽管定子绕组中的感应电动势增加，但因此时定子绕组的阻抗增加，内部电压降增大，同时电枢反应也使感应电动势有所下降，共同作用的结果使发电机的输出电流不再增加。

2. 空载特性

当发电机空载时（负载电流 $I=0$），其端电压 U 与转速 n 之间的关系，即 $U=f(n)$ 称为发电机的空载特性。交流发电机的空载特性如图 4-24 所示。

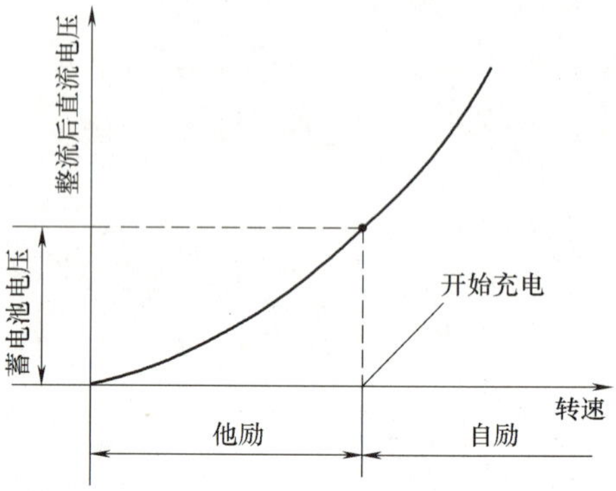

图 4-24 交流发电机的空载特性

空载特性反映了发电机端电压和转速之间的关系，通过空载特性试验也可以判断发电机的性能是否良好。例如 JF132 发电机在空载时，要求在转速达到 1000r/min 时，其端电压应能达到其额定电压 14V，否则说明发电机可能有故障，如磁场电路接触不良、定子绕组出现断路等。

3. 外特性

当发电机转速 $n=$ 常数，其端电压 U 与输出电流 I 之间的关系，即 $U=f(I)$ 称为发电机的外特性。汽车交流发电机的外特性曲线如图 4-24 所示。外特性曲线表明，随着输出电流的增加，发电机的端电压下降，发电机转速越高，其下降的斜率越大。这是因为随着输出电流的增加，发电机定子绕组的内压降增加，而且转速越高，定子绕组的阻抗越大。同时，输出电流越大，电枢反应越强，因而端电压下降的越陡峭。因此，当发电机在高速运行时，如果突然失去负载（又称为抛负载），发电机的端电压将会急剧升高，这对用电设备，特别是电子元器件都是极其危险的。

另外，当输出电流增大到一定值时，如果负载再增加（即负载电阻再减小），这时输出电流不仅不增加，反而会同端电压一起下降，即在外特性曲线上出现一个拐点。拐点对应的输出电流称为该转速下的临界电流。出现拐点，说明负载电阻过小，负载电流过大，使定子绕组的内压降、电枢反应增加，从而引起端电压急剧下降，致使磁场电流也下降，最终导致输出电流急剧下降。一般交流发电机是工作在拐点以前的。

第二节 外置调节器电源电路

一、调节器各条线的功用

外置的电子式调节器有 2 ~ 7 条线，日本生产的调节器引出线的标号如下：

1）“IG”——接点火开关。

2）“B”——接蓄电池正极。

3）“S”或“R”——接蓄电池正极，电压信号输入。

4）“L”——接交流发电机磁场二极管输出端和充电指示灯。

5）“F”——接交流发电机的“F”端（外搭铁型发电机有 F_1、F_2 之分）。

6）“E”——接交流发电机的“E”端。

7）“N”——交流发电机中点线输出端，有时接充电指示灯继电器，如图 4-25 所示。

法国与德国，特别是博世（BoSCh）公司生产的调节器有三个接线端，即

1）“D+”——接交流发电机三个磁场二极管的输出端“D+”。

2）“D－”——接交流发电机的“－”（搭铁）端。

3）“D_F”——接交流发电机的“F”（磁场）端。

个别产品有第四个接线柱“61”，接过电压保护继电器。

“+”“D+”为调节器的电源接线柱，“F”“D_F”为磁场接线柱，“E”“D－”“－”为搭铁。

识别调节器引脚时，首先应找出三只主要引脚，然后再通过观察它们与其他电器的连接情况来确定。一般地，与充电指示灯相连接的为“L”端；“B”或“S”一般为取样电压输入端。

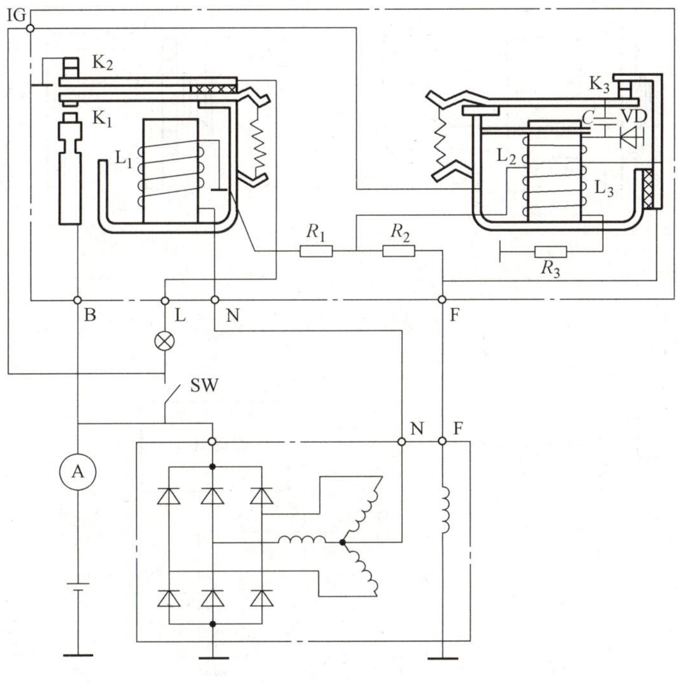

图 4-25 FT126 型双联电磁式电压调节器电路

二、各种调节器电源系统接线举例

1. 两条线的调节器

东风 EQ1091 型汽车调节器为内搭铁型，只有两条线，如图 4-26 所示。

2. 三条线的调节器

三条线的调节器如图 4-27 所示。解放 CA1091 型汽车的调节器为外搭铁型，增加了组合继电器，如图 4-28 所示。

发电机磁场线圈发电机内部搭铁，称为内搭铁型发电机，要与内搭铁型调节器相配。其电

流流向为：蓄电池→调节器→F→发电机磁场线圈→搭铁 E。

发电机磁场线圈通过调节器搭铁，称为外搭铁型发电机，要与外搭铁型调节器相配。其电流流向为：蓄电池→F_1→发电机磁场线圈→F_2→调节器→搭铁 E。

发电机磁场线圈搭铁类型不同，检测方法不同。

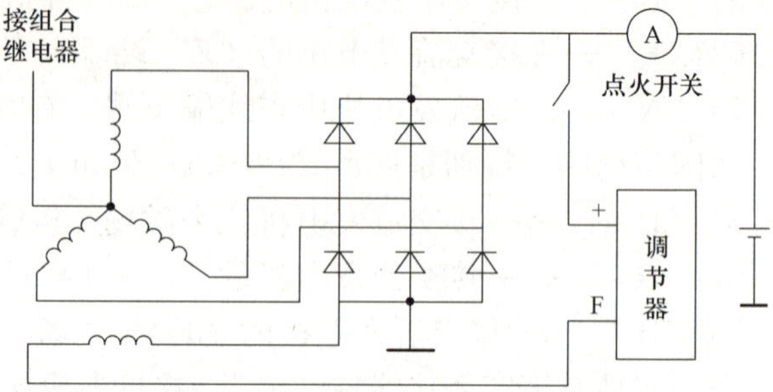

图 4-26　EQ1091 型汽车电源系统电路

图 4-29 所示为日本日立公司的发电机电压取样式调节器。该调节器为发电机电压取样的集成电路调节器，有 3 根引脚，F 端是与发电机励磁线圈相连，L 端是与充电指示灯相连，E 端接发电机搭铁处。

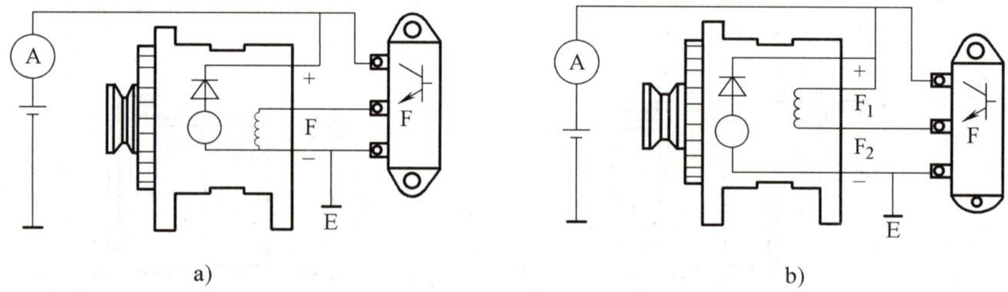

图 4-27　三条线的调节器

a）内搭铁　b）外搭铁

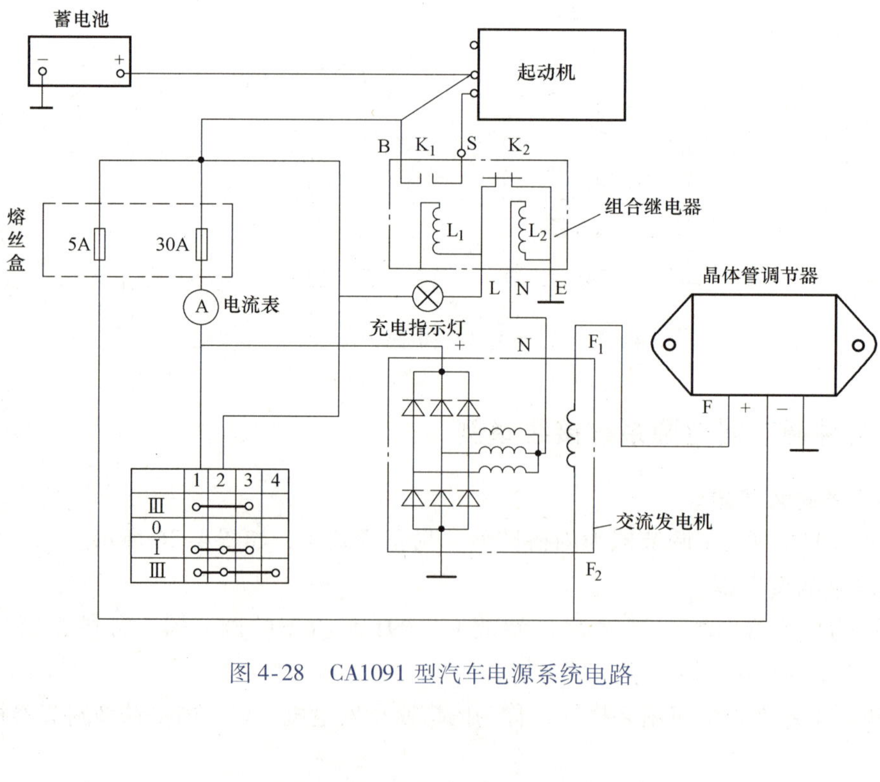

图 4-28　CA1091 型汽车电源系统电路

3. 五条线的调节器

（1）日立公司的蓄电池电压取样调节器电路　图4-30所示为日本日立公司生产的蓄电池电压取样调节器电路。该电子调节器有5条金属焊片从壳体内伸出：E端接发电机搭铁处；F端是与发电机励磁绕组相连接；L端是与充电指示灯相连接；S端接蓄电池正极，为调节器提供取样电压；B端接发电机电枢线圈（图4-30中未画出）。

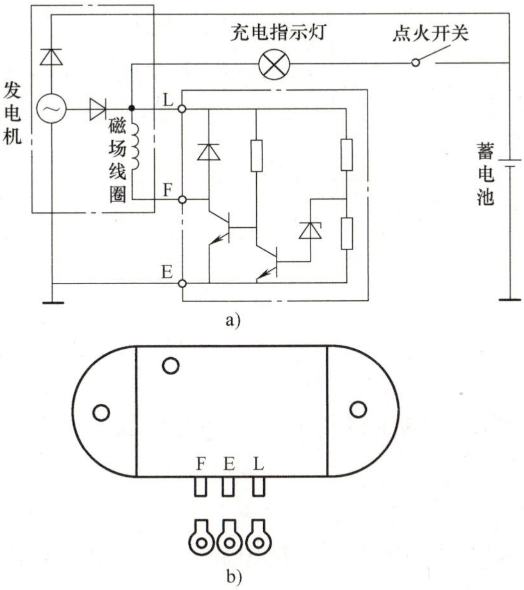

图4-29　日立公司的发电机电压取样式调节器

a）电路　b）外形

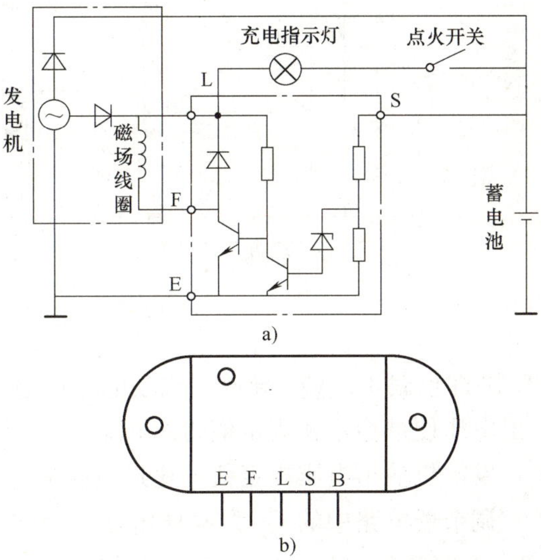

图4-30　日立公司的蓄电池电压取样式调节器

a）电路　b）外形

（2）五十铃汽车用晶体管调节器　五十铃汽车所用的晶体管调节器由电压调节电路和充电指示电路两部分组成，如图4-31所示。

该调节器的工作过程是：接通开关S，蓄电池的电流经R_4进入调节器，由于分压器R_6、R_V、R_7上所分的电压不足以使稳压管VS导通，故VT_2截止，VT_1导通，交流发电机获得励磁电流（其电流流向为：蓄电池正极→开关S→熔断器→R_4→VT_1发射极e→集电极c→磁场绕组→搭铁→蓄电池负极）。此时，由于R_4串联在磁场电路中，故励磁电流较小，约为0.4A，但发电机已具备了发电条件。同时，电流经R_4、R_8到VT_3的基极b和发射极e，故VT_3导通，充电指示灯亮（电流流向为：蓄电池正极→开关S→熔断器→充电指示灯→VT_3的集电极c→发射极e→搭铁→蓄电池负极），表示发电机不发电。

当交流发电机发电后，中性点N输出电压大于9V时，励磁及充电指示灯继电器动作，常开触点K_1闭合，R_4被短路，增大了励磁电流（其电流流向为：发电机正极→开关S→熔断器→继电器触点→VT_1的发射极e→集电极c→磁场绕组→搭铁→发电机负极），约为2A。此时，发电机由他励转为自励，常闭触点K_2断开，切断了VT_3的基极电流，VT_3截止，充电指示灯熄灭，表示发电机工作正常。

当交流发电机输出电压达到规定值28V时，稳压管VS导通，VT_2也随之导通，VT_1截止，励磁电流中断，发电机输出电压迅速下降，当电压降到略低于规定值时，VS重又截止，

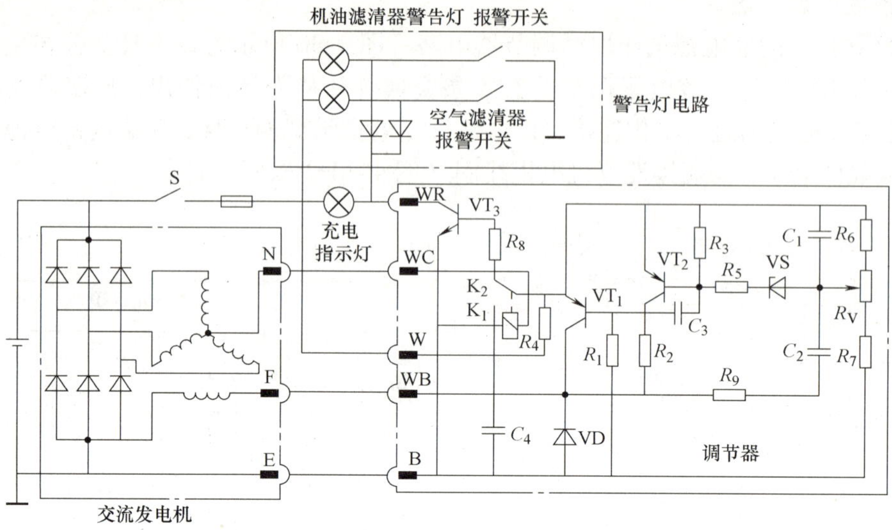

图 4-31　五十铃汽车晶体管调节器

VT_2 随即也截止，VT_1 导通，磁场电路接通，发电机输出电压再次上升，如此反复，发电机输出电压便被稳定在规定值 28V 内。

发电机输出电压规定值可通过电阻 R_V 进行调整。

调节器电路中的 C_1 为取样电压滤波电容器；C_2、R_9 组成正反馈电路，其作用是加快 VT_1、VT_2 的截止与导通速度，使其工作于放大区的时间缩短，以减少管耗；C_3 为 VT_2 的负反馈电容，可提高 VT_2 工作稳定可靠性；C_4 起滤波和抗干扰作用，VD 为续流二极管；R_4 的作用是当发动机熄火后，若忘记断开开关 S，由于交流发电机中性点 N 无输出，磁场和充电指示灯继电器不动作，其常闭触点闭合，充电指示灯亮，常开触点打开，电阻 R_4 被串入磁场电路，避免磁场绕组因长时间通过大电流而烧毁。

4. 六条线的调节器

图 4-32 所示为日本公司生产的晶体管调节器，调节器左侧为电压调节部分，其工作原理与国产 FTD126 型调节器基本相同。调节器右侧为充电指示灯控制电路，接通点火开关时，蓄电池电压加在电阻 R_7、R_8 上，使 VT_6 导通，蓄电池电压便加在由 R_1、R_2 构成的分压器上，此时分压器加在稳压管 VS 的反向电压小于稳压管的击穿电压，VS 截止，VT_1 无基极电流流过也截止，VT_2、VT_3 导通，蓄电池通过 VT_3 向磁场绕组供电。此时，因中性点处无电压，VT_4 截止，VT_5 则在 R_1 的偏置作用下有基极电流流过而导通，充电指示灯亮，表示发电机不工作。

当发电机电压达到蓄电池电压时，发电机由他励转为自励，同时由于中性点 N 电压升高，使 VT_4 导通，VT_5 的发射结被短路而截止，于是充电指示灯熄灭，表示发电机工作正常。当发电机电压升至规定值时，稳压管 VS 导通，晶体管 VT_1 由截止转为导通，VT_2、VT_3 则由导通转为截止，切断磁场电路，使发电机电压下降。当发电机电压降至略低于规定值时，VS 又截止，使 VT_1 也随即截止，VT_2、VT_3 又导通，发电机电压又升高。如此反复，使发电机电压保持在规定值。

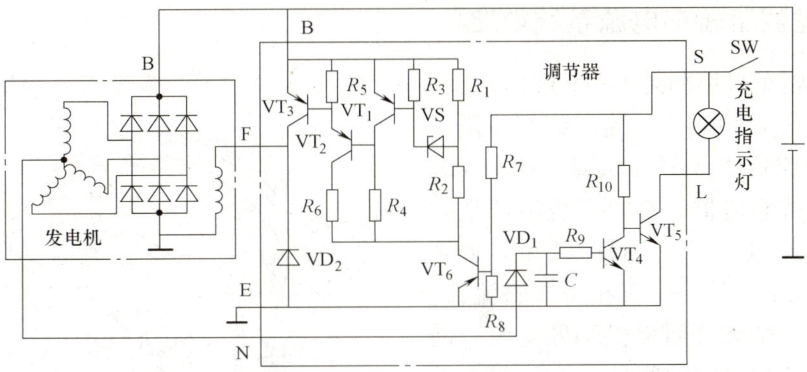

图 4-32 日本公司生产的晶体管调节器

第三节 内置调节器电源电路

一、三菱汽车的内置调节器电源系统电路

三菱汽车采用内装电压调节器的发电机。它有两套Y联结的定子绕组（图4-33），每套定子绕组各用6个二极管整流。用3个磁场二极管将定子发出的交变电流整流供给磁场绕组用。其发电机有3个端子如图4-34所示。其中，“B”接线柱在发电机内，接两套定子绕组的输出；然后输出给蓄电池充电。“R”端子供给调节器12V电源。“L”端子接磁场二极管提供给指定电路，如风扇的时间继电器电路。

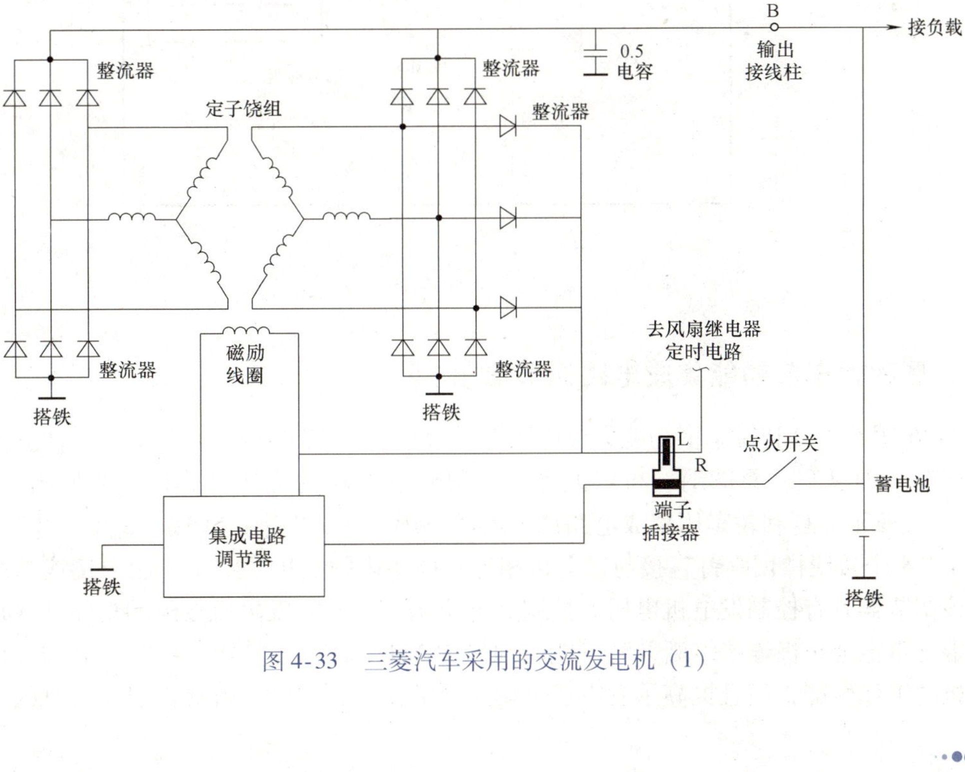

图 4-33 三菱汽车采用的交流发电机（1）

二、神龙富康轿车电源系统电路

神龙富康轿车采用的是 Bosch 牌内通风方式的硅整流 9 管交流发电机，内置混合电路电子调节器。如图 4-35 所示，定子绕组采用三角形联结。整流器中 6 只二极管 $VD_1 \sim VD_6$ 组成的三相桥式整流器，将定子绕组产生的交流电变为直流电。$VD_4 \sim VD_6$ 又和二极管 $VD_7 \sim VD_9$ 组成了另外一个三相桥式整流器，其功能是向转子励磁绕组提供励磁电流。同时，在其输出端与蓄电池间还装有一只充电指示灯，用来显示蓄电池充电的工作状态。

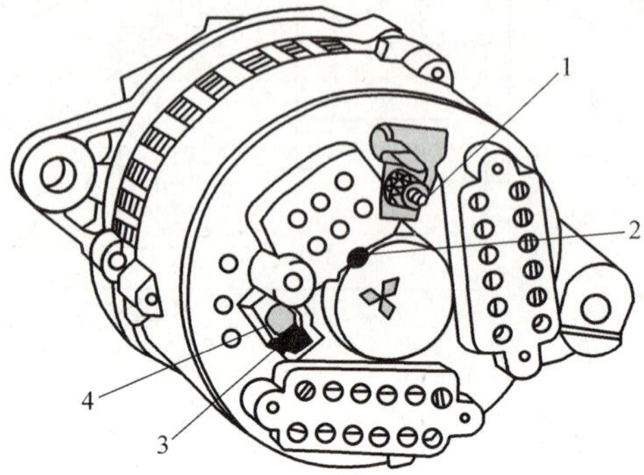

图 4-34　三菱汽车采用的交流发电机（2）

1—蓄电池接线柱　2—电刷保持架孔

3—风扇定时器端子　4—调节器端子

电子电压调节器采用混合式电子电压调节器，其大功率开关管采用分立元件，集成电路与保护电阻贴在一块陶瓷基片上，封装在一个金属盒内并和电刷架连为一体。

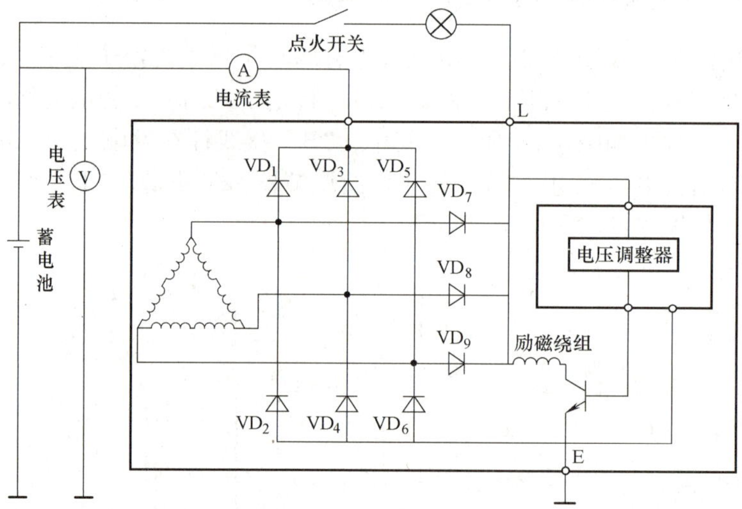

图 4-35　神龙富康轿车电源系统电路

三、夏利轿车多功能集成电路调节器

图 4-36 所示为夏利轿车多功能集成电路调节器整体式交流发电机电路，这种交流发电机在国产车（如夏利、桑塔纳、高尔夫等）上得到了广泛的应用。其整流器如图 4-11 所示。图 4-37 所示为夏利轿车用集成电路调节器的外形，它有 6 个接线柱，其中“B”、“F”、“P”、“E” 4 个接线柱用螺钉直接与发电机相连，插座内的“IG”、“L”两个接线柱用插头引出。该调节器具有控制发电机电压、控制充电指示灯、检测发电机故障的功能，并在发电机输出端与蓄电池正极连接线断开时，能起到保护作用，不致造成电压失控。这样不仅改善了发电机的工作性能，而且提高了发电机和调节器的工作稳定性、可靠性以及自身的保护能

力。因此，这种调节器发展很快并得到了广泛应用。

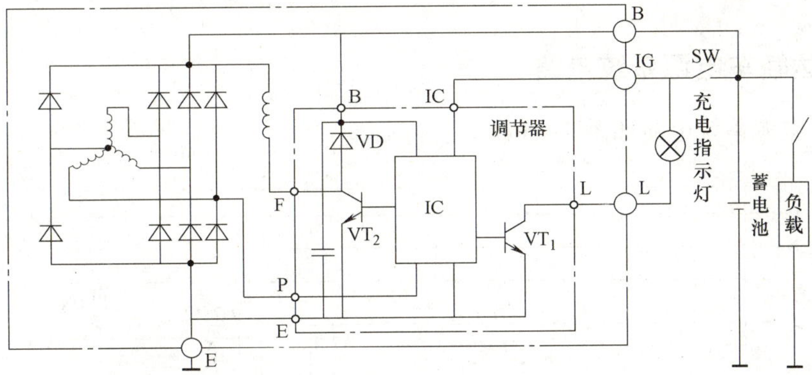

图 4-36 夏利轿车用整体式交流发电机电路

如图 4-36 所示，调节器内“IG”端经点火开关接至蓄电池，用于检测蓄电池和发电机电压，从而控制晶体管 VT_2 的导通与截止。P 端子接至发电机定子绕组某一相上，用于检测交流发电机的输出电压。单片集成电路调节器从 P 端检测到发电机的电压，从而控制晶体管 VT_1 的导通与截止。

1）接通点火开关，发电机未转动时，蓄电池电压经点火开关加到发电机的“IG”端和调节器的“IG”端，单片集成电路检测出这个电压，使 VT_2 导通，于是磁场电路接通。磁场电流的电路为：蓄电池“+”极→发电机“B”端→励磁绕组→调节器的“F”端→VT_2（c→e）→E 端→搭铁→蓄电池“-”极。

此时，交流发电机因未运转而不发电，故 P 端电压为零，单片集成电路检测出该电压，使 VT_1 导通，于是充电指示灯亮，指示蓄电池放电。

充电指示灯电路为：蓄电池“+”极→点火开关→充电指示灯→“L”端→VT_1（c→e）→E 端子→搭铁→蓄电池“-”极。

2）当发电机转速升高，电压超过蓄电池电压时，P 端电压信号使集成电路控制 VT_1 截止，于是充电指示灯熄灭，指示发电机开始向蓄电池充电，并向用电设备供电。

3）当发电机电压升高、超过调节电压值时，“B”端电压信号使集成电路控制 VT_2 截止，切断了励磁电流，使发电机电压下降。当发电机电压下降到低于调节电压值时，集成电路又控制 VT_2 导通，磁场电流又接通，发电机电压又升高，该过程反复进行，使“B”端电压稳定于调节电压值。

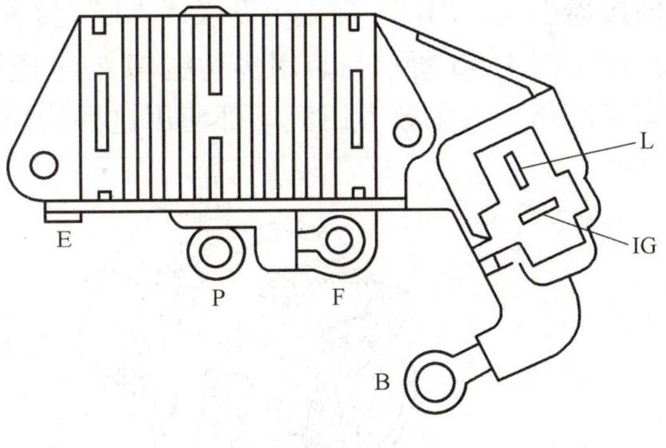

图 4-37 夏利轿车用集成电路调节器的外形

4）当发电机损坏不发电时，P 端电压为零，单片集成电路检测出该电压信号后便控制 VT_1 导通，使充电指示灯点亮，从而告知驾驶人充电系统出现故障。

5）发电机运行中，如发电机输出端“B”与蓄电池正极的连线断开时，单片集成电路通过“IC”端仍能检测出发电机“B”端电压，使调节器正常工作，即可防止发电机电压过高的现象。

四、捷达轿车电源系统电路

捷达轿车电源系统电路如图 4-38 所示。

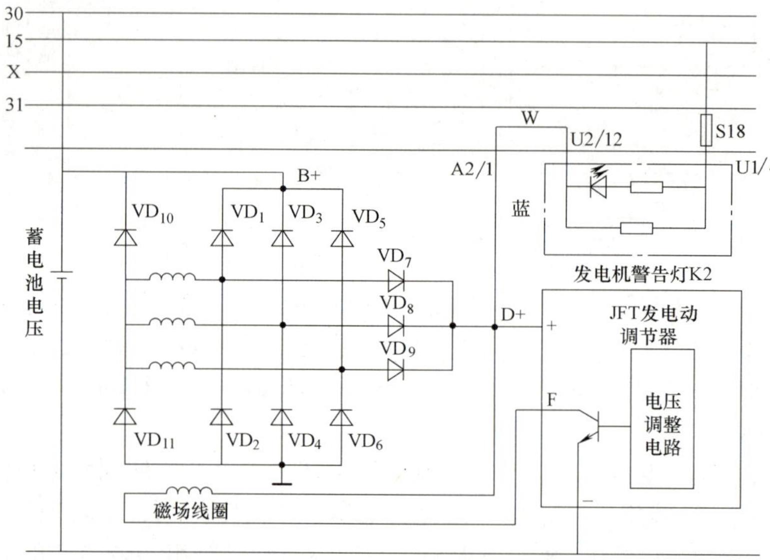

图 4-38　捷达轿车电源系统电路

五、丰田车用集成电路调节器电路

图 4-39 所示为丰田汽车发电机和调节器的外形，它有 7 个接线柱，其中“B”“F”“P”“E” 4 个接线柱用螺钉直接与发电机相连，接线插座内的“IG”“L”“S” 3 个接线柱用插接器引出。“IG”接点火开关，“L”接充电指示灯，“S”接蓄电池正极，用于电压信号输入。图 4-40 所示为装用多功能 M 型集成调节器的整体式交流发电机电路，称为 MIC 混合集成电路，大多数丰田汽车都使用这种稳压器。其具体工作过程如下：

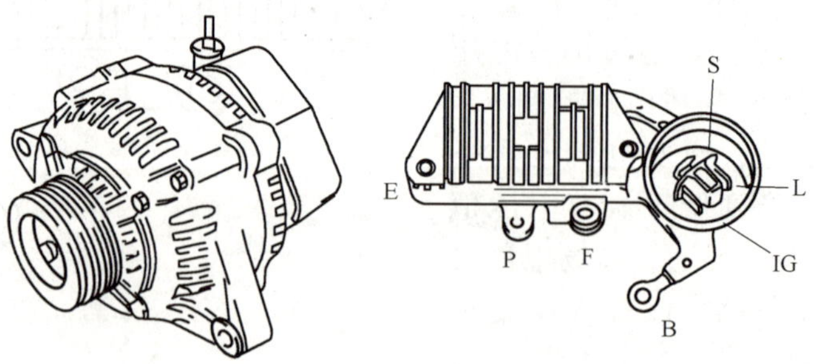

图 4-39　丰田汽车发电机和调节器的外形

1）点火开关接通，发动机停机时，蓄电池电压便施加在集成稳压器的端子 IG 上。MIC 混合集成电路检测到蓄电池这一电压，于是 VT_1 接通，使蓄电池电流经端子 B 流至励磁绕

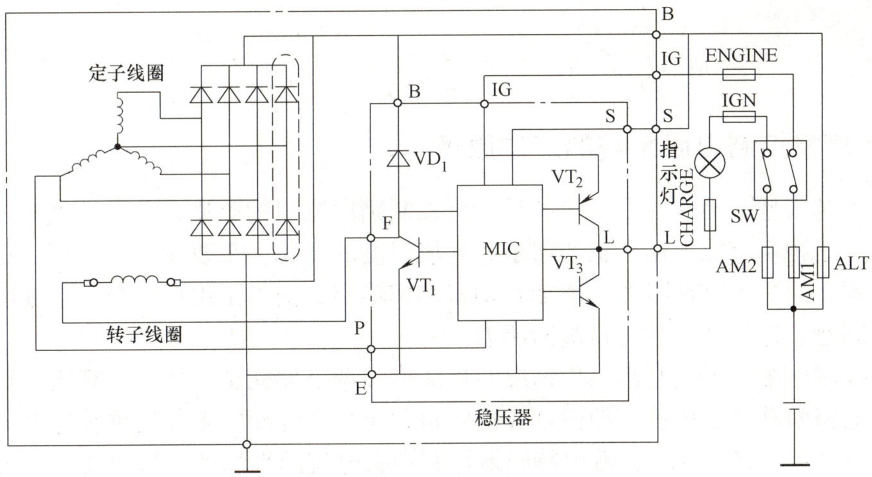

图 4-40 丰田汽车集成电路调节器的整集式交流电发机电路

组进行励磁。为了减少点火开关接通时，蓄电池放电，MIC 断续接通和断开 VT_1，将励磁电流保持在约 0.2A。

由于发电机没有发电，P 端点电压为零。MIC 检测到这一情况后，就断开 VT_2 而接通 VT_3，于是充电指示灯亮。

2）当交流发电机开始发电，但低于标准电压时，由于端子 P 电压升高，MIC 将 VT_1 从断续通断状态，转为持续导通状态，于是蓄电池向转子线圈供给充足的励磁电流，发电机电压很快增加。同时，由于端点 P 电压上升，MIC 使 VT_3 断开，接通 VT_2。这时充电指示灯的两端没有电位差，所以充电指示灯熄灭。

3）当交流发电机发电，VT_1 保持接通，端子 S 的电压达到标准值时，MIC 检测到这一状态，就使 VT_1 断开。当端子 S 电压降至低于标准范围时，MIC 检测到这一电压降，就使 VT_1 又接通。重复这一过程，端子 S 电压始终保持为标准电压。同时，由于端子 P 点电压高，MIC 使 VT_3 断开，VT_2 接通，因此充电指示灯不亮。

4）当交流发电机转动，而电压信号输入端子 S 电路断开时，MIC 检测到“端子 S 没有输入”，于是 VT_1 反复接通和断开，以保持端子 B 输出电压在 13.3 ~ 16.3V。这样可防止输出电压过高，从而保护交流发电机、稳压器和其他电子元器件。同时，当 MIC 检测到“端子 S 无输入”时，便使 VT_2 断开，VT_3 接通，于是充电指示灯亮。

5）如果交流发电机端子 B 电路断开时，蓄电池将无法充电，于是 MIC 使 VT_1 接通和断开，在端子 P 电压的基础上，将端子 B 的电压保持在 20V。这就防止了输出电压不正常升高，从而保护交流发电机和稳压器。

如果交流电机端子 B 电路断开，蓄电池不能充电，蓄电池电压就会随时间下降。当端子 S 电压（蓄电池电压）降至低于 13V 时，MIC 会检测到这一情况，使 VT_2 断开，VT_3 接通，于是充电指示灯亮。

6）如果励磁绕组电路断路，就会停止发电，而且端子 P 输出电压变为零。MIC 检测到这一状态，便断开 VT_2 而接通 VT_3，于是充电指示灯亮。

第四节 计算机控制电源电路

一、计算机控制电源系统的工作原理

现代汽车越来越多地使用发动机的计算机控制励磁绕组的电流，即用计算机控制发电机的输出电压。这种系统能根据车辆的需求和环境温度的变化，来改变输出电压，更加精确地控制充电速率，减少了磁性阻力，增加发动机功率输出，消除了由低怠速时附加电压降引起的怠速粗暴问题。这种系统具有自诊断能力。

计算机控制电源系统的基本工作情况与集成电路调节器完全一样。计算机工作时，可使发电机励磁电路间歇性地搭铁，即由计算机以每秒400个脉冲向磁场提供脉冲电流。计算机通过改变脉冲宽度（图4-41），就可精确地控制励磁电流的平均值，从而使发电机发出适当的输出电压。在发动机高速运转而电路系统低负荷时，励磁电路的接通时间（占空比）只占10%左右。而在发动机低速运转而电路系统高负荷时，计算机会使电路的接通时间提高到75%或更高，以增加通过励磁电路的平均值，满足用电要求，保持发电机输出电压在规定值范围内。其控制框图如图4-42所示。

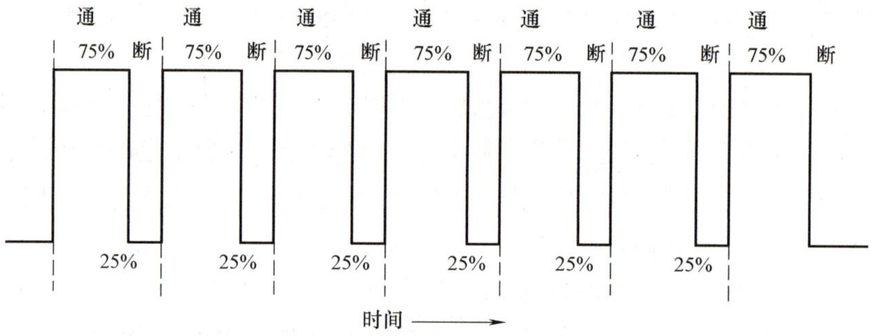

图4-41 接通时间占75%的充电系统脉宽波形

二、克莱斯勒汽车计算机控制电源电路

如图4-43所示为克莱斯勒（Chrysler）汽车采用的电子计算机控制电源系统电路。

由于发动机计算机的价格非常昂贵，如果蓄电池不充电，必须认真查找故障所在，然后进行修理，决不能随便拆卸和更换电子计算机。

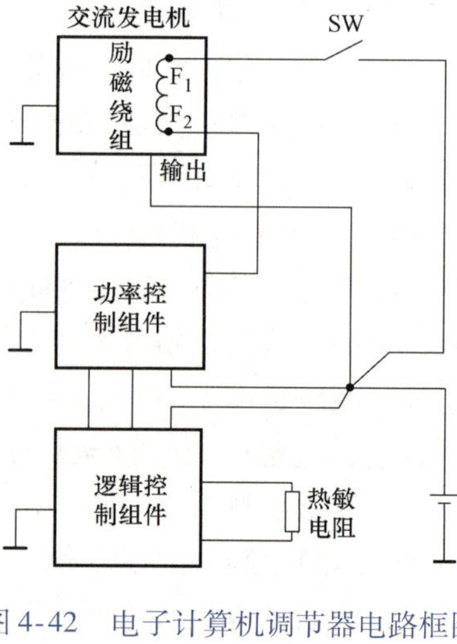

图4-42 电子计算机调节器电路框图

三、本田汽车计算机控制电源电路

如图4-44所示为本田汽车计算机（ECM/PCM）控制电源系统电路。交流发电机（FR）信号在充电过程中发送给ECM/PCM，ECM/PCM根据电负载和驾驶模式来调节发电机产生的电压。这样就改善了燃

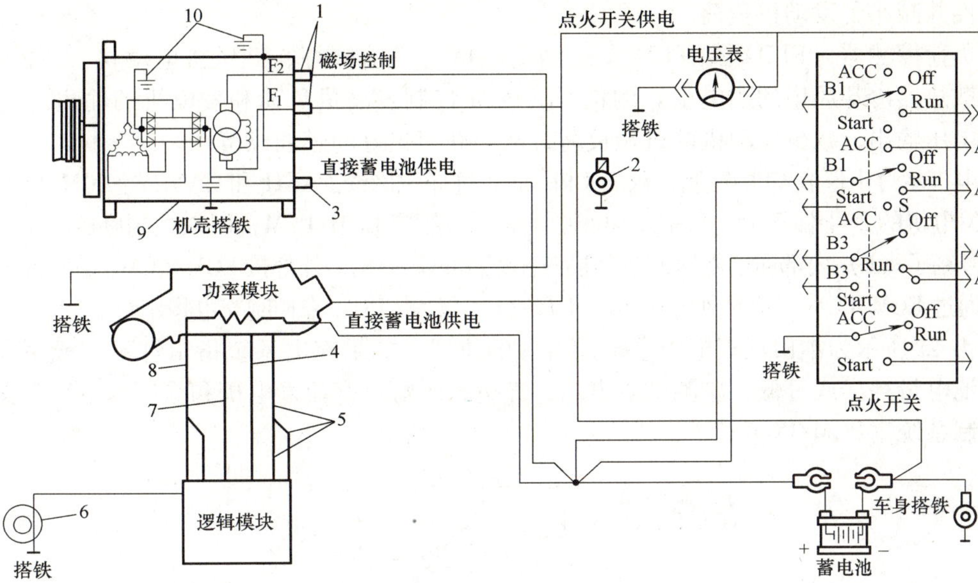

图 4-43　克莱斯勒汽车电子计算机控制电源系统

1—磁场端子　2—发动机搭铁　3—蓄电池输出接线柱　4—蓄电池温度信号　5—点火系统供电　6—电源丢失灯　7—电压调节器信号　8—蓄电池感受信号　9—交流发电机　10—搭铁

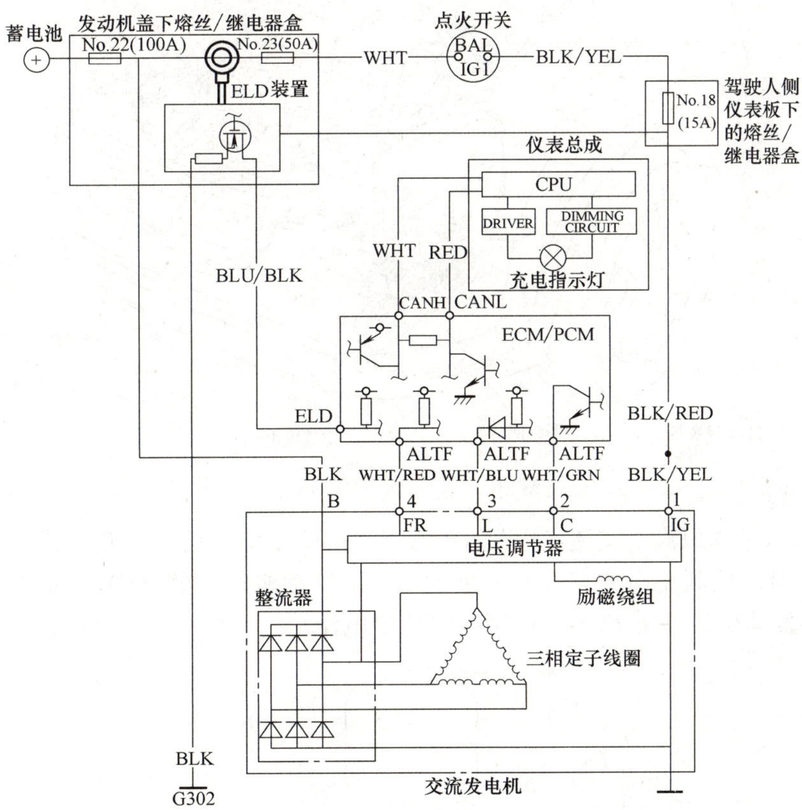

图 4-44　本田汽车计算机（ECM/PCM）控制电源系统电路

油经济性并减小了发动机负荷。

电负荷探测器（ELD）给 PCM 发送当前电负荷（前照灯、鼓风机电动机、后除雾器、空调和散热器冷却风扇的用电量）的信号，PCM 控制发动机负荷和发电机的输出。PCM 通过调节电压输出，减少发动机的机械负荷，从而获得更好的燃油经济性。

充电指示灯由仪表 CPU 控制，仪表 CPU 是通过局域网线 CANH 和 CANL 与 ECM/PCM 进行通信。发电机的 2 号端子（C）内部接励磁绕组，外部接 ECM/PCM，用来控制励磁电流。发电机的 3 号端子（L）内部通过电压调节器接三相线圈的某一相，外部接 ECM/PCM，在发电机不发电时，通过 ECM/PCM、局域网线 CANH 和 CANL、仪表 CPU，来控制充电指示灯。

图 4-45 所示为本田汽车电源系统元器件的位置。如果充电系统指示灯不亮或不灭，或者蓄电池电量耗尽或过低，应测试蓄电池、充电指示灯、交流发电机和稳压器电路和交流发电机控制系统（PCM/PCM）。

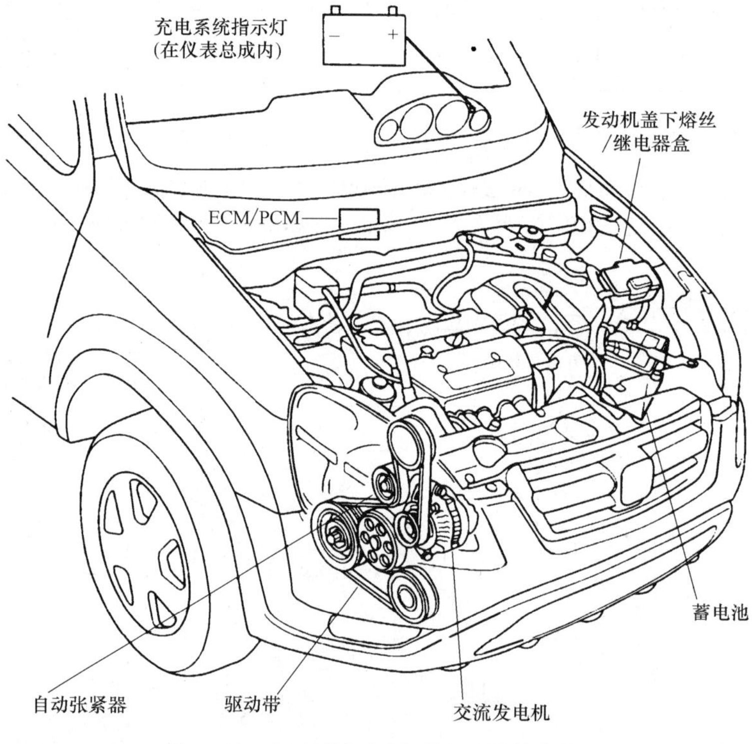

图 4-45　本田汽车电源系统元器件的位置

图 4-46 所示是本田汽车交流发电机 4P 插座，1 脚为 IG，接点火开关；2 脚为 C，接发动机计算机 ECM，控制发电机输出；3 脚为 L，接发动机计算机 ECM，控制充电指示灯；4 脚为 FR，接发动机计算机 ECM，控制励磁绕组电流。

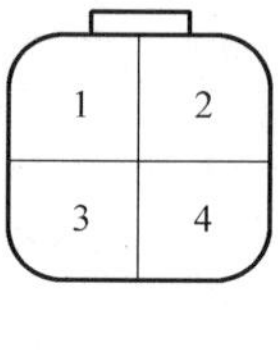

图 4-46　本田汽车交流发电机 4P 插座

习 题

1. 汽车电源电路由哪几部分组成？
2. 对于外置调节器电源电路，磁场线圈在发电机内部搭铁与外部搭铁电路有何区别？
3. 内置调节器电源电路各接线端子的作用是什么？

第五章

汽车起动电路

第一节 起动机

一、起动机的结构

起动机的结构如图 5-1、图 5-2 所示。它主要由直流电动机、传动装置和控制装置三部分组成。

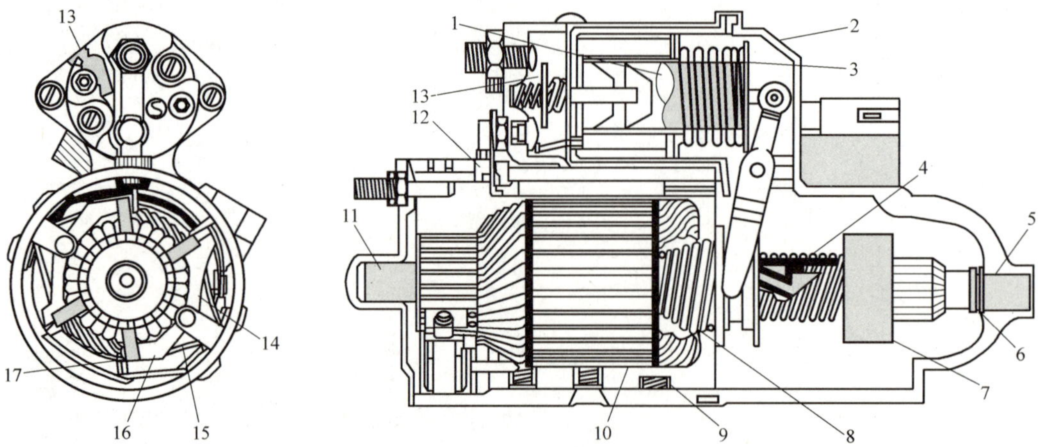

图 5-1　起动机的结构（1）

1—活动铁心　2—电磁开关　3—复位弹簧　4—螺旋槽　5、11—滑动轴承　6—小齿轮挡圈
7—超越离合器　8—辅助弹簧　9—磁极绕组　10—电枢　12—绝缘孔圈　13—接触盘
14—绝缘电刷架　15—电刷弹簧　16—搭铁电刷架　17—电刷

（一）直流电动机结构

直流电动机主要由定子、转子、电刷组件、前后端盖等部件组成。

1. 定子

定子由磁极绕组、磁极铁心和电动机壳体组成，如图 5-3 所示。磁极绕组和磁极铁心组成磁极，其功用是产生磁场。铁心用低碳钢制成马蹄形，并用螺钉固定在电动机壳体的内壁上；磁极绕组套装在铁心上。当磁极绕组接通电流时，在磁场铁心中就会产生电磁场。

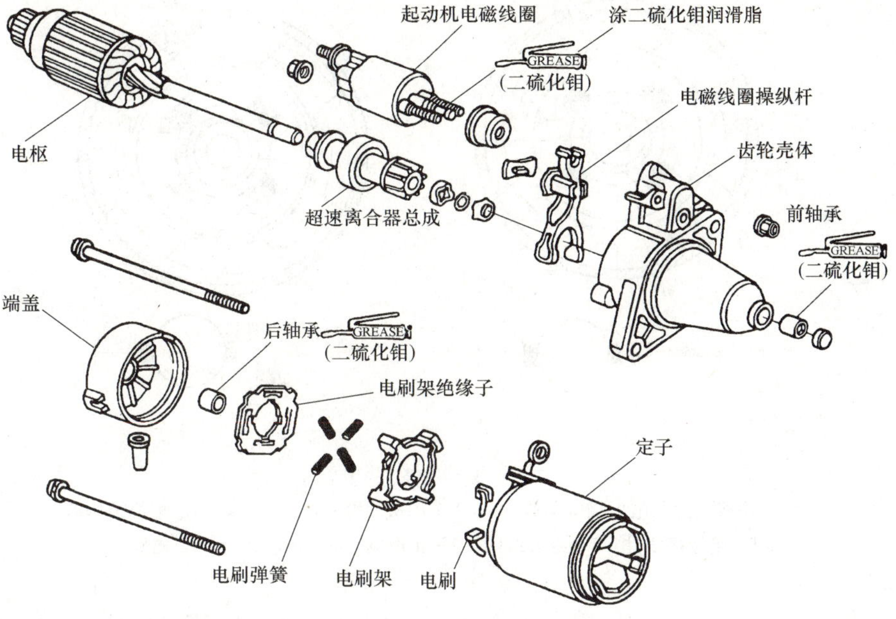

图 5-2　起动机的结构（2）

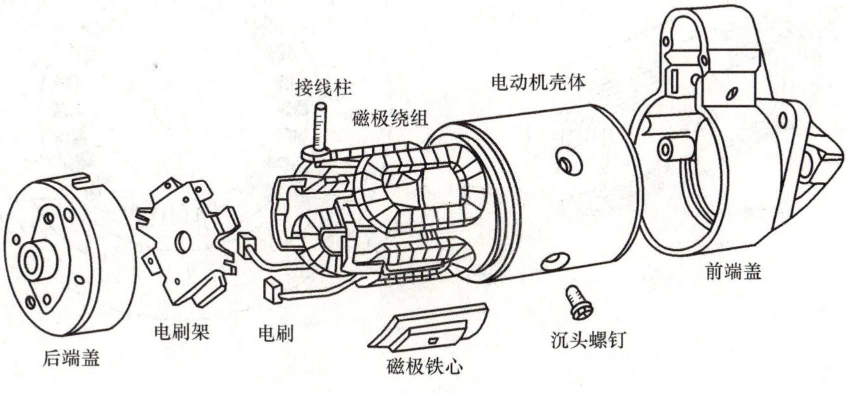

图 5-3　直流电动机的定子部分

起动机采用 4 个磁极，功率超过 7.35kW 的起动机一般采用 6 个磁极。磁极绕组一般用矩形裸铜线绕制，QD124 型起动机采用了 1.25mm×6.0mm 矩形铜线；QD121 型起动机采用了 1.25mm×5.5mm 矩形铜线，并与转子绕组串联，如图 5-4 所示。

磁极绕组的连接方式有两种：一种是 4 个磁极线圈串联后再与电枢绕组串联，如图 5-4a所示；另一种是 2 个磁极线圈先串联后并联，然后再与电枢绕组串联，如图 5-4b 所示。现代汽车起动机普遍采用后一种连接方式，其目的是减小电阻，增大电流和电磁转矩。磁极绕组通电产生的磁场极性必须 N、S 相间排列，磁力线的分布如图 5-5b 所示。

电动机壳体的功用是固定机件和构成导磁回路。壳体用铸铁浇铸或钢板卷焊而成。壳体上设有一个接线端子或引出线。对电磁式电动机，该端子或引线与磁极绕组的一端连接。

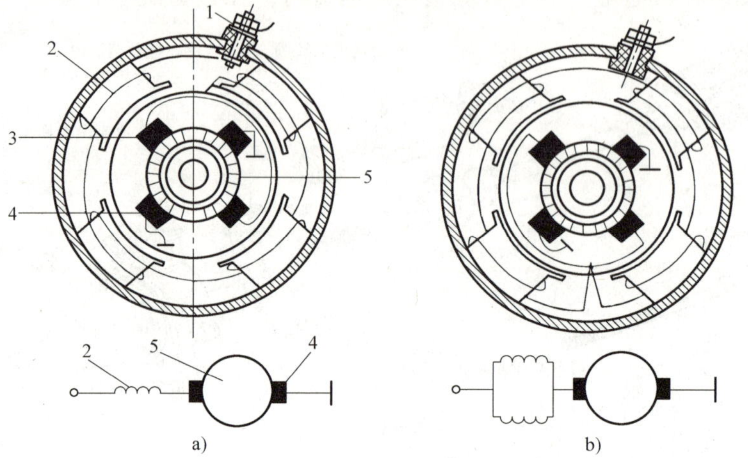

图 5-4　起动机内部电路

a）4 个磁极线圈与电枢绕组串联　b）2 个磁极线圈串联后再并联与电枢绕组串联

1—绝缘接线柱　2—磁极线圈　3—正电刷　4—负电刷　5—换向器

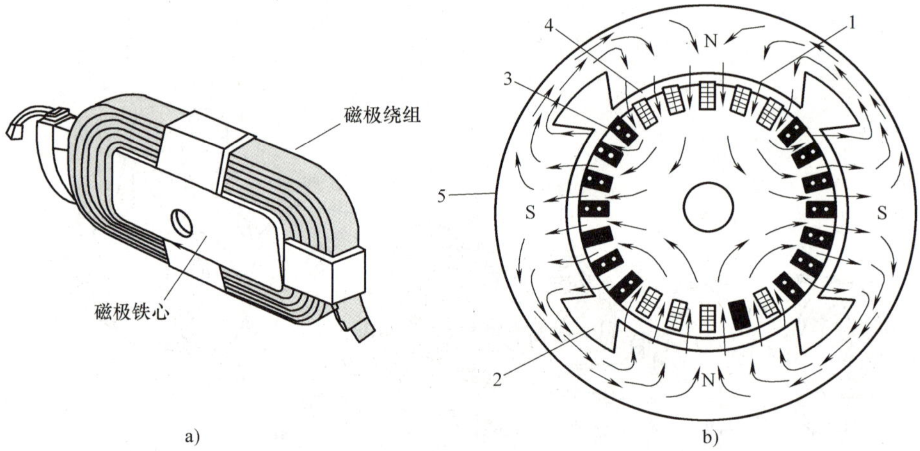

图 5-5　4 个磁极起动机的磁力线分布

1—电枢绕组　2—磁极铁心　3—电枢　4—气隙　5—定子

2. 转子

转子又称为电枢，其结构如图 5-6 所示，主要由电枢轴、转子铁心、转子绕组和换向器组成。其作用是产生电磁转矩。

转子铁心由相互绝缘的硅钢片叠装而成，其圆周上有安放转子绕组的槽，内孔借花键槽压装在转子轴上。转子绕组绕制在转子铁心的槽内，绕组两端分别焊接在换向器的铜片上。为了获得较大的电磁转矩，流经电枢绕组的电流很大（大于 300A），因此电枢绕组也采用横截面积较大的矩形或圆形裸铜线绕制。

换向器的功用是保证电枢绕组的电磁转矩的方向保持不变。换向器由截面呈燕尾形的铜片围合而成，如图 5-6b 所示。燕尾形铜片称为换向片，换向片与换向片之间以及换向片与

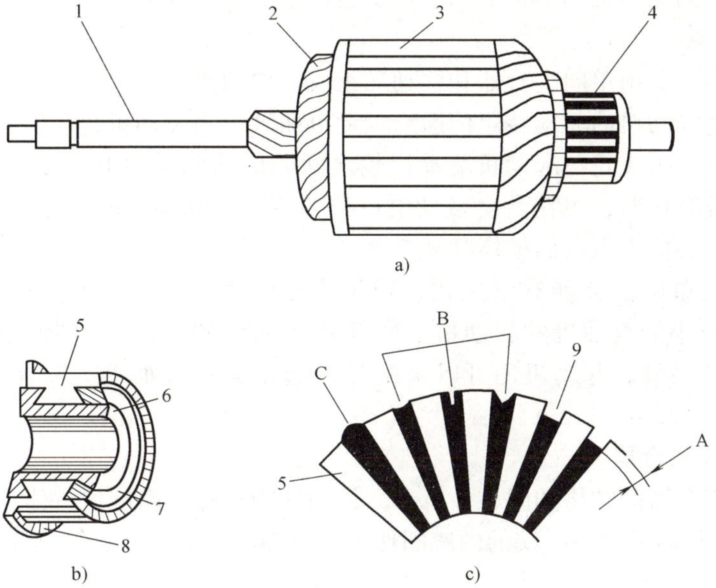

图 5-6　起动机转子的结构

a）转子总成　b）、c）换向器结构

1—转子轴　2—电枢绕组　3—铁心　4—换向器　5—换向片　6—轴套　7—压环　8—焊线凸缘　9—云母片

A—云母槽深度　B—云母槽太浅、太窄或呈 V 形　C—云母凸起

轴套、压环之间均用云母绝缘。云母槽的深度要大于 0.5mm，如图 5-6c 中 9 处所示。

3. 电刷组件

电刷组件的功用是将直流电引入电枢绕组，其结构如图 5-7 所示，主要由电刷、电刷架和电刷弹簧组成。电刷用铜粉与石墨粉模压而成，加入较多铜粉的目的是减小电阻，提高导电性能和耐磨性能。电刷安装在电刷架内，借电刷弹簧的压力紧压在换向器上，电刷弹簧的压力一般为 12～15N。

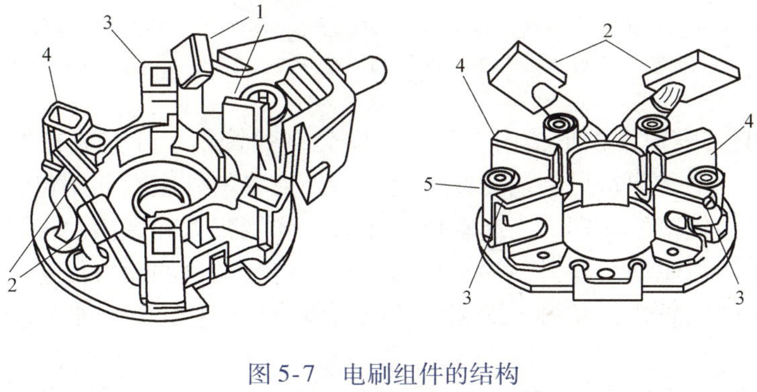

图 5-7　电刷组件的结构

1—正电刷　2—负电刷　3—正电刷架　4—负电刷架　5—电刷弹簧

电刷组件有 4 个或 6 个电刷架，它们固定在电刷支架或端盖上。直接固定在支架或端盖上的电刷称为负电刷架，安装在负电刷架内的电刷称为负电刷；电刷架与电刷支架或端盖之

间安装有绝缘垫片的电刷架称为正电刷架，安装在正电刷架内的电刷称为正电刷。

（二）传动装置

起动机的传动装置由单向离合器和移动叉组成。单向离合器是用来单方向传递力矩，即起动发动机时，将起动机的驱动转矩传递给发动机曲轴；当发动机起动后，发动机动力不能传递给起动机。发动机飞轮与起动机驱动齿轮之间的传动比为1:10～1:15，当发动机起动后，如果动力不及时切断，飞轮就会带动电枢以8000～15000r/min的转速高速旋转，从而导致电枢绕组从铁心槽中甩出而损坏起动机。

起动机采用的单向离合器有滚柱式、弹簧式和摩擦片式三种。滚柱式和弹簧式离合器主要用于功率较小的汽油机的起动机。摩擦片式离合器可以传递较大转矩，主要用于柴油机的起动机。另外，起动机还可以采用其他起动机构，如Bendix（旁蒂克）惯性起动机构。

1. 滚柱式单向离合器

滚柱式单向离合器的结构如图5-8所示。传动导管与外座圈制成一体，外座圈内圆制成“+”字形空腔。驱动齿轮另一端的内座圈伸入外座圈的空腔内，将“+”字形空腔分割成楔形槽，如图5-8b所示。

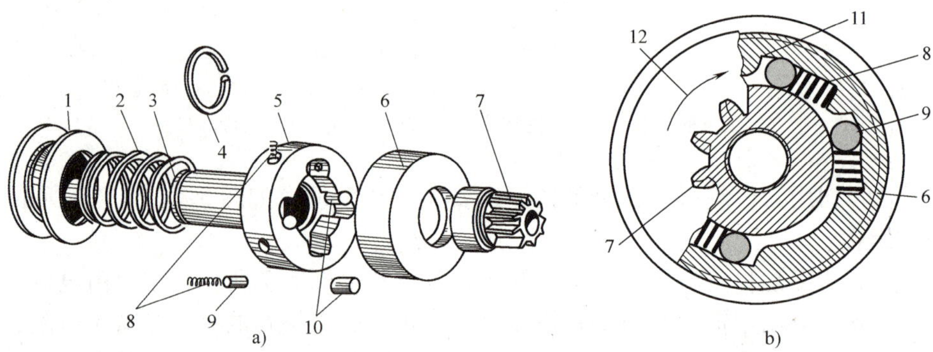

图5-8 滚柱式单向离合器的结构

a）分解图 b）原理图

1—集电环 2—弹簧 3—传动导管 4—卡环 5—外座圈 6—外壳 7—驱动齿轮 8—弹簧 9—弹簧帽 10—滚柱 11—楔形槽 12—电枢轴旋转方向

滚柱有4～6只，安放在楔形槽内。弹簧一端套有弹簧帽，并安放在外座圈的径向小孔中。弹簧帽压在滚柱上，弹簧另一端压在外壳上，外壳将内外座圈卷压包装在一起。弹簧张力将滚柱压向楔形槽较窄的一端。当起动机工作时，弹簧张力和摩擦力将滚柱推向楔形槽较窄的一端，使外座圈与驱动齿轮另一端圆柱面卡住，将起动机的动力传递给曲轴。当发动机起动后，驱动齿轮转速较快，其另一端圆柱面的摩擦力将滚柱推向楔形槽较宽的一端，使外座圈与驱动齿轮分离。

传动导管套装在电枢轴上，导管内圆制有内螺旋键槽，与电枢轴上的外螺旋键槽配合而传递动力。制成一体的驱动齿轮和内座圈套装在电枢轴的光轴部分，既可轴向移动，也可绕轴转动。

2. 摩擦片式单向离合器

大中等功率的起动机多采用摩擦片式单向离合器。它是通过摩擦片的压紧和放松来实现离合的。其结构和工作原理如图 5-9 所示。

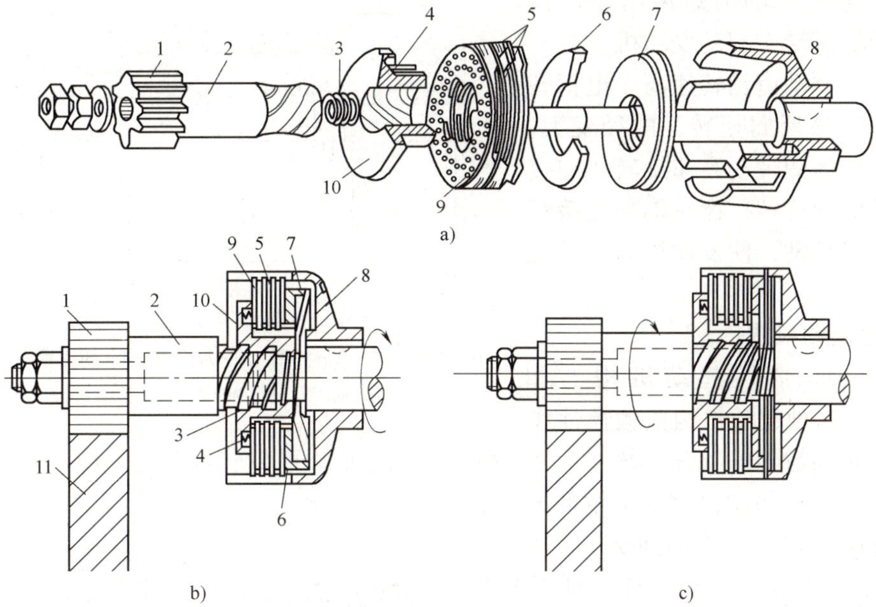

图 5-9　摩擦片式单向离合器

a）分解图　b）摩擦片结合　c）摩擦片分离

1—驱动齿轮　2—齿轮柄　3—减振弹簧　4—小弹簧　5—主动摩擦片　6—压环

7—弹性圈　8—外接合毂　9—从动摩擦动片　10—内结合毂　11—飞轮

外接合毂 8 用半圆键装配在电动机轴上，弹性圈 7 和压环 6 依次沿电动机轴装入外接合毂中。主动摩擦片 5（由青铜材料制成）的外凸齿装入外接合毂的切槽中，钢制从动摩擦片 9 的内凸齿插入内接合毂 10 的切槽内。内接合毂的内圆切有螺旋花键，并装在电动机的驱动齿轮柄 2 的三线螺旋花键上。齿轮柄则自由套装在起动机轴上，其内垫有减振弹簧 3，并用螺母固定，以防从轴上脱落。

起动时，当驱动齿轮啮入飞轮齿圈后，电动机通电旋转，内接合毂由于螺旋花键的作用向右移动，摩擦片被压紧，将起动机的力矩传给驱动齿轮。当发动机的阻力矩较大时，内接合毂会继续向右移动，增大摩擦片之间的压力，直到摩擦片之间的摩擦力足够传递所需的起动力矩，带动曲轴旋转，起动发动机。

发动机起动后，驱动齿轮被飞轮齿圈带动，其转速超过电枢转速时，内接合毂沿螺旋花键向左退出，摩擦片之间的压力消除。这时驱动齿轮虽然高速旋转但不会带动电枢。

3. 弹簧式单向离合器

弹簧式单向离合器的结构如图 5-10 所示。连接套筒套装在电枢轴的螺旋花键上，驱动齿轮 1 则套装在电枢轴的光滑部分上，两者之间由两个月形键 3 连接。月形键可使驱动齿轮与连接套筒之间不能轴向移动，但可相对转动。在驱动齿轮柄与连接套筒外面包有扭力弹簧 4，其两端内径较小（每端内径较小部分的长度占弹簧总长度的 1/4），并分别箍紧在齿轮柄和连接套筒上。扭力弹簧有圆形和矩形两种截面形状，外部有护圈封闭。

起动时，电枢轴带动连接套筒旋转，扭力弹簧顺其旋转方向扭转，圈数增加，内径变小，将齿轮柄与连接套筒包紧，成为整体。于是，电动机的力矩传给驱动齿轮，带动曲轴旋转，起动发动机。

起动后，驱动齿轮转速高于电枢转速，扭力弹簧被反向扭转，内径变大，齿轮柄被飞轮齿圈带动高速旋转，连接套筒随电枢低速旋转，齿轮柄与连接套筒松脱，各自转动，使发动机力矩不能传给电枢。

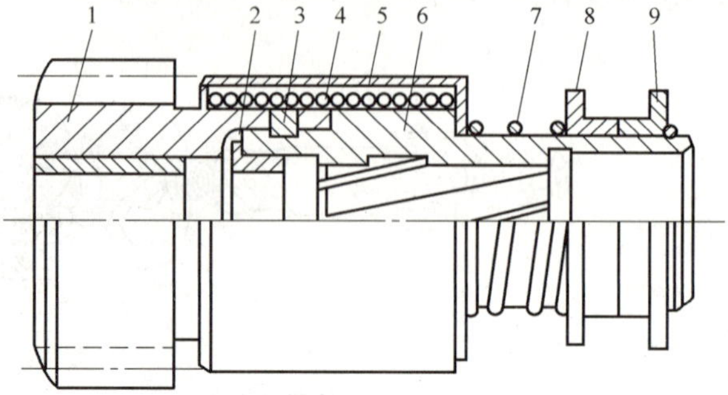

图 5-10　弹簧式单向离合器的结构

1—驱动齿轮　2—挡圈　3—月形键　4—扭力弹簧　5—护圈　6—花键套筒　7—啮合弹簧　8—移动衬套　9—卡簧

4. 其他起动机构

（1）Bendix 惯性起动机构　如图5-11所示，这种起动机构依赖惯性作用达到小齿轮与齿圈的啮合。丝杠5是电枢的一部分而以电枢转速旋转。小齿轮3将与齿圈啮合。当电流流过起动机时，电枢便开始旋转，电枢发出的转矩经传动弹簧1（吸收冲击）和牙嵌离合器2传到丝杠而使丝杠转动。小齿轮及其套筒3做成偏心的，利用偏心质量增大惯性。由于惯性的作用，小齿轮和套筒3有维持不动的倾向，而丝杠又正在套筒内旋转，结果，丝杠的螺纹将小齿轮和套筒3带出，当小齿轮和套筒到达丝杠顶端被挡住而不能再前进时，小齿轮便啮入齿圈。到此，小齿轮锁定在丝杠上，转矩便从电枢传递到齿圈，再从齿圈传递到发动机。

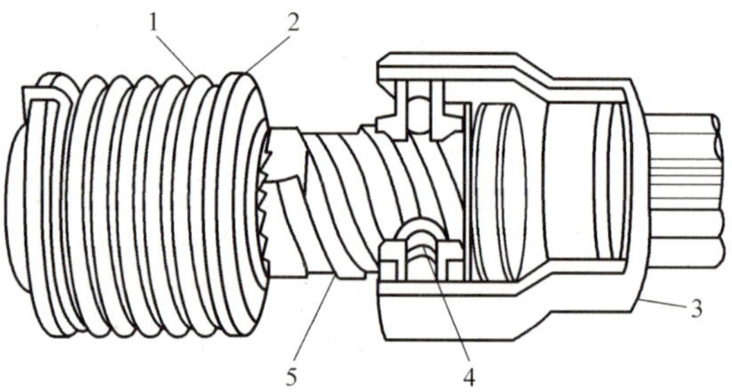

图 5-11　Bendix 惯性起动机构

1—传动弹簧　2—牙嵌离合器　3—小齿轮及其套筒　4—卡销　5—丝杠

发动机一旦起动便以自身动力运转，发动机转得比电枢快得多，这便造成小齿轮及其套筒被拧回到丝杠后端，小齿轮便与齿圈脱离啮合。

（2）套筒式惯性起动机构　如图5-12所示为套筒式惯性起动机构，它与Bendix惯性起动机构相似，但有以下三点不同：

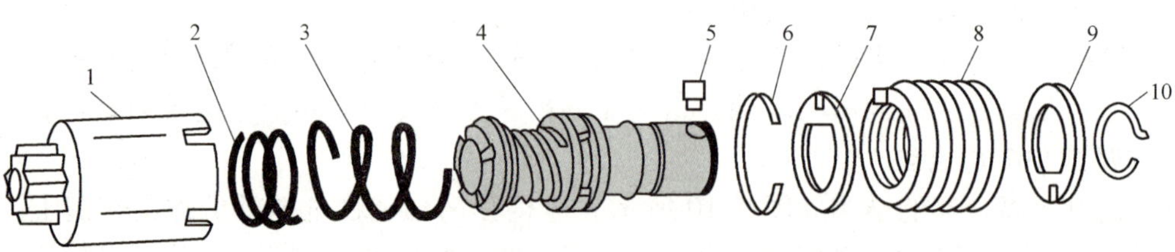

图 5-12　套筒式惯性起动机构

1—小齿轮及其套筒　2—啮合弹簧　3—防偏弹簧　4—轴总成　5—定位螺钉　6—钢丝挡圈　7、9—定位圈　8—传动弹簧　10—锁圈

1）小齿轮装配到套筒端（不是整体的）。

2）有较大的传动比。

3）工作时完全离开轴总成端部的螺纹。

（3）跟随推入式起动机构 如图5-13所示，它也与惯性起动机构十分相似，只是取消了卡销和牙嵌离合器，代之以锁销和超越离合器。

当小齿轮和套筒总成移到丝杠端头时，锁销将套筒锁定在丝杠上。锁销靠离心力开动。由于丝杠高速旋转，离心力将锁销扔入套筒和丝杠之间的窝内。

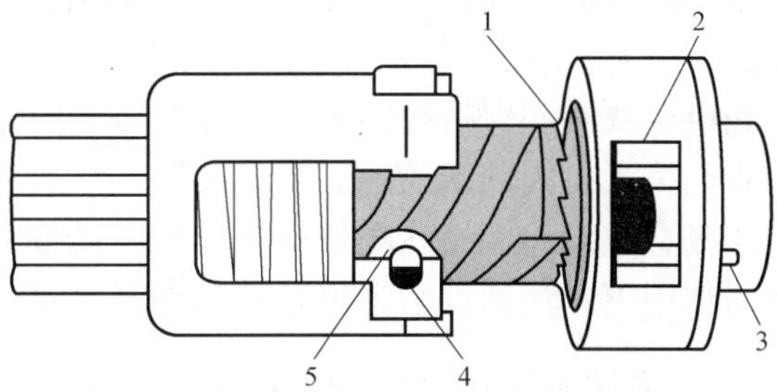

图5-13 跟随推入式起动机构

1—超越离合器 2—橡胶缓冲器 3—传动销 4—锁销 5—锁销窝

当发动机转得比电枢快，而且小齿轮仍与齿圈啮合的时候，超越离合器与丝杠脱离啮合。

（三）控制装置

起动机的控制装置包括电磁开关、起动继电器和点火开关起动档位等部件，其中电磁开关与起动机制作在一起，如图5-1所示。电磁开关接线端子的结构如图5-14所示。

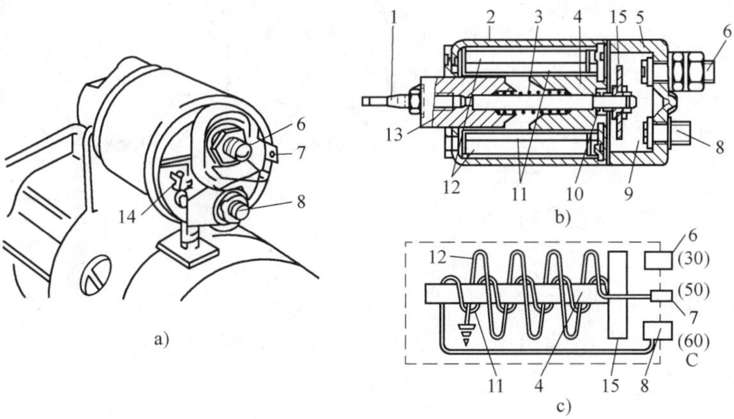

图5-14 电磁开关的结构

a）电磁开关 b）剖视图 c）内部电路

1—拨叉拉杆 2—开关壳 3—回位弹簧 4—固定铁心 5—开关盖 6—接线柱（30） 7—接线柱（50） 8—接线柱（60）或C 9—开关触点 10—弹簧 11—吸合线圈 12—保持线圈 13—活动铁心 14—接线端子15a 15—开关触盘

电磁开关主要由电磁铁机构和开关两部分组成，如图5-14b所示。电磁铁机构由固定铁心、活动铁心、吸合线圈和保持线圈等组成。固定铁心与活动铁心安装在一个铜套内。固定铁心固定不动，活动铁心可在铜套内作轴向移动。活动铁心前端固定有拨叉拉杆，拨叉拉杆前端安装有开关触盘；活动铁心后端用调节螺钉和连接销与拨叉连接。铜套外面安装有一个复位弹簧，其作用是使活动铁心复位。

开关部分由开关触盘和触点组成。触盘固定在活动铁心和拨叉拉杆的前端；两个触点分别与连接端子“C”和电源端子“30”的螺柱制成一体。在开关触点旁边，设有一个小铜片制成的附加电阻短路开关，并与接线端子“15a”相连，该铜片的端面应稍微偏后于电动机开关触点所在的平面，以便触盘接通开关触点时，短路开关能可靠接通，附加电阻能被可靠短路。

当吸合线圈和保持线圈通电产生的磁通方向相同时，其电磁力便吸引活动铁心向前移动，直到拨叉拉杆前端的触盘将开关触点接通使电动机主电路接通为止。

当吸合线圈和保持线圈通电产生的磁通方向相反时，其电磁吸力相互抵消，在复位弹簧的张力作用下，活动铁心等可移动部件自动复位，触盘与触点断开，电动机主电路切断。

二、直流电动机的工作原理

1. 直流电动机工作过程

直流电动机是根据载流导体在磁场中受到电磁力的作用，就会产生运动的原理工作的，如图 5-15 所示。它的电流路径为：蓄电池（+）→磁极线圈 N 极→磁极线圈 S 极→电刷 5→换向器→转子线圈 1→换向器→电刷 3→蓄电池（-）。此电流使磁极线圈和转子线圈中都产生磁场，而且磁极线圈和转子线圈的磁场相互作用。

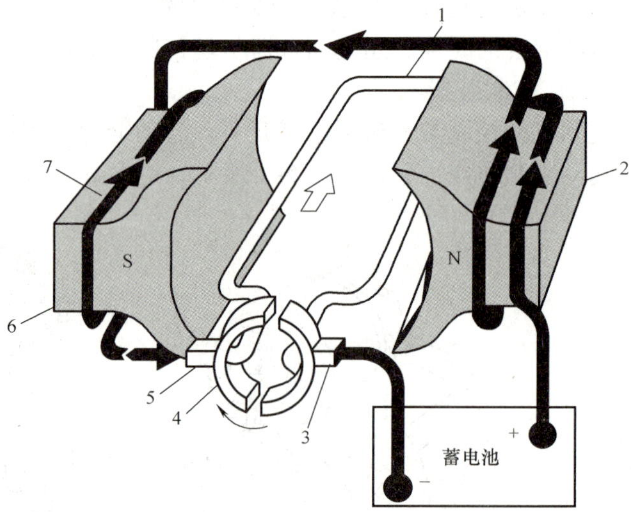

图 5-15　直流电动机的工作原理

1—转子线圈　2、6—铁心　3、5—电刷　4—换向器　7—磁场线圈

当线圈旋转到如图 5-16a 所示的水平位置时，根据左手定则可以判定，线圈 ab 边将向下运动，线圈 cd 边将向上运动，整个线圈将沿逆时针方向转动。

当线圈旋转到图 5-16b 所示的垂直位置时，电刷与换向片不能接触，线圈中没有电流流过，线圈将在惯性作用下转过此位置。

当线圈旋转到如图 5-16c 所示的水平位置时，根据左手定则可以判定，线圈 cd 边将向下运动，线圈 ab 边将向上运动，整个线圈仍沿逆时针方向转动。

由此可见，在换向片的作用，N 极前面导线中的电流始终由蓄电池正极经电刷流入，S 极前面导线中的电流始终由导线经电刷流回电池负极。由于磁场方向和每个磁极下面导线中的电流方向都保持不变，因此由左手定则可知电枢绕组受力而形成的电磁转矩方向不变。如果电流不断通入电枢绕组，电枢就会不停地旋转。当电动机有负载时，就可将电源的电能转换为机械能。

对于如图 5-16 所示的电枢绕组，虽然能按一定的方向转动，但是每当转到垂直位置时，都是依靠惯性转过的，转动很不平稳，电磁力产生的电磁转矩也很小。为了增大电磁转矩和提高电动机的平顺性，实际使用的电动机采用了多组电枢绕组和多对磁极。

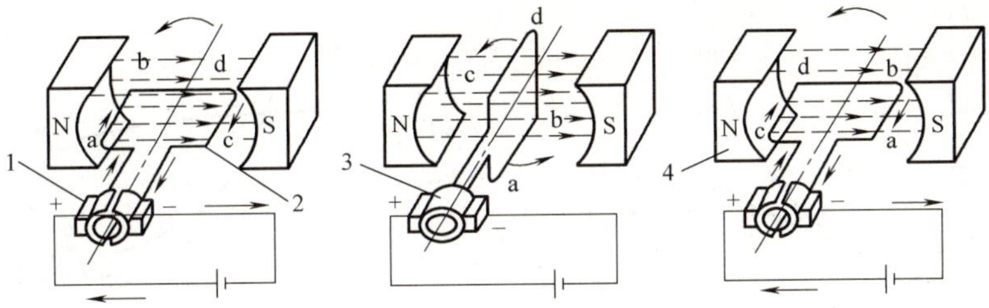

图 5-16　直流电动机的工作原理

a）线圈水平　b）线圈旋转 90°　c）线圈旋转 180°

1—电刷　2—转子线圈　3—换向器　4—磁极

2. 直流电动机的特点

1）直流电动机的转矩 M 与电枢的电流 I 及磁极的磁通 Φ 成正比，即

$$M=\frac{PZ}{2\pi a}I\phi=C_{\mathrm{m}}I\phi$$

式中　M——作用在电枢上的电磁转矩；

P——磁极对数；

Z——电枢导体总数，$Z=$线圈数$\times$匝数$\times 2$；

a——电枢绕组的支路数，当采用波绕组时，$a=1$；

I——电枢的电流；

Φ——每个磁极的磁通；

C_{m}——电动机常数，决定于电动机的构造。

直流电动机的转矩能自动调节。当电枢旋转时，会产生与外加电压 U 方向相反的反电动势 E，其大小与电枢的转速成正比。这样外加电压 U 一部分消耗在电枢电阻 R 上，一部分则用来平衡电动机的反电动势 E，即

$$U=E+IR,\ I=\frac{U-E}{R}$$

当电动机的负载增加时，由于轴上的阻力转矩增大，电枢转速降低，而使反电动势 E 随之减小，电枢电流 I 增大，因此电磁转矩 M 也将随之增大，直到与阻力矩相等为止。这时电动机以较低的转速运转。反之，负载减小时，电枢转速升高，反电动势 E 增大，电枢电流 I 减小，电磁转矩随之减小，直到与阻力矩相等为止。

可见，当负载变化时，直流电动机的转速、电流和转矩将会自动地作相应的变化，以满足负载的需要。

2）由图 5-17 所示的转矩特性可知，在电枢电流相同的情况下，串励电动机的转矩要比并励电动机大得多。

3）由图 5-18 所示的机械特性可知，并励电动机的电枢电流增大（即转矩增大）时，电动机的转速下降不大，具有硬的机械特性；串励电动机的电枢电流增大，（即转矩增大）时，其转速将明显下降，即具有软的机械特性。串励直流电动机在轻载时转速很高，容易造成“飞车”事故。所以，大功率串励直流电动机不允许在轻载或空载下运行。

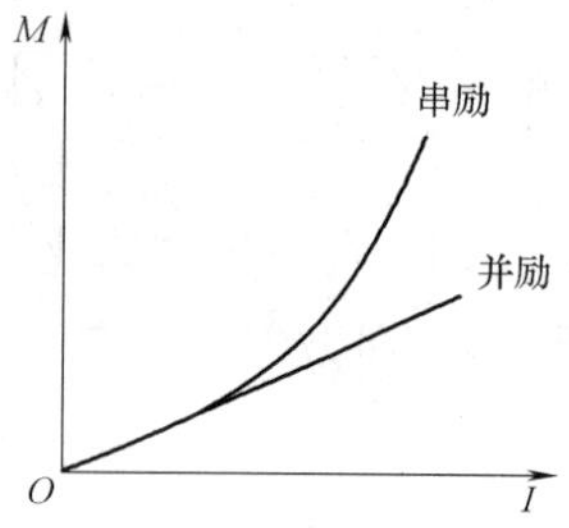

图 5-17 直流电动机的转矩特性

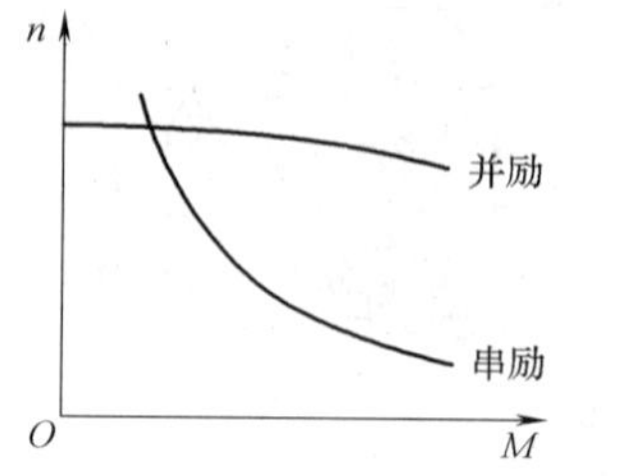

图 5-18 直流电动机的机械特性

三、起动机的工作特性

1. 特性曲线

起动机的电磁转矩 M、转速 n、功率 P 与电流 I 之间的关系，称为起动机的工作特性。东风 EQ1090 型载货汽车采用 QD124 型起动机，其特性曲线如图 5-19 所示。

1）当起动机空载运行时，流过起动机的电流称为空载电流 I_0（$I_0 \leqslant 90A$），起动机转速 n_0 达到最大值（n_0 称为空载转速，一般 $n_0 \geqslant 5000r/min$）。此时起动机对外尚无转矩输出，空载电流产生的转矩用于克服起动机自身的摩擦力和惯性力矩。

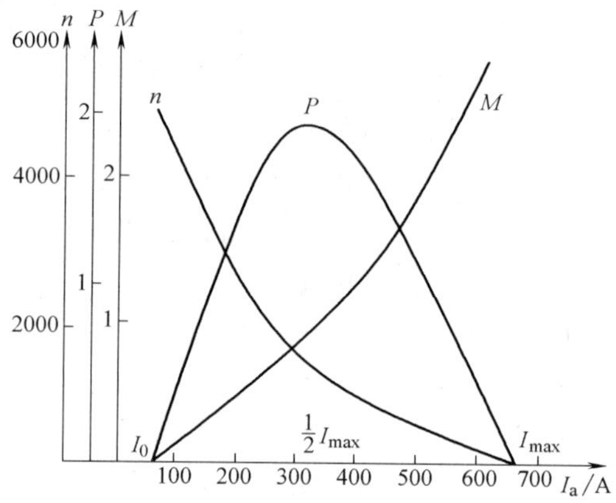

图 5-19 QD124 型起动机的特性曲线

2）当起动机完全制动（即 $n=0$，相当于刚刚接通起动机）时，电枢电流最大，即 $I=I_{max}$（I_{max} 称为制动电流，一般 $I_{max} \geqslant 600A$）、转矩达到最大值（即 $M=M_{max}$，M_{max} 称为制动转矩）。

3）当电枢电流略大于制动电流的 1/2（$I=0.5I_{max}$）时，起动机功率最大。由于起动机运转时间很短，一般为 3 ~5s，允许以最大功率运转，因此通常将起动机的最大功率确定为起动机的额定功率。

在生产与使用过程中，通常通过进行空载与制动两项试验来检验起动机的技术状态。

2. 影响起动机工作特性的因素

起动机工作时流过的电流很大，因此其工作特性受导线电阻、电刷接触电阻和蓄电池内阻的影响很大。影响起动机功率的主要因素有：

（1）接触电阻和导线电阻的影响　电刷与换向器接触不良、电刷弹簧弹力减弱、导线端子与蓄电池极柱连接不牢等，都会使接触电阻增大；蓄电池的搭铁电缆和蓄电池至起动机电源端子“30”之间的火线电缆过长或截面积过小，会使线路压降增大。所有这些都会使起动机输出电流和功率减小。因此电刷与换向器接触必须良好，蓄电池极柱上的电缆端子必须接牢；更换搭铁电缆或火线电缆时，电缆长度和截面积必须符合规定标准。

（2）蓄电池容量的影响　蓄电池容量越小，内阻越大，内部压降也就越大，供给起动机的电压降低，使起动机输出电流和功率减小。当蓄电池使用时间增长，极板硫化程度增大时，内阻相应增大，所以起动性能相应降低，发动机就不易起动。

（3）环境温度的影响　当蓄电池使用环境温度降低时，电解液黏度增大，电池内阻增大，蓄电池容量和端电压都将急剧下降，使起动机输出电流和功率显著降低。因此冬季寒冷时，应对蓄电池采取有效的保温措施。

第二节　起动电路

一、MT车型起动电路

传统的起动电路如图5-20所示。当点火开关打到ST档时，控制回路的电流为：蓄电池（+）→点火开关AM→ST→50接线柱→电磁开关→搭铁→蓄电池（-）。此电流使电磁开关动作，并使起动机的30接线柱与C接线柱连通，接通了起动机的主回路。

主回路的电流为：蓄电池（+）→电磁开关的30接线柱→C接线柱→起动机励磁绕组和电枢绕组→搭铁→蓄电池（-）。此电流使起动机旋转，并带动发动机的飞轮。

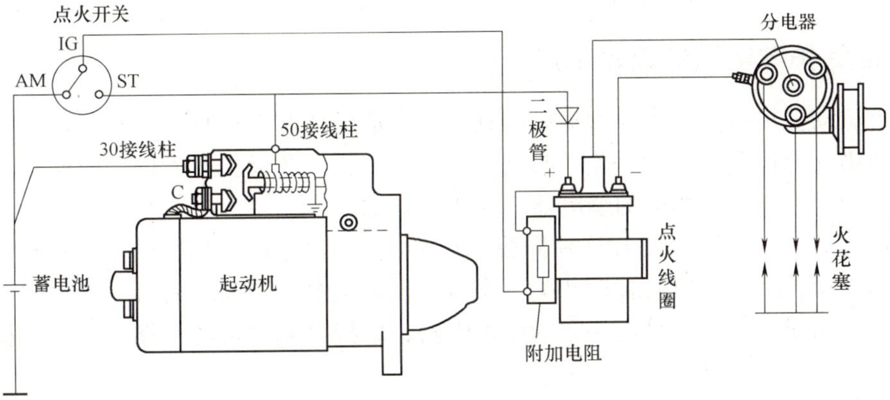

图5-20　传统的起动电路

图5-21所示为黄河JN150型柴油车用ST614型起动机的控制电路。在黄铜套上绕有吸合线圈和保持线圈，两个线圈的绕向相同，其公共端接至50接线柱。吸合线圈的另一端接至电磁开关C接线柱，与起动机的主回路串联，保持线圈的另一端则直接搭铁。黄铜套内装有活动铁心，它与拨叉相连接。挡铁的中心装有杆，其上套有铜质接触盘。

接通电源总开关，按下起动按钮，则吸合线圈和保持线圈并联通电。在两线圈电磁吸力的共同作用下，活动铁心克服回位弹簧的弹力而被吸入。拨叉便将驱动齿轮推出，使其与飞轮齿圈啮合。在驱动齿轮左移的过程中，由于通过吸合线圈的较小电流也通过电动机的励磁绕组和电枢绕组，所以电动机将会缓慢转动，使驱动齿轮与飞轮齿圈的啮合更为平顺。在驱动齿轮与飞轮齿圈完全啮合时，接触盘将30接线柱与C接线柱接通，蓄电池的大电流便流经起动机的励磁绕组和电枢绕组使起动机发出转矩，驱动曲轴旋转。与此同时，吸合线圈由于两端均为正电位而被短路，没有电流。活动铁心靠保持线圈的磁力保持在吸合位置。发动机起动后，松开起动按钮，电流经接触盘、吸合线圈和保持线圈构成回路，两线圈串联通

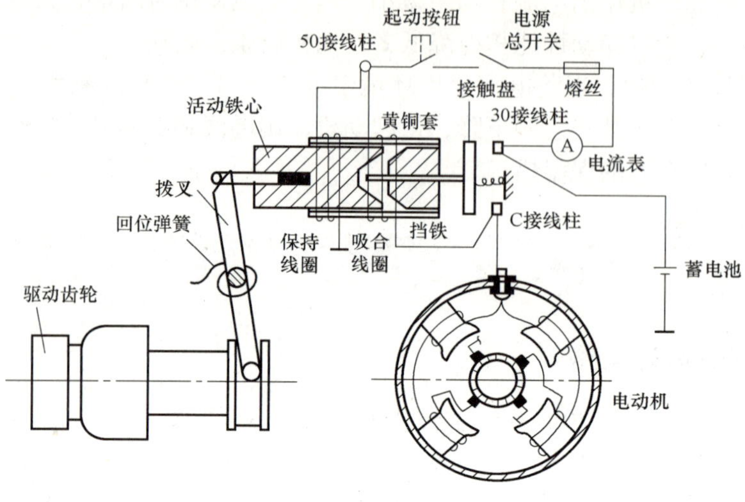

图 5-21　ST614 型起动机的控制电路

电，产生的磁通的方向相反而互相抵消，活动铁心在回位弹簧的作用下回至原位，使驱动齿轮退出，接触盘回位，切断起动机的主电路，起动机便停止转动。

二、带保护继电器的起动电路

起动机驱动保护电路是要求发动机起动后，应能够使起动机自动停止工作。在发动机运转时，即使错误地接通了起动开关，起动机也不会工作。起动机驱动保护电路都是依靠硅整流发电机的中性点电压及相应的继电器来完成工作的。

发动机起动后，若驾驶人未及时释放起动开关，就会造成单向离合器磨损和蓄电池耗电。当发动机运转时，不慎将起动开关再次接通，就会造成起动机驱动齿轮撞击飞轮齿圈。为了防止上述错误操作，应采用一定的保护电路，以提高起动机的可靠性，并延长起动机的使用寿命。

东风 EQ1090F 型汽车的起动机驱动保护电路由起动继电器和保护继电器两部分组成，其电路如图 5-22 所示。起动继电器的触点 K_1 是常开的，它的作用是控制起动机电磁开关的工作。保护继电器的触点 K_2 是常闭的，它的磁化线圈 L_2 一端搭铁，另一端接至发电机三相绕组的中性点，承受硅整流发电机中性点电压，K_2 的固定触点经磁轭搭铁，K_2 串联在充电指示灯和起动继电器磁化线圈 L_1 的搭铁回路中，其作用是保护起动机并控制充电指示灯。

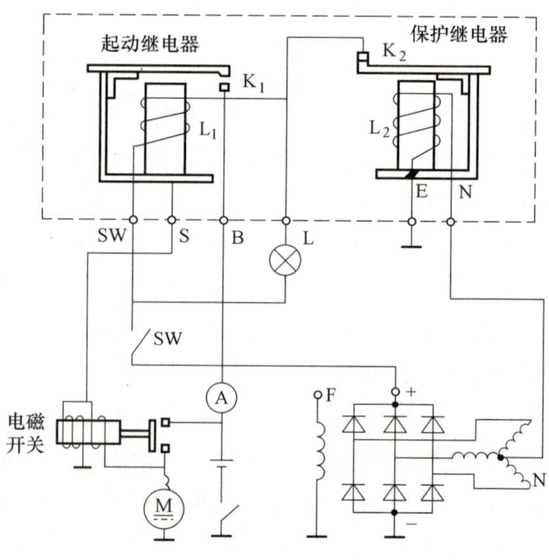

图 5-22　JD136 型起动复合继电器电路

起动时，将点火开关旋至起动档，则起动继电器触点 K_1 闭合，充电指示灯点亮。起动机电磁开关控制起动机工作。

发动机起动后，如驾驶人没有及时松开点火开关，由于硅整流发电机输出电压升高，当中性点电压达到5V时，在保护继电器磁化线圈 L_2 的电磁吸力作用下，使 K_2 打开，切断了充电指示灯的电路，充电指示灯熄灭，同时又将起动继电器磁化线圈 L_1 的电路切断，于是 K_1 打开，则起动机电磁开关释放，切断了蓄电池与起动机间的电路，起动机便会自动停止工作。

发动机运转时，在硅整流发电机中性点电压的作用下，保护继电器触点 K_2 一直处于断开状态，起动继电器磁化线圈 L_1 的搭铁被断开，则 K_1 始终处于断开状态，起动机电路不能接通。即使驾驶人误操作，在发动机运转时又将点火开关旋至起动档时，起动机也不会工作。

三、AT 车型起动电路

图 5-23 所示为丰田大霸王（PREVIA）的起动电路。自动变速器的车型将空档开关串入起动电路，只有空档时，才能接通起动机，以保证安全。手动变速器的车型将离合器开关串入起动电路，只有踩下离合器时，才能接通起动机。

以上海别克轿车起动电路为例，当点火开关打到“开始”（起动）档，PCM 通过 806 号线获得“起动”信号，使 PCM 的 76 号线搭铁，曲轴继电器 439 号线通电，其触点接通起动机控制电路。起动机控制电路的电流路径为：蓄电池→1 号线（直径 13mm，黑色）→曲轴继电器 40A 熔丝→曲轴继电器触点→1737 号线→自动变速器档位开关（P、N 档）→6 号线→起动机电磁开关（吸合线圈和保持线圈）→搭铁。接通主回路，使起动机转动。如果是自动变速器，空档开关左边的线是没有的，手动变速器的车型才有。

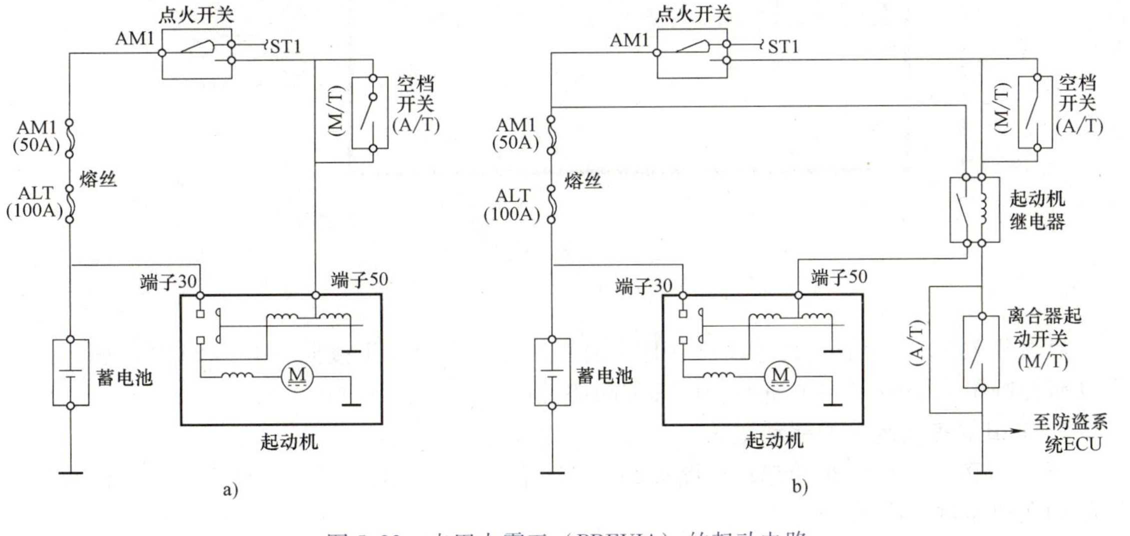

图 5-23 丰田大霸王（PREVIA）的起动电路

a）无防盗系统 b）有防盗系统

四、计算机控制起动电路

1. 捷达 ATK 发动机的起动电路

图 5-24 所示为 06 款捷达 ATK 发动机的起动电路。方框13中的数字表示这条线来自电路图最下面的地址码 13。起动时，点火开关 D 打到 ST 档，这时起动机控制电流流向为：蓄电池 A+→110A 熔丝→红色导线 ro→点火开关 30 号端子→50 号端子→起动机 50 号端子→

起动机电磁开关线圈→搭铁。起动机控制电流使电磁开关触点吸合，起动机通电，其电流为：蓄电池 A＋→B30→起动机 30 号接线柱→起动机电磁开关触点→起动机→搭铁。

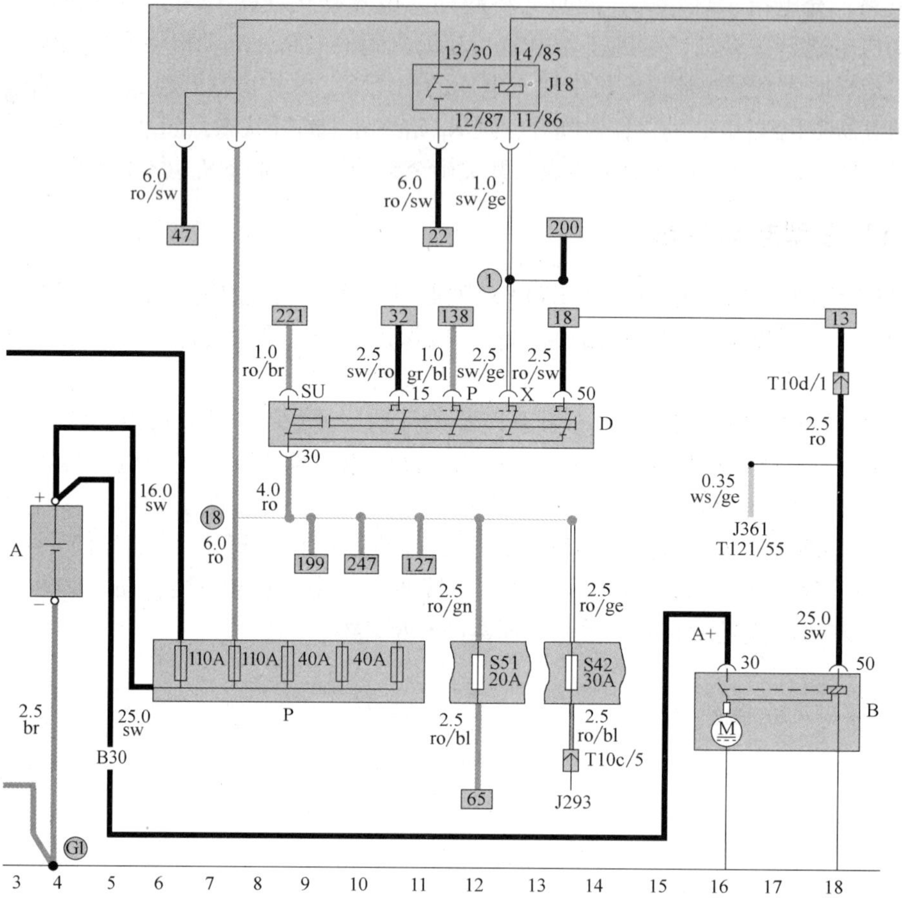

图 5-24　捷达 ATK 发动机的起动电路

点火开关 50 号端子有电，表示有起动信号，通过 121 针 T 接插器的第 55 号针脚，送至发动机控制单元 J361，用于喷油、点火和防盗控制。

2. 丰田凯美瑞汽车的起动电路

06 款丰田凯美瑞汽车的起动电路如图 5-25 所示，起动电路接入发动机 ECU，目的是遥控起动和智能进入起动。

丰田凯美瑞汽车起动机具有转动保持功能：如图 5-26 所示，一旦按下点火开关，如果此时踩下制动踏板，该功能就会连续运行起动机，直至发动机起动。发动机 ECU 检测到主体 ECU 的起动信号时，该系统会监视发动机转速（NE）信号，并继续运行起动机，直至确定发动机已经起动。此外，即使发动机 ECU 检测到主体 ECU 的起动信号，只要发动机 ECU 确定发动机已经起动，该系统就不再运行起动机。

如图 5-27 所示，当发动机 ECU 检测到主体 ECU 的 STSW 信号（起动信号）时，发动机 ECU 就会通过起动机切断继电器（ST CUT 继电器），将 STAR 信号（起动机继电器驱动信号）输出至起动机继电器，起动起动机。发动机 ECU 也将 ACCR 信号（ACC 切断请求信

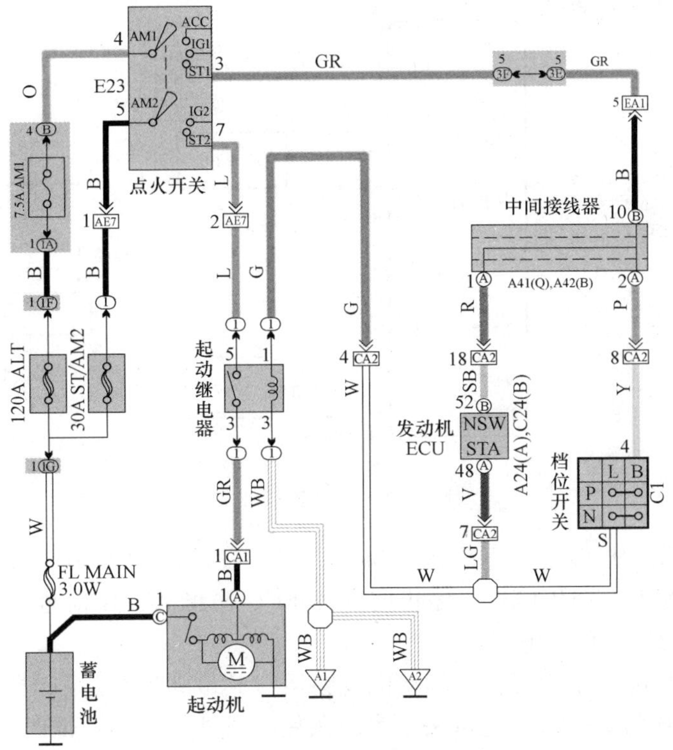

图 5-25　丰田凯美瑞汽车的起动电路

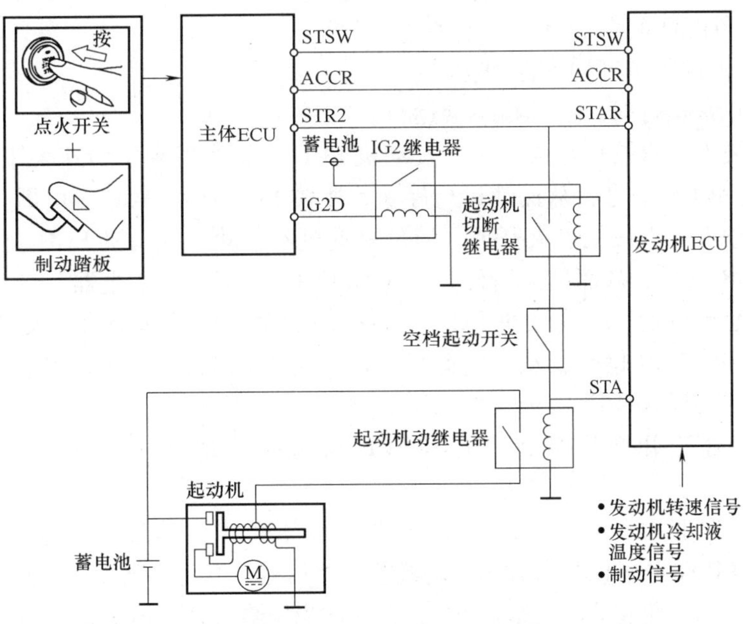

图 5-26　凯美瑞起动机转动保持功能控制电路

号）输出至主体 ECU，从而使主体 ECU 不接通 ACC 继电器。如果发动机已经运行，发动机 ECU 会停止向起动机继电器输出 STAR 信号，停止向主体 ECU 输出 ACCR 信号，从而使起动机运行停止，主体 ECU 接通 ACC 继电器。

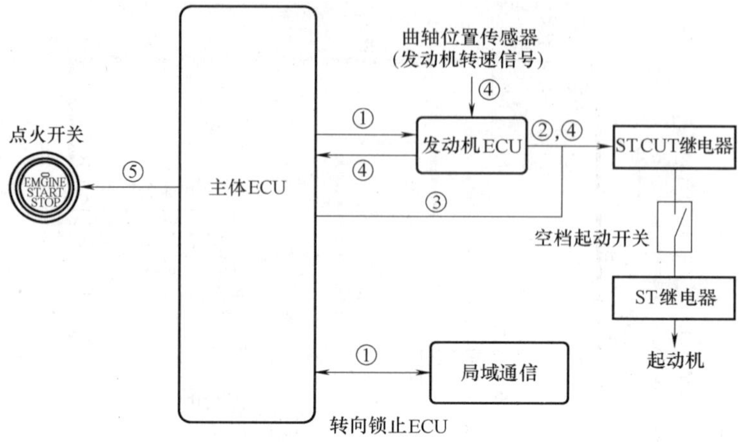

图 5-27　起动控制流程

起动机运行，发动机转速大于约 500r/min 之后，发动机 ECU 确定发动机已经起动，停止向起动机继电器输出 STAR 信号，停止向主体 ECU 输出 ACCR 信号，从而使起动机运行停止，主体 ECU 接通 ACC 继电器。

如果发动机有故障，不能起动，起动机就会运行其最大连续运行时间，然后自动停止。最大连续运行时间约为 2 ~25s，这取决于水温条件。发动机水温过低时，约为 25s；发动机足够暖机时，约为 2s。

该系统在发动机转动时切断向附件供电的电流，以防由于发动机转动而导致电压不稳定，继而导致附件照明间歇运行。

由此可知，该系统具有如下保护功能：

1）发动机正常运行时，起动机不会运行。

2）即使驾驶人一直按住点火开关，发动机 ECU 也会在发动机转速大于 1200r/min 时停止输出 STAR 和 ACCR 信号，从而使运行停止，主体 ECU 接通 ACC 继电器。

3）如果驾驶人一直按住点火开关，但是发动机不起动，发动机 ECU 会在 30s 后停止输出 STAR 和 ACCR 信号，从而使运行停止，主体 ECU 接通 ACC 继电器。

4）如果在起动机运行时发动机 ECU 未能检测到发动机转速信号，发动机 ECU 会立刻停止输出 STAR 和 ACCR 信号，从而使运行停止，主体 ECU 接通 ACC 继电器。

该电路具体控制程序如下：

① 检查转向处于开锁状态后，主体 ECU 将起动机请求（STSW）信号传送至发动机 ECU。

② 发动机 ECU 接收到此信号，输出 ST 继电器（STAR）信号，并起动起动机。

③ 发动机 ECU 和主体 ECU 都输出起动机继电器信号，以起动起动机。发动机 ECU 和主体 ECU 都输出信号，以避免起动机操作失败的情况，如当供给发动机 ECU 的电池电压较低时。

④ 发动机 ECU 根据发动机转速判断发动机的起动是否完成，它可以使起动机继电器（STAR）信号停止，并使起动机停止。

⑤ 主体 ECU 接收到此信号，检查发动机起动是否完成，并关闭点火开关指示灯。

习 题

1. 请画出 MT 车型起动电路。
2. 请画出 AT 车型起动电路。
3. 请画计算机控制起动电路。

第六章 汽车点火电路

第一节　电子点火电路

一、电子点火电路的分类

随着汽车发动机向高转速、高压缩比、大功率、低油耗和低排放污染的方向发展，传统点火系统已不能适应新形势的要求，传统点火系统电路的缺陷主要表现在：触点的闭合时间减少，点火线圈初级断开电流减小，次级最大电压下降，因此不能满足发动机多缸、高转速的要求；火花塞容易积炭，难以清洁；系统电容不易选择；触点间隙需要经常调整。所以，现代汽车广泛采用电子点火电路。

电子点火电路根据不同分类方法有不同的划分。

1. 按储能方式分类

电子点火电路按照点火能量存储方式的不同，可分为电感储能式电子点火电路和电容储能式（又称为 CDI）电子点火电路两大类。

电感储能式是用点火线圈作为储能元件，初级线圈断电后由电感线圈磁场能量的快速泄放产生点火高压。电容储能式是用电容储能元件，点火线圈仅起电压变换作用，初级线圈断电后由电容器电场能量的快速泄放在点火线圈上产生的高压实现点火，如图 6-1 和图 6-2 所示，目前在摩托车上广泛采用。

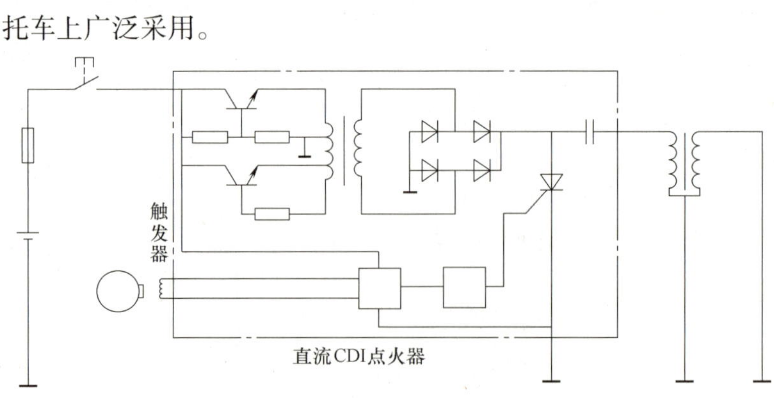

图 6-1　CDI 电子点火电路

2. 按电子元器件类型分类

电子点火电路按照控制点火线圈初级电流的电子元器件的不同，可分为晶体管点火电路、晶闸管点火电路和集成电路点火电路三种类型。

3. 按有无继电器触点分类

电子点火电路按照点火电路低压控制电路中有无继电器触点，可分为有触点电子点火电路和无触点点火电路两种类型。

4. 根据点火传感器分类

1）磁电式电子点火电路，又称为磁脉冲式或磁感应式电子点火电路。

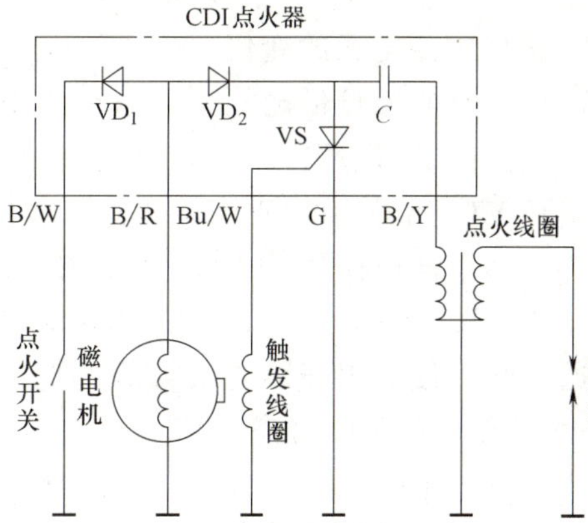

图 6-2 磁电机式 CDI 电子点火电路

2）电磁式电子点火电路，又称为电磁振荡式电子点火电路，与磁脉冲式的明显区别是没有永久磁铁。

3）霍尔式电子点火电路，又称为霍尔效应式电子点火电路。

4）光电式电子点火电路，又称为光电效应式电子点火电路。

二、磁电式电子点火电路

磁电式电子点火电路的结构简单，性能可靠，使用普遍，如丰田 MS75、20R 型发动机和东风 EQ1090 型汽车上的 JKF667 型发动机采用的都是磁电式点火电路。

JKF667 型电子点火电路由磁脉冲传感器、放大器、储能式点火线圈等组成，如图 6-3 所示。为使发动机在不同电源电压和不同转速下都具有足够的点火能量，JKF 型电子点火电路设有点火能量自动控制功能。

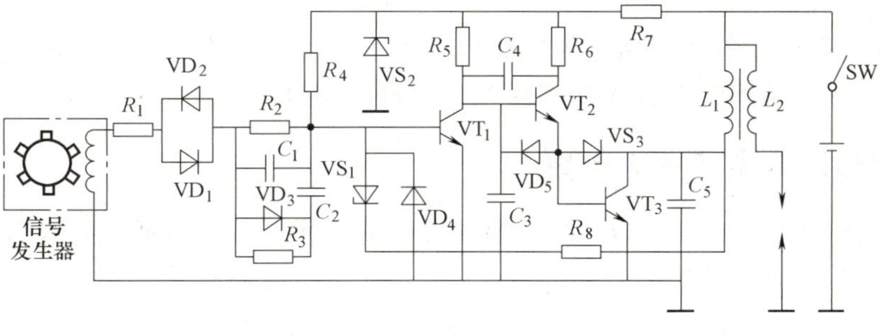

图 6-3 JKF667 型电子点火电路

1. 点火线圈初级电路接通与截止

当点火开关 SW 接通后，若发动机未起动，传感器输出电压为零。此时，蓄电池经 R_7、R_4 为 VT_1 提供正向偏压，使 VT_1 饱和导通，VT_2、VT_3 截止，点火线圈初级电路断开。要求停车时即时关断 SW。当发动机起动后，传感器将输出正负交变脉冲电压。若传感器输出负脉冲，传感器线圈下端经 $VD_4 \rightarrow R_2 \rightarrow VD_2 \rightarrow R_1$ 构成负脉冲电流通路，使 VT_1 基极电位下降，VT_1 截止，VT_2 和 VT_3 导通，点火线圈初级 L_1 电路接通，在 L_1 上建立电流磁场。若传感器输出正向脉冲，经 $R_1 \rightarrow VD_1 \rightarrow R_2$ 加到 VT_1 的基极，使 VT_1 迅速导通，VT_2 和 VT_1 立即截止，切断点火线圈初级电流，在次级绕组 L_2 上产生点火高压。

2. 适应电源电压的变化

当蓄电池电压较低时，由于 VS_2 稳定工作电压为 6V，此时 VS_1 处于截止状态，VT_1 基极电流仅由 R_4 供给，则 VT_1 处于微饱和导通状态，容易退出饱和状态转为截止状态，从而延长 VT_3 的导通时间，使点火线圈初级绕组在电源电压较低时也能储存足够的点火能量。当蓄电池电压高于 10V 时，VS_1 导通。此时 VT_1 基极电流由 R_4 和 R_8 两条支路同时供给，使 VT_1 饱和程度加深，退出饱和状态转为截止状态所需时间增长，从而缩短了 VT_3 的导通时间，使点火线圈初级绕组的储能不随电源电压的升高而增加。由此可见，VS_1 和 R_8 负反馈支路对 VT_1 静态工作点具有调节控制作用，从而使点火能量不受电源电压波动影响。

3. 适应发动机转速的变化

发动机的转速变化时，发动机每转一圈的时间缩短了，点火线圈初级通电的时间也缩短了，点火能量就会下降。VD_3、R_3、C_2 组成点火线圈初级电流控制电路，即使初级电路接通时间的占空比基本上不随发动机转速变化，做到低速时接通时间减少，高速时接通时间相应增加。由于电路中设置有加速电容 C_1，当传感器输出电压的上升沿到来时，C_1 相当于短路，作用于 VT_1 基极，加速 VT_1 由截止到导通的转换。同理，当传感器输出电压的下降沿来到时，由于已充电的加速电容 C_1 上电压不能突变，通过 C_1 加到 VT_1 的基极时，使 VT_1 发射极偏置电压更低，加速 VT_1 由导通向截止的转换，提前截止，VT_2 和 VT_3 提前导通，点火线圈初级 L_1 电路提前接通，延长了点火线圈初级通电时间，避免了点火能量下降。由此可见，放大器电路动态转换能力比较强，可在发动机实际转速范围内，使点火能量基本保持不变。

4. 过电压保护

C_3 和 C_4 是为消除电路的高频自激振荡而设置的。C_5 的作用是吸收初级绕组的瞬变电势，以保护 VT_3。VS_3 的作用是保护 VT_3 集电极不被电路中的浪涌电压所击穿，并通过 VD_5 保护 VT_3 的发射极，从而使复合大功率管 VT_3 免遭瞬变过电压损坏。

三、电磁振荡式电子点火电路

电磁振荡式传感器由电感 L 和电容 C 组成 LC 振荡器。只要将此振荡器与汽车电源的电路接通，它便产生具有一定频率的振荡波形。在一定的外部条件下，可产生与汽车发动机气缸相对应的脉冲信号，以确定发动机曲轴所在的位置，保证其适时点火。

电磁振荡式传感器由振荡器和信号转子两大部分组成，有多种结构形式，与磁脉冲式的明显区别是没有永久磁铁。振荡器由维持振荡不衰减的正反馈线圈和耦合线圈以及控制耦合的定时转子组成。

图 6-4 为某轿车电磁式电子点火电路。L_1、L_2、L_3、C_1、C_2、C_3、R_1、R_2、VT_1、VD_1 组成振荡器，其中 L_1、L_2 为反馈电路，L_1 为负反馈，L_2 为正反馈。

1. 点火线圈初级通电过程

当合上点火开关，起动发动机使信号转子转动。当信号转子上的铁淦氧耦合杆未对准传感器“E”形铁心时，L_2 和 L_3 的耦合很弱。由于此时 L_1 给 VT_1 的基极提供负反馈信号，振荡器不工作，因此 VT_2 没有基极电流而处于截止状态。于是，蓄电池通过 R_6、R_7 向 VT_3 提

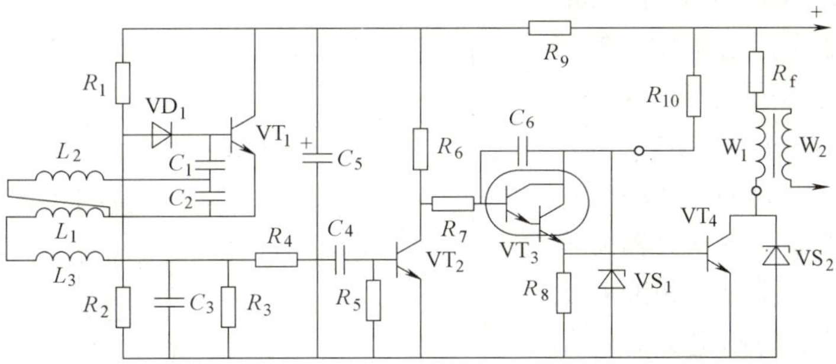

图 6-4 某轿车电磁式电子点火电路

供偏流，使 VT_3 导通。VT_3 导通后，蓄电池通过 R_{10} 和 VT_3 的集电极、发射极向功率管 VT_4 提供偏流，使 VT_4 饱和导通。于是，蓄电池电流流过附加电阻 R_1→点火线圈初级绕组 W_1→VT_4（c，e）→接通初级电路。

2. 点火线圈初级截止过程

当信号转子转至其铁淦氧耦合杆与传感器“E”形铁心对准时，由于 L_2 与 L_3 的耦合加强，L_1 给晶体管 VT_1 提供正反馈信号，即加在 VT_1 基极上的电压变为正反馈，使振荡器起振，产生 300～400kHz 的高频信号。来自振荡器的输出电流通过 R_4、C_4 加到 VT_2 的基极，使其由截止转变为导通，而此时 VT_3、VT_4 则由导通转为截止。于是，点火线圈初级电路被切断，次级绕组便感应出高电压。然后再按通常的方式由分电器分配给各缸火花塞，以形成高压电火花为发动机点火。

电路中，C 为电源滤波电容，C_1 为反馈耦合电容，C_5 并联在 VT_3 的基极与集电极之间，起负反馈作用，使 VT_3 的翻转减慢，以减少由于晶体管开关作用在电源线上感应出的高频信号对车辆上其他电子设备的干扰。VS_1、VS_2 分别对 VT_3、VT_4 起保护作用。

电磁振荡式电子点火电路的起动性能好，其性能与光电式点火器相当。但元器件数量较多，结构较复杂，其可靠性及使用寿命不如磁脉冲式、光电式和霍尔式，目前使用较少。

四、霍尔式电子点火电路

国产桑塔纳、奥迪、捷达等轿车均是与德国大众汽车公司合资生产的，这些车上都采用霍尔式电子点火电路。所用霍尔传感器中的集成电路，目前多采用意大利 SGSTHOMSON 公司生产的，其型号为 L497 或 L482，是点火专用集成电路。

1. L497 点火集成电路的结构框图和引脚功能

图 6-5 所示为 L497 点火集成电路各引脚和内部结构框图。引脚 3 接有 7.5V 的稳压管，故集成电路输入电压为 7.5V。引脚 4 最好是搭铁，以防干扰信号由此输入。引脚 5 外接霍尔传感器输出端。当点火线圈初级绕组有电流通过时，引脚 6 输出为低电平。引脚 7 内接一只稳压值为 21V 的稳压管，故其输出端具有辅助过电压保护作用。引脚 8 外接一电容器，用来控制初级绕组电流由 0 上升到额定值的上升斜率，若在霍尔信号脉冲由高电平向低电平转换前，实测初级绕组电流小于其额定值时，应加大其电流的上升率。引脚 9 外接一电容器，用来控制停车时点火线圈初级电路导通的时间。引脚 10 和 11 为闭合角控制端。引脚

12 外接偏流电阻，以影响闭合时间。引脚 13 为恒流控制端。引脚 14 外接达林顿管，内接达林顿管驱动电路。引脚 15 是达林顿管过电压保护的信号采样端。引脚 16 为内部驱动电路的集电极电流控制端。该点火器除有大功率晶体管能适时接通和切断点火线圈初级电路，产生高压电火花，给汽车发动机点火的基本功能外，还具有闭合角的控制、电流上升率的控制、停车断电保护和过电压保护等功能。

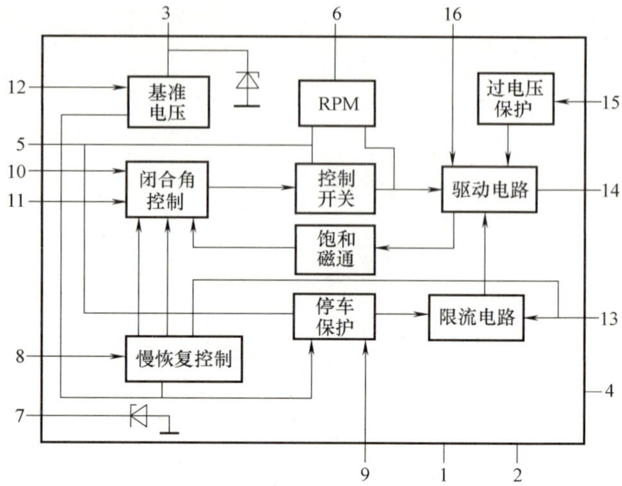

图 6-5　L497 点火集成电路各引脚和内部结构框图

2. 基本功能

利用 L497 点火集成电路与一些外围电路相结合，即可实现具有多种功能的点火电路，其典型电路如图 6-6 所示。

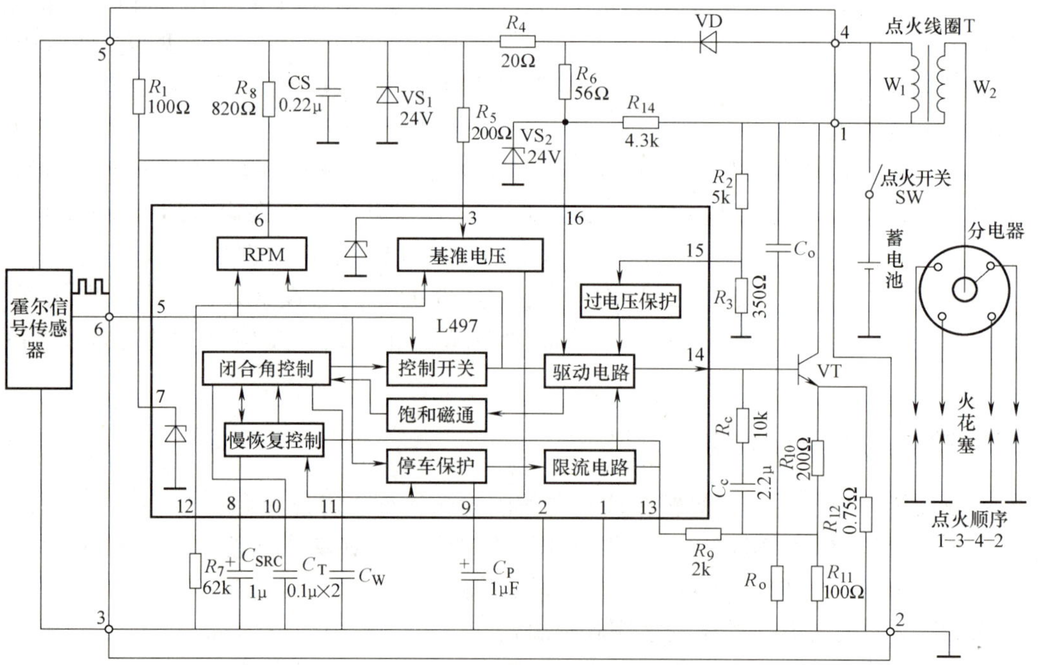

图 6-6　桑塔纳轿车点火电路

闭合点火开关 SW，发动机转动时，分电器轴驱动传感器触发叶轮旋转。根据霍尔传感器的工作原理，霍尔传感器输出脉冲信号 U_g。当 U_g 为高电平时，由 L497 引脚 5 输入高电平，引脚 14 输出高电平，达林顿管 VT 导通，接通点火线圈初级电路。其电流通路是：蓄电池正极→SW→点火线圈初级绕组 W_1→VT→R_s→搭铁→蓄电池负极，初级电流储存磁场能量。当 U_g 为低电平时，L497 引脚 5 输入低电平，引脚 14 输出低电平，达林顿管 VT 截止，切断点火线圈初级电流，点火线圈次级绕组产生高压点火。

3. 闭合角的控制

闭合角（即闭合时间）是指点火线圈及电子点火器末级的大功率晶体管的导通时间 t_0。其大小与发动机转速、集成电路工作电压以及点火线圈的工作特性有关。L497 霍尔点火电子组件中的闭合时间控制电路由两部分组成。

第一部分由 L497 集成电路与其脚 10 上的电容 C_T，脚 12 上的偏流电阻 R_7 组成闭合时间基准定时器。当霍尔输入信号为“+”（脉冲的上升沿）时，C_T 以一恒定电流 I_{10} 充电，其充电电流值一般为 $-11\sim9.8\mu A$（$U_T=5.3\sim16V$，$U_{10}=0.5V$，$t=10\sim33ms$），调节偏流电阻 R_7 可调整 I_{10} 的数值。C_T 充电波形如图 6-7 所示。

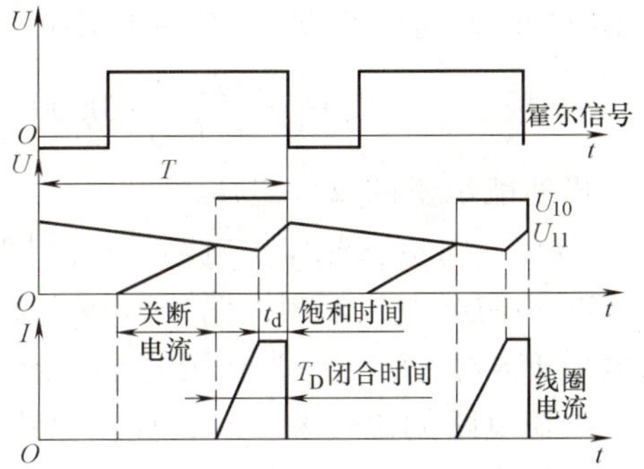

图 6-7 C_T 充电波形图

第二部分由 L497 集成电路与其脚 11 上的电容 C_w，脚 12 上的偏流电阻 R_7 组成闭合时间控制及调整电路。必须指出的是，电容 C_w 上的电压取决于发动机转速和集成电路的工作电压的大小，若输入信号为“+”，C_w 上的电压亦为“+”；若输入的霍尔信号为“-”，C_w 以恒定的电流 I_{11} 放电，其放电电流值为 $0.5\mu A\leqslant I_{11}\leqslant1.0\mu A$，其波形如图 6-7 所示。

当 $U_{10}=U_{11}$ 时，便是点火线圈导通的起始点。由于在低速时流过线圈电流时间较长，为减少大功率管上产生的功率损耗，必须减少导通时的过饱和时间 t_d。

4. 点火线圈初级电流上升率的控制

由 L497 集成电路与其脚 8 上搭铁电容 C_{SRC}、偏置电阻 R_7 组成点火线圈初级电流上升率控制电路。该电路可调整点火线圈初级绕组电流由 0 上升到峰值时的斜率。如果检测电路检测到初级绕组中的电流小于其额定值的 94% 时，该控制电路便在输入信号向低电平转换前加大其电流上升率。上升时间 $t_S=12.97R_7C_{SRC}$（单位为 ms）。

5. 停车断电保护电路

汽车暂停时，由于霍尔传感器输入高电平，故使点火线圈初级绕组处于长时间通电状态。为此，在停车时，电子点火器内的断电保护控制电路便控制其输出信号为低电平，并切断点火线圈初级电流。该保护电路由 L497 集成电路与其脚 9 外接的电容 C_P 和电阻 R_7 组成。其基准导通时间为 $t_P=16C_pR_7$（单位为 ms）。

当电路工作时，会不停地检测输入霍尔信号电平的高低。当输入的霍尔信号为高电平时，电路即以恒定的充电电流向电容 C_p 充电；当输入的霍尔信号为低电平时，则 C_p 向外放电。

如果汽车暂停，即可随机地使霍尔输入信号为高电平的时间比设定的导通时间 t_p 长。此时，C_p 上的电压值即达到了限流回路模块的阈值工作电压，因而控制电路工作，使初级绕组内的电流逐渐下降为 0。当霍尔输入信号再次降为低电平时，C_p 又迅速放电，电流控制回路便恢复到其正常的工作电流值。其工作波形如图 6-8 所示。

6. 过电压保护电路

（1）抛负载保护功能 抛负载保护的任务由 L497 集成电路外接 24V、0.5W 的稳压管承担。接在集成电路脚 16 的稳压管 VS_2 便是对末级大功率晶体管驱动输入端进行保护的。脚 7 内部的稳压管用来保护脚 6 和脚 7 的晶体管；脚 3 内部的稳压管是保护霍尔传感器电源和 L497 集成电路工作电压的；电阻 R_7 还可用来限制稳压管 VS_1 的过电流。

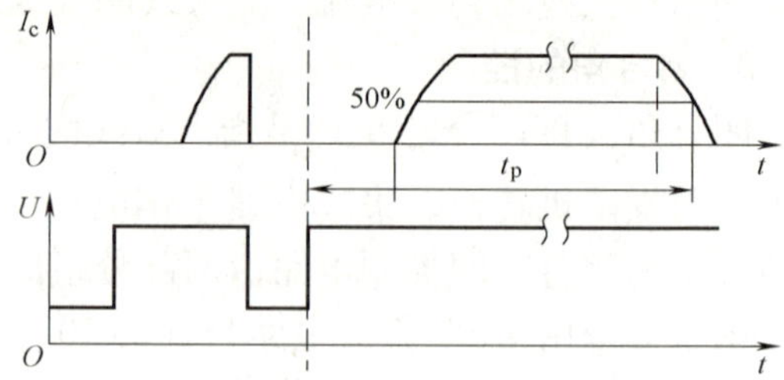

图 6-8 工作波形

（2）过电压保护电路 过电压保护电路由 L497 集成电路的脚 15 及其外围的电阻 R_2 和 R_3 组成。过电压 $U_p=\left(\frac{22.5}{R_3}+0.005\right)R_2+22.5$，调节 R_2 或 R_3 即可调整大功率晶体管的集电极所能承受的反向电压。

（3）反向负脉冲保护电路 由外围电路 VD_1 和 C_s 组成反向负脉冲保护电路。

（4）初级电流限制电路 外围电路中的电阻 R_s 与点火线圈初级绕组相串联，流过 R_1 的电流 $I_s=I_0+I_{14}$（I_0 为初级绕组电流，I_{14}为脚 14 上的电流）。如果 R_s 上的电压达到 L497 内部限流电路的比较电压时，控制电路使大功率管处于正常工作状态；如果限流电阻 R_s 上的电压过高，则其内部限制电路便自动切断点火线圈初级电流。因此，调整 R_{10}、R_{11}就可以调节初级绕组的峰值电流，其值 $I=0.32(R_{10}/R_{11}+1)/Rs$。

五、光电式电子点火电路

图 6-9 所示为国产 GF—1 型光电式电子点火电路。当光敏晶体管 VT_1 受光照时导通，VT_2、VT_3 导通，VT_4 截止，VT_5 亦截止，切断初级绕组中的电流，初级电流迅速消失，在次级绕组上产生点火高压。当光敏晶体管 VT_1 无光照时截止，VT_2、VT_3 截止，VT_4、VT_5 导通，点火线圈初级电路接通。初级电流通路是：

蓄电池正极（+12V）→初级绕组→附加电阻 R_{11}→VT_5→搭铁→蓄电池负极，在初级绕组上建立磁场。

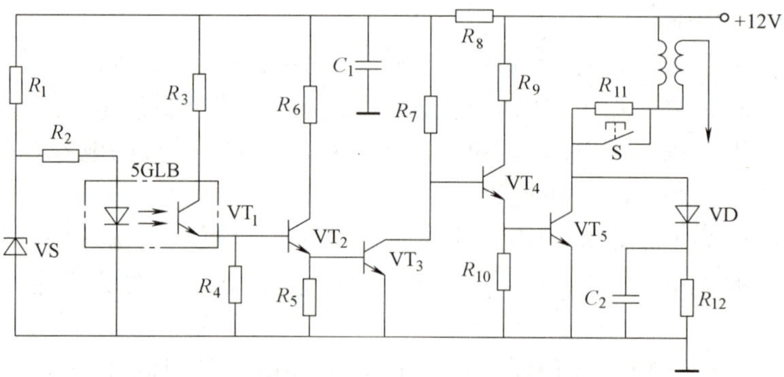

图 6-9 国产 GF—1 型光电式电子点火电路

与 VT_5 并联电容 C_2 的作用是在 VT_5 由导通转为截止时，加速初级绕组磁场能量的泄放，使次级绕组感应出更高的点火电压。该装置的点火能量比传统的点火电路高得多，具有较好的起动性，而且可点燃稀薄混合气，适用于多种汽油发动机。

第二节 有分电器计算机控制的点火电路

一、计算机控制点火电路综述

（一）各种点火电路的比较

无触点式电子点火电路采用机械方式调整点火时刻，由于机械装置本身的局限性而无法保证在各种状况下点火提前角均处于最佳。同时，由于分电器中运动部件的磨损，又会导致驱动部件的松旷，影响点火提前角的稳定性和均匀性。随着时代的发展，人们对汽车发动机的功率、油耗、排气净化等提出了越来越高的要求，暴露出普通电子点火电路一些不尽如人意之处，特别是点火提前角的控制，已明显地不能适应现代汽车的需要。但是，点火时刻的精确控制对发动机的功率、油耗、污染物排放、爆燃、行驶的稳定性等都会产生较大的影响。因此，为满足各种工况的要求，必须通过测试大量的工况信息，即时处理并输出相应的控制信号，控制最佳点火时刻，显然这只有采用计算机控制才能解决。

引入计算机控制点火电路后，使得点火时刻的控制、通电时间的控制、防止爆燃的控制等，都能达到比较理想的精度。计算机控制的点火电路最大的成功，在于实现了点火提前角的自动控制，即可根据发动机的工况对点火提前角进行适时控制，从而可获得混合气的最佳燃烧，保证最大限度地改善发动机的高速性能，提高其动力性、经济性、减少排气污染。

计算机控制点火电路由于废除了真空点火提前机构、离心点火提前机构，点火提前角由计算机控制，从而使发动机在各种工况下都有最佳的点火提前角，并使点火提前角刚好产生轻微爆燃的范围，使汽车的经济性、动力性、排放净化性能达到最佳状态。

（二）计算机控制点火电路的类型

计算机控制点火电路简称“电控点火电路”，主要有两种形式：分电器式电控点火电路和直接点火电路。

（1）分电器式电控点火电路　与传统点火电路类似，这种点火电路用一套高压发生装置产生高压，通过分电器把高压依次分配到各缸，因此，它就不需要对发动机进行判缸，可使计算机控制软件变得相对简单些，硬件也可相应简化，更适合对现有发动机进行改造。

（2）直接点火电路　又称为无分电器点火电路（Distributor-Less Ignition 的缩写 DLI），或称为单独点火电路（DIS）。利用多只点火线圈直接将高压电送到各缸火花塞的点火电路。它主要由判缸和对各缸的高压发生系统进行点火控制两部分组成。每只气缸各用一套高压发生装置、点火线圈及其驱动电路。对于偶数缸发动机，由于每一缸都有同步缸（同时到上止点两个缸），因此可以两缸合用一套高压发生装置（点火线圈）。由于这种点火方式需要较多的点火线圈，还需要一套点火顺序控制装置即判缸装置，成本较高，结构也较复杂。电控点火电路由于采用了数字式计算机技术，故又称为数字控制点火电路。

（三）计算机控制点火电路的特点

计算机控制点火电路的点火控制包括点火提前角的控制、通电时间控制和爆燃控制三个方面，并具有以下特点：

1）在各种工况及环境条件下，均可获得最佳点火提前角，从而使发动机在动力性、经济性、排放性、工作稳定性等方面均处于最理想状态。

2）在全部工作范围内，均可对点火线圈的导通时间进行控制，从而使线圈中存储的点火能量保持恒定不变，提高了点火的可靠性，有效地防止了点火线圈过热，减少了能源消耗。此外，该系统很容易实现在全部工作范围内提供稀薄燃烧所需恒定点火能量的目标。

3）通过采用闭环控制技术，可使各缸点火提前角控制在发生轻微爆燃的临界状态，从而获得较高的燃烧效率，有利于提高发动机的各种性能。

二、计算机控制点火电路的组成

计算机控制点火电路一般由电源、传感器、电子控制系统、点火控制模块、点火线圈、分电器和火花塞等组成，如图 6-10 所示。

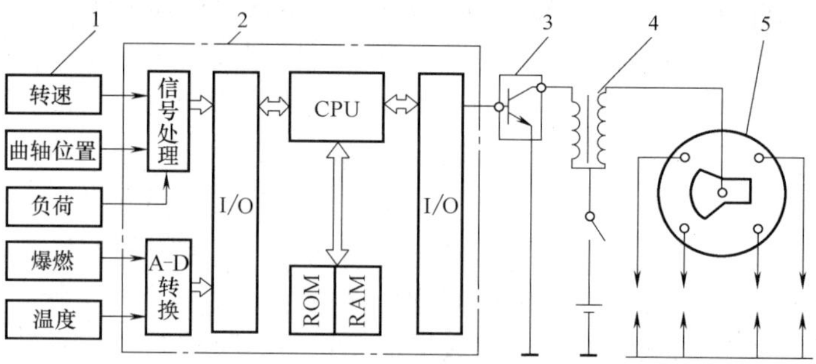

图 6-10　计算机控制点火系统的组成

1—传感器　2—电子控制系统　3—点火控制模块　4—点火线圈　5—分电器

1. 电源

供给点火电路所需的点火能量，一般由蓄电池和发电机共同组成。

2. 传感器

传感器主要用于检测发动机各种运行参数，为电子控制系统提供点火提前角的控制依据。其中，最主要的传感器是发动机转速传感器、进气歧管绝对压力传感器、曲轴位置传感器以及凸轮轴位置传感器，此外还有冷却液温度传感器、爆燃传感器、节气门位置传感器及起动开关信号传感器、空调开关信号传感器等。

3. 电子控制系统

电子控制系统是点火电路的中枢。在发动机工作时，它不断地采集各传感器的信息，按事先设置的程序，计算出最佳点火提前角，并向点火控制模块发出点火指令。

4. 点火控制模块

它是电子控制系统的一个执行机构。它可将电子控制系统输出的点火信号进行功率放大后，再驱动点火线圈工作。

5. 点火线圈

通过将点火瞬间所需的能量存储在线圈磁场中，并将电源提供的低压电转变为 15 ~ 20kV 的高压电，从而在火花塞电极间产生击穿点火。

6. 分电器

根据发动机点火的工作次序，将点火线圈产生的高压电依次送到各缸火花塞。直接点火电路（DLI）没有分电器。

7. 火花塞

将点火线圈产生的具有一定能量的电火花引入气缸，点燃气缸内的可燃混合气。

发动机运行时，电子控制系统从各种传感器处，不断地采集发动机的转速、负荷、冷却液温度、进气温度等信号，并根据存储器 ROM 中存储的有关程序与数据，确定该工况下最佳点火提前角和点火线圈初级电路的最佳导通角，并以此向点火控制模块发出控制指令。

点火控制模块根据电子控制系统的点火指令，控制点火线圈初级电路的导通和截止。当电路导通时，有电流从点火线圈初级通过，点火线圈此时将点火能量以磁场的形式储存起来。当点火线圈中的初级电流被切断时，在其点火线圈次级中将产生很高的感应电动势（15～20kV），经分电器送至工作气缸的火花塞，点火能量被瞬间释放，并迅速点燃气缸内的可燃混合气，发动机完成做功过程。

此外，在带有爆燃传感器的点火提前角闭环控制系统中，ECU 还可根据爆燃传感器的输入信号来判断发动机的爆燃程度，并将点火提前角控制在轻微爆燃的范围内，使发动机能获得较高的燃烧效率。

三、计算机控制点火电路的基本控制

（一）点火提前控制

由于发动机点火提前角对发动机的动力输出、燃油消耗、排气净化等性能产生直接影响，因此必须予以严格控制，才能满足日益提高的发动机动力性、经济性、环保性的要求。

点火提前角的控制本身属于相当复杂的多变量求解问题，国外实践证明很难找到进行控制的精确数学模型，而且也没有这个必要。考虑到影响发动机点火提前角的主要因素是发动机转速和负荷，因此目前普遍通过试验方法来获得发动机在不同转速、不同负荷时所对应的最佳点火提前角，以此确定三维控制模型图，如图 6-11a 所示，再将该模型图转换成二维表格，将这些数据储存在计算机的存储器中，如图 6-11b 所示，以供实际的点火提前角控制用。

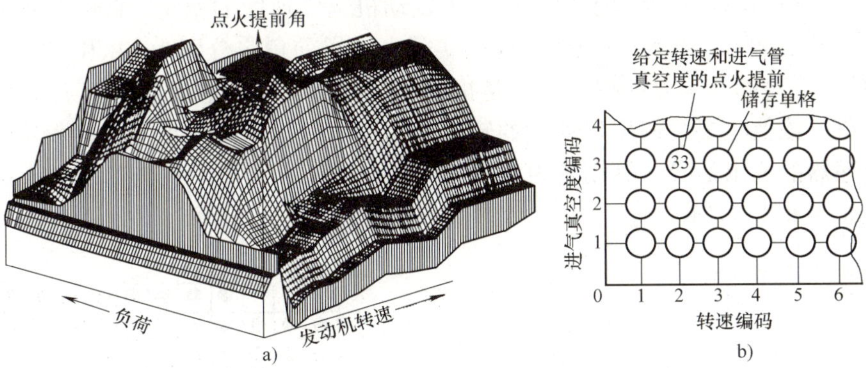

图 6-11　试验获得的最佳点火提前角

a）三维控制模型图　b）计算机的存储器中二维表格

在发动机实际运行中，电子控制系统通常根据发动机转速传感器、节气门位置传感器输入的信息，从对应的二维表格中找出所对应的点火提前角的数值，再根据其他传感器信息进行校正，就可以对点火系统进行适时精确控制。

注意：点火提前角控制系统，因各制造厂开发点火电路的型号不同而各异。

1. TCCS点火提前角的控制

TCCS是丰田汽车公司的发动机计算机集中控制系统的英文简称。其点火提前角是按如下公式控制的：

实际点火提前角=初始点火提前角+基本点火提前角+点火提前角的修正

点火提前角的控制有两种基本情况：第一种情况，起动期间的点火时刻控制，即发动机在起动时，在固定的曲轴转角位置点火，与发动机的工况无关；第二种情况起动后发动机正常运行期间的点火时刻控制，即由进气歧管压力信号（或进气量信号）和发动机转速确定的基本点火提前角和修正点火提前角决定。

修正点火提前角的项目随发动机各异，并根据发动机各自的特性曲线修正。TCCS修正项目有：暖机修正、稳定怠速修正、空燃比反馈修正、过热修正、爆燃修正、最大提前/延迟角控制以及其他修正量。

（1）初始点火提前角　初始点火提前角是原始设定的，又称为固定点火提前角。对于丰田汽车的IG-GEL发动机来讲，其值为上止点前10°曲轴转角。出现下列情况之一时，实际点火提前角等于初始点火提前角：

1）当发动机起动或发动机起动转速在400r/min以下时。

2）当T端头短路或节气门位置传感器怠速触点闭合，车速在2km/h时。

3）当发动机电子控制系统的后备系统工作（当某个重要传感器损坏，发动机以固定喷油量和固定点火时刻工作）时。

（2）基本点火提前角　基本点火提前角通常以二维表格的形式储存在CPU的ROM存储器中，又分为怠速和正常行驶两种情况。

1）怠速时的基本点火提前角，是指节气门位置传感器的怠速触点闭合时所对应的基本点火提前角，如图6-12所示，其值还根据发动机的怠速转速及空调是否工作而略有不同。当空调不工作时，怠速基本点火提前角则定为4°；当空调工作时，随着发动机怠速的目标转速的提高，应适当增加点火提前角，以利于发动机运转速度的稳定，此时怠速基本点火提前角定为8°。由此可见，两种情况所对应的实际点火提前角应分别为14°和18°。

2）正常行驶时的基本点火提前角，是指节气门位置传感器怠速触点打开时所对应的基本点火提前角。该值主要是依据发动机的转速和用进气量表示的发动机负荷而定。电子控制系统根据传感器的输出信号，利用查表法从CPU的ROM存储器中找出基本点火提前角的最佳值即可，如图6-13所示。

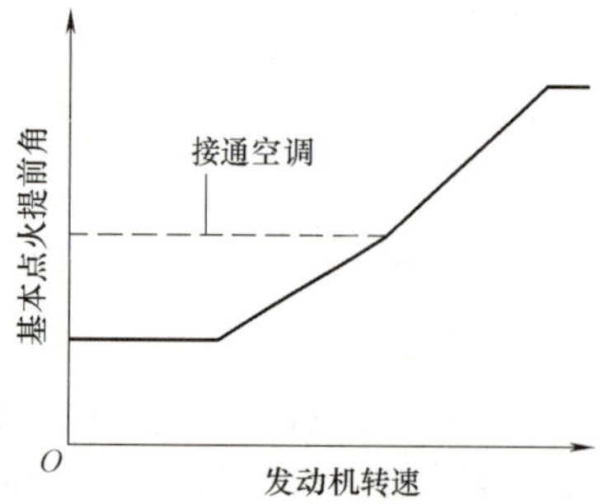

图6-12　怠速时的基本点火提前角

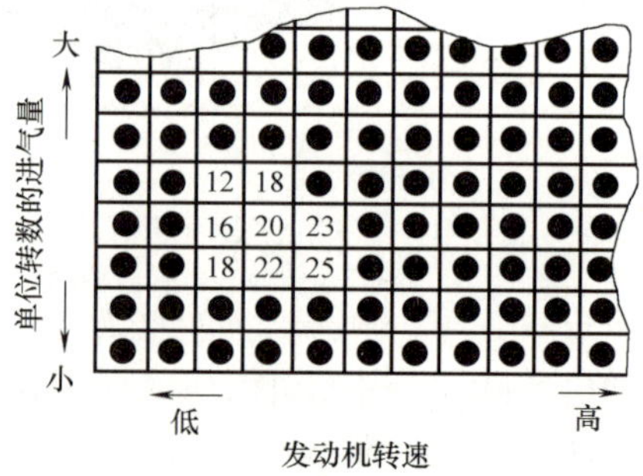

图6-13　正常行驶时的基本点火提前角

（3）点火提前角的修正　通过上述方法获得点火系统的初始点火提前角与基本点火提前角后，再通过修正才可得到最终的用来进行实际控制的最佳点火提前角。点火提前角的修正一般分为暖机修正、怠速稳定修正、过热修正及空燃比反馈修正4种。

1）暖机修正：点火提前角暖机修正特性曲线，如图6-14所示，指的是当节气门位置传感器怠速触点闭合时，计算机根据发动机冷却液温度进行修正的点火提前角。当冷却液温度较低时，由于混合气的燃烧速度较慢，应适当增大点火提前角，以促使发动机尽快暖机；随着冷却液温度的升高，点火提前角修正值应逐渐减小。

2）怠速稳定修正：发动机怠速时，如空调、动力转向等动作而引起负载变化时，会引起转速不稳定。所以电子控制系统根据实际转速与目标转速的转速差，动态修正点火提前角。若发动机的怠速转速低于目标转速时，电子控制系统将相应增加点火提前角，以利于怠速的稳定；反之，则相应减小点火提前角，如图6-15所示。

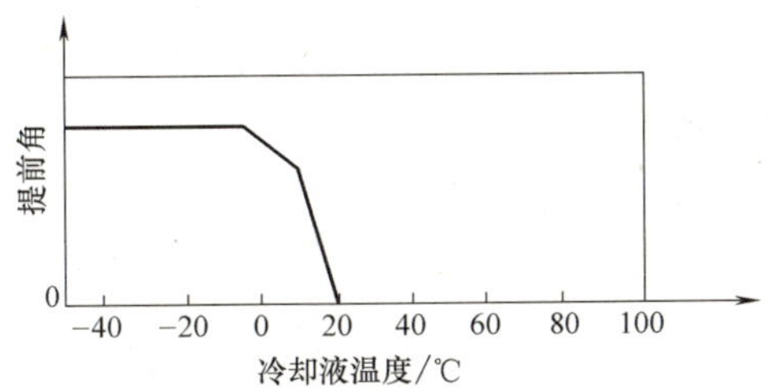

图6-14　点火提前角的暖机修正特性曲线

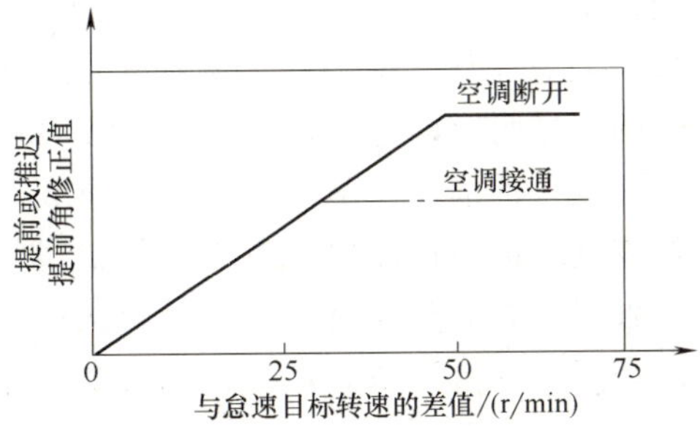

图6-15　点火提前角的怠速稳定修正特性曲线

此外，为使发动机怠速转速能稳定在目标转速上，点火提前角的怠速稳定修正与怠速控制系统中的怠速调整同步进行，这样有助于提高怠速转速的控制精度及怠速稳定性，有效地防止发动机怠速熄火的现象产生。

3）过热修正：当发动机处于正常行驶工况，节气门位置传感器无怠速信号输出时（IDL断），如果冷却液温度过高，会产生爆燃，应适当地减小点火提前角。但当发动机处于怠速运行工况时（IDL通），若冷却液温度过高，为了避免发动机长时间过热，则应增大点火提前角，如图6-16所示。

4）空燃比反馈修正：当装有氧传感器的电控燃油喷射系统进入闭环控制时，电子控制系统通常根据氧传感器的反馈信号对空燃比进行修正。随着修正喷油量的增加或减少，发动机的转速在一定范围内波动。为了提高发动机转速的稳定性，当反馈修正油量减少而导致混合气变稀时，应适当增加点火提前角；反之则减小点火提前角，如图6-17所示。

发动机实际的点火提前角就是固定点火提前角、基本点火提前角及修正点火提前角三项之和。当发动机工作时，曲轴每旋转一圈，电子控制系统就会根据所测的参数值确定点火提前角并发出点火信号，随着发动机的转速和负荷变化进行适时控制。

但是，当电子控制系统计算出的实际点火提前角超过允许的最大值及最小值范围时，发动机将难以运转。由于在初始点火提前角已被固定的情况下，受电子控制系统控制的部分只是后两部分之和，因此该值应保证在规定范围内，一般最大提前角为35°~45°，最小提前角为−10°~0°。当超过此范围时，电子控制系统就应以设定的最大或最小点火提前角进行控制。

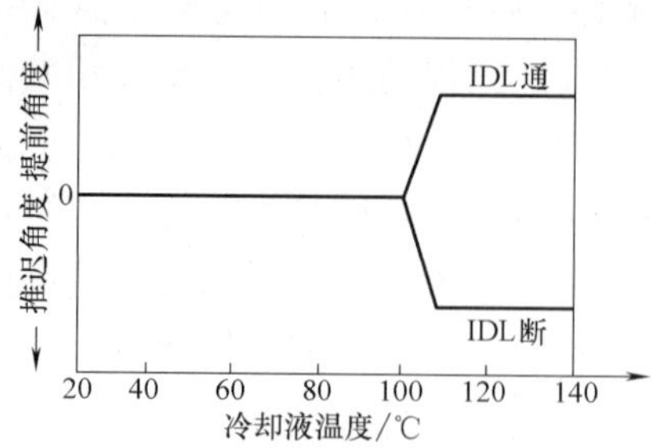

图 6-16 点火提前角的过热修正特性曲线

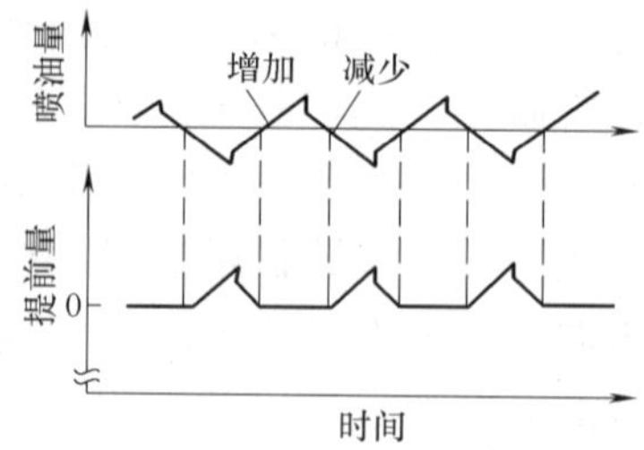

图 6-17 点火提前角的空燃比修正特性曲线

2. ECCS 点火提前角的控制

ECCS 即 Electronic Concentrated engine Control System 的中文简称，是日产公司发动机集中控制系统。

（1）正常工况行驶时点火提前角的控制　当计算机接收到节气门位置传感器的怠速触点打开的信息时，即进入正常工况行驶时点火提前角的控制模式。其实际点火提前角为

实际点火提前角 = 基本点火提前角 × 冷却液温度修正系数

基本点火提前角储存于微机的存储器中，根据发动机的转速和负荷（由基本喷射时间表示）便可查得各种工况下的最佳点火提前角。

冷却液温度修正系数是计算机根据冷却液温度传感器的信息，查表得到的冷却液温度修正系数，如图 6-18 所示。

（2）怠速及减速工况点火提前角的控制　当节气门位置传感器怠速触点闭合时，计算机即进入怠速或减速工况的点火提前角控制模式。这时，计算机根据发动机的转速、冷却液的温度及车速控制点火提前角，如图 6-19 所示。当冷却液温度在 50℃ 以下，车速不大于 8km/h，发动机转速在 1200r/min 时，点火提前角几乎保持在上止点前 10°，其目的是推迟点火，加速发动机及催化反应器达到正常工作温度。

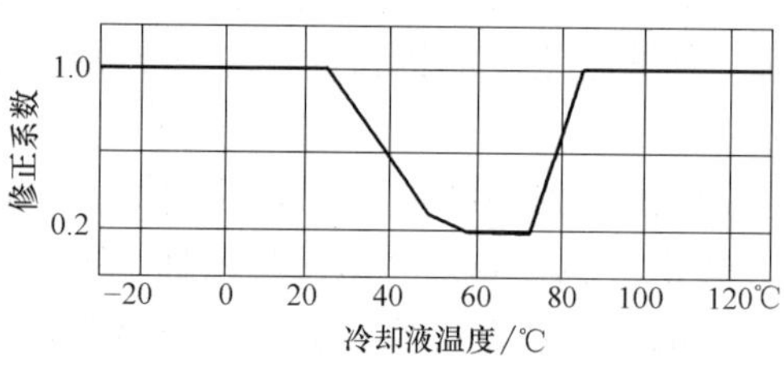

图 6-18 冷却液温度修正系数

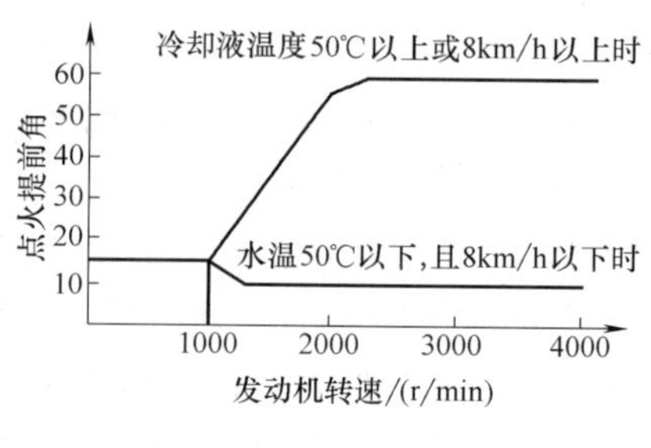

图 6-19 怠速及减速时的点火提前角控制

（3）起动工况的点火提前角控制　发动机起动时，起动开关置于“ON”位置，计算机即进入起动时点火提前角的控制模式，如图 6-20 所示。当冷却液温度在 0℃ 以上起动时，点火提前角均为 16°，而当冷却液温度低于 0℃ 以下时，随着冷却液温度降低，点火提前角逐步增大。

（二）闭合角控制

闭合角是点火线圈通电期间（通电时间）曲轴所转过的角度。对于电感储能式电子点火系统，当点火线圈的初级电路被接通后，其初级电流是按指数规律增长的。初级电路被断

开的瞬间初级电流所能达到的值称为断开电流，与初级电路接通的时间长短有关。只有通电时间达到一定值，初级电流才可能达到最大值。次级电压最大值 U_2 与断开电流成正比。因此，必须保证通电时间能使初级电流达到最大值。为此，必须增加通电时间，但另一方面如果通电时间过长，点火线圈又会发热并使电能消耗增大，反而不利于点火电路的正常工作。因此要控制一个最佳通电时间，必须兼顾上述两方面的要求，显然在电子控系统 ROM 中存放的初级线圈导通时间即通电时间并不是常数。同时，当蓄电池的电压变化时，也将影响初级电流，如蓄电池电压下降，在相同的通电时间里初级电流所达到的值将会减小，因此必须对通电时间进行修正，如图 6-21 所示。

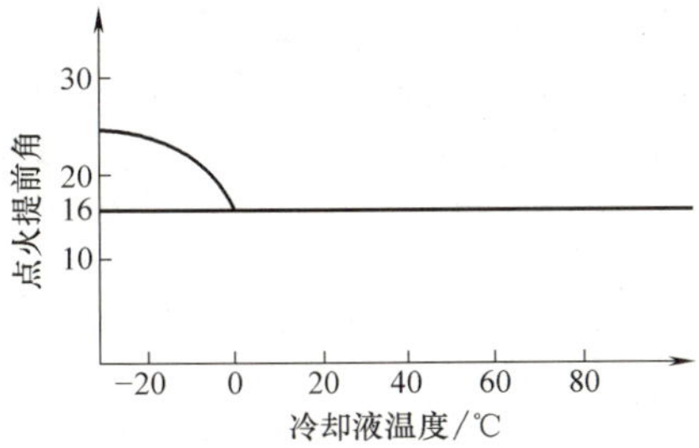

图 6-20　起动时点火提前角的控制

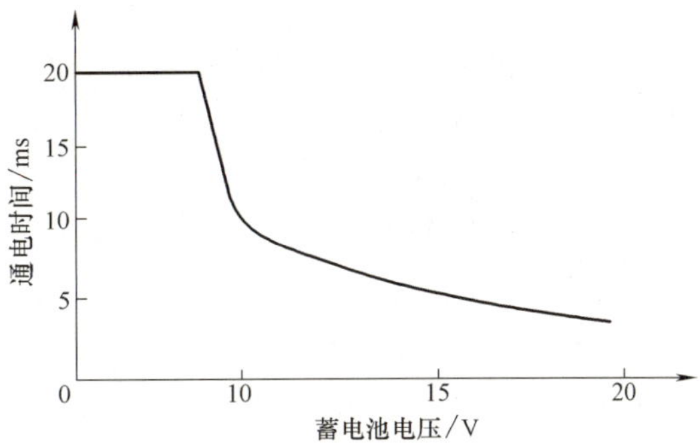

图 6-21　通电时间的蓄电池电压修正曲线

为了减小转速对次级电压的影响，提高点火能量，有些车型，采用的点火线圈初级电阻很小，其饱和电流可达 30A 以上，这一技术称之为高能点火技术（HEI）。为了防止初级电流过大烧坏点火线圈，在点火控制电路中增加了恒流控制电路，如图 6-22 所示，从而保证在任何转速下初级电流都能达到规定值 7A，一方面改善了点火性能，另一方面又能防止初级电流过大而烧坏点火线圈。

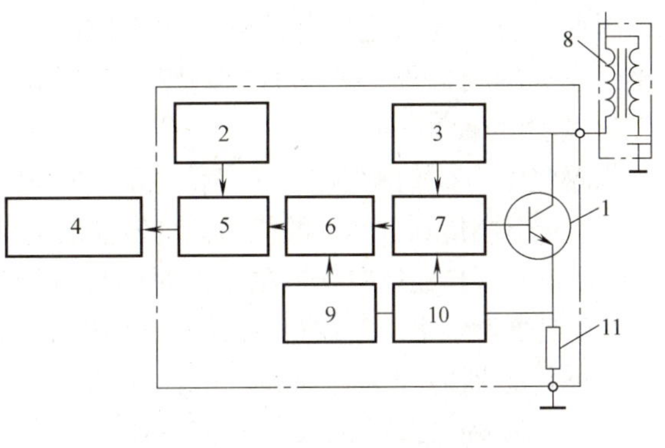

图 6-22　点火线圈的恒流控制电路

1—达林顿管　2—偏流回路　3—过电压保护回路　4—磁电敏感元件　5—波形整形回路　6—闭合角发生回路　7—放大回路　8—点火线圈　9—闭合角控制回路　10—恒流控制回路　11—电流检测电阻

（三）爆燃控制

汽油机在接近压缩上止点时，火花塞跳火，点燃气缸内的混合气。以火花塞为中心，火焰向四周传播，可燃气体在气缸内膨胀做功。在此期间，如果气缸内压力和温度异常升高，部分混合气在火焰尚未传播到达时就自行着火燃烧。整个燃烧室内会在瞬时形成多火源燃烧，这种现象称为爆燃。爆燃还伴随产生高温和强大的压力波，称为爆燃。如果持续产生爆燃，会引起气缸体、气缸盖和进气歧管等薄壁构件的高频振动，运动件就产生冲击载荷，导致很大的噪声和损坏，这种现象称为敲缸。爆燃还会使火花塞电极或活塞过热、熔损，发动机将造成严重机械故障。在电控点火电路中，若采用带有爆燃传感器的闭环控制，则可以有效地防止爆燃的产生。

1. 爆燃与点火时刻的关系

如图6-23所示为气缸压力与点火时刻的关系。曲线A是气缸内不燃烧时的压力波形，曲线B、C、D表示点火时刻分别为B′、C′、D′时气缸内的燃烧压力波形。显然，点火提前角越大，燃烧压力越高，则越容易产生爆燃，如曲线B所示。

当发动机工作在临近爆燃时，发动机发出最大转矩，如图6-24所示MBT曲线。因此，在有爆燃传感器闭环控制的点火电路中，利用爆燃传感器检测爆燃界限，进行反馈控制，把点火时刻控制在临近爆燃时，有利于提高发动机的动力性。

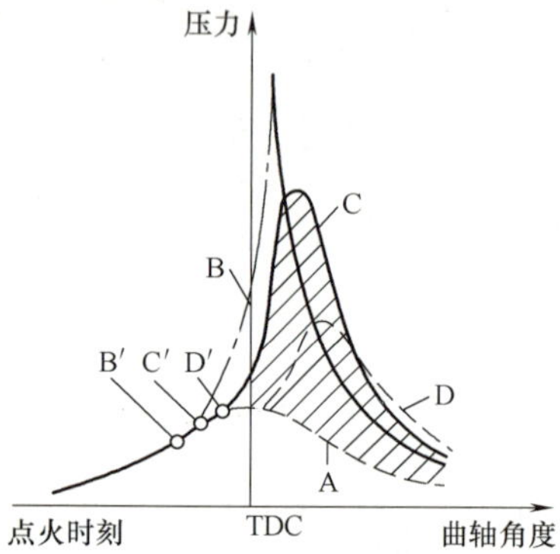

图6-23 气缸压力与点火时刻的关系

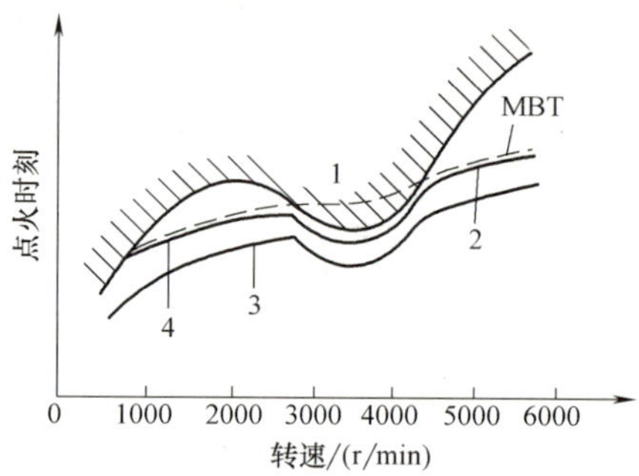

图6-24 爆燃与点火时刻的关系

1—爆燃范围 2—余量幅度 3—无爆燃控制 4—有爆燃控制

尤其是装有废气涡轮增压的发动机，由于是绝热增压的空气参与燃烧，更加容易发生爆燃，因此，更需要采用爆燃传感器闭环控制。在有些废气涡轮增压的发动机控制系统中，除了控制点火提前角外，还同时控制废气旁通阀的动作，更有效地抑制爆燃的产生。

2. 爆燃的检测

用爆燃传感器检测爆燃。爆燃传感器是压电元件制成，安装在发动机的缸体上，如图6-25a所示。它将爆燃传到缸体上的机械振动转换成电信号，当发动机产生爆燃时，爆燃传感器输出最大的电压信号，再通过电子控制系统对信号进行处理，控制发动机的点火提前角，如图6-25所示。发动机爆燃频率一般在6kHz附近，所以在7kHz附近，爆燃传感器的输出电压最高。

爆燃传感器的种类有很多，可分为共振型、非共振型和火花塞座金属垫型三种。现在广泛采用的是宽幅共振压电式爆燃传感器。该类传感器虽然输出电压的峰值较低，但可以在较大振动频率范围内检测出共振电压信号。

3. 爆燃的控制方法

爆燃传感器可感应出发动机不同频率范围内的振动，且当发动机发生爆燃时，传感器可产生较大振幅的电压信号，送到电子控制系统，如图6-26a所示。电子控制系统中的爆燃信号识别电路来判定是否发生爆燃，如图6-26b所示。先用滤波电路将振动信号进行过滤，只允许特定频率范围的爆燃信号通过滤波电路，再将滤波后信号的峰值电压与爆燃强度基准值进行比较，若其值大于爆燃强度基准值，电子控制系统可由此判定爆燃程度，并以某一固定值（1.5°~2°曲轴转角）逐渐减小点火提前角，直至无爆燃信号出现，且在一段时间内保持其值不变。若又有爆燃发生，继续前一控制过程；若无爆燃发生，则又开始以相同固定值逐渐增大点火提前角，一直到爆燃重新产生，周而复始，如图6-27所示。

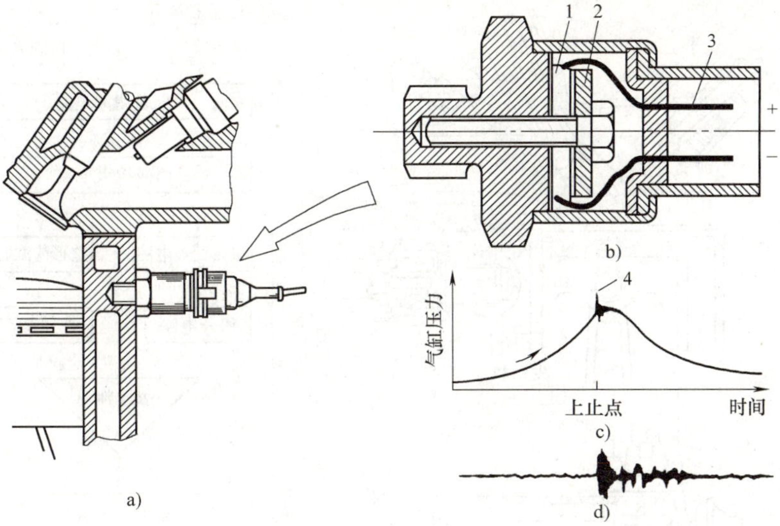

图 6-25　爆燃传感器

1—压电陶瓷片　2—惯性配重　3—输出引线　4—爆燃压力波

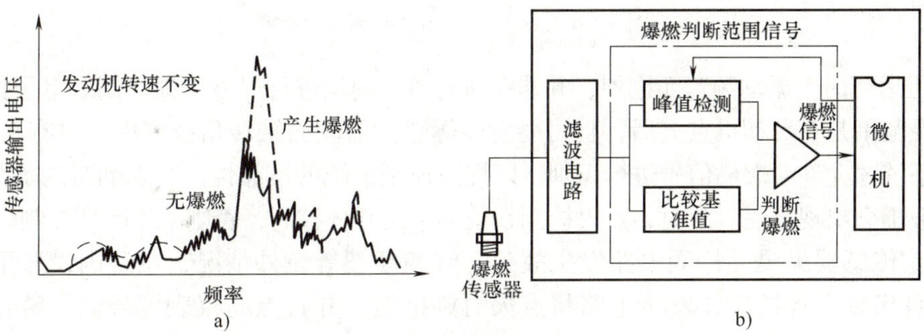

图 6-26　爆燃信号的输入电路

a）爆燃传感器的输出信号　b）电子控制系统的爆震信号识别电路

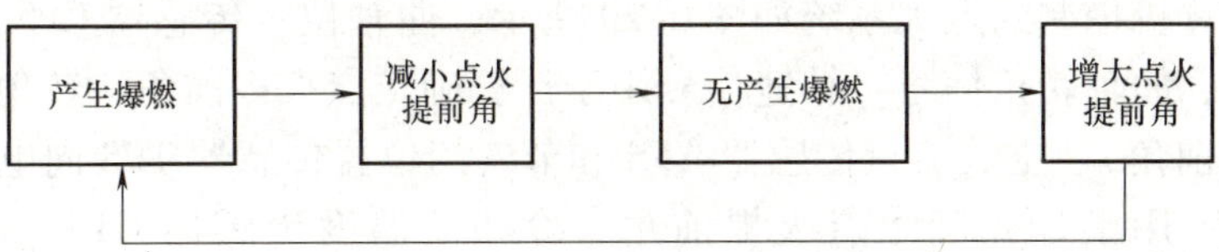

图 6-27　点火提前角的闭环控制

点火提前角闭环控制流程如图 6-28 所示，由爆燃传感器、带通滤波电路、信号放大电路、整形滤波电路、比较基准电压形成电路、积分电路、提前角控制电路和点火控制器等组成。

爆燃传感器用来检测发动机的燃烧过程中是否发生爆燃，发动机发生爆燃时，电子控制系统根据该信号延迟点火正时，以防止爆燃。通过测量该信号电压的峰值是否超过某一定值，电子控制系统判断发动机是否发生爆燃。若电子控制系统判断发动机发生爆燃，就会推迟点火时间；若爆燃停止，经过一段时间后，点火正时再次提前。

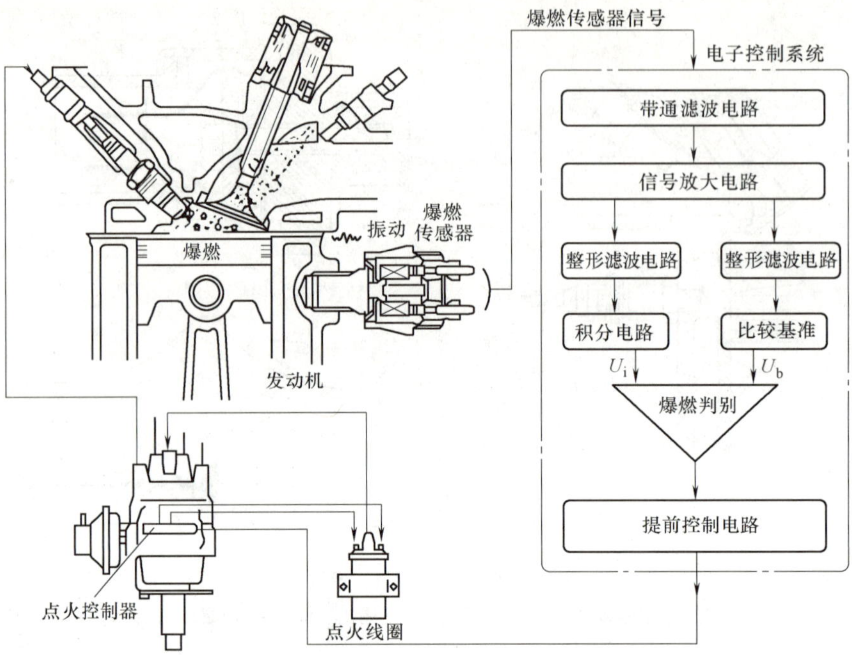

图 6-28 点火提前角闭环控制流程

发动机运行时，振动频繁而剧烈，并非在所有时间内均进行爆燃反馈控制。电子控制系统能识别的爆燃范围是在发动机点火后，且可能发生爆燃的一段曲轴转角范围内。只有在该范围内，电子控制系统才允许对爆燃信号进行识别，以提高控制系统的可靠性。当发动机的负荷低于某一值时，一般不会出现爆燃。此时，点火控制系统亦采用开环控制，否则采用闭环控制。

为防止传感器失灵、检测电路发生故障、线缆断裂等意外情况，系统内设置了一个安全电路。一旦出现上述情况，安全电路将点火时刻推迟，并且点亮仪表警告灯，警告驾驶人爆燃控制系统发生了故障。

四、有分电器计算机控制的点火电路

有分电器计算机控制的点火系统如图 6-29 所示，曲轴位置传感器 CPS 向电子控制系统提供发动机转速、曲轴转角信号，转速信号用于计算确定点火提前角，转角信号用于控制点火时刻（点火提前角）。空气流量传感器 AFS 和节气门位置传感器 TPS 向电子控制系统提供发动机负荷信号，用于计算确定点火提前角。冷却液温度传感器 CTS、进气温度传感器 IATS、车速传感器 VSS、空调开关信号 A/C 以及爆燃传感器 DS 等，用于修正点火提前角。

发动机工作时，CPU 通过上述传感器把发动机的工况信息采集到随机存储器 RAM 中，并不断检测凸轮轴位置传感器信号（即标志位信号），判定是哪一缸即将到达压缩上止点。当接收到标志信号后，CPU 立即开始对曲轴转角信号进行计数，以便控制点火提前角。与此同时，CPU 根据反映发动机工况的转速信号、负荷信号以及与点火提前角有关的传感器信号，从只读存储器中查询出相应工况下的最佳点火提前角。在此期间，CPU 一直在对曲轴转角信号进行计数，判断点火时刻是否到来。当曲轴转角等于最佳点火提前角时，CPU 立即向点火控制器发出控制指令，使功率晶体管 VT 截止，点火线圈初级电流切断，次级绕

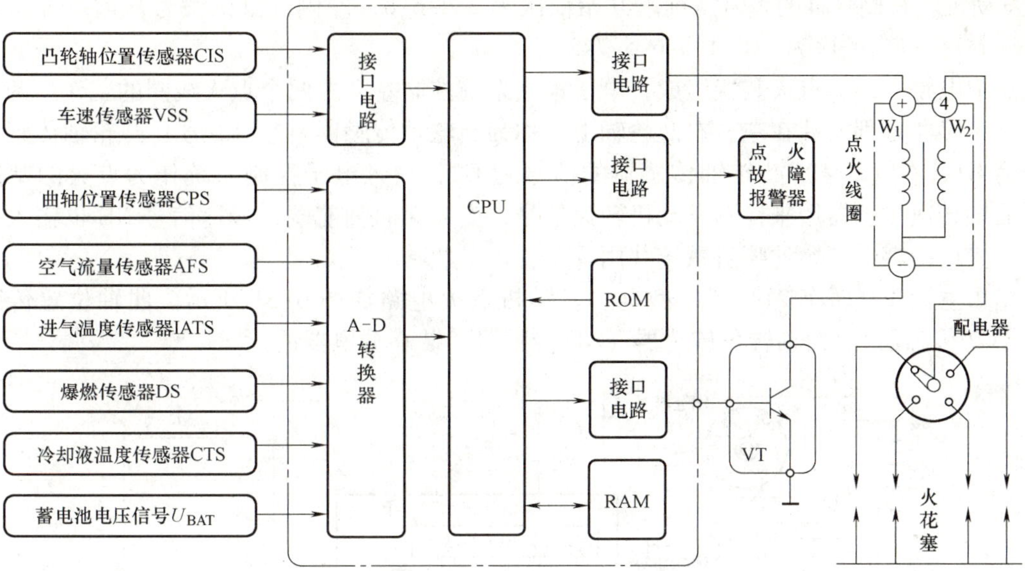

图 6-29　有分电器计算机控制的点火系统

组产生高压，并按发动机点火顺序分配到各缸火花塞跳火，点着可燃混合气。

上述控制过程是指发动机在正常状态下点火时刻的控制过程。当发动机起动、怠速或汽车滑行工况时，设有专门的控制程序和控制方式进行控制。

图 6-30 所示为雷克萨斯 LS400 型轿车微机点火电路。采用的 1UZ-FE 型发动机是 V 型

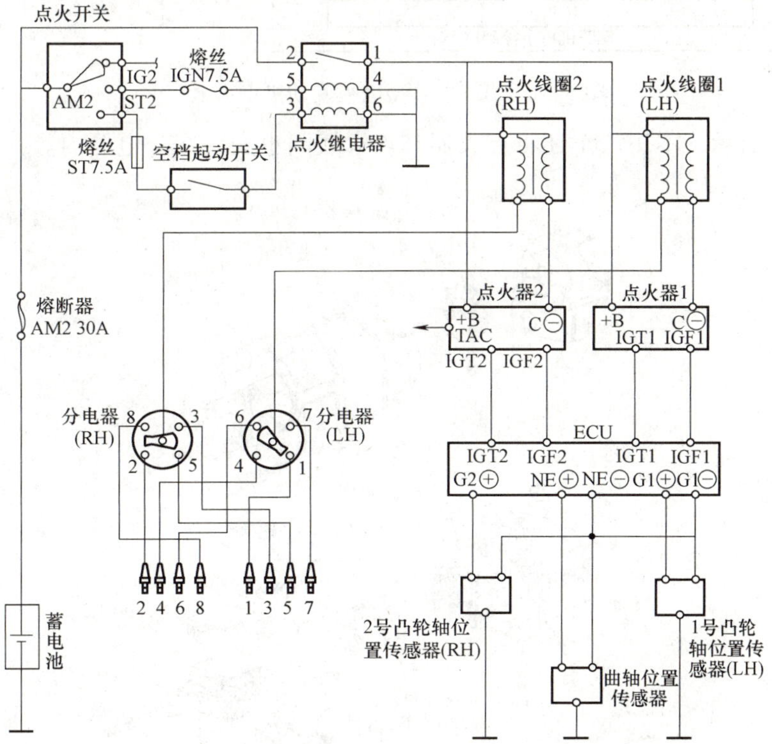

图 6-30　雷克萨斯 LS400 型轿车微机点火电路

8 缸发动机。右侧气缸的编号从前端开始依次为 2-4-6-8，左侧气缸的编号从前端开始依次为1-3-5-7，点火顺序为 1-8-4-3-6-5-7-2。

点火电路由两套点火装置组成，电子控制系统控制左、右两个点火线圈的工作。两个点火基准传感器分别安装在左、右凸轮轴上，称为凸轮轴传感器。左（1 号）凸轮轴传感器的信号为 G1，右（2 号）凸轮轴传感器的信号为 G2，输入电子控制系统作为点火的基准信号；曲轴转速传感器用来检测发动机转速信号，安装在曲轴前端，转速信号 NE 也输入控制单元，其他传感器与燃油喷射系统共用。

丰田皇冠 3.0 轿车 2JZ—GE 型电喷发动机点火电路如图 6-31 所示。曲轴位置传感器（G1、G2 传感器）、曲轴转角传感器（NE 传感器）装在分电器内。

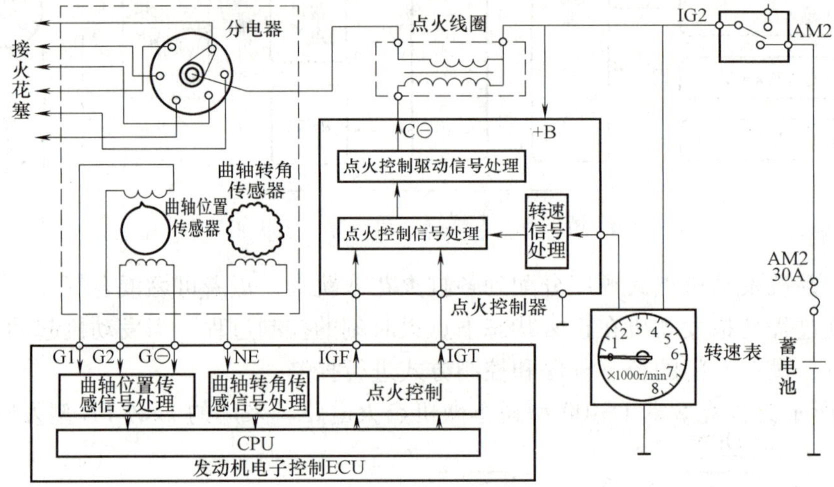

图 6-31 2JZ—GE 型电喷发动机点火电路

如图 6-32 所示，本田汽车还将点火器和点火线圈也安装在分电器内。

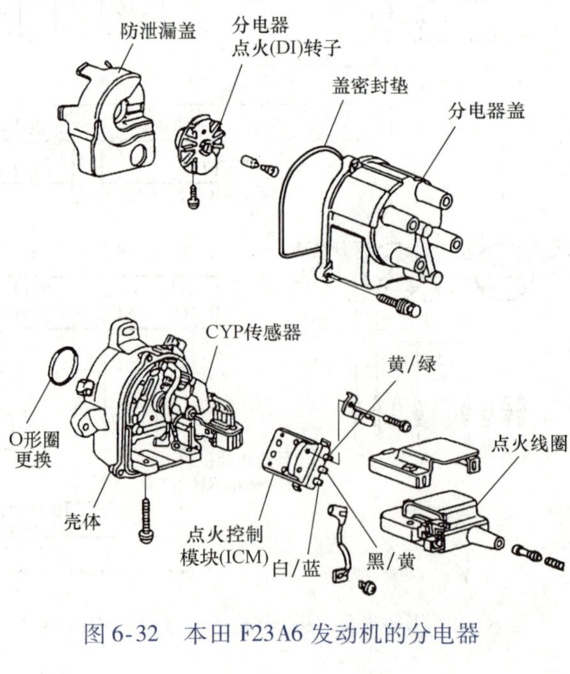

图 6-32 本田 F23A6 发动机的分电器

第三节 无分电器计算机控制的点火电路

一、DLI 点火电路

1. 机械配电的缺点

分电器式点火系统是用分电器将高压线输送到各缸火花塞的，是传统的机械配电方式。桑塔纳 2000GLi、红旗 CA7220E 型轿车和切诺基吉普车点火电路都采用了这种配电方式。机械配电方式存在以下缺点：

1）分火头与分电器盖旁电极之间的间隙，损失一部分火花能量，同时也是一个主要的无线电干扰源。

2）为了抑制无线电干扰信号，高压线采用了高阻抗电缆，也要消耗一部分能量。

3）分火头、分电器盖或高压导线漏电时，会导致高压电火花减弱、缺火或断火。

4）曲轴位置传感器转子由分电器轴驱动，其磨损会影响点火时刻的控制精度。

5）分电器的安装位置和占据的空间，会给发动机的结构布置和汽车的外形设计造成一定的困难。

2. 电子配电方式

电子配电方式是指在电子控制系统和点火控制器的控制下，点火线圈的高压电按照一定的点火顺序，直接加到火花塞上的直接点火方式。DLI 点火系统是采用电子配电方式分配高压电的。电子配电方式分为双缸同时点火和各缸单独点火两种配电方式。

双缸同时点火是指点火线圈每产生一次高压电，都使两个气缸的火花塞同时跳火。次级绕组产生的高压电将直接加在四缸发动机的 1、4 缸或 2、3 缸（六缸发动机的 1、6 缸、2、5 缸或 3、4 缸）火花塞电极上跳火。

图 6-33 所示为桑塔纳 2000GSi 型轿车双缸同时点火系统的控制原理。当电子控制系统发出指令使点火控制组件 N152 的驱动晶体管 VT_1 截止时，点火线圈 N128 初级电流切断，高压电直接加在发动机第 1 缸和第 4 缸火花塞电极上；当驱动晶体管 VT_2 截止时，点火线圈 N 初级电流切断，高压电直接加在第 3 缸和第 2 缸火花塞电极上，使两个气缸同时跳火，故称为双缸同时点火。因为点火线圈产生的高压电直接加在火花塞电极上跳火，所以称为直接点火电路。

双缸同时点火时，一个气缸处于压缩行程末期，是有效点火；另一个气缸处于排气行程末期，是无效点火，其缸内温度较高而压力很低，击穿火花塞电极间隙需要的电压很低，对有效点火一缸的击穿电压和火花放电能量影响很小，是无效点火。曲轴旋转一周后，两缸所处行程恰好相反。双缸同时点火时，高压电的分配有二极管分配和点火线圈分配两种形式。

（1）二极管分配高压电　如图 6-34 所示，点火线圈由两个初级绕组和一个次级绕组构成，次级绕组的两端通过 4 只高压二极管与火花塞构成回路。4 只二极管有内装式（安装在点火线圈内部）和外装式两种。对于点火顺序为 1-3-4-2 的发动机，1、4 缸为一组，2、3 缸为另一组。点火控制器中的两只功率晶体管分别控制一个初级绕组，两只功率晶体管由电子控制系统按点火顺序交替控制其导通与截止。

当电子控制系统将 1、4 缸的点火触发信号输入点火控制器时，功率晶体管 VT_1 截止，

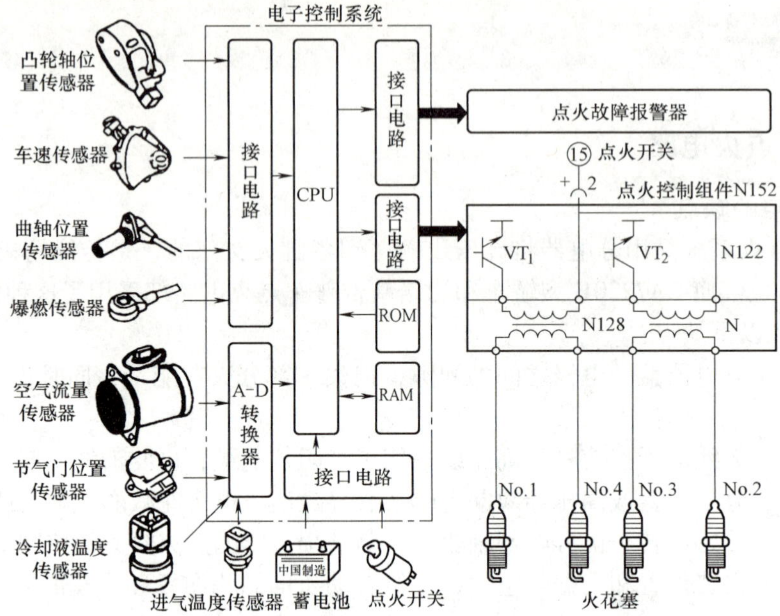

图 6-33　桑塔纳 2000GSi 型轿车双缸同时点火系统的控制原理

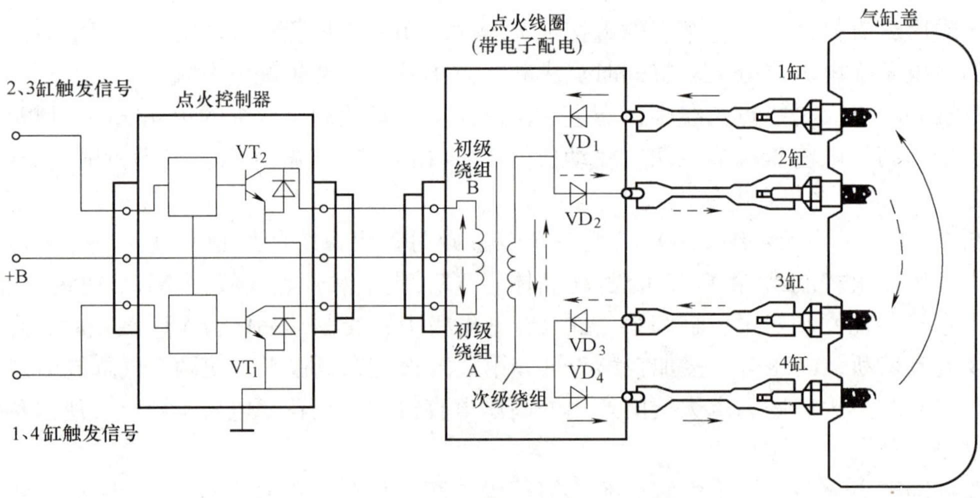

图 6-34　二极管分配高压电的点火电路

初级绕组 A 中的电流切断，次级绕组中就会产生高压电动势，方向如图 6-34 中实线箭头方向所示。在该电动势的作用下，二极管 VD_1、VD_4 正向导通，1、4 缸火花塞电极上的电压迅速升高直至跳火，高压放电电流经图中实线箭头所指方向构成回路；VD_2、VD_3 反向截止，不能构成放电回路，因此 2、3 缸火花塞电极上无高压火花放电电流而不能跳火。

当电子控制系统将 2、3 缸点火触发信号输入点火控制器时，晶体管 VT_2 截止，初级绕组 B 中的电流切断，次级绕组产生高压电动势，方向如图 6-34 中虚线箭头方向所示。此时二极管 VD_1、VD_4 反向截止，VD_2、VD_3 正向导通，因此 2、3 缸火花塞电极上的电压迅速升高直至跳火，高压放电电流经图中虚线箭头所指方向构成回路。

（2）单独点火的控制　图 6-35 所示为广州本田飞度的 i-DSI 点火电路，每缸有两个火花塞，一个火花塞配一个点火线圈。火花塞与点火线圈组装在一起，取消了高压线，点火线圈的组成如图 6-36 所示。

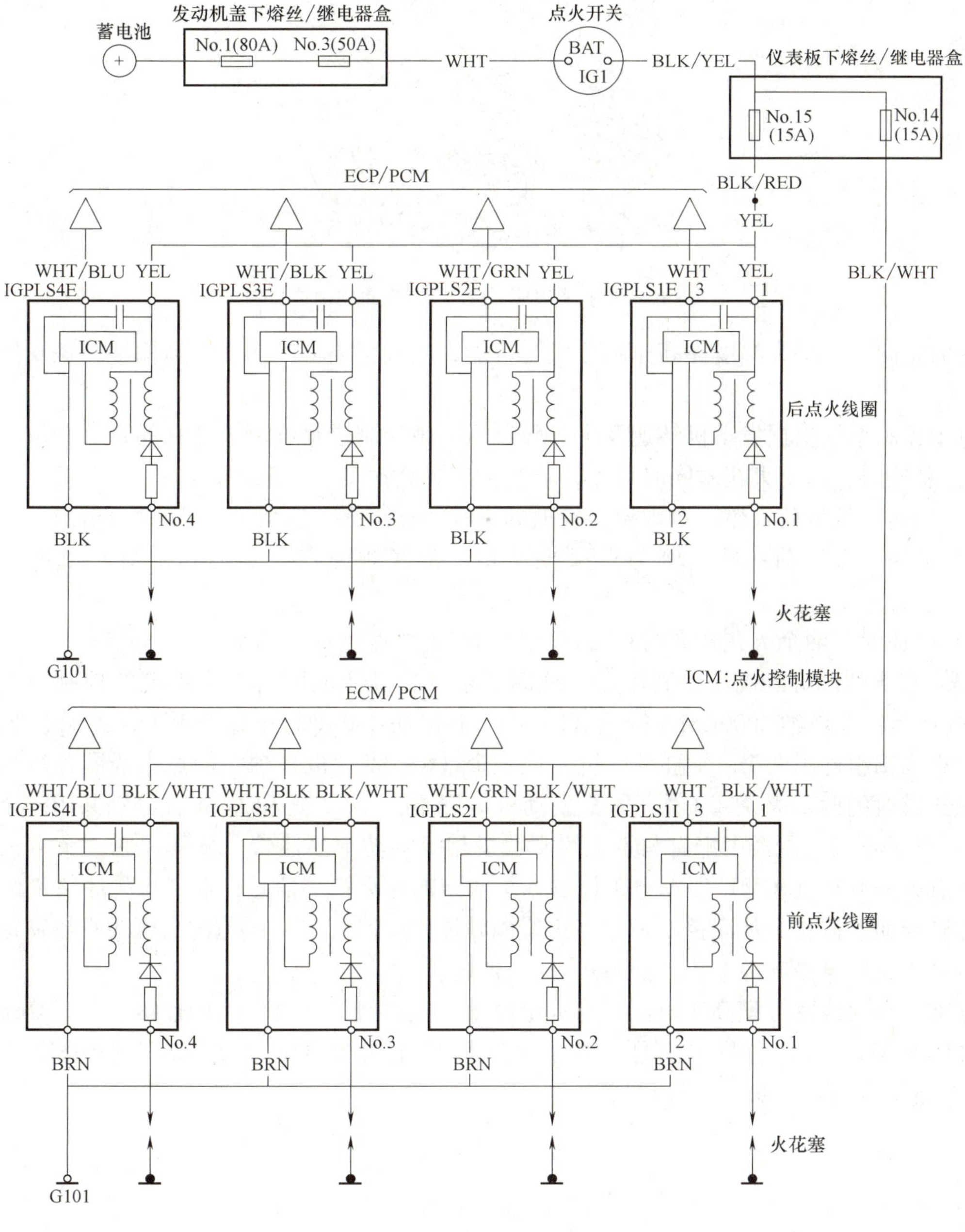

图 6-35　广州本田飞度的 i-DSI 点火电路

飞度 i-DSI 点火电路称为智能化双火花塞顺序点火电路，2 个火花塞分别设在进气侧和排气侧，缩短了燃烧室内火焰传播的距离和时间，实现了全域范围内的急速燃烧，同时降低

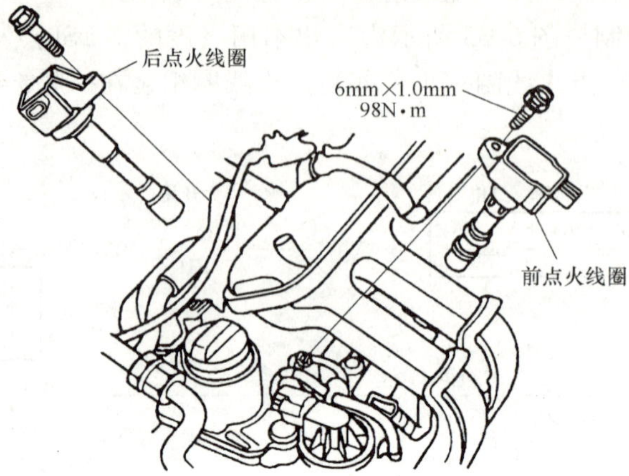

图 6-36　广州本田飞度点火线圈的组成

了燃爆的倾向，使得大幅度提高压缩比成为可能，实现了高输出功率、高输出转矩及低油耗的统一。

电子控制系统根据发动机转速及进气歧管压力来控制进排气侧火花塞的点火相位。

1）怠速时：两个火花塞同时点火，通过加快燃烧速度来降低油耗。

2）低速、低负荷：燃烧室内温度较低的进气侧先点火，以促进燃烧，降低油耗。

3）低速、大负荷：进气侧为点火提前角、排气侧为点火延迟角，增大扭矩，防止爆燃。

4）高速时：两个火花塞同时点火，通过加快燃烧速度提高功率。

（3）点火线圈分配高压　利用点火线圈直接分配高压的同时点火系统的控制原理，如图 6-33 所示。桑塔纳 2000GSi、捷达 AT、GTX 和奥迪 200 型轿车都采用了这种配电方式。

点火线圈组件由两个（4 缸发动机）或三个（6 缸发动机）独立的点火线圈，每个点火线圈供给成对的两个火花塞工作（6 缸发动机 1、6 缸、2、5 缸和 3、4 缸分别共用一个点火线圈）。电子点火控制器中配有与点火线圈数量相等的功率晶体管，分别控制一个点火线圈工作。点火控制器（ICM）根据电子控制系统输出的点火控制信号，按点火顺序轮流触发功率晶体管导通、截止，从而控制每个点火线圈轮流产生高压电，再通过高压线直接输送到成对的两缸火花塞电极间隙上跳火点着可燃混合气。

在部分点火线圈分配高压电同时点火电路中，点火线圈次级回路中连接有一只高压二极管，如图 6-37 所示。它的作用是：防止次级绕组在初级电流接通时产生的电压（约为 1000V）加到火花塞电极上而导致误跳火。

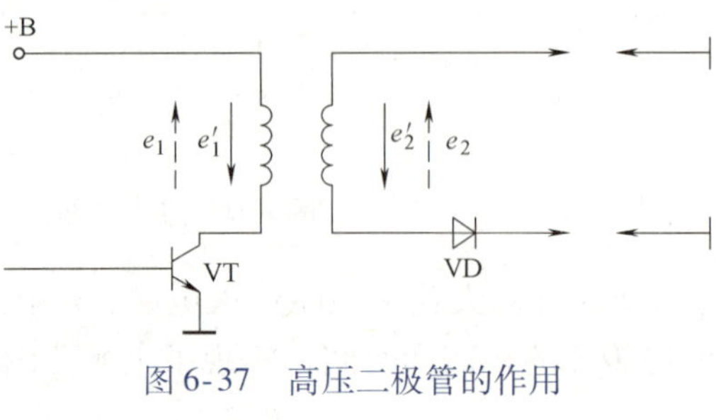

图 6-37　高压二极管的作用

在初级绕组电流接通瞬间，次级绕组可产生1000V左右的感应电动势。在传统的机械配电方式中，分火头与旁电极之间的间隙阻碍了这一电压直接加在火花塞电极两端，因此，无论发动机是在什么行程工作，火花塞都不会跳火。在点火线圈分配高压直接点火电路中，除了火花塞电极间隙之外，没有其他附加间隙。因此，当初级电流接通时，次级绕组产生的1000V左右的电压就会直接加在火花塞电极间隙上。如果此时气缸处于进气行程接近终了或压缩行程刚刚开始状态，由于缸内压力低，又有可燃混合气体，那么1000V左右的电压就有可能击穿火花塞电极间隙而产生火花跳火，称为误跳火，会影响发动机正常工作。为了避免这种误跳火，在点火线圈次级绕组回路中串接一只反向击穿电压较高的二极管，利用二极管的反向截止功能，使初级电流接通时次级产生的感应电动势不能形成放电回路，火花塞电极之间就不会有火花放电电流，因此也就不可能引起误跳火。有的直接点火电路在点火线圈与火花塞之间的高压回路中保留3~4mm间隙，其作用与高压二极管相同。

由于电子配电方式增加了点火线圈（或初级绕组）个数，对每一个点火线圈来说，初级绕组允许通电时间可增加2~6倍，因此，即使发动机高速运转时，初级绕组也有足够充裕的通电时间。也就是说，无分电器点火电路具有足够大的点火能量和足够高的次级电压来保证发动机在任何工况都能可靠点火。

二、计算机控制点火电路的工作原理

（一）丰田公司1G-GZEU型发动机的DLI系统

图6-38所示为日本丰田公司1G-GZEU型发动机采用的DLI系统。电子控制系统除向点火控制模块输出点火信号IGt外，还可同时输出气缸判别信号IGd_1和IGd_2，为点火控制模块提供气缸的点火时序。下面以此为例加以说明。

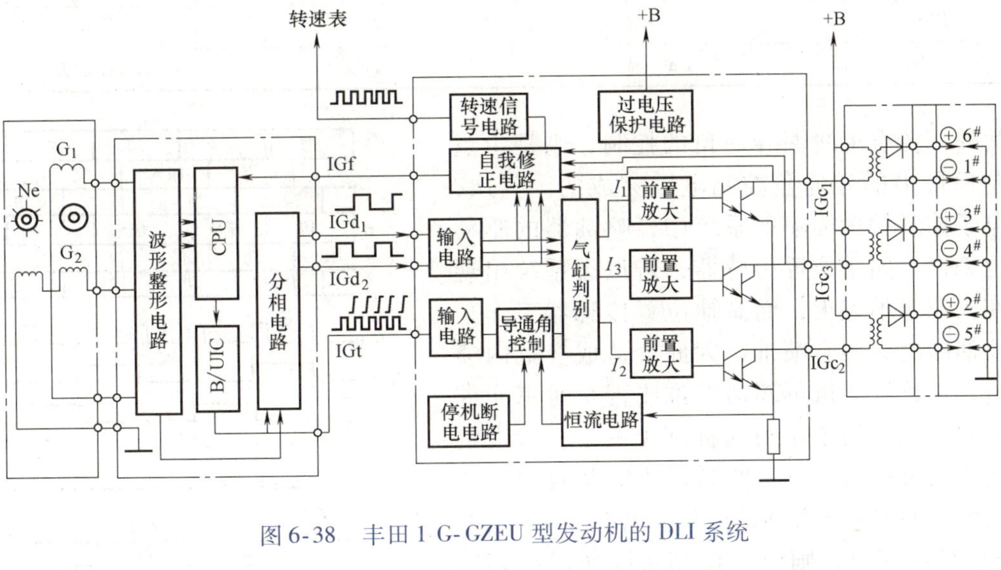

图6-38　丰田1G-GZEU型发动机的DLI系统

1. 来自曲轴位置传感器的信号

在图6-38中，曲轴位置传感器由G_1、G_2及Ne三个线圈组成，其功能是用于判别气缸及检测曲轴转角的位置，以此来确定点火提前角和导通角。

（1）G_1 信号　G_1 信号产生的原理与普通磁电式传感器的工作原理相同。因为 G_1 传感线圈的曲轴转角位置对应于第 6 缸压缩行程上止点附近，所以只要 G_1 线圈信号波峰出现时，就表示第 6 缸处于压缩行程上止点附近，该信号主要用于点火时刻基准的确定。

（2）G_2 信号　G_2 信号与 G_1 信号相同，但由于 G_2 线圈与 G_1 线圈相位相差 360°曲轴转角，因此当 G_2 信号波峰出现时，即表示第 1 缸活塞处于压缩行程上止点的附近。其作用与 G_1 信号相同。

（3）Ne 信号　Ne 转子有 24 个齿，它每转一圈将产生 24 个信号，其信号产生原理同上。但信号的周期长度为 15°分电器轴转角或 30°发动机曲轴转角。此外，为了保证点火精度，需要将这个脉冲信号整形，再通过电路将 24 个脉冲进行 720 个脉冲分频，即可产生 1°曲轴转角信号。该信号主要用于计量点火提前角和点火线圈的导通角。

2. 计算机的输出信号

当电子控制系统检测到发动机的转速、进气量、冷却液温度、起动开关等信号后，便可精确计算点火提前角，以此向点火控制模块发出 IGd_1、IGd_2 及 IGt 信号。其中，IGt 为点火信号，用于各缸点火提前角的控制；而信号 IGd_1、IGd_2 为判缸信号，判缸信号与点火的关系见表 6-1。点火控制模块由此可判定发动机气缸的点火次序，依次完成对各点火线圈点火过程的控制，使火花塞依次产生击穿电压，点燃气缸内的可燃混合气，发动机对外做功。

表 6-1　判缸信号与点火的关系

	1、6 缸	2、5 缸	3、4 缸
IGd_1	0	0	1
IGd_2	1	0	0
动作	★点火	△点火	☆点火

此外，各点火线圈导通角的控制，则是由点火控制模块中的导通角控制电路完成的。其次，由于电子控制的燃油喷射系统中，喷油器的驱动信号也来自于曲轴位置传感器，若点火系统出现故障使火花塞不点火，而曲轴位置传感器工作正常，喷油器就会照常喷油，因此会造成气缸内喷油过多，导致发动机再起动困难或行车时三元催化反应器过热。为了避免这种现象发生，特设定当完成点火过程后，点火控制模块应及时向电子控制系统返回 IGf 点火确认信号。若其 3 ~5 次均无 IGf 信号返回时，则电子控制系统便以此判定点火系统有故障，且强行断油，致使发动机熄火。图 6-39 所示为电子控制系统输出信号分析过程。

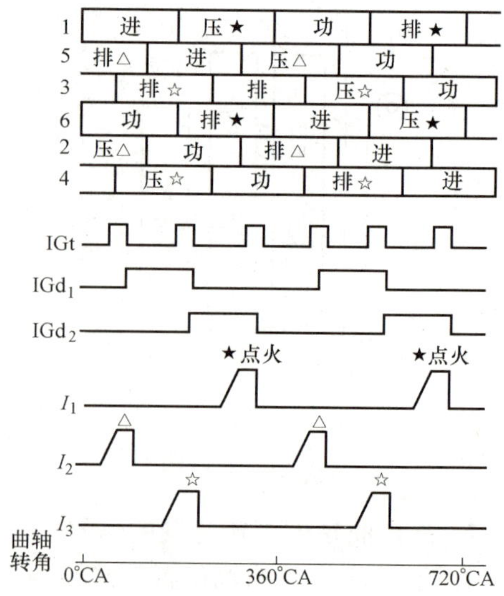

图 6-39　电子控制系统输出信号分析

（二）桑塔纳2000GSi型轿车四缸发动机点火电路

1. 点火时刻控制

桑塔纳2000GSi型轿车四缸发动机点火系统的控制原理，如图6-33所示。设曲轴转速在2000r/min时的最佳点火提前角为上止点前30°曲轴转角。

凸轮轴位置传感器产生的判缸信号下降沿输入电子控制系统时，表明第1缸活塞处于压缩上止点前88°位置，如图6-40a所示。当电子控制系统接收到判缸信号下降沿后，将对曲轴位置传感器（CPS）输入的转速与转角信号进行计数。计数开始时的信号称为基准信号，由电子控制系统内部电路控制，曲轴每旋转180°产生一个基准信号。因为，曲轴位置传感器第一个凸齿信号在判缸信号下降沿后7°时产生，所以基准信号对应于第1缸活塞压缩上止点前81°位置，如图6-40b所示。

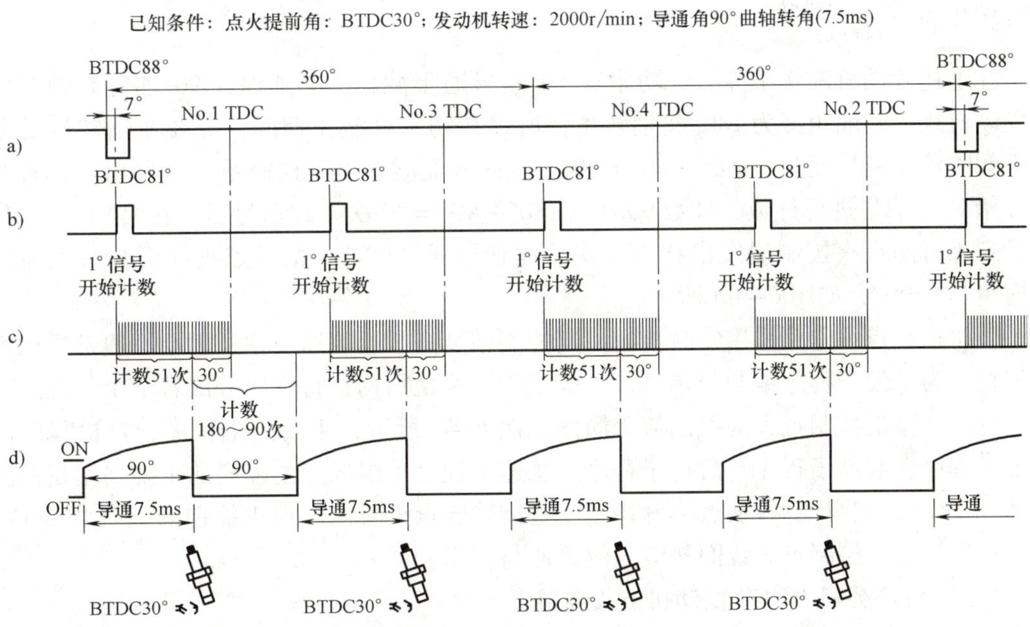

图6-40 桑塔纳2000GSi型轿车四缸发动机的点火控制

a）凸轮轴位置传感器信号 b）基准信号 c）曲轴位置传感器分频信号 d）驱动信号

点火提前角的大小直接影响点火性能，提前角过大会导致发动机产生爆燃，提前角过小又会导致发动机过热，所以必须进行精确控制，一般精确到1°。由于桑塔纳2000GSi型轿车凸轮轴位置传感器齿和齿槽信号均占3°曲轴转角，因此需要将曲轴位置传感器信号转换为1°信号。

目前电子控制系统内部晶振频率一般设定为$f=6\text{MHz}$，周期为$T=1/f=0.00016\text{ms}$。当发动机以2000r/min旋转时，曲轴转过3°所经历的时间为0.25ms$\left(\frac{60000\times3°}{2000\times360°}=0.25\text{ms}\right)$。所以每0.083ms曲轴转过1°，相当于518.75个晶振周期$\left(\frac{0.083}{0.00016}=518.75\right)$，即电子控制系统内部晶振每产生518.75个时钟脉冲信号，相当于曲轴转角1°，如图6-40c所示。因为

点火提前角为上止点前30°，所以电子控制系统计数到第51个1°信号（即从接收到CIS信号7°+51°=58°）后，在第52个1°信号时，向点火控制器发出指令，使功率晶体管截止，如图6-40d所示，切断点火线圈初级电流，次级绕组产生高压电并送到火花塞电极上跳火，从而将点火提前角控制在第1缸压缩上止点前30°。因为基准信号每180°产生一个，所以同理按发动机气缸1-3-4-2的工作顺序将各缸点火提前角控制在压缩上止点前30°。

2. 导通角控制

导通角是指点火线圈初级电路的功率晶体管导通期间，发动机曲轴转过的角度。导通角的控制方法是：电子控制系统首先根据电源电压高低，在存储器所存储的导通时间脉谱图中查询导通时间，然后根据发动机转速确定导通角的大小。

设电源电压为14V时，导通时间为7.5ms。发动机转速为2000r/min，则7.5ms相当于曲轴转角为$\frac{360°\times2000}{60000}\times7.5=90°$。

在上述发动机工作条件下，功率管VT从导通至截止，必须保证90°曲轴转角。因为四缸发动机跳火间隔角度为180°曲轴转角，所以在功率管截止期间，需要曲轴转过的角度=跳火间隔角度-导通角=180°-90°=90°。实际控制时，电子控制系统从发出功率管截止指令开始对1°信号进行计数，计数90次（180°-90°=90次）1°信号后，在第91个1°信号上升沿到来时向点火控制器发出指令，使晶体管导通（ON），接通点火线圈初级电流，保证导通角具有90°，如图6-40d所示。

微机控制点火电路采用实时控制，其控制精度高、运算速度快，因此一般都采用汇编语言编程。为了便于程序编制与调试，一般采用模块化结构，将程序分成若干个子程序进行编制与调试。微机控制点火的控制流程简图如图6-41所示，主要由主程序、自检程序、故障报警子程序、起动子程序、滑行子程序和怠速子程序等组成。主程序的主要功用是监测判定发动机工作状态，计算或从点火脉谱图中查询确定点火时间、点火提前时间（提前角），并发出点火指令、控制点火线圈初级电流接通与切断。

（三）日产公司ECCS发动机点火电路

ECCS点火控制系统主要由传感器、电子控制装置（ECM）、点火控制模块、点火线圈、火花塞等组成。电子控制装置的输入信号主要来自于曲轴传感器及空气流量传感器。曲轴传感器可提供点火所需的发动机转速信号及点火基准信号（即各缸上止点的120°信号和曲轴转角1°信号），而空气流量传感器则可提供发动机空气进气量的信号，如图6-42所示。

当微机读到120°信号时，即表示此时某缸活塞处于压缩上止点前70°的位置，如图6-43b所示。120°信号输入后4°，如图6-43c所示，微机开始计数，因此当微机计数到26个1°信号后，在第27个1°信号时，如图6-43d所示，大功率晶体管（此时为上止点前40°）截止，点火线圈次级线圈产生高压而点火，如图6-43e所示。

故实际的点火时刻基准设定在各缸压缩行程上止点前66°处，如图6-43c所示。

大功率晶体管的导通与截止主要由曲轴闭合角决定。导通时间的控制方法，一般由微机根据电源电压查表得到，再根据发动机的转速换算成曲轴的转角，以决定闭合角的大小。

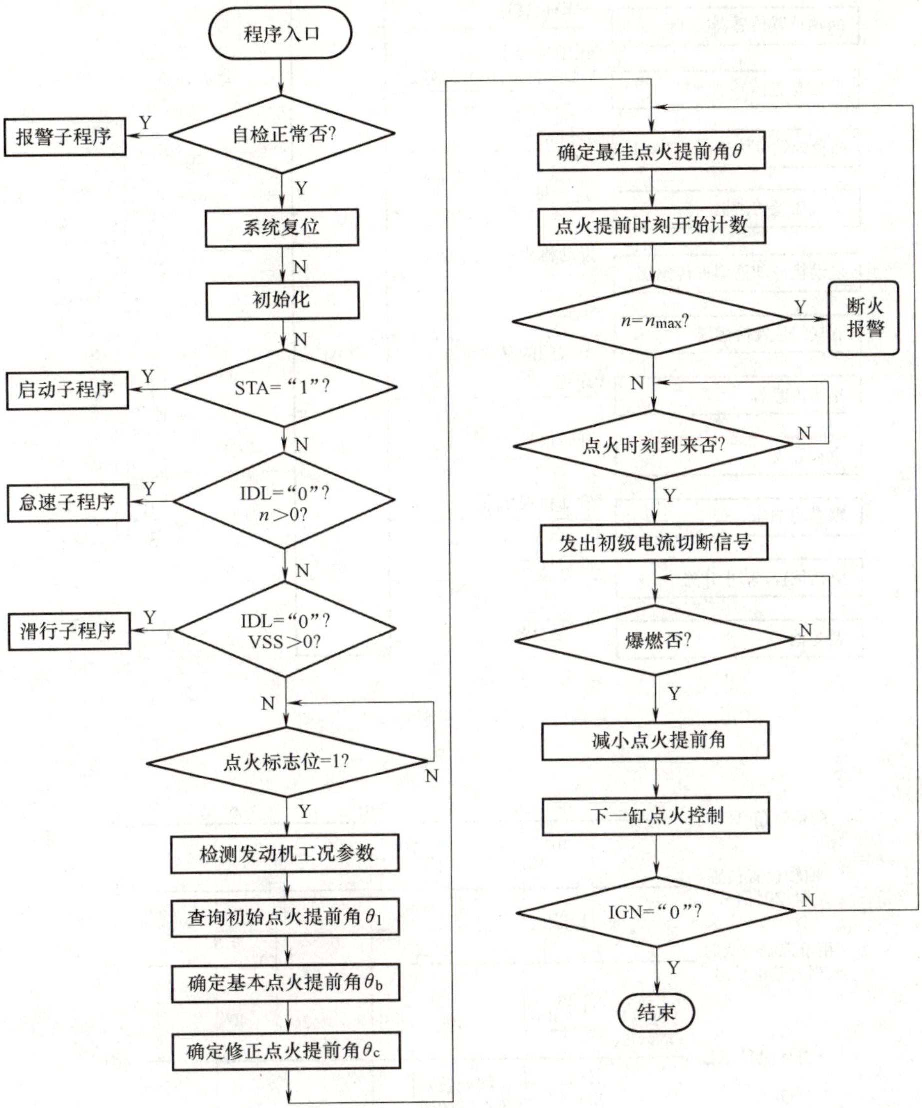

图 6-41　微机控制点火的控制流程简图

例如，如果电源电压为 14V，则大功率晶体管导通时间为 5ms，若此时发动机转速为 2000r/m，则导通 5ms 相当于曲轴转角为$\frac{2000\times360°}{60}\times\frac{5}{1000}=60°$，即大功率晶体管从导通到截止，必须保持 60°的曲轴转角，即闭合角为 60°。因为六缸发动机的做功间隔为 120°，即大功率晶体管的截止到 120°，故大功率晶体管截止的曲轴转角为 120° - 60°（闭合角）= 60°。这样，微机从大功率晶体管截止（OFF）时开始计数 60 个 1°信号，到第 61 个 1°信号时，大功率晶体管开始导通（ON），如图 6-43e 所示。

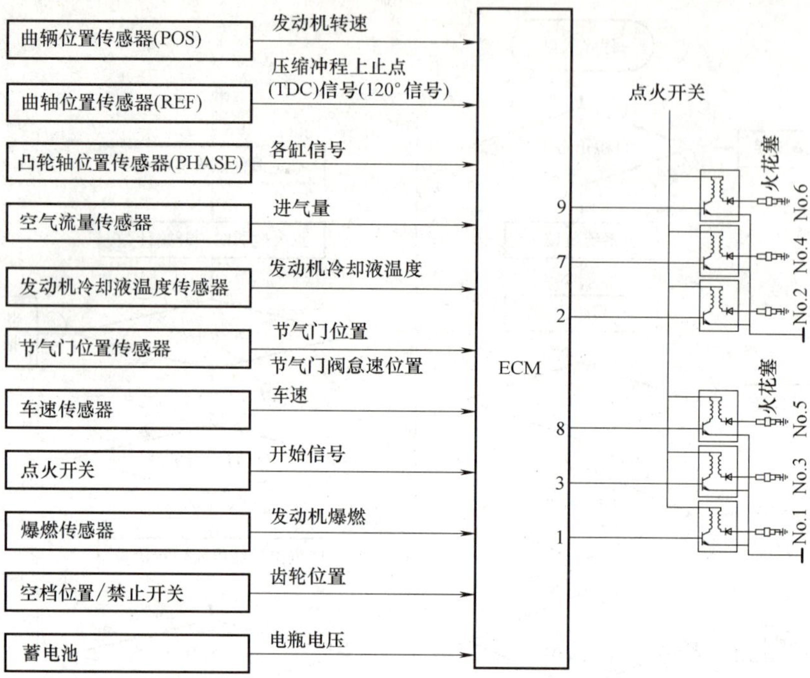

图 6-42　日产风度点火电路

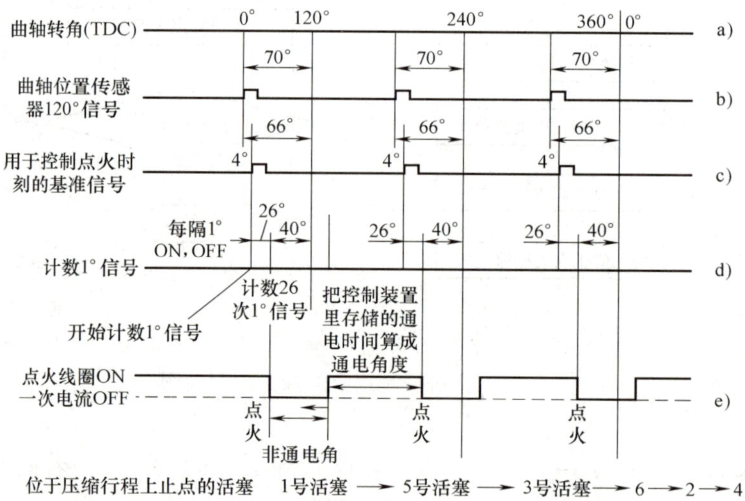

图 6-43　ECCS 点火系统点火时刻控制原理图

习　题

简述计算机控制点火电路的工作原理。

第七章 汽车照明、信号、仪表及报警电路

第一节 照明电路

一、照明电路的类型

1. 灯光总开关直接控制的照明电路

汽车前照灯随车型不同，控制方式有一定差异。当灯的功率较小时，灯的电流直接受灯光总开关控制。如图 7-1 所示为天津夏利轿车照明电路，它的特点如下：

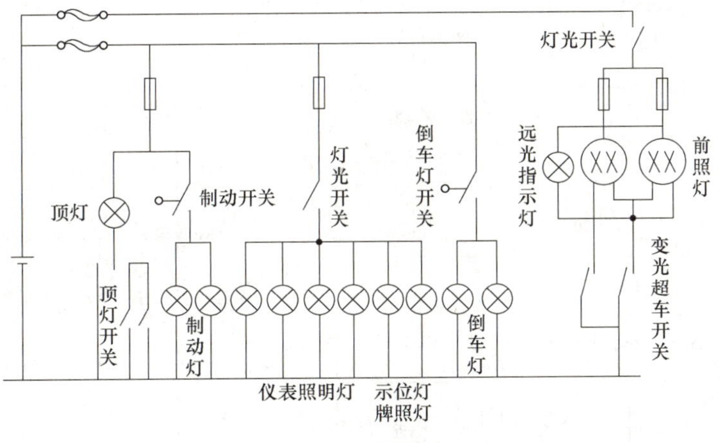

图 7-1 天津夏利轿车照明电路

1）灯光由组合开关左手柄控制，旋转手柄末端旋钮即可接通各照明灯，一档时示位灯、牌照灯、仪表照明灯亮，如图 3-26 和图 3-28 所示。

2）二档时，在上述灯仍保持亮的同时接通了前照灯电路。需要变光时，向下扳动开关手柄，远光灯亮，且仪表板上远光指示灯也亮。需要使用超车信号时，上下扳动手柄即可。变光开关控制前照灯的搭铁回路。

3）顶灯也兼有监视车门关起的作用。

2. 继电器控制的照明电路

当灯的数量多且功率大时，为减少开关热负荷，减少线路压降，采用继电器控制。同时，分路保险器的个数也增加。继电器控制的照明电路有控制火线和控制搭铁线两种，如图 7-2 所示。

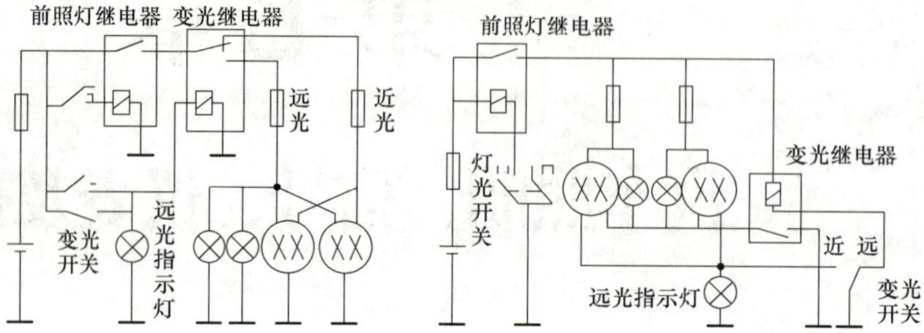

图 7-2　继电器控制的照明电路

a）控制火线　b）控制搭铁线

二、典型车型的照明电路

1. 本田汽车的照明电路

广州本田飞度的照明电路是控制搭铁线的，如图 7-3 所示。转动照明开关（见图 3-26）到位置时，示宽灯、尾灯、仪表照明灯及后牌照灯亮，前照灯不亮。转到位置时，

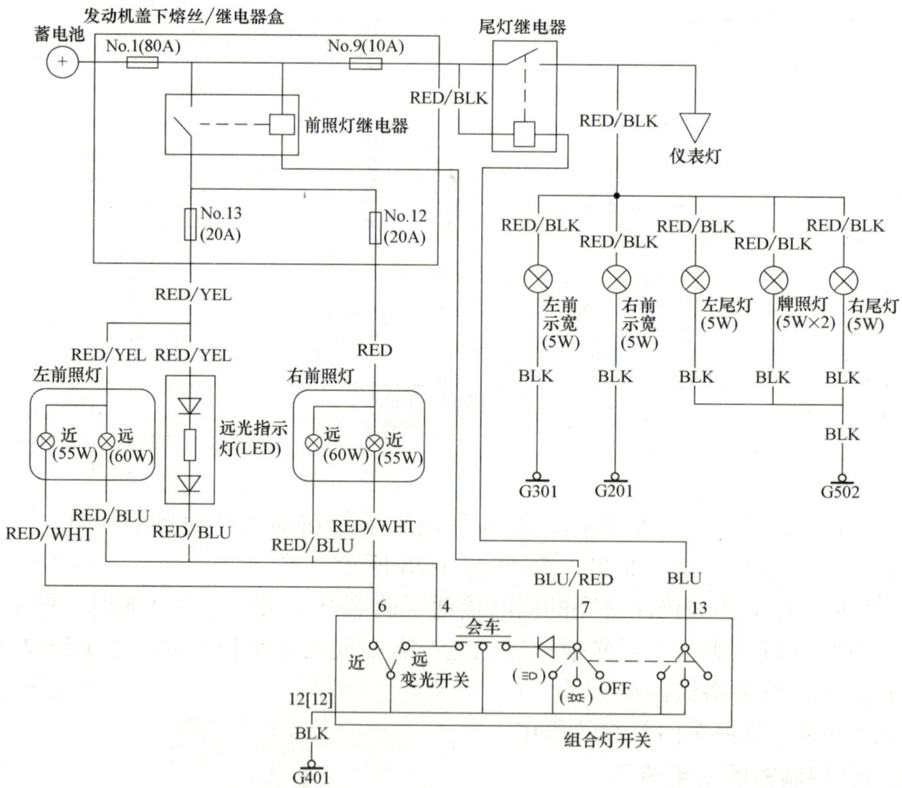

图 7-3　广州本田飞度的照明电路

前照灯继电器线圈通电，前照灯亮，同时尾灯、仪表照明灯及后牌照灯仍亮，这时，拨动变光开关，可以变换远光或近光。当照明开关处于 OFF 档时，所有照明灯不亮，这时，如果向上推照明开关柄，会车开关闭合，前照灯继电器线圈和远光灯丝的电流都通过会车开关搭铁，远光灯亮，以提醒其他车辆注意安全。

由于车门、电动门锁、防盗器的电路联系密切，所以广州本田飞度的门灯电路由 CPU 控制，如图 7-4 所示。只要有一个车门没有关好，其相应的开关就闭合，CPU 就控制车门/行李箱指示灯（LED）亮。

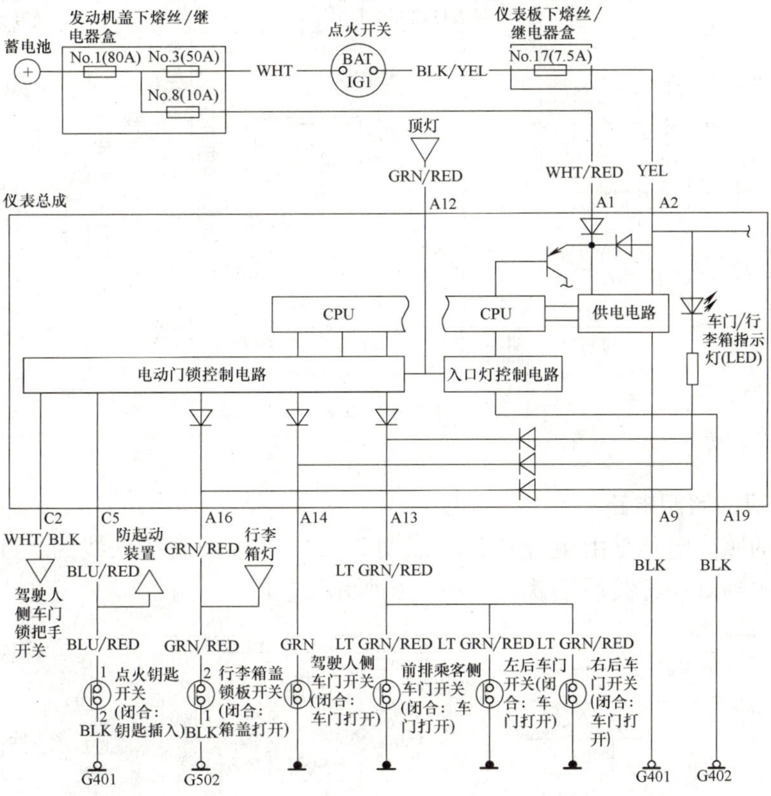

图 7-4　广州本田飞度的门灯电路

2. 桑塔纳轿车照明系统电路

桑塔纳轿车的照明电路如图 7-5 所示。前照灯直接由车灯开关控制，在车灯开关（照明开关）为 2 档时，通过变光开关进行远光和近光变换控制，前照灯发光。此外，在汽车超车时，远光灯还可由超车灯开关直接控制。

雾灯开关电路中连接了雾灯继电器，雾灯继电器是由车灯开关控制且 1、2 档时接通。雾灯开关的电源通过雾灯继电器、中间继电器直接与蓄电池正极相连（点火开关的电源线）。雾灯开关的 1 档接通前雾灯的电路，2 档则同时接通前、后雾灯和雾灯指示灯电路。

雾灯、牌照灯、仪表灯及图 7-5 右下部所示的照明灯都由车灯开关控制，在车灯开关 1 或 2 档时接通。仪表板、时钟、点烟器、后除霜器开关、空调开关、雾灯开关等照明灯在车灯开关在 1 或 2 档时接通，其亮度可通过仪表板上调光器（调光电阻）进行调节。

顶灯和行李箱灯由门控开关控制，当行李箱或车门打开时，其门控开关就会接通行李箱

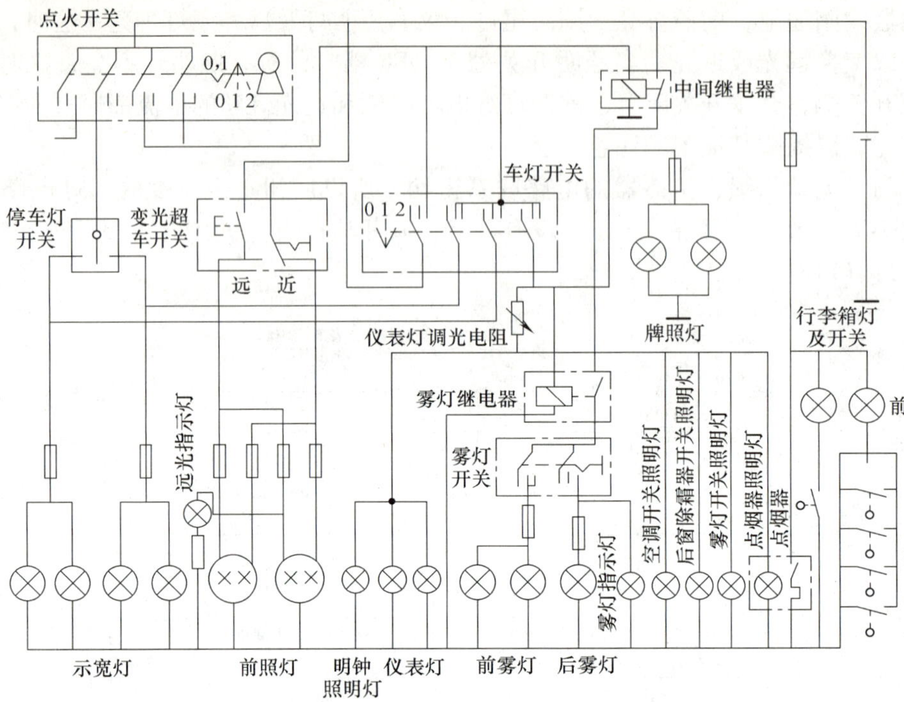

图 7-5　桑塔纳轿车的照明电路

灯或顶灯电路。

3. 丰田花冠的照明电路

丰田花冠的照明电路是由组合开关（照明开关）直接控制搭铁线的。前照灯的电流先到变光开关，再到灯控开关后搭铁，如图 7-6 所示。

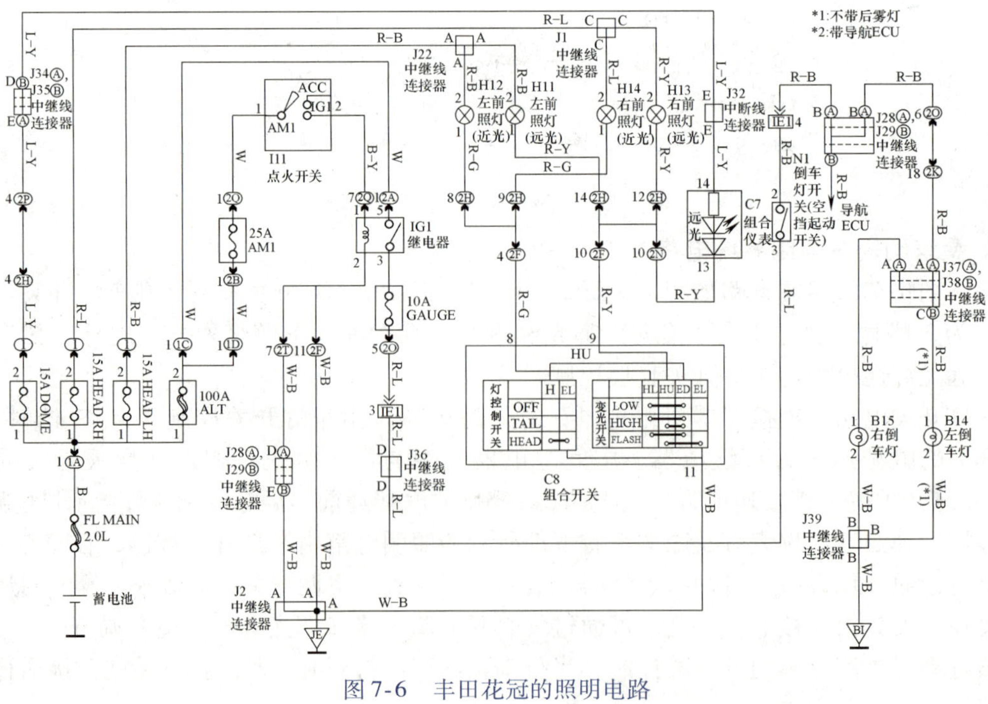

图 7-6　丰田花冠的照明电路

丰田花冠的自动控制式照明电路如图 7-7 所示。当组合开关打到 AUTO 档时，夜间自动点亮前照灯，会车时可自动将远光灯亮变为近光灯亮。当夜间停车时，还可将前照灯点亮，并保持有 20min，照亮路面，方便乘员离开汽车。

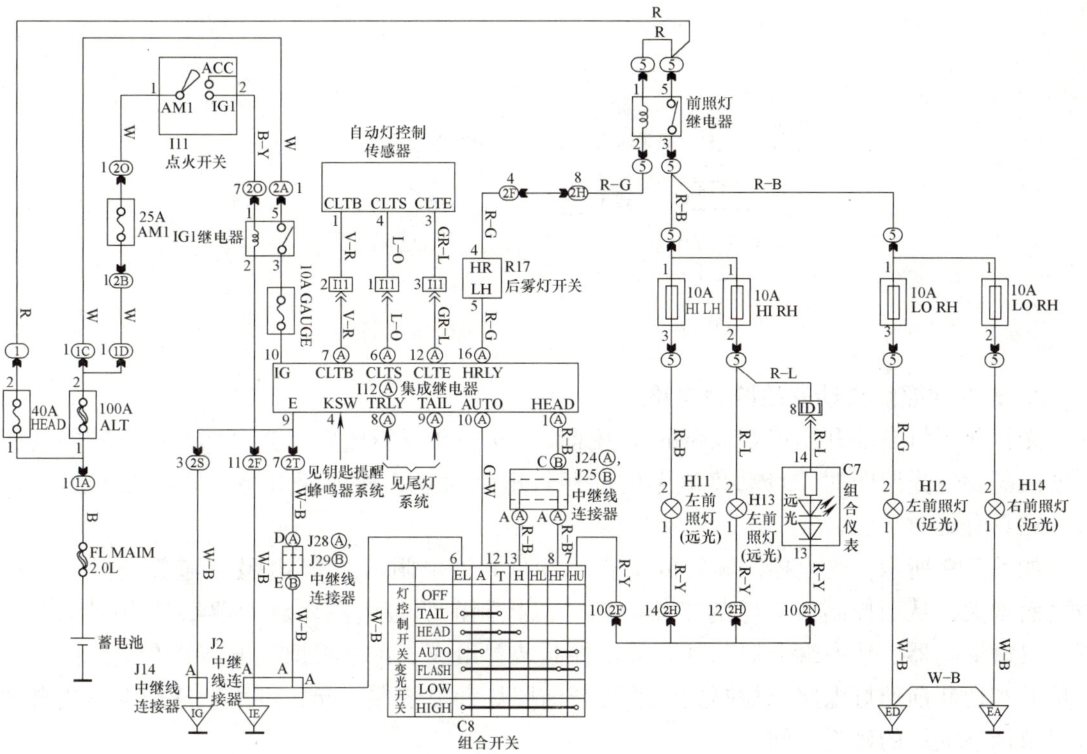

图 7-7　丰田花冠的自动控制式照明电路

三、照明电路的电子控制

1. 前照灯关闭延时控制电路

前照灯关闭延时控制电路的作用是，驾驶人在关闭前照灯开关和点火开关以后，只要接通安装在仪表板上的按钮，就能使前照灯继续点亮一段时间，以便使驾驶人很方便地离开汽车后，再自动切断前照灯电路。

前照灯关闭延时控制电路如图 7-8 所示。它主要由机油压力开关和放大器组成。发动机不运转时，机油压力开关触点闭合；发动机运转后，机油压力开关触点张开。放大器组件内部设置一个大功率复合管 VT，用来控制继电器的触点开闭，另外还设置了一个大容量的电容器 C 使其与电阻 R_1 串联，组成延时控制电路。

它的工作原理是：当按下仪表板常开按钮后，电源对电容器 C 充电。当电容器电压达到复合管 VT 的导通电压时，VT 导通，继电器线圈通电，磁化铁心吸闭触点，接通前照灯电路，前照灯亮。此时松开仪表板上的按钮，则电容器 C 经电阻 R_1、VT 放电，维持 VT 导通，前照灯一直亮着。当电容器 C 放电，直到其电压下降到不能维持 VT 的导通所需基极电流时，VT 截止，继电器触点张开，前照灯才熄灭。延时时间取决于 C 及 R_1 的参数，一般可延时约 1min。

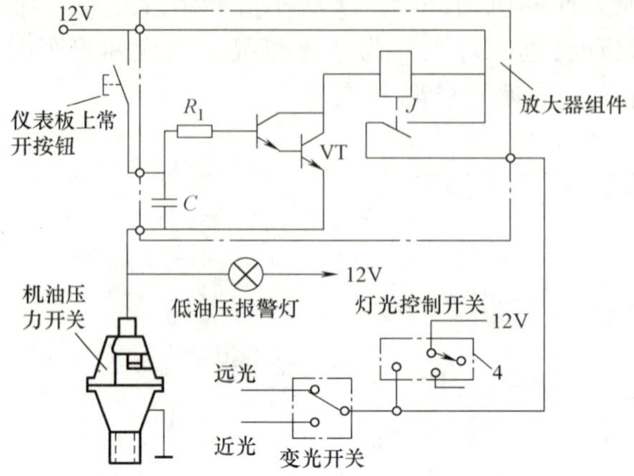

图 7-8　前照灯关闭延时控制电路

2. 光控前照灯自动开闭控制电路

光控前照灯自动开闭控制电路的作用是，汽车在正常行驶中，当自然光强度减弱到一定程度而需要灯光照明时，自动将汽车的前照灯电路接通，使前照灯亮，同时在前照灯关闭时，还具有延时功能。

如图 7-9 所示，光电控制装置的主要元件是光敏电阻 R_2，其电阻值随着光强度的不断减弱而增大，从而控制放大器的工作时机，以控制前照灯电路。放大器组件由晶体管放大器、灵敏继电器、功率继电器和延时关灯控制装置组成。它是根据光电装置产生的信号，自动接通和切断前照灯电路。控制旋钮通常与前照灯开关装在一起，可用于选择手动或自动关灯以及调整关灯的延迟时间。

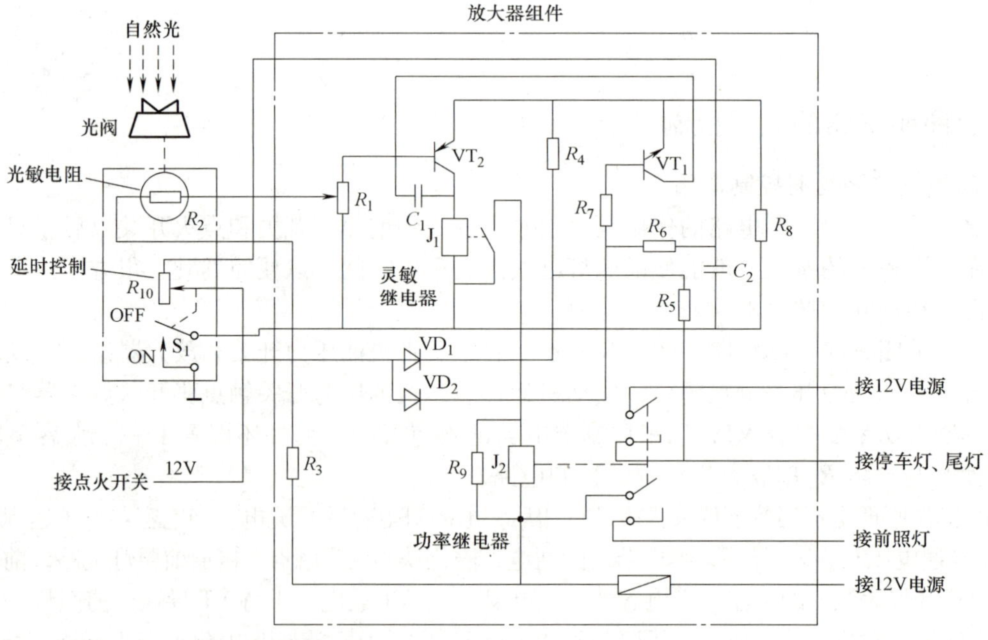

图 7-9　前照灯光控自动开闭控制电路

它的工作原理是：开关 S_1 可用于选择前照灯的自动控制和手动控制两种状态。当 S_1 处于“ON”位置时，前照灯处于自动控制。当 S_1 处于“OFF”位置时，前照灯处于手动控制。

光敏电阻 R_2 由透过风窗玻璃的自然光激发，光通量的大小由光阀进行调整，以适应季节的变化。光敏电阻 R_2 与电阻 R_3 串联接到电源上，晶体管 VT_2 的基极经灵敏度控制电阻 R_1 搭铁；同时经电阻 R_2、R_3 加到 VT_2 构成偏压，应调整到刚好使 VT_2 截止。

当汽车行驶中自然光强度减弱时，光敏电阻 R_2 的阻值增大，VT_2 基极电位下降，当其电位下降到一定值时，VT_2 导通，接通灵敏继电器 J_1 线圈电路，触点闭合，接通功率继电器 J_2 线圈电路，吸闭触点，将前照灯电路接通，其电流为：12V 电源→J_2 触点→前照灯。反之，将前照灯电路切断，从而实现了自动开灯和闭灯功能。电容器 C_1 接在 VT_2 的集电极和基极之间，使 VT_2 的导通、截止延迟一段时间，以防止光敏电阻 R_2 上出现瞬时的阴影时，不至于自动开灯。同时，也保证了当汽车偶尔遇到明亮的灯光时，不至于自动闭灯。

电路的延时闭灯控制功能是通过晶体管 VT_1 来实现的。当汽车停驶断开点火开关时，VT_1 维持 VT_2 保持导通，直到电容器 C_2 上的电压下降到 VT_1 的截止电压时，VT_1 才截止，VT_2 也随之截止，灵敏继电器 J_1 和功率继电器 J_2 线圈均断电，触点张开，将前照灯电路切断。延时时间的长短由电位器 R_{10} 进行调整。

3. 前照灯自动变光控制电路

前照灯自动变光控制电路的作用是，汽车夜间行驶时，根据迎面来车的灯光，自动调节前照灯的近光和远光，实现自动变光，防止对迎面来车驾驶人眩目，以取代传统的机械操纵式变光开关。

如图 7-10 所示，前照灯自动变光控制电路主要由光传感器、信号放大电路和功率继电器等组成。光传感器由高灵敏达林顿光敏管组成，并加有透镜增加聚光，以提高灵敏度，同时采用遮光圈，以避免侧向光干扰造成误触发。转换开关用于功能设置，当转换开关拨至手动档时，即切断了自动控制，灯光的变换只能通过变光开关来变换；当转换开关拨至自动档时，则灯光的变换进入自动控制状态。

转换开关拨至自动档，汽车夜间行驶没有迎面来车时，光敏管 VD_1、VD_2 感受光亮极少，其阻值增大，晶体管 VT_1 基极电位过低而截止，晶体管 VT_2、VT_3、VT_4 也随之截止。功率继电器线圈中无电流流过，常开触点 J_1 打开，常闭触点 J_2 的电流经过转换开关自动档后再经过远光灯丝搭铁构成回路，远光灯和远光指示灯均亮。

当迎面来车并产生会车时，对面的汽车灯光照射光传感器，使光敏管 VD_1、VD_2 的电阻值减小，VT_1 的基极电位升高而导通，VT_2、VT_3、VT_4 也随之导通，功率继电器线圈中有电流流过，磁化铁心产生吸力吸动触点，使触点 J_1 闭合、J_2 打开，远光灯丝电流通路切断，远光灯熄灭。同时，由于触点 J_1 闭合接通近光灯丝电流通路，近光灯和近光指示灯均亮。

会车结束后，由于光敏管电阻又增大，功率继电器触点 J_1、J_2 又恢复常态，所以又自动接通远光灯。

电位器 RP_1 用于调节光电传感器的灵敏度，其阻值减小，则系统可在光照度较低时即开始控制。若阻值增大，则系统需在光照度高时，才开始控制。

电位器 RP_2 和电容器 C 构成延时电路。当光照量增加时，VT_1 导通，经 RP_2 向 C 充电。

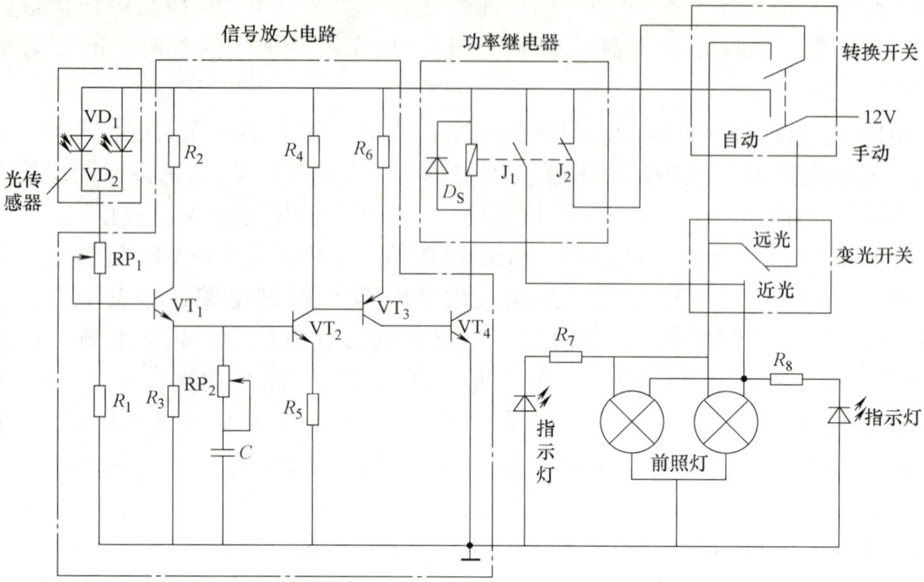

图 7-10　前照灯自动变光控制电路

当光照量减少时，VT_1 截止，但充了电的电容器 C 经 RP_2 向 VT_2 供给基极电流，此时尽管 VT_1 已经截止，但 VT_2 仍在导通，致使 VT_3、VT_4 仍处于导通状态，从而实现当从近光自动地变为远光时，可以有 1s 以上的延时，以便达到会车完成以后才打开远光灯的目的。调整电位器 RP_2 和电容器 C 的值，就可以调整延时的长短。

四、车内灯控制电路

1. 飞度车内灯控制电路

飞度车内灯控制电路如图 7-11 所示，电流经蓄电池的正极到发动机舱熔丝盒的 1 号和 8 号熔丝，再分别到聚光灯、顶灯、行李箱灯以及仪表照明灯等。当各灯的开关接通时，相应的灯就发光。仪表照明灯由图 3-26 所示的照明开关，在“ ”和“ ”两个档位时控制。

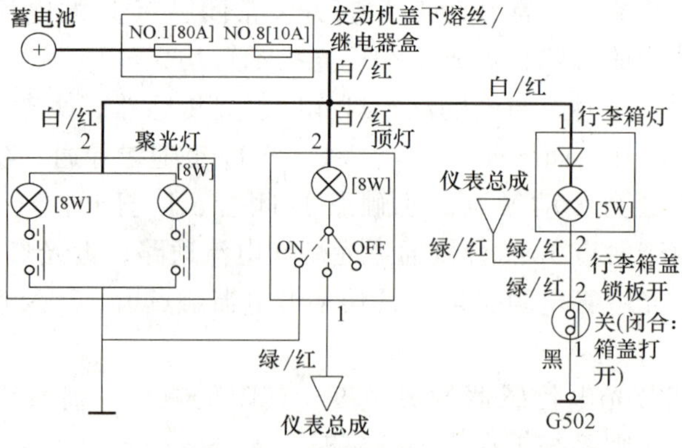

图 7-11　飞度车内灯控制电路

2. 别克君威车内灯控制电路

如图 7-12 所示，蓄电池的电经动机罩下熔丝盒 30 号驻车灯熔丝→针脚 E→前照灯开关→针脚 G→仪表板熔丝盒后分为两路：一路由黄线到组合仪表；另一路由针脚 S→前照灯开关→针脚 J→分别到各开关上的照明灯，以便夜间识别各开关位置。

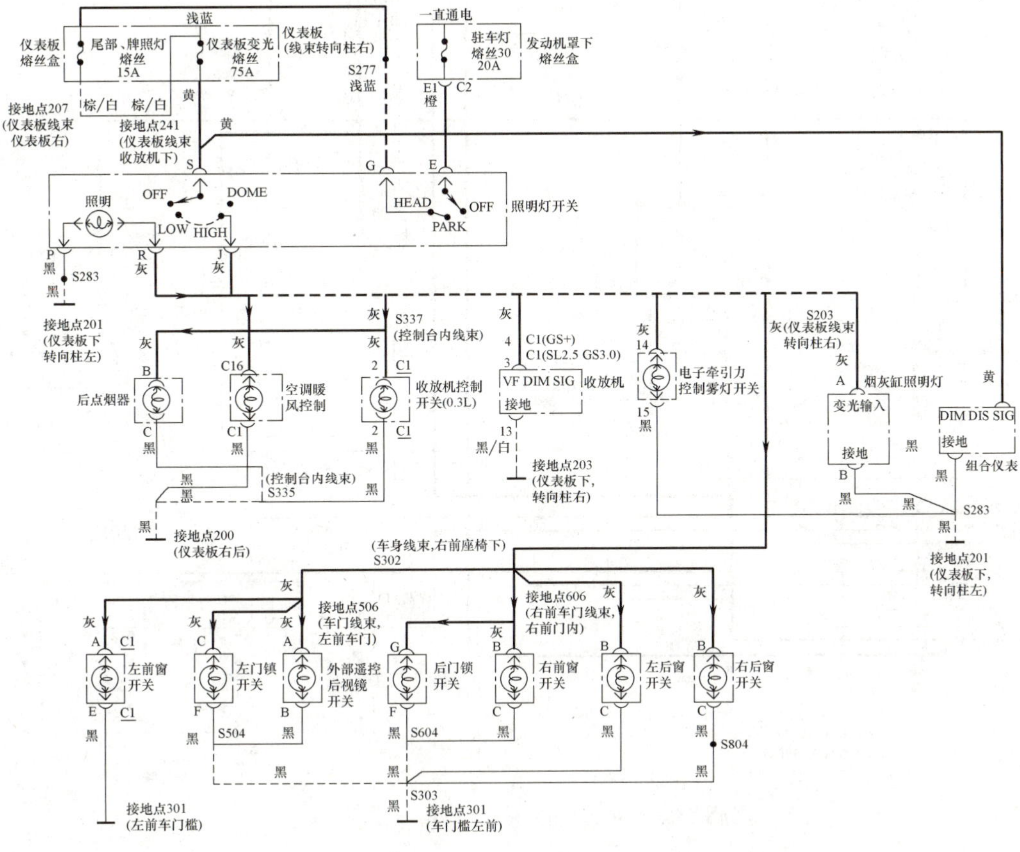

图 7-12 别克君威各开关照明灯控制电路

如图 7-13 所示，蓄电池的电经备用电源熔丝盒→车身控制模块 BCM→1732 橙色线分别到仪表板四个车门和后舱门控灯（指示车门未关）、两个阅读灯、车顶灯、内后视镜灯等。其中，门控灯的控制是，当车门未关好时，门锁开关将信号送到 BCM，由 BCM 控制门控灯的亮灭。阅读灯、车顶灯、内后视镜灯则由该灯旁边相应的开关进行人工控制。

五、雾灯控制电路

本田雅阁雾灯控制电路如图 7-14 所示，蓄电池的电经发动机舱熔丝盒 22 号和 10 号熔丝，经蓝/橙线到雾灯继电器线圈。当雾灯开关接通时，组合开关控制装置将信号送给继电器控制模块，使雾灯继电器线圈接搭铁，雾灯继电器触点便接通雾灯。

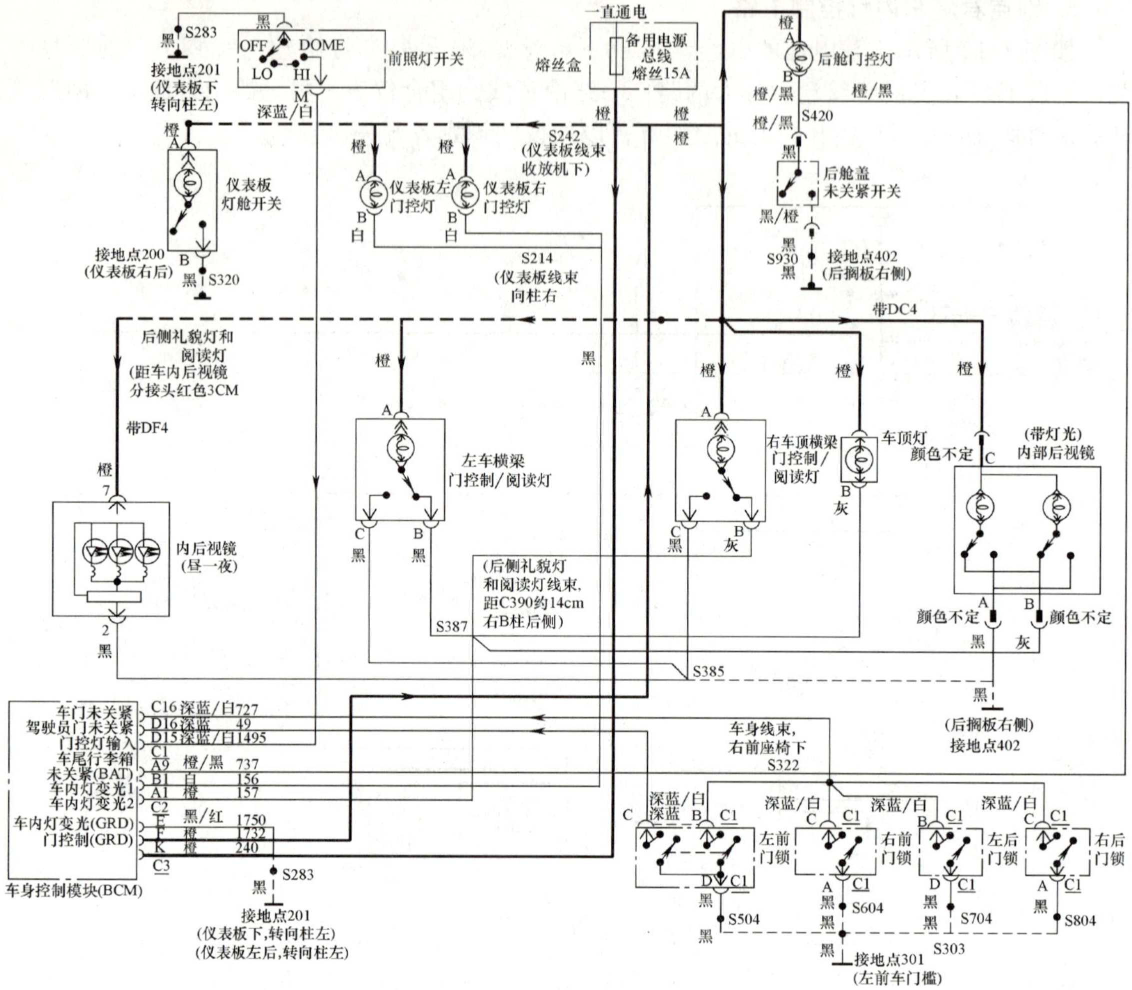

图 7-13 别克君威车内照明灯控制电路

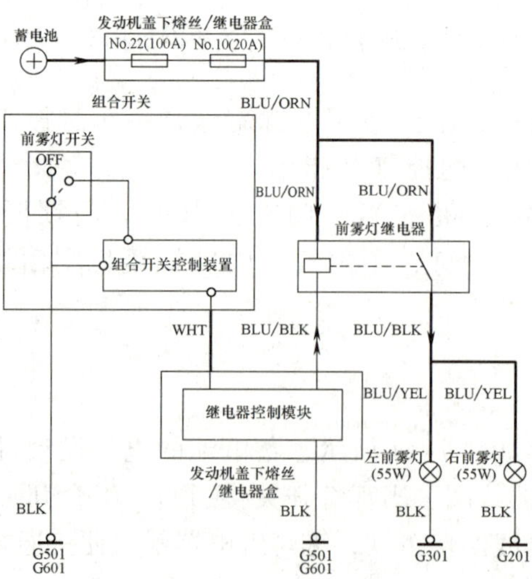

图 7-14 本田雅阁雾灯控制电路

第二节 信号灯电路

一、转向与危险警告灯电路

转向与危险警告灯电路主要由闪光继电器、转向开关、危险警告灯开关、左右转向灯、左右转向指示灯组成。其安装位置如图 7-15 所示，相关电路如图 7-16 所示。

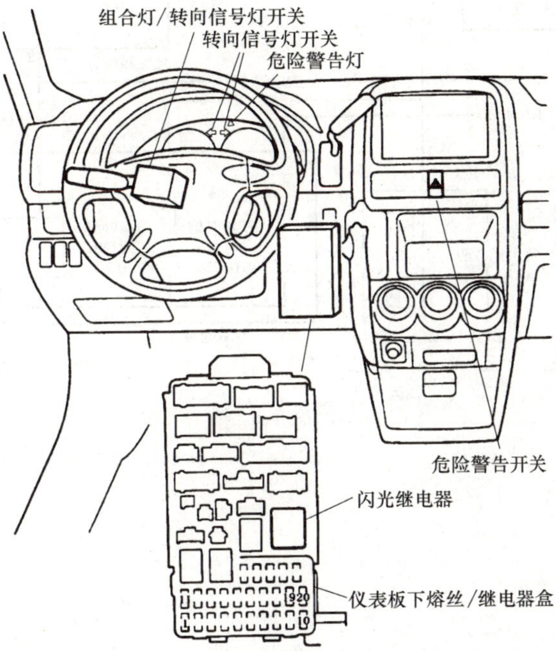

图 7-15 本田 CR-V 汽车转向与警告灯电路各部分的安装位置

1. 转向灯电路的工作原理

危险警告灯开关在 OFF 档时，电流路径为：蓄电池（+）→点火开关 IG1→仪表板下 19 号熔丝→危险警告灯开关 1-2 脚→闪光继电器 A10-A20 脚→转向开关→左或右转向灯→搭铁。这时只有一边的转向灯闪光。

2. 危险警告灯电路的工作原理

危险警告灯开关在 ON 档时，电流路径为：蓄电池（+）→发动机舱 14 号熔丝→危险警告灯开关 3-2 脚→闪光继电器 A10-A20 脚→危险警告灯开关 4 脚→危险警告灯开关 7、10 脚→左右转向灯→搭铁。这时所有转向灯同时闪光。

闪光继电器简称闪光器，它串联在转向灯、转向指示灯与电源之间的电路中，一般安装在发动机罩下。其作用是使转向灯和指示灯发出明暗交替变化的醒目的闪烁信号，指示车辆的行驶方向，便于交通指挥。

丰田卡罗拉转向与危险警告灯电路如图 7-17 所示。其闪光继电器是电子控制器，所以其危险警告灯开关没有图 7-16 所示那么复杂，这种线路连接起来比较简单。

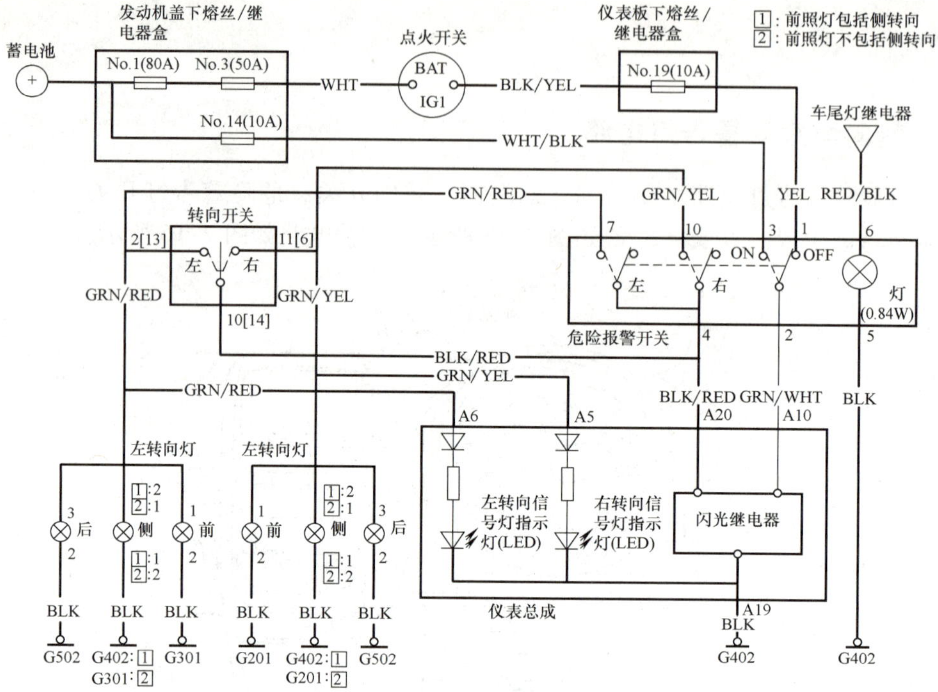

图 7-16　本田汽车转向与危险警告灯电路

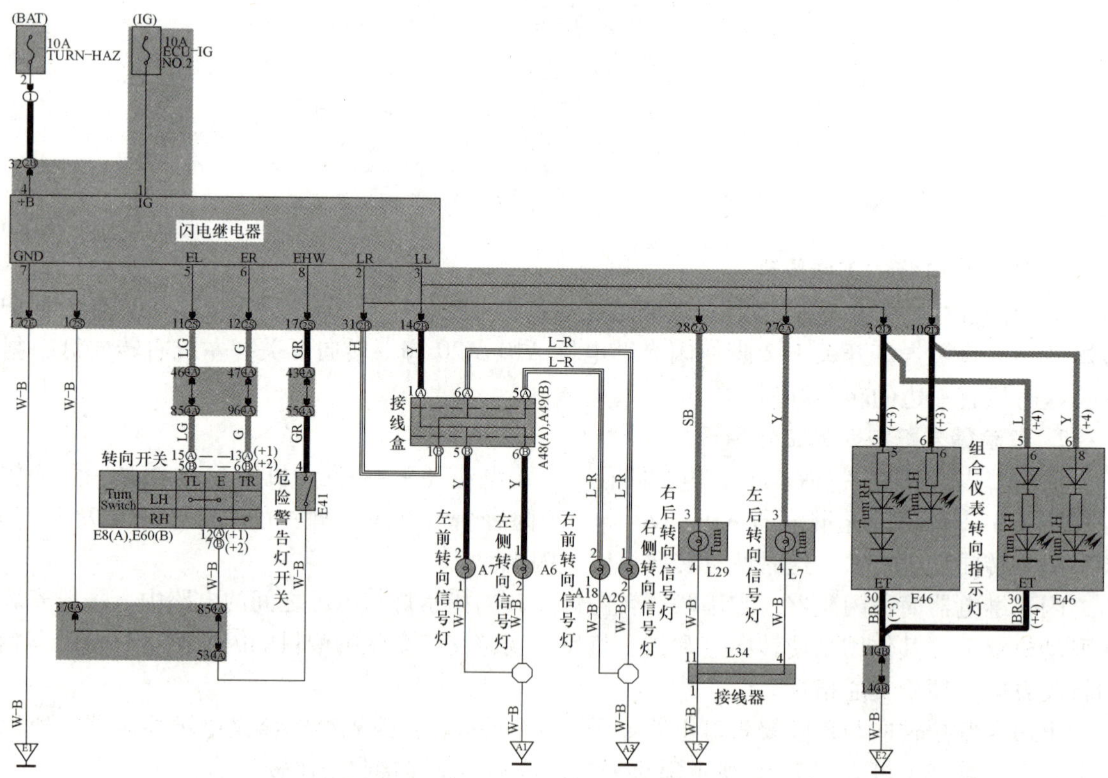

图 7-17　丰田卡罗拉转向与危险警告灯电路

二、喇叭、制动、倒车警报电路

1. 喇叭电路

（1）别克君威喇叭电路 如图 7-18 所示，当按下方向盘中央喇叭开关时，蓄电池正极电流→发动机舱 24 号喇叭熔丝→喇叭继电器线圈→转向信号取消开关→喇叭开关→搭铁。这个电流使喇叭继电器线圈通电，并接通喇叭继电器触点，使喇叭通电。

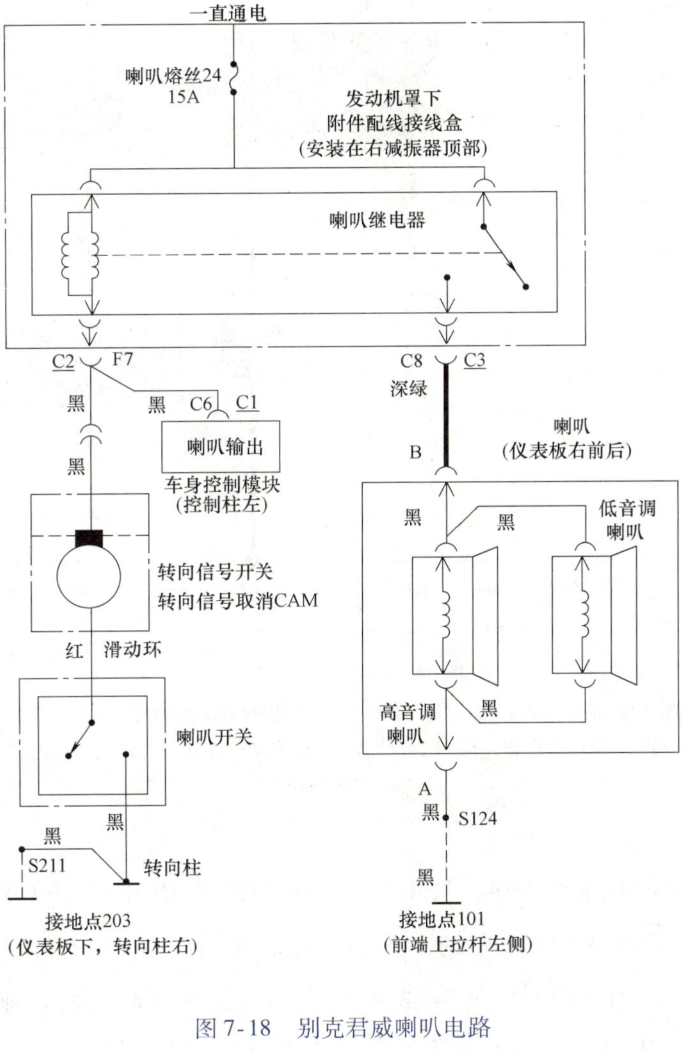

图 7-18 别克君威喇叭电路

（2）捷达喇叭电路 捷达喇叭电路如图 7-19 ~ 图 7-24 所示。

喇叭继电器的电源来自图 7-19 中的199，搭铁是132，地址码是正下方横线上 164。喇叭继电器线圈到176，其地址码是正下方横线上 165。

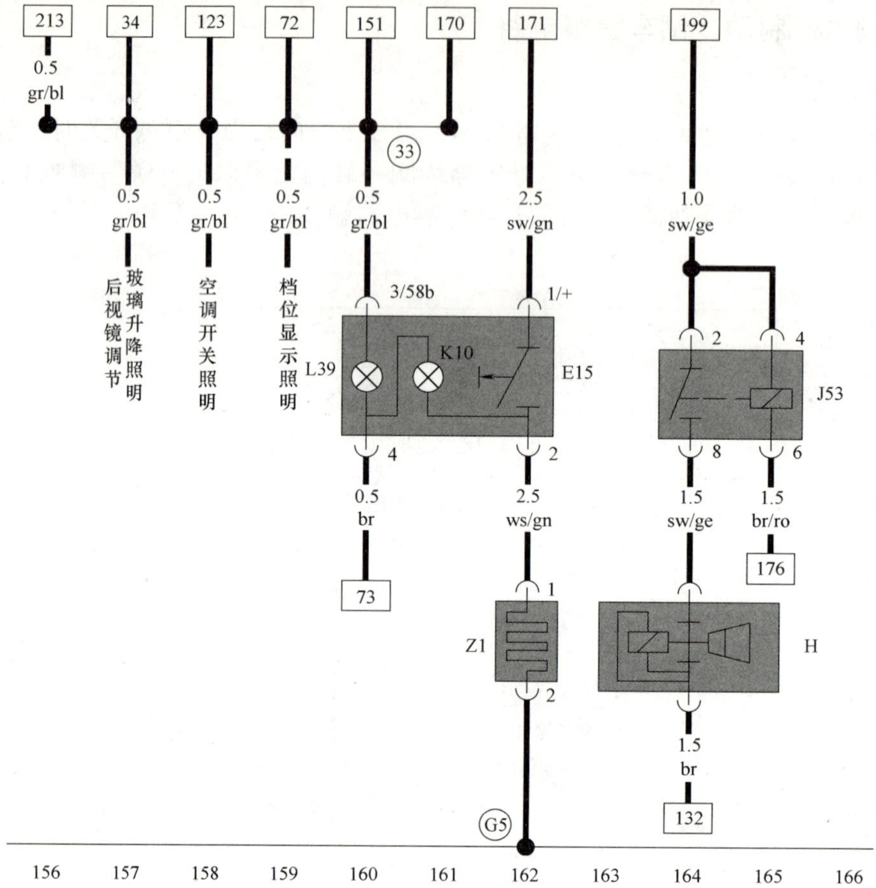

图 7-19 捷达喇叭电路（1）

E15—后风窗加热开关 K10—照明灯 L39—后风窗加热开关照明灯 Z1—后风窗加热电阻
J53—喇叭继电器 H—喇叭 ㉝—正极连接点（58b），仪表线束内
Ⓖ5—接地连接点

找到图 7-20 中的地址码 199，其正上方 164 与图 7-19 中的 199 是连接起来的。同理，图 7-19 中的 176 与图 7-21 中的 165 是连接起来的，图 7-19 中的 132 与图 7-22 中的 164，以及图 7-20 中的 11 与图 7-23 中的 199 也是连接起来的。捷达喇叭电路电流的路径是：图 7-23 中蓄电池 A+→熔丝盒 P 中 110A 熔丝→红色线 ro→点火开关 30 号针脚→15 号针脚→199→图 7-20 中的 11→熔丝 S13→164→图 7-19 中的 199→喇叭继电器 J53 线圈→176→图 7-21 中的 165→喇叭按钮 H→51→图 7-24 中的 176→h→搭铁。同时，喇叭继电器 J53 的触点接通→图 7-19 中的喇叭 H→132→图 7-22 中的 164→23→G1 搭铁。

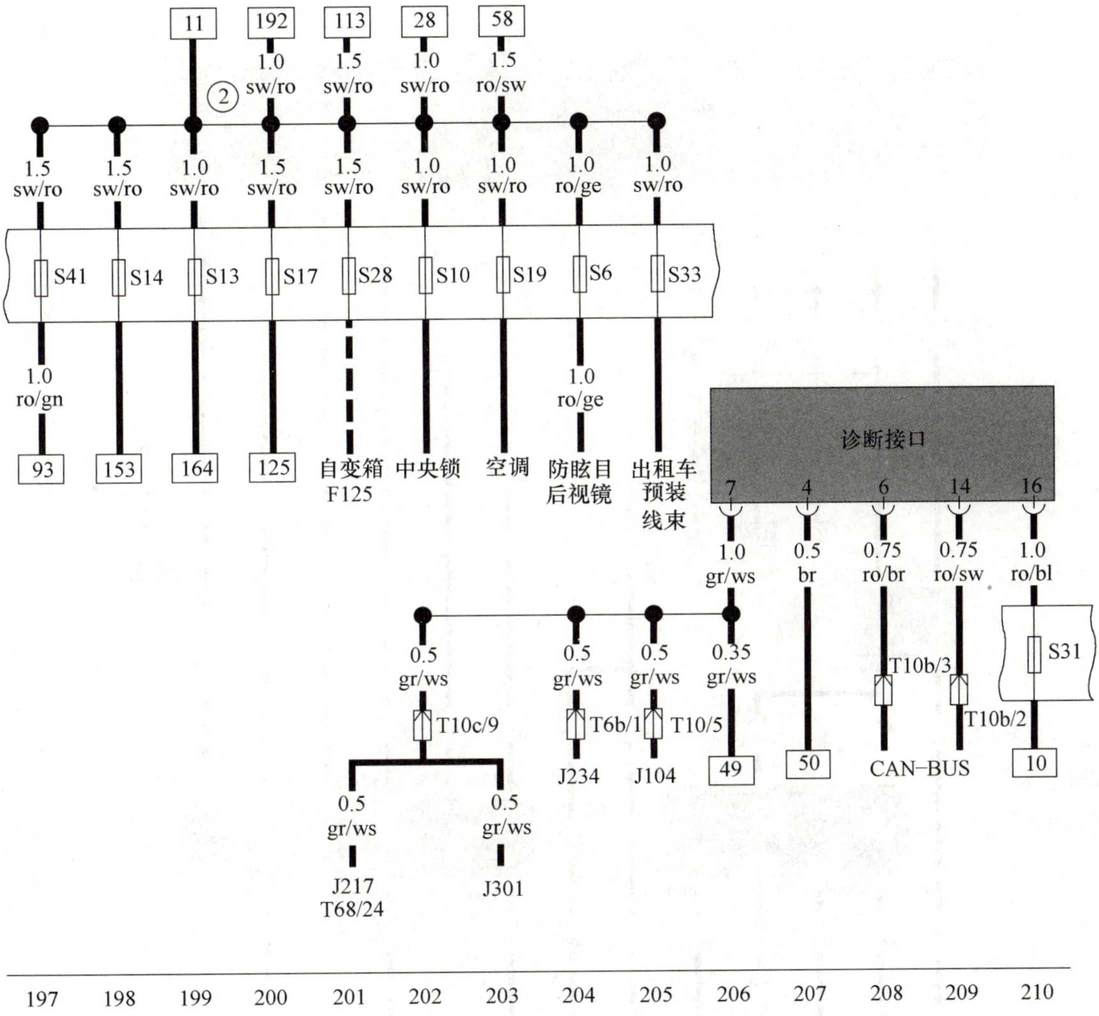

图 7-20 捷达喇叭电路（2）

J217—自动变速箱控制单元 J301—防盗器控制单元 J234—安全气囊控制单元
J104—制动防抱死 ABS 控制单元 T6b—6 孔粉色插头，继电器支架上
T10—10 孔黑色插头，ABS 单元旁 T10b—10 孔棕色插头，继电器支架上
T10c—10 孔黑色插头，继电器支架上 ②—正极连接点，车身线束内

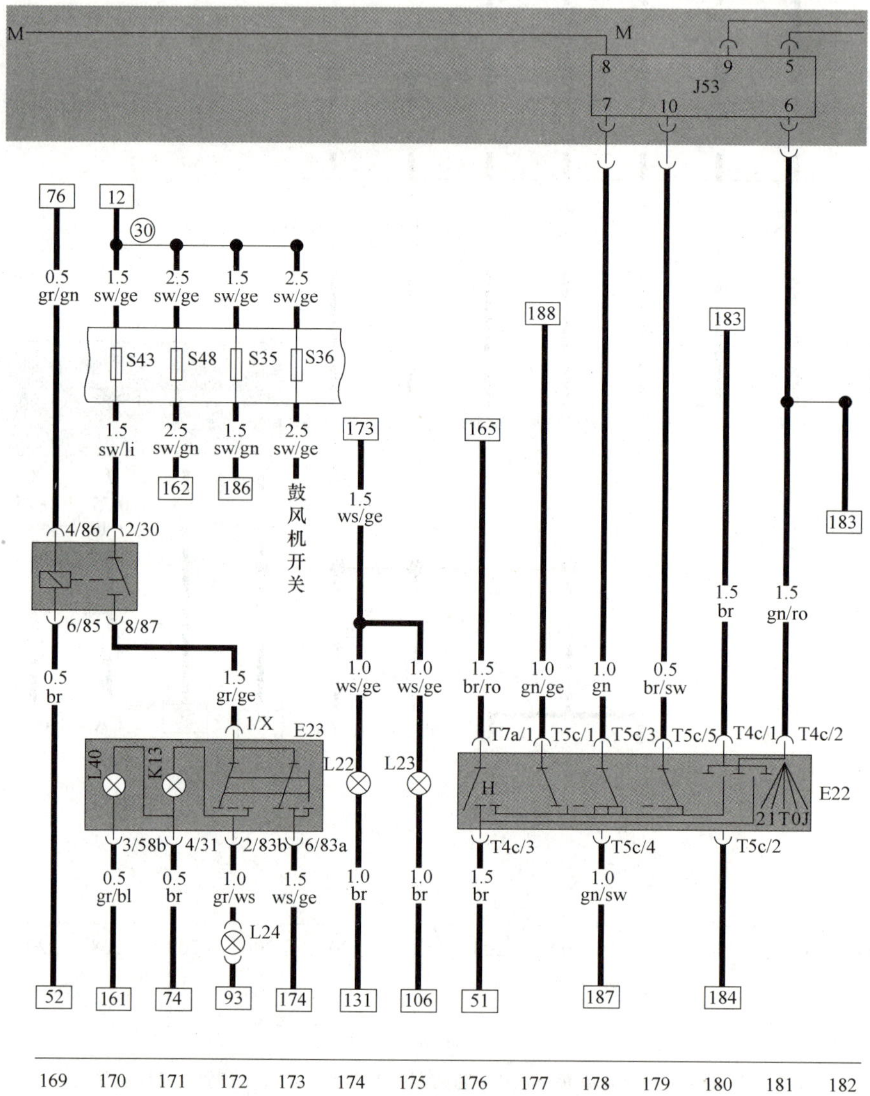

图 7-21　捷达喇叭电路（3）

E23—雾灯开关　E22—刮水器开关　K13—照明灯　J53—喇叭继电器　H—喇叭按钮　L22—左前雾灯
L23—右前雾灯　L24—后雾灯　L40—前后雾灯开关照明灯　㉚—正极连接点，车身线束内

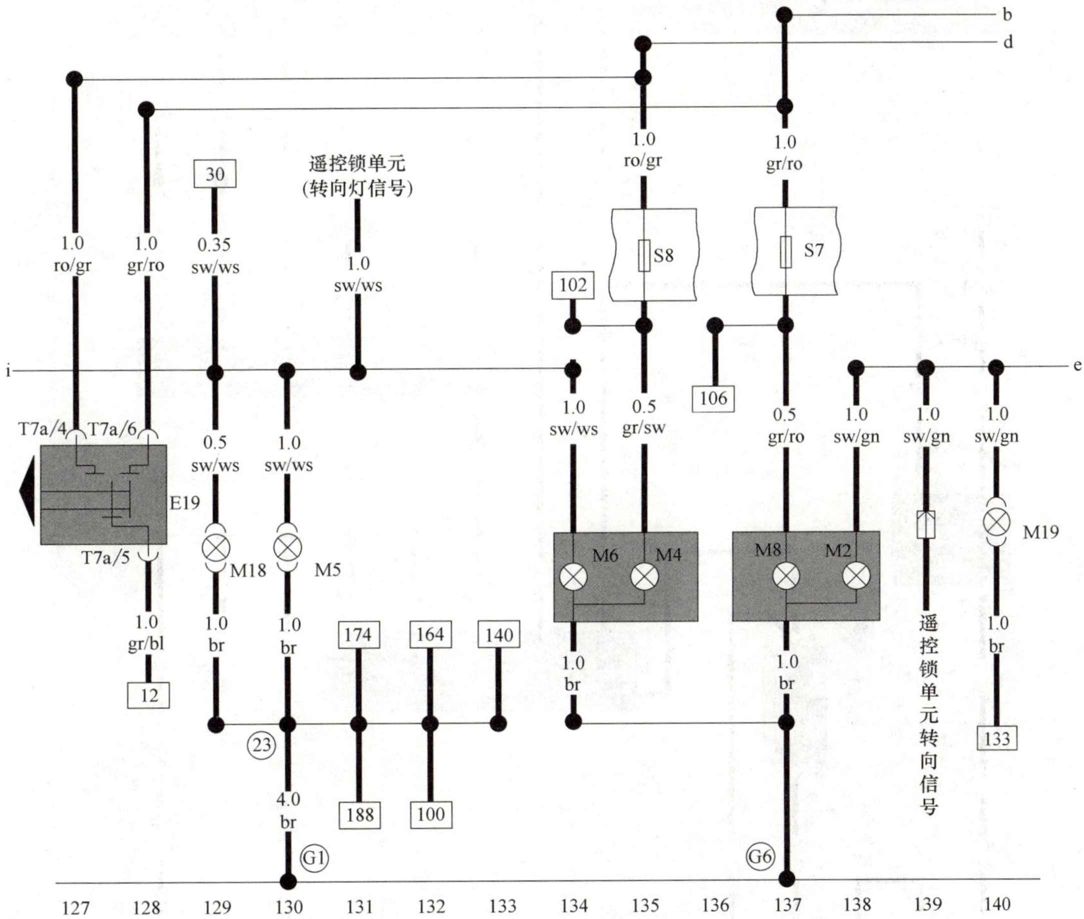

图 7-22 捷达喇叭电路（4）

E19—驻车灯开关 M2—右尾灯 M4—左尾灯 M5—左前转向灯 M6—左后转向灯 M8—右后转向灯

T7a—7 孔插接件，转向柱开关后 M18—左侧转向灯 M19—右侧转向灯

㉓—接地连接点，车身线束内 Ⓖ1—接地点，蓄电池 - 车身 Ⓖ6—接地点，行李箱锁下部

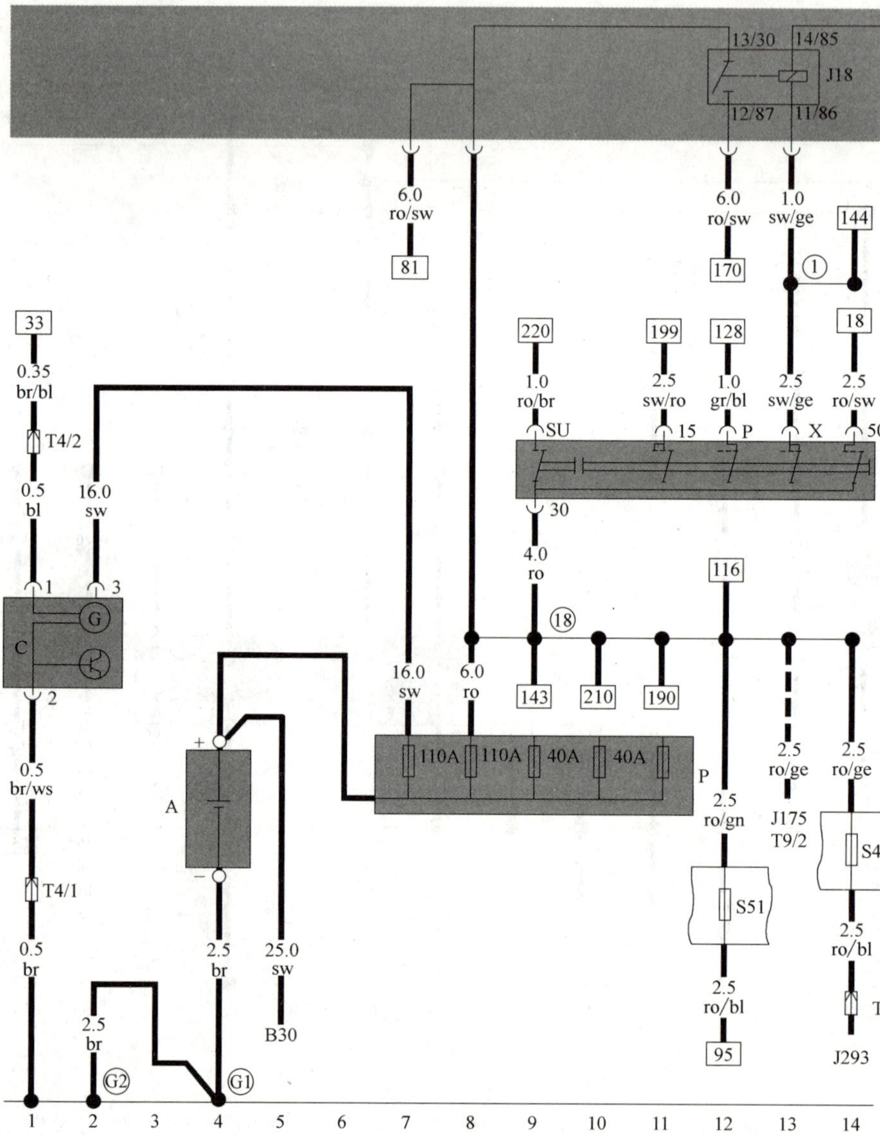

图 7-23　捷达喇叭电路（5）

A—蓄电池　C—发电机　D—点火开关　J18—X 触点卸荷继电器　P—主保险丝盒，位于蓄电池上方　J293—空调控制器　J175—起动锁止及倒车灯继电器　■ ■ ■ 仅用于自动变速车　①—连接，在车内线束内　⑱—螺栓连接（30），在继电器支架上　Ⓖ1—接地点，蓄电池　Ⓖ2—接地点，变速器　T10c—10 孔黑色插头，继电器支架上

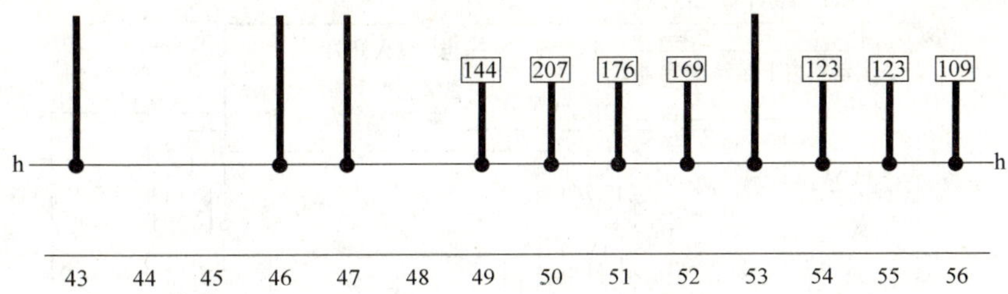

图 7-24 捷达喇叭电路（6）

2. 制动灯电路

本田飞度制动灯电路如图 7-25 所示。电流流向是，蓄电池（+）→发动机舱熔丝盒 18 号熔丝→白/绿线→制动开关→白/黑线后分为两路：一路到 ABS，制动时使 ABS 工作；另一路则到制动灯。

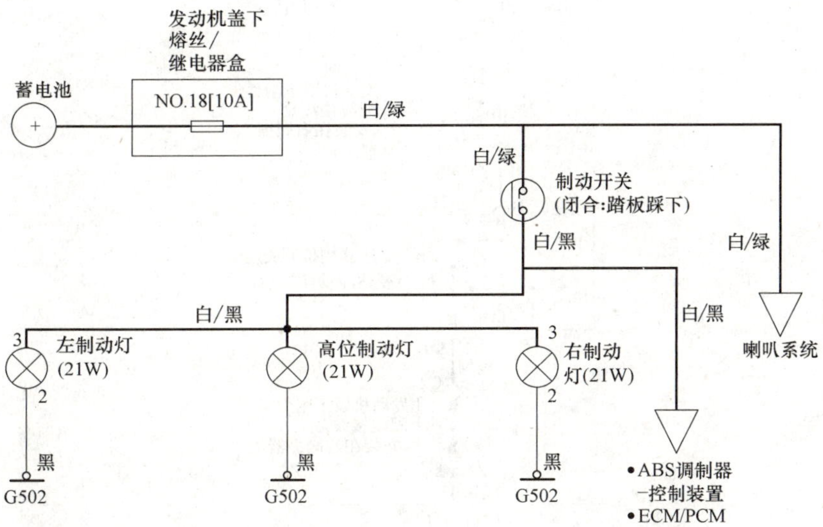

图 7-25 本田飞度制动灯电路

3. 倒车灯及警报电路

图 7-26 所示为本田飞度倒车灯电路。手动变速器（M/T）车型电流走向：蓄电池（+）→发动机舱熔丝盒第 1 和 3 号熔丝→点火开关→仪表板下熔丝盒第 13 号熔丝→倒车灯开关→倒车灯→搭铁。自动变速器（CVT）车型电流走向：蓄电池（+）→发动机舱熔丝盒第 1 和 3 号熔丝→点火开关→仪表板下熔丝盒第 20 号熔丝→A/T 倒档继电器线圈→动力控制单元（PCM）、指示灯，另一路去倒车灯开关→倒车灯→搭铁。

如图 7-27 所示为别克君威倒车灯电路。电流走向：蓄电池（+）→发动机舱接线盒第 29 号熔丝→变速器档位开关→发动机舱接线盒接线器→后视镜系统，另一路去左右倒车灯→搭铁。

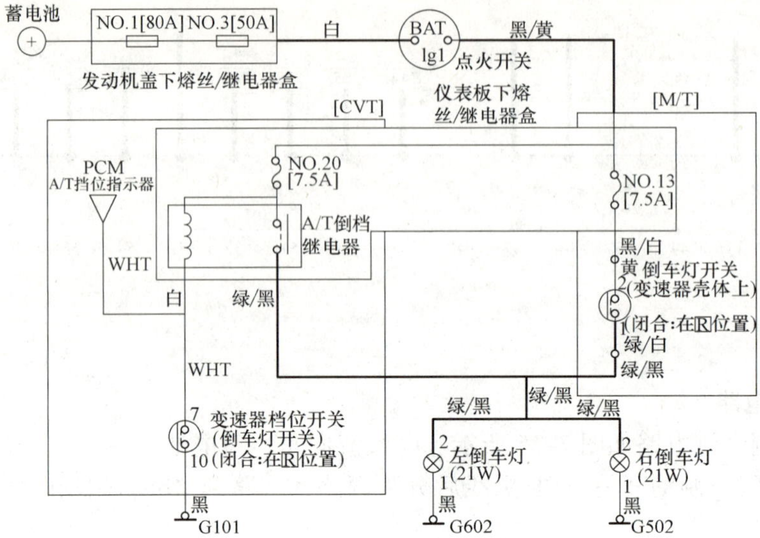

图 7-26　本田飞度倒车灯电路

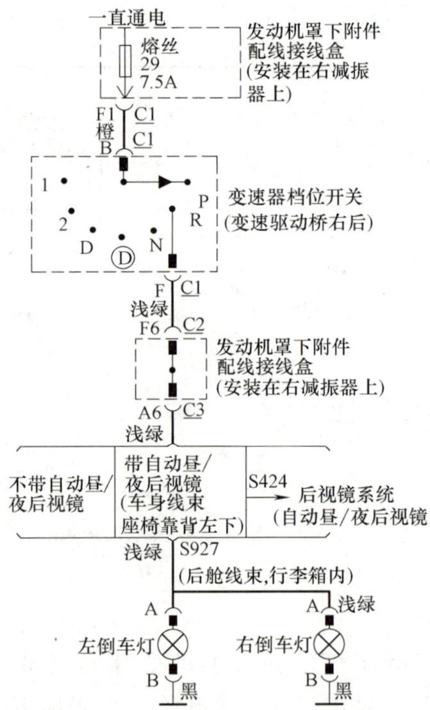

图 7-27　别克君威倒车灯电路

第三节　仪表与警告灯电路

电子组合仪表是使用彩色液晶元件（LCD）数字显示器显示汽车各种信息的，如

图 7-28 所示。采用彩色液晶显示元件（LCD）显示的有车速表、区间显示式转速表、双复位里程表、数字区段冷却液温度表、区间显示式燃油表。

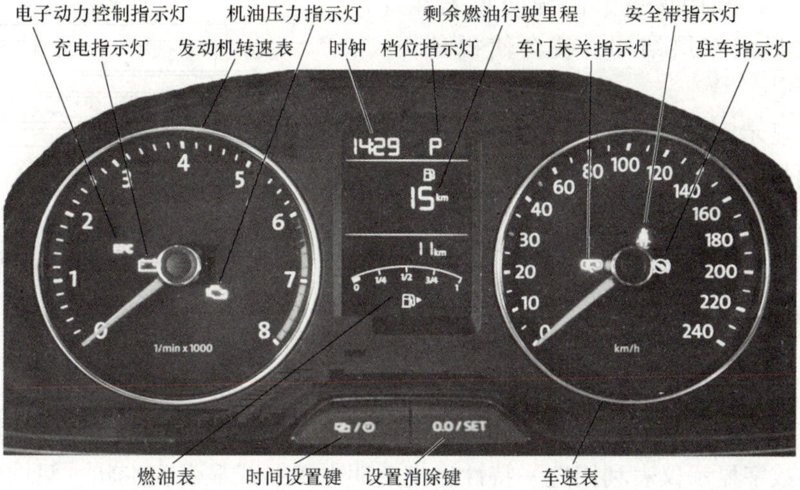

图 7-28　电子组合仪表

一、液晶显示器

1. 彩色液晶显示器的工作原理

液晶具有液体一样的流动性和结晶固体一样规则排列分子两种性能。在两片透明的玻璃基板中间，放入液晶元件，再使玻璃基板贴合，置入透明电极，即成为液晶显示元件（LCD）。

液晶显示元件（LCD）的构成如图 7-29 所示。其工作过程与家用百叶窗很相似。当百叶窗关闭时，其窄长板垂直，外部的光不能射入室内，如图 7-30a 所示。但是，当百叶窗打开时，窄长板水平方向扭转，就可以从室内看到外部的景象，外部光也可透过百叶窗射入室内了，如图 7-30b 所示。如果不使百叶窗的窄长板全部打开，仅使一部分水平扭转，结果就会使光只从那里射入，这样也可使那里的光组成文字（数字）和图形。

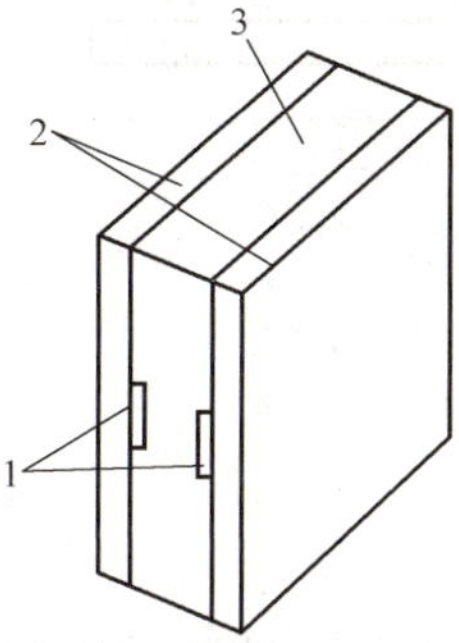

图 7-29　液晶显示元件的构成

1—透明电极　2—玻璃基板　3—液晶材料

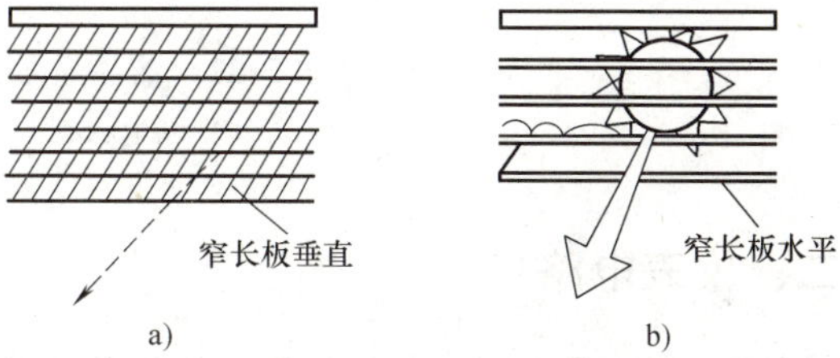

图 7-30　百叶窗的工作原理

a）百叶窗关闭　b）百叶窗打开

液晶显示器就是利用这一原理，把透明电极配置成百叶窗形状，只向欲显示的“窄长板”通入电压，就可显示出其图形。在液晶材料中，渗入双色素，利用该色素的异向吸光性进行显示，再使之形成双层结构，就会使视角更广，实现全面彩色化。

双层液晶显示元件（LCD）是在平行的三片玻璃间置入两层液晶材料。两层液晶材料内的双色素分子与液晶分子相互垂直排列，如图 7-31 所示。其中显示部分，夹着液晶层的透明电极，透明电极相对放置。

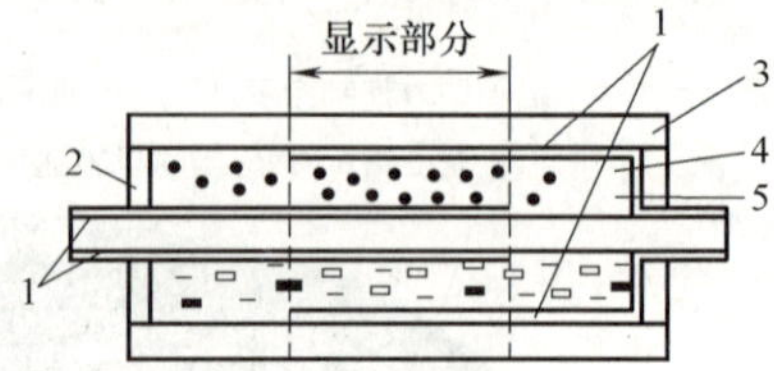

图 7-31　双层液晶显示元件构造

1—电极　2—密封材料　3—玻璃板

4—液晶分子　5—双色素分子

当双层液晶显示元件断电时，各层内的液晶分子和双色素分子与光的穿透方向垂直，光不能透过，但部分着色光可透过，如图 7-32a 所示。当双层液晶显示元件通电时，电极间通入电压后，显示部分液晶分子和色素分子与光的穿透方向相同，透过无色光，如图 7-32b 所示。彩色液晶数字显示仪表利用这一特性，把透明电极制成显示窗形状，只向欲显示的部位通入电压，就可实现显示作用。

2. 液晶显示板的照明

由于液晶自体无发光能力，是一组受光型元件，因此在 LCD 的内侧配置了两只冷阴极放电管，还设有反射板、扩散板等，形成亮度均匀的 LCD 照明机构。

冷阴极放电管是一种不使用热电子的荧光灯，它具有寿命长、耗电少、无灯丝、耐振动与冲击等特点。

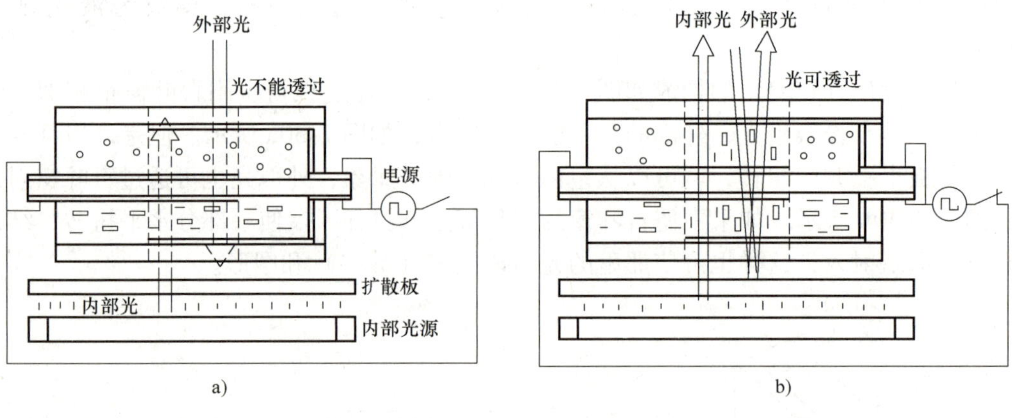

图 7-32　液晶显示元件的工作原理

a）断电状态　b）通电状态

二、仪表电路

图 7-33 和图 7-34 所示为本田雅阁的仪表电路，主要由供电、仪表控制模块和各系统控制装置和传感器等电路组成。

供电电路由蓄电池（+）→发动机舱熔丝盒第 22 和 15 号熔丝→仪表板下熔丝第 7 号熔

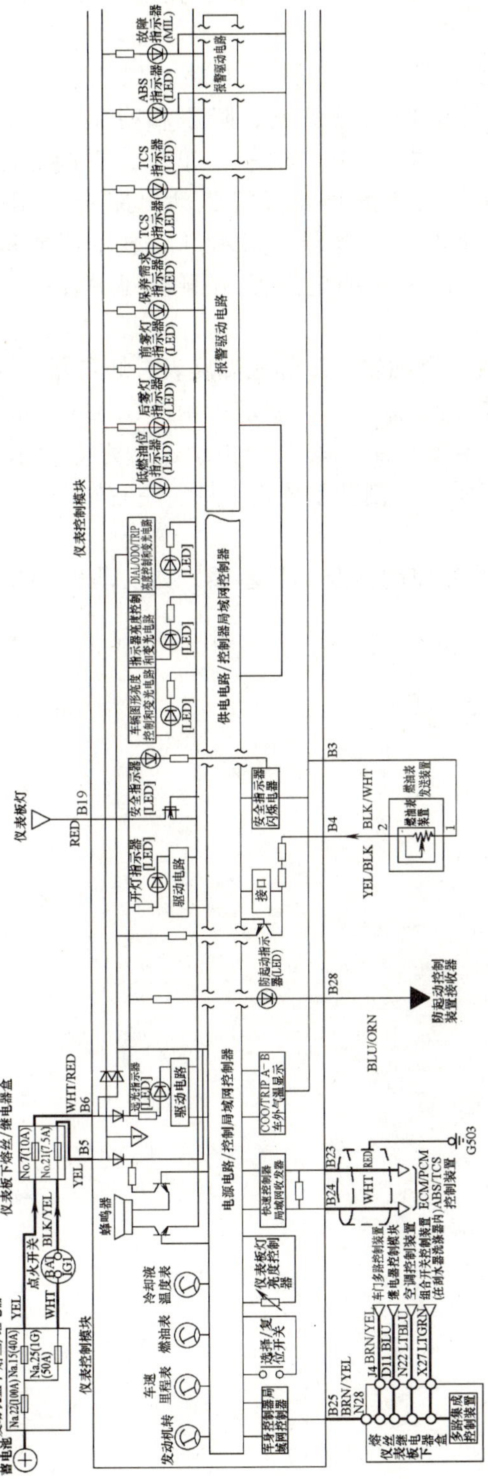

图 7-33　本田雅阁的仪表电路（1）

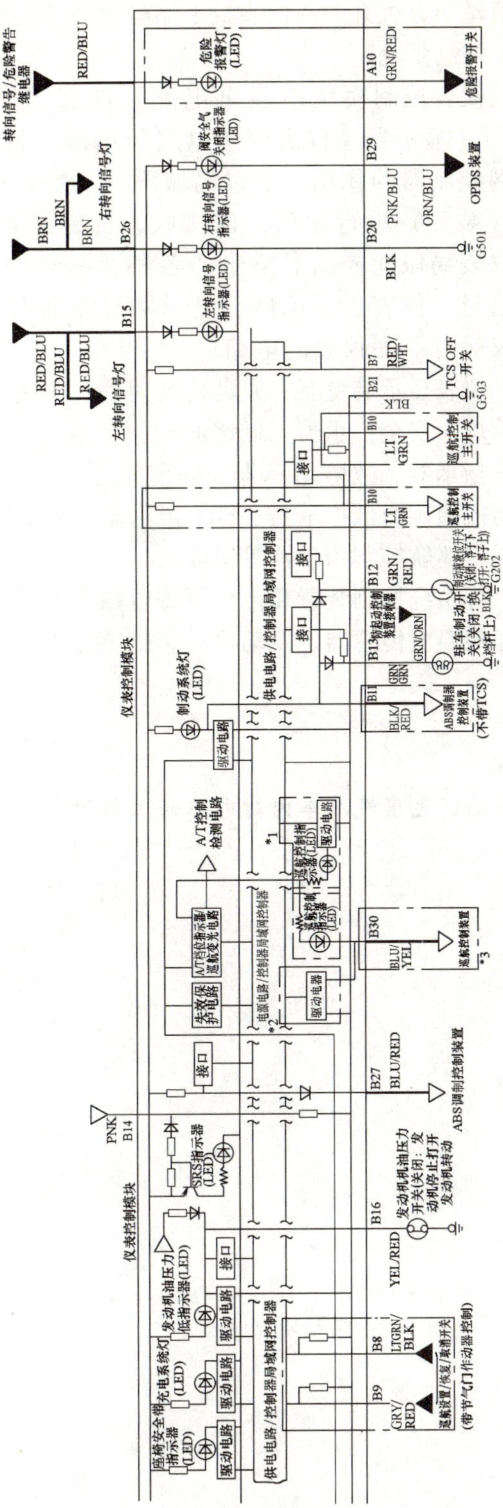

图 7-34　本田雅阁的仪表电路（2）

丝→B 插座 6 号脚→仪表控制模块，是常电。另一路由蓄电池（+）→发动机舱熔丝盒第 25 号熔丝→点火开关→仪表板下熔丝盒第 21 号熔丝→B 插座 5 号脚→仪表控制模块，由点火开关控制供电。

仪表控制模块由供电电路、仪表局域网控制器、报警驱动电路、仪表、指示器（灯）、显示器、仪表照明电路等组成。供电电路的作用是供电、降压和稳压。仪表局域网控制器的作用是通过局域网，与发动机、变速器、ABS、巡航、车身、空调等控制器（装置）进行通信，以接收、传递和转换各种仪表信号。报警驱动电路的作用是，将仪表局域网控制器输出的各种信号转换成转速表、蜂鸣器、指示灯、显示器能接收的信号，仪表、指示灯、显示器显示各种参数。仪表照明电路是由照明开关控制，通过仪表灯照亮仪表的电路。

仪表显示装置有：发动机转速表、车速里程表、燃油表、冷却液温度表、蜂鸣器、远光指示灯、安全指示器、低燃油位指示器、前后雾灯指示器、维护需求指示器、TCS 指示器、ABS 指示器、故障指示器、防起动指示器、车外温度显示、安全带指示器、充电指示灯、发动机油压力低指示器、SRS 指示器、A/T 档位指示器、制动系统指示灯、左右转向信号指示器、巡航控制指示器等组成。

各系统控制装置和传感器等电路是指汽车各部分控制器及其传感器。如发动机 ECU 和冷却液温度传感器、发动机转速传感器等。

习　题

简述飞度汽车车内灯电路的工作原理。

第八章 汽车辅助电气设备电路

第一节 刮水器和洗涤器电路

一、刮水器电路

（一）刮水器综述

1. 刮水器的功用

刮水器是用来刮除汽车风窗玻璃上的灰尘、污垢、雨水和雪花，保证驾驶人有良好的视线，确保其行驶安全。一般汽车的前风窗玻璃上都装有两个刮水片，部分汽车在后风窗玻璃上也装有一个刮水片，一些豪华轿车还装有与风窗刮水器一起开动的前照灯刮水器。

2. 刮水器的类型

汽车刮水器根据驱动动力不同分为电动、真空、气压及机械等四种形式。由于电动刮水器具有动力强大、工作可靠、容易控制、不受发动机工况影响等优点，应用十分广泛。

电动刮水器按刮水速度分为单速、双速、三速和间歇刮水器几种类型。现代汽车普遍采用具有两种速度且能间歇工作的刮水器。而刮水器中的刮水片一般均为铰接式，以便对风窗玻璃的外形及不同运行条件具有很好的适应性。

3. 刮水器的组成

如图 8-1 所示，刮水器主要由电动机、减速机构、自动复位机构、驱动杆系和刮水刷片总成等组成。通常将刮水器电动机、减速机构、自动复位装置组装在一起，统称为刮水器电动机。

4. 刮水器的结构和工作原理

如图 8-2 所示为常用的两刷两速电动刮水器。它通过点火开关与电源连接，双金属片保险器连接在电路中，当电动机电流过大时，触点断开，以起到保护作用。刮水器采用并励直流电动机。电动机的轴与蜗杆 6 连接，并带动齿轮 7 旋转。曲柄 8 与齿轮轴连接，并且在齿轮 7 旋转时，将齿轮 7 的旋转运动变为曲臂 13、16 的摆动，而曲柄是通过拉杆及杠杆将运动传给曲臂的。因此，刮水刷就会左右作一定弧度的往复运动。

如图 8-3 所示为柔性齿条传动刮水器。这种刮水器与上述拉杆传动相比，具有体积小、噪声低等优点，而且可将刮水电动机总成安装在空间较大的地方，便于维修。电动机驱动的

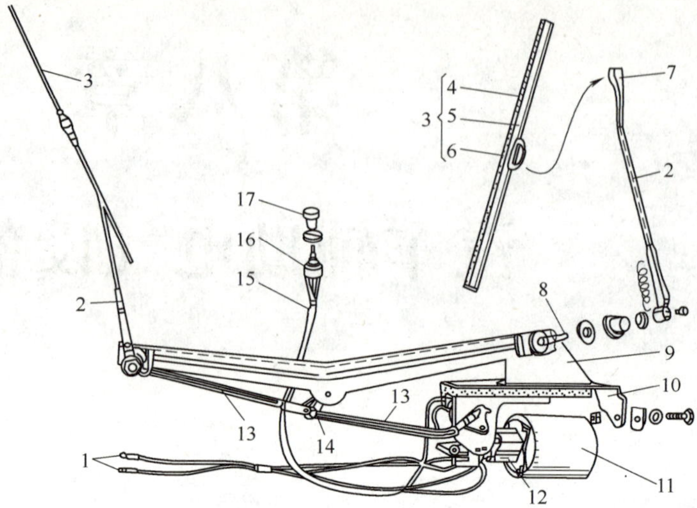

图 8-1　刮水器的组成

1—电线插头　2—刮水刷臂　3—刮水刷片总成　4—橡胶刷片　5—刷片杆　6—刷片支座　7—刷片支持器　8—刮水刷臂心轴　9—刮水器底板　10—电功机安装架　11—电动机　12—减速机构　13—驱动杆系　14—驱动杆铰链　15—电线束　16—刮水器开关　17—刮水器开关旋钮

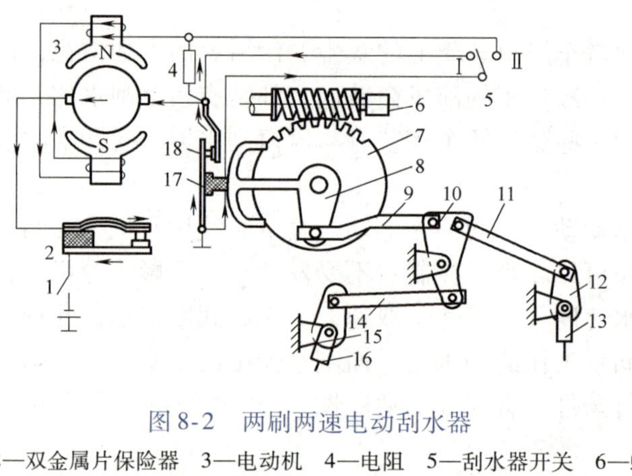

图 8-2　两刷两速电动刮水器

1—点火开关　2—双金属片保险器　3—电动机　4—电阻　5—刮水器开关　6—蜗杆　7—齿轮　8—曲柄　9、11、14—拉杆　10、12、15—杠杆　13、16—曲臂　17—柱销　18—复位开关

蜗轮轴上有一个曲柄销，它驱动连杆机构，而连杆和一个装在硬套管里的柔性齿条连接，因此在连杆运转时，齿条则会作往复运动，齿条的往复运动带动齿轮箱中的小齿轮往复运动，从而驱动刮水片往复摆动。

（二）刮水器电动机

1. 刮水器电动机的类型

刮水器电动机按其磁场结构不同分为永磁式和励磁式两种。其工作原理与起动机相同。永磁式刮水电动机具有体积小、质量轻、噪声小、结构简单等优点，目前在国内外汽车上得到了广泛的应用。励磁式刮水电动机的磁极铁心上绕有串联和并联两个励磁绕组，如图 8-4 所示，其他部件的结构与永磁式基本相同。

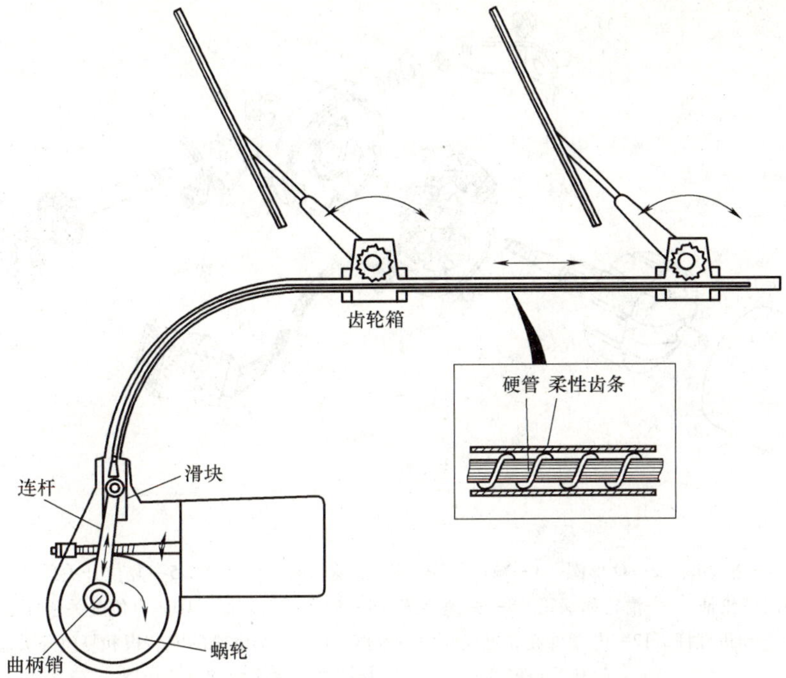

图 8-3 柔性齿条传动刮水器

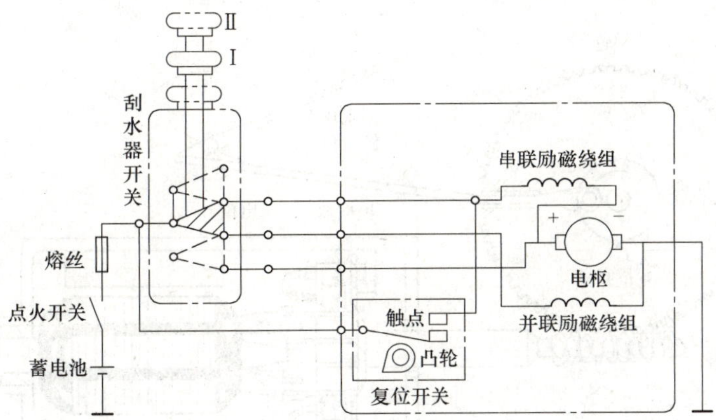

图 8-4 励磁式刮水电动机电路

2. 永磁式刮水电动机的变速原理

永磁式刮水电动机的结构如图 8-5 所示。其工作原理如图 8-6 所示。

永磁式刮水电动机是利用 3 个电刷来改变正、负电刷之间串联线圈个数实现变速的，如图 8-7 所示。刮水电动机工作时，在电枢内同时产生反电动势，其方向与电枢电流的方向相反。如要使电枢旋转，外加电压必须克服反电动势的作用。当电动机转速升高时，反电动势增高，只有当外加电压等于反电动势时（忽略电枢电压降），电枢的转速才能稳定。

三刷永磁式刮水电动机工作时，如图 8-7 所示箭头是电枢绕组产生的反电动势的方向。当将刮水器开关 K 拨向 L 时，如图 8-7a 所示，电源电压加在电刷 B_1 和 B_3 之间。在电刷 B_1 和 B_3 之间有由电枢线圈组成的两条并联支路：一条是由线圈 1、2、3、4 串联；另一条是由

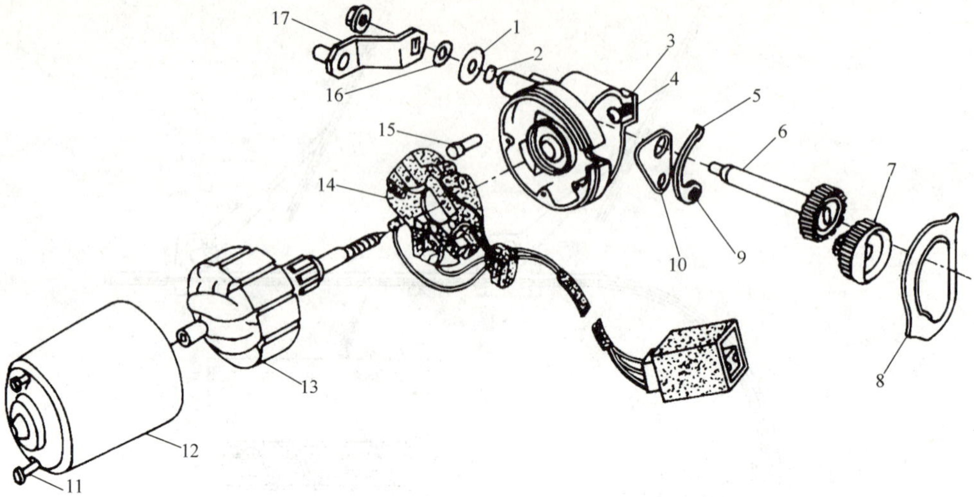

图 8-5　永磁式刮水电动机的结构

1—平垫圈　2—O 形圈　3—减速器壳　4—电枢轴向定位弹簧　5—复位开关顶杆　6—输出齿轮轴　7—惰轮和蜗轮　8—减速器盖　9—放在凸轮表面　10—复位开关顶杆定位板　11—电动机螺杆　12—电动外壳和磁极　13—电枢　14—3 个电刷的安装板和复位开关总成　15—复位开关顶杆及其与销子　16—弹簧垫圈　17—输出臂

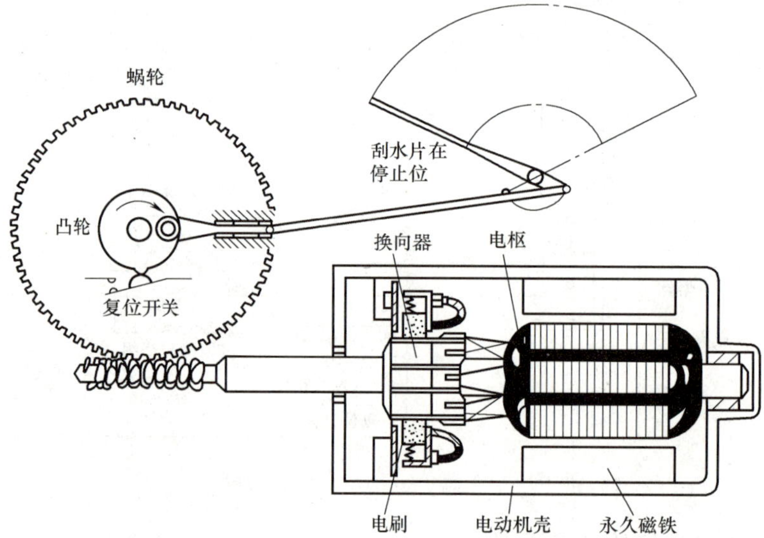

图 8-6　永磁式刮水电动机的工作原理

线圈 5、6、7、8 串联。每条支路中各有 4 个串联线圈，反电动势的大小是 4 个线圈反电动势之和。由于外加电压需要平衡 4 个线圈所产生的反电动势，故电动机转速较低。

当将刮水器开关 K 拨向 H 时，如图 8-7b 所示，电源电压加在电刷 B_2 和 B_3 之间。在电刷 B_2 和 B_3 之间同样有由线圈 1、2、3、4、8 串联和由线圈 5、6、7 串联组成的两条并联支路。由于电动机内部的磁场方向和电枢的旋转方向没有变化，所以各线圈内反电动势的方向与低速时相同。线圈 1、2、3、4、8 同居一条支路中，其中线圈 8 与线圈 1、2、3、4 的反

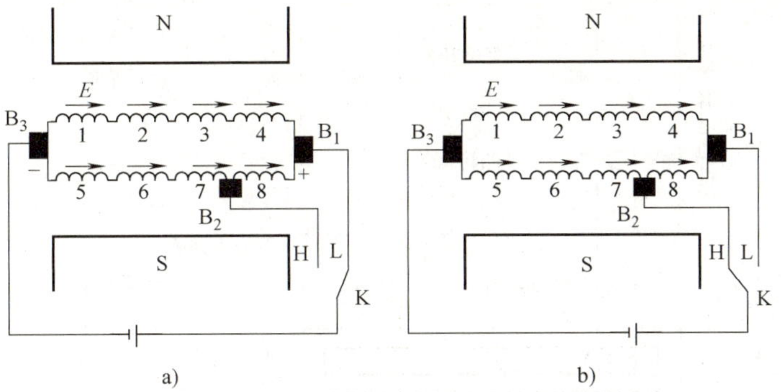

图 8-7　永磁式刮水电动机的变速原理

a）低速　b）高速

电动势方向相反，相互抵消后，使每条支路变为 3 个线圈。所以在高速档时，反电动势减小了，实际加在电枢绕组两端的有效电压值增高了，因此电动机的转速升高了。电动机转速增高，产生的反电动势增大，当外加电压与反电动势达到新的平衡后，电动机便以某一高转速稳定运转。

（三）刮水器的电路

1. 单速刮水器电路

如图 8-8 所示为微型车用单速刮水器电路。当点火开关和刮水器开关接通时，其电流由蓄电池（+）→总熔丝→点火开关→分熔丝→黄线→刮水器开关→蓝线→刮水器电动机→搭铁→蓄电池（-）。刮水器电动机通电旋转，带动刮水刷片摆动，同时还带动凸轮转动，交替接通复位开关的 P1 和 P2 触点，但并不影响电动机转动。

凸轮、触点 P0、P1、P2 组成复位开关。

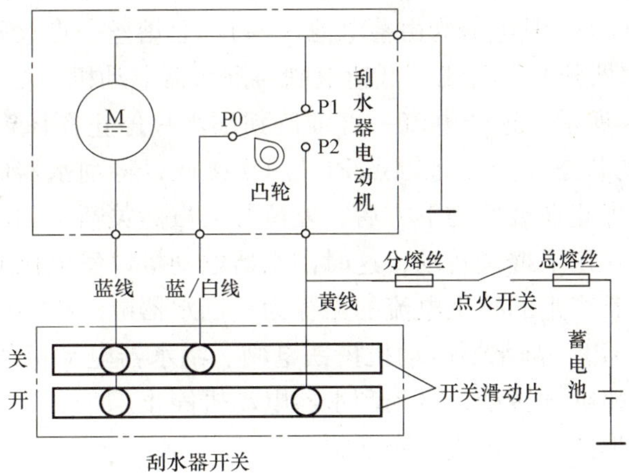

图 8-8　单速刮水器电路

2. 双速刮水器电路

图 8-9 所示为微型车用双速刮水器电路。刮水器开关有关、低速和高速三个档位，电动机的换向器上有三个电刷。

（1）低速档　当点火开关接通，刮水器开关在低速档时，其电流由蓄电池（+）→总熔

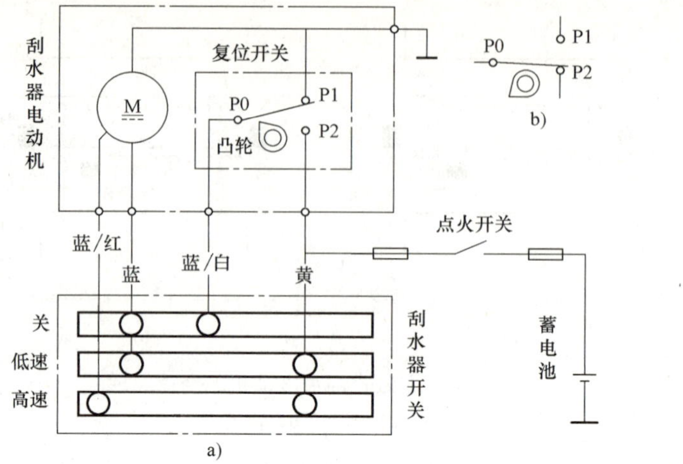

图 8-9　双速刮水器电路

a）刮水器开关在“关”档　b）刮水片不在停止位时，复位开关的状态

丝→点火开关→分熔丝→黄线→刮水器开关→蓝线→低速电刷→刮水器电动机→搭铁→蓄电池（－）。刮水器电动机通电旋转，带动刮水刷片摆动，同时还带动凸轮转动，交替接通复位开关的 P1 和 P2 触点，但并不影响电动机转动。

（2）高速档　当点火开关接通，刮水器开关在高速档时，其电流由蓄电池（＋）→总熔丝→点火开关→分熔丝→黄线→刮水器开关→蓝/红线→高速电刷→刮水器电动机→搭铁→蓄电池（－）。刮水器电动机通电旋转，带动刮水刷片摆动，同时还带动凸轮转动，控制复位开关。

（3）自动复位　刮水器从运转状态拨到关闭状态，如果刮水片不在风窗玻璃的下方停止，则刮水器仍会继续通电转动。其电流为由蓄电池（＋）→总熔丝→点火开关→分熔丝→黄线→P2→P0→蓝/白线→刮水器开关→蓝线→低速电刷→刮水器电动机→搭铁→蓄电池（－），复位开关的状态如图 8-9a 所示。这个电流一直维持到刮水片停止在风窗玻璃的下方，复位开关转变为图 8-9b 所示的状态，凸轮将触点 P1 与 P0 接通，将刮水器电动机的火线（蓝线）与搭铁线连通。刮水片停止在玻璃的下方后，复位开关虽然关断了刮水器电动机的电流，但刮水器电动机仍在惯性作用下继续转动，这时刮水器电动机以发电机的形式工作，消耗掉刮水器电动机惯性能量，其产生的感生电流的路径为：刮水器电动机→低速电刷→蓝线→刮水器开关→蓝/白线→P0→P1→刮水器电动机搭铁电刷。刮水器电动机的感应电流所产生的阻力矩，阻碍刮水器电动机继续转动，直到刮水器电动机停止。

自动复位开关有种形式：凸轮式和铜环式。

图 8-9 所示为凸轮式刮水器自动复位装置，其凸轮与蜗轮联动，动力都由刮水器电动机供给，以驱动复位开关动作，如图 8-6 所示。

图 8-10 所示为铜环式自动复位装置刮。刮水器开关是一个三档开关，0 档为复位档，Ⅰ档为低速档，Ⅱ档为高速档。复位装置是在蜗轮 8 上嵌有铜环 7 和 9 两部分绝缘，其中铜环 9 与电动机外壳相连搭铁。触点臂 3 和 5 用磷铜片或其他弹性材料制成，其一端分别铆有触点 4 和 6。由于触点臂具有一定的弹性，因此在蜗轮转动时，触点 4 和 6 与蜗轮 8 的端面

和铜环7、9保持接触。

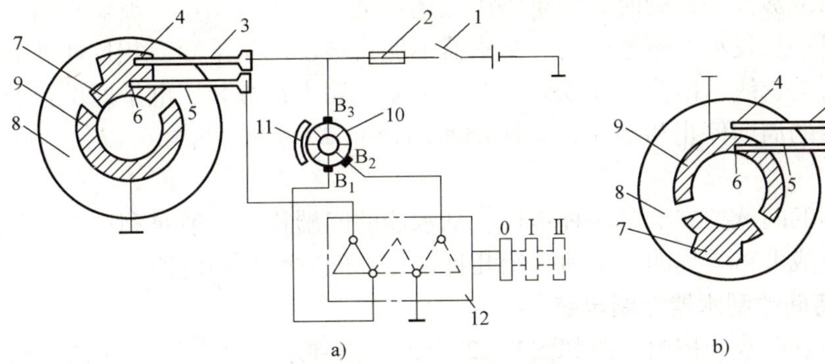

图8-10　铜环式刮水器自动复位装置

a）刮水器复位时，复位开关的状态　b）没有复位时复位开关的状态

1、2—熔丝　3、5—触点臂　4、6—触点　7、9—铜环

8—蜗轮　10—电枢　11—永久磁铁　12—刮水器开关

当把刮水器开关12从Ⅰ档或Ⅱ档退回到0档时，如果刮水片没有复位，由于触点5与铜环9相接触，如图8-10b所示，则电流继续流入电枢，其电路为蓄电池（+）→点火开关1→熔丝2→电刷B_3→电枢绕组→电刷B_1→刮水器开关12→触点臂5→铜环9→搭铁→蓄电池（-）。电动机仍以低速运转直至蜗轮旋转到图8-10a所示的特定位置，电路中断。由于电枢的运动惯性，电动机不能立即停止转动，此时电动机以发电机方式运行。因此时电枢绕组通过触点臂3、5与铜环7接通而短路，电枢绕组将产生制动力矩，电动机迅速停止运转，使刮水片复位到风窗玻璃的下部。

3. 三速刮水器电路

三速刮水器电路如图8-11所示。它是利用改变并联励磁绕组中的电流，实现改变刮水器电动机转速的。并联励磁绕组电路中的电阻越大，其电流越小，并联励磁绕组的磁场强度越小，刮水器电动机的转速越高。

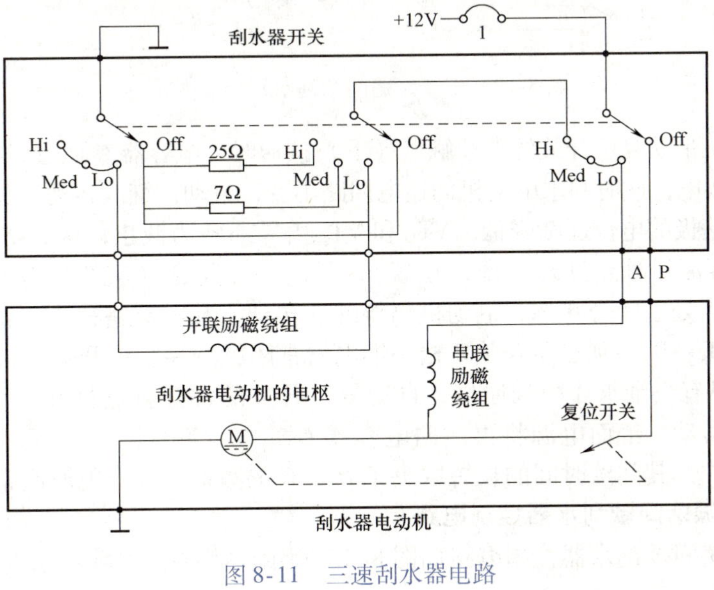

图8-11　三速刮水器电路

（四）间歇性刮水器电路

汽车在小雨或雾天中行驶时，如果仍用上述速度连续进行刮水，玻璃表面上就会由少量水分和灰尘形成一层发粘的不透明物，刮水器不能将玻璃刮拭干净，相反使玻璃更加模糊不清，影响驾驶人的视线。因此，在现代汽车刮水器电路中都加装了电子间歇控制系统，使刮水器能按照一定的周期停止和动作，每次刮水后停止 2 ~ 12s，这样可以使驾驶人获得更好的视线。

汽车刮水器的间歇控制电路多种多样。刮水器的间歇控制一般是利用自动复位装置和电子振荡电路或集成电路实现的。下面介绍几种常见的间歇性控制电路。

1. 电子振荡间歇刮水器控制电路

电子振荡间歇刮水器控制电路如图 8-12 所示。当刮水器开关置于 0 档，间歇开关闭合时，电源将通过自动复位开关向电容器 C 充电，其电流路径为：蓄电池（+）→点火开关→熔丝→自动复位开关常闭触点（上）→电阻 R_1→电容器 C→搭铁→蓄电池（-）。随着充电时间的延长，电容器两端的电压逐渐升高。当电容器 C 两端的电压升高到一定值时，晶体管 VT_1 和 VT_2 相继由截止转为导通，继电器线圈 J 的通电，其电流路径为：蓄电池（+）→点火开关→熔丝→电阻 R_5→VT_2→继电器线圈 J→间歇开关→搭铁→蓄电池（-）。在电磁吸力的作用下，继电器常闭触点 J 打开，常开触点闭合（虚线位置），刮水电动机通电，其电流路径为：蓄电池（+）→点火开关→熔丝→B_3→B_1→继电器常开触点→搭铁→蓄电池（-）。此时刮水器电动机将低速旋转。

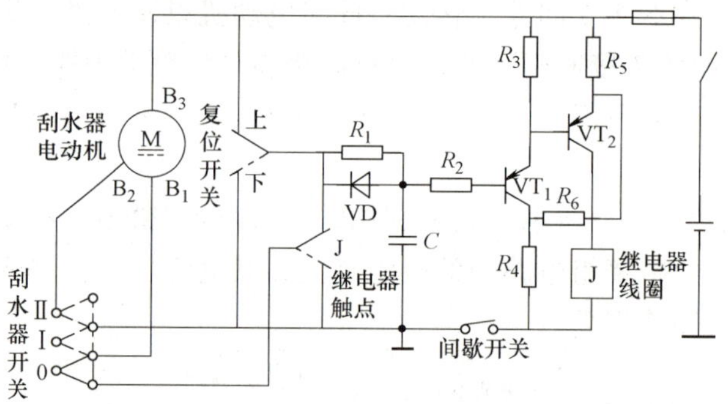

图 8-12 电子振荡间歇刮水器控制电路

刮水器电动机带动复位开关的常开触点（下）接通时，电容器 C 通过二极管 VD、复位开关常开触点迅速放电，此时刮水电动机的通电回路不变，电动机继续转动。随着放电时间的增长，晶体管 VT_1 基极的电位逐渐降低。VT_1 和 VT_2 由导通转为截止，从而切断了继电器线圈 J 的电路，继电器常开触点打开（虚线位置），常闭触点闭合（实线位置）。此时，由于复位开关的常开触点处于闭合状态，电动机仍将继续转动，其电流路径为：蓄电池（+）→点火开关→熔丝→B_3→B_1→刮水器开关 0 档→继电器常闭触点→复位开关的常开触点→搭铁→蓄电池（-）。只有当刮水片回到原位，自动复位开关的常开触点打开，常闭触点闭合时，电动机方能停止转动。继而电源将再次向电容器 C 充电，重复以上过程。如此反复，实现刮水片的间歇动作，其间歇时间的长短取决于 R_1、C 的数值，即充电时间常数的大小。

2. 集成电路振荡间歇刮水器控制电路

集成电路振荡间歇刮水器控制电路如图 8-13 所示。当闭合间歇刮水开关时，集成电路

IC 的 3 脚输出高电位，使继电器 J 线圈通电，在电磁力的作用下，常闭触点 J（实线）打开，常开触点 J（虚线）闭合，刮水器电动机运转，其电流路径为：蓄电池（+）→点火开关→熔丝→B_3→B_1→刮水开关→继电器 J 常开触点→搭铁→蓄电池（-）。同时复位开关的常闭触点打开，常开触点（虚线）闭合。经过一定时间后，电路输出低电位，继电器线圈 J 断电，继电器复位，常开触点打开，常闭触点闭合。此时，由于自动复位开关的常开触点处于闭合状态，电动机仍将继续转动，其电流路径为：蓄电池（-）→点火开关→熔丝→B_3→B_1→刮水开关→继电器常闭触点→复位开关的常开触点→搭铁→蓄电池（-）。只有当刮水片回到原位（即不影响驾驶人视线的位置），自动复位开关的常开触点打开，常闭触点闭合时，电动机才停止转动。重复上述过程，使刮水器间歇刮水。

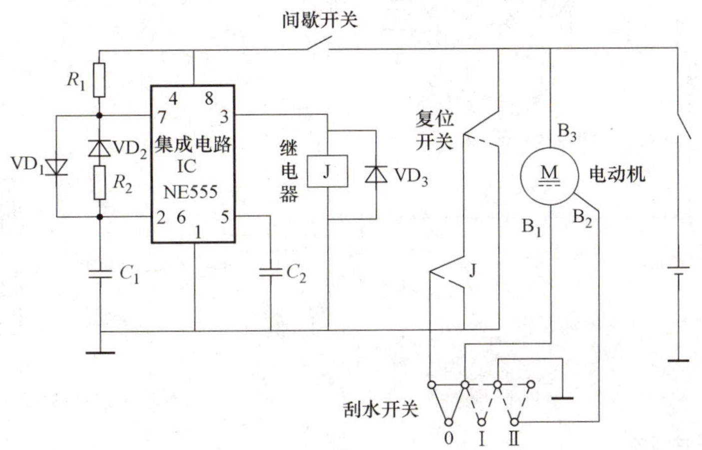

图 8-13　集成电路振荡间歇刮水器控制电路

3. 雨量传感器控制刮水器电路

雨量传感器间歇控制电路能使汽车刮水器根据雨量大小自动开闭，并自动调节间歇时间。

（1）自动开关控制刮水器电路　如图 8-14 所示，S_1、S_2 和 S_3 是安装在风窗玻璃上的雨量传感器的电极，雨水落在两电极之间，使其阻值减小，雨水流量越大，其阻值越小。

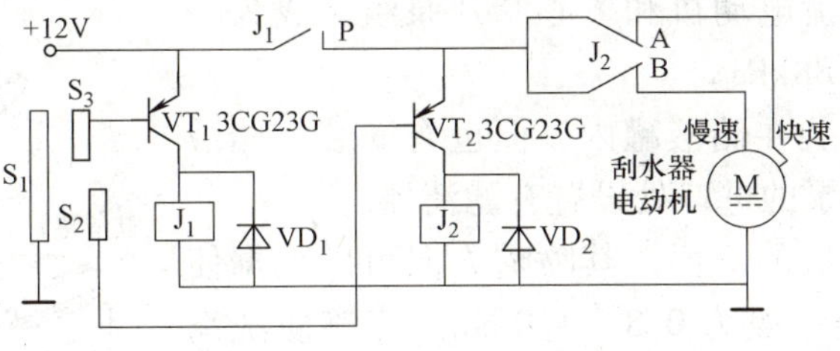

图 8-14　自动开关控制刮水器电路

S_1 与 S_3 之间的距离较近（约 2.5cm）。因此，晶体管 VT_1 首先导通，继电器 J_1 通电，在电磁吸力的作用下，触点 P 闭合，刮水电动机低速旋转。当雨量增大时，S_1 与 S_2 之间的电阻减小到使晶体管 VT_2 也导通，于是继电器 J_2 通电，在电磁吸力的作用下，继电器 J_2 的触点 A 断开，B 接通，刮水电动机转换为高速旋转。雨停时，电极 S_1、S_2 和 S_3 之间的阻值均增大，晶体管 VT_1、VT_2 截止，继电器复位，刮水电动机自动停止工作。雨量传感器相当于自动开关。

(2) 电子调速刮水器　如图 8-15 所示，该调速器可根据雨量的大小或雾天的实际情况，自动调节刮水片的间歇摆动时间，使风窗玻璃的清晰度提高，且能自动接通或关闭刮水器。其中，雨量传感器 M 是用镀铜板（尺寸为 6.5cm × 6.5cm）制成的两个间隔很近，但互不相通的电极，如图 8-16 所示。对于先进的雨量传感器，它能使电动机获得刮水的最佳时间。

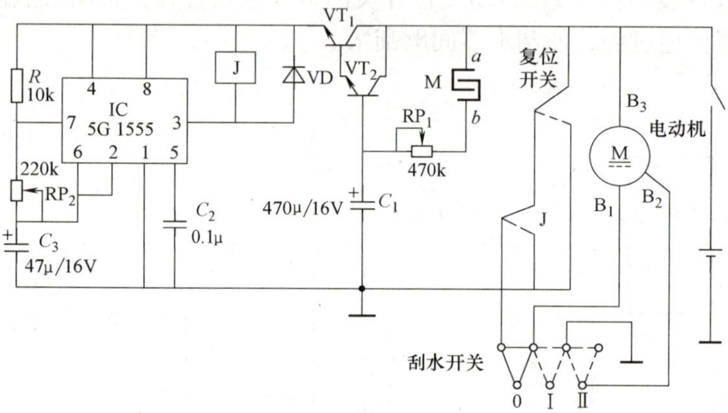

图 8-15　雨量传感器式电子调速刮水器

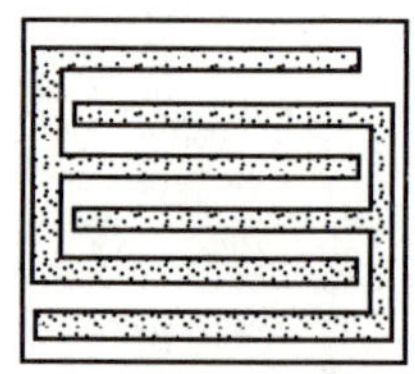

图 8-16　雨量传感器

二、洗涤器电路

刮水器在刮除泥土和尘埃时，如果风窗玻璃上没有水，而干刮就很难刮净，甚至会划伤玻璃。因此，现代汽车上都安装有风窗玻璃洗涤器，与刮水器配合使用。

按控制方式不同，洗涤器分为手动控制、脚动控制和电动机驱动三种。有的将喷嘴安装在前围板左右两侧，有的安装在刮水器臂。有些汽车另外安装一个泵，用于清洗前照灯。

1. 风窗洗涤器的组成

洗涤器的组成如图 8-17 所示，主要由储液罐、洗涤泵、软管、接头、喷嘴等部分组成。洗涤泵一般有永磁式直流电动机和离心叶片泵组装成为一体，喷射压力可达 70 ~ 88kPa。

洗涤泵一般直接安装在储液罐内，但也有安装在储液罐外的。在离心式洗涤泵的进口处设置有滤清器。

喷嘴安装在风窗玻璃的下面，其喷嘴方向可以根据使用情况调整，喷孔直径一般为 0.8 ~ 1.0mm，能够使洗涤液喷射在风窗玻璃的适当位置。洗涤泵的连续工作时间不应超过 1min，对于刮水和洗涤分别控制的汽车，应先开启洗涤泵，再接通刮水器。喷水停止后，刮水器应继续刮动 3 ~ 5 次，以便达到良好的清洁效果。

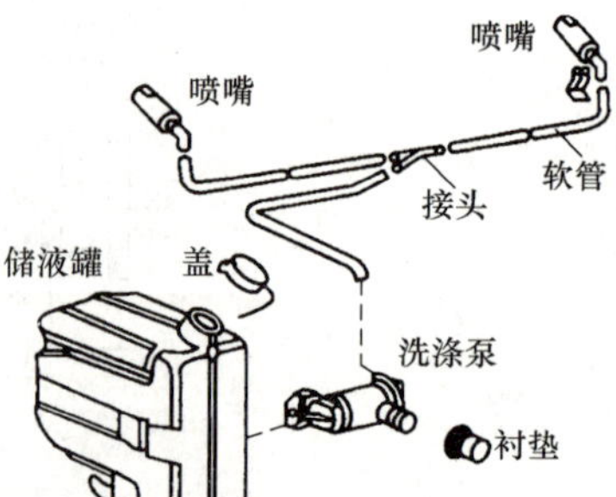

图 8-17　洗涤器的组成

常用的洗涤液是浓度不超过 $2.05 \times 10^{-2}\%$ 的清水。为了能刮掉风窗玻璃上的油、蜡等物，可在水中添加少量的去垢剂和防锈剂。强效洗涤液的去垢效果好，但会使风窗密封条和刮片胶条变质，还会引起车身喷漆变色以及储液罐、喷嘴等塑料件的开裂。冬季使用洗涤器时，为了防止洗涤液的冻结，应添加甲醇、异丙醇、甘醇等防冻剂，再加少量的去垢剂和防锈剂，即成为低温洗涤液，可使凝固温度下降到 -20℃以下。若冬季不用洗涤器时，应将洗涤管中的水倒掉。

2. 风窗洗涤装置的控制电路

图 8-18 所示为广州本田飞度刮水器与洗涤器电路。由于洗涤器应与刮水器配合工作，所以两系统属同一控制电路。当将洗涤开关接通时（将刮水器开关向上扳动），洗涤泵电路接通，其电流为：蓄电池（+）→熔丝 No. 1→熔丝 No. 3→WHT（白线）→点火开关（IG 档）→BLK/YEL（黑/黄线）→熔丝 No. 13→洗涤器开关→WHT/ BLK（白/黑线）→洗涤泵电动机→BLK（黑线）→搭铁→蓄电池（-）。洗涤泵运转，输送清洗液，位于发动机盖上的两个喷嘴，也同时向风窗玻璃喷射清洗液。与此同时，也接通了刮水器间歇继电器的控制电路。

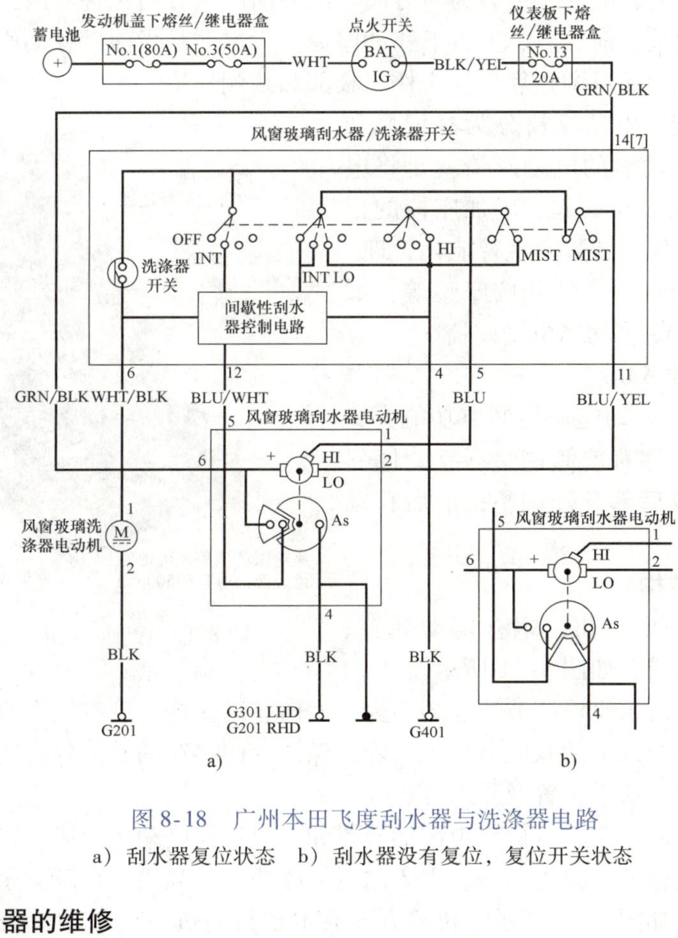

图 8-18　广州本田飞度刮水器与洗涤器电路

a）刮水器复位状态　b）刮水器没有复位，复位开关状态

3. 风窗洗涤器的维修

洗涤器的故障都是因输液系统而引起的。因此，应拆下泵体上的水管后使电动泵工作。若电动泵能够喷出清洗液，则故障在输液系统。否则，按照下面的步骤查找故障。

1）目测储液罐内的液体存储量。检查熔丝和线路连接是否良好。

2）打开洗涤器开关，同时观察电动机。如果电动泵工作但不喷液，检查泵内有无堵塞，排出泵体内异物；如果没有堵塞，必须更换电动泵。

3）如果电动泵不运转，当洗涤器开关闭合时，用电压表或试灯检查洗涤泵电动机上有无电压。若有电压，用欧姆表检查搭铁回路。若搭铁良好，必须更换电动泵。

4）在上一步中，如果电动机上没有电压，必须沿线路向开关查找，检测开关工作是否正常。如果开关有电压输入，但没有输出，必须更换开关。

如需更换电动机，先拔下泵上的线束插接器和水管后进行。

第二节 电动座椅电路

一、电动座椅综述

1. 电动座椅的类型

按座椅移动的方向，电动座椅分为两方向、四方向和六方向三种。两方向是指往前和往后移动座椅。四方向是指前、后、上、下移动座椅。六方向是指前后移动座椅及座椅前、后部分别升降。有的车型还可调整靠背、头枕、腰部和两侧气垫。

按有无记忆功能，电动座椅分为有记忆和无记忆两种。有记忆功能的电动座椅就是将电动座椅与车载微机结合在一起，增加座椅的记忆功能，对座椅调整信息参数实现智能化管理。

电动座椅还有加热型、腰部按摩型等，如图 8-19 所示为奥迪 A8 多功能电动座椅。

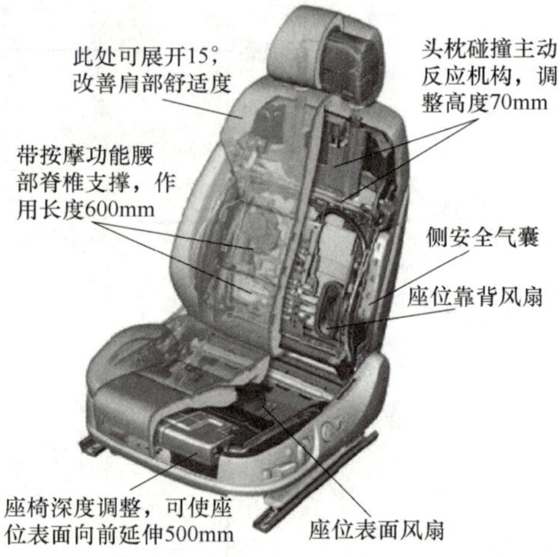

图 8-19 奥迪 A8 多功能电动座椅

2. 电动座椅的调节功能

如图 8-20 所示，电动座椅的调节功能：头枕前后及升降调整；靠背前倾调整；靠背倾斜度调整；座椅前部或后部升降调整；前后移动座椅；腰部调整。

3. 电动座椅的结构

电动座椅由双向电动机、蜗杆传动装置、控制开关及线路等组成，如图 8-21 所示。

电动机的个数取决于座椅调节功能的多少，六向移动座椅，装有三个双向电动机。有的电动座椅甚至装有四个以上的双向电动机，除能保证六向移动的功能外，还能调整头枕高度及倾斜度、座椅长度、扶手位置及腰部等。

电动座椅每个方向的调整机构都由传动装置和一只双向电动机组成。传动装置主要包括上下轨道、螺杆、连轴节支架等部件。六方向电动座椅，是利用一台双向永磁式三电枢电动机驱动座椅调整的，如图 8-22 所示。传动方式有电动机通过齿轮带动齿条，或通过蜗杆带动蜗轮等方式。

电动座椅调节就是可以通过电动机的控制来调节座椅的前后位置、上下高度、靠背角度，更豪华的车型的可以调节腿部支撑、腰部支撑等。电动座椅调节可以使人员处于一个相对舒适的驾驶位置。由于采用电动机调整，底部也是在螺杆上进行移动的，因此要比手动调节来的简便、省力，而且可以实现无级调整。

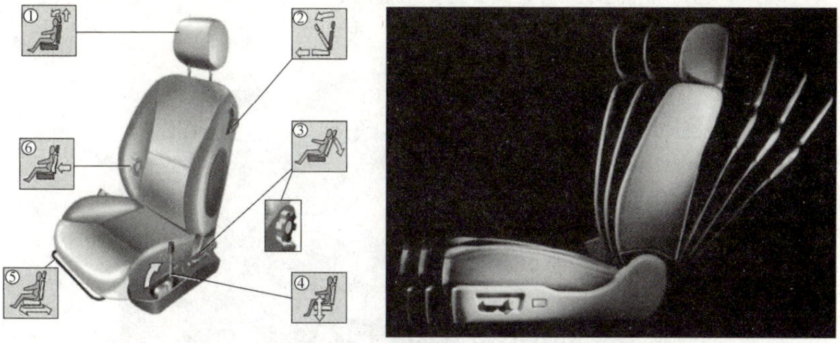

a) b)

图 8-20 电动座椅的调节功能

a）电动座椅的调节部位 b）电动座椅的调节

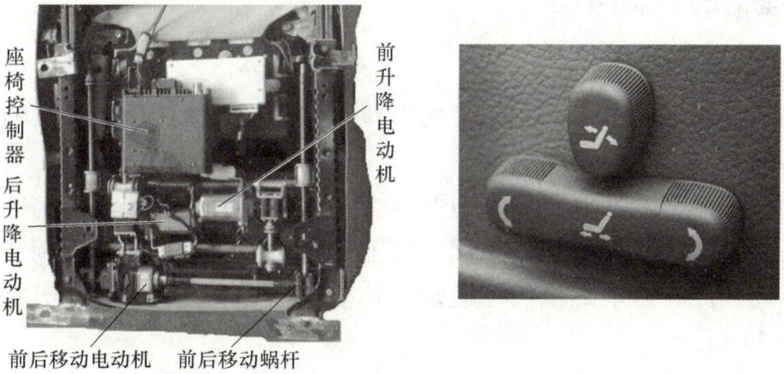

a) b)

图 8-21 电动座椅的结构

a）电动座椅的结构 b）电动座椅控制开关

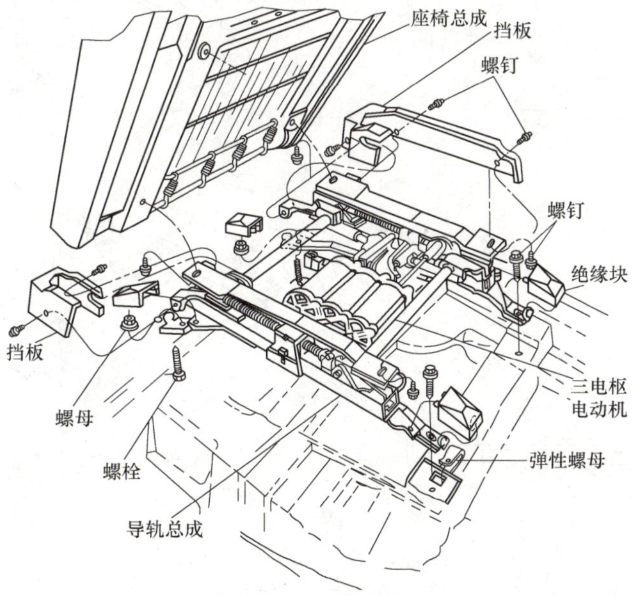

图 8-22 电动座椅前后调整的传动装置的构造

图 8-23 所示为带记忆功能电动座椅的按钮，其增加了座椅的记忆功能，对座椅中的信息参数实现智能化管理。

图 8-23　带记忆功能电动座椅的按钮

二、电动座椅的控制原理

1. 六方向电动座椅控制原理

电动座椅的电动机一般是永磁式的，利用开关可控制电流流经电动机的方向，从而使电动机具有两个转动方向。

电动座椅的机械部分由变速器、联轴器、螺旋千斤顶及齿轮传动机构等组成。开关接通后，电动机动力经齿轮、联轴器、变速器、软轴等传至座椅调节器。当调节器到达行程终点时，软轴停止运动，此时若电动机仍在运转，其动力将被橡胶联轴器所吸收，以防电动机过载损坏，如图 8-24 所示。

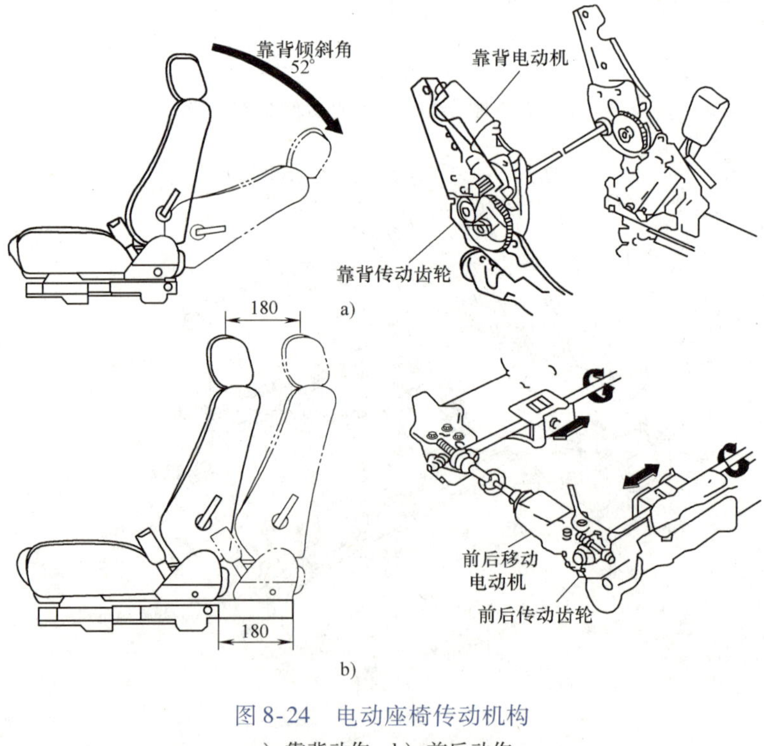

图 8-24　电动座椅传动机构

a）靠背动作　b）前后动作

六方向电动座椅控制电路如图 8-25 所示。各开关的位置与座椅运动状态的关系见表 8-1。

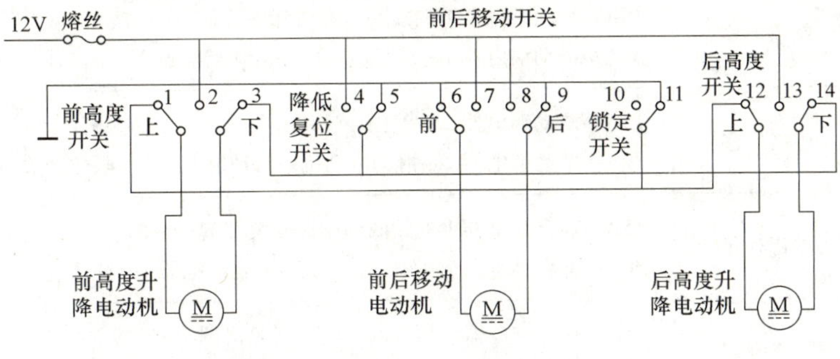

图 8-25　六方向电动座椅控制电路

表 8-1　各开关的位置与座椅运动状态的关系

开　关		位置	动　作	电流路径
前高度开关	上	2	座椅前部上升	12V→2→上→前高度升降电动机→下→3→降低复位开关 5→搭铁
	下	2	座椅前部下降	12V→2→下→前高度升降电动机→上→1→锁定开关 11→搭铁
后高度开关	上	13	座椅后部上升	12V→13→上→后高度升降电动机→下→14→降低复位开关 5→搭铁
	下	13	座椅后部下降	12V→13→下→后高度升降电动机→上→12→锁定开关 11→搭铁
降低复位开关		4	座椅前后下降	12V→4→3 下→前高度升降电动机→上 1→锁定开关 11→搭铁 12V→4→14 下→后高度升降电动机→上 12→锁定开关 11→搭铁
前后移动开关	前	7	座椅向前移动	12V→7→前→前后移动电动机→后→9→搭铁
	后	8	座椅向后移动	12V→8→后→前后移动电动机→前→6→搭铁
锁定开关		10	座椅不能下降	可操作前、后高度开关，使座椅上升

2. 继电器控制的电动座椅控制电路

继电器控制的电动座椅控制电路如图 8-26 所示。其工作过程见表 8-2。

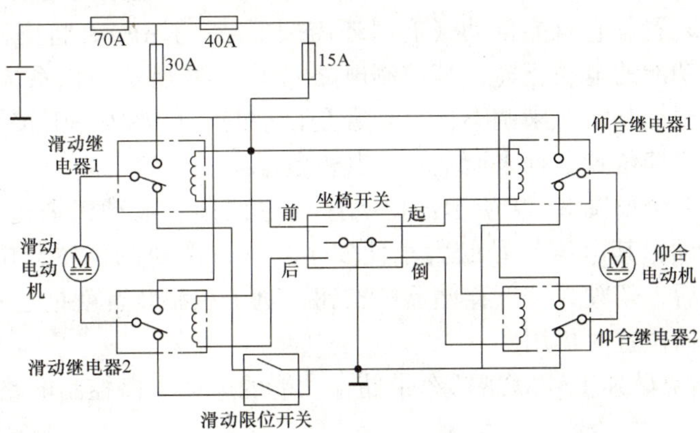

图 8-26　继电器控制的电动座椅控制电路

表 8-2 继电器控制电动座椅的工作过程

座椅开关	动作	电流路径
前	座椅前移	15A→滑动继电器 1 的线圈→座椅开关“前”→搭铁 30A→滑动继电器 1→滑动电动机→滑动继电器 2→限位开关→搭铁
后	座椅后移	15A→滑动继电器 2 的线圈→座椅开关“后”→搭铁 30A→滑动继电器 2→滑动电动机→滑动继电器 1→限位开关→搭铁
起	靠背升起	15A→仰合继电器 1 的线圈→座椅开关“起”→搭铁 30A→仰合继电器 1→仰合电动机→仰合继电器 2→搭铁
倒	靠背倒下	15A→仰合继电器 2 的线圈→座椅开关“倒”→搭铁 30A→仰合继电器 2→仰合电动机→仰合继电器 1→搭铁

3. 丰田轿车驾驶人座控制电路

丰田轿车驾驶人座椅具有将座椅前后滑动、座椅前后分别升降、靠背调整、腰垫调整等多种功能，其控制电路如图 8-27 所示。

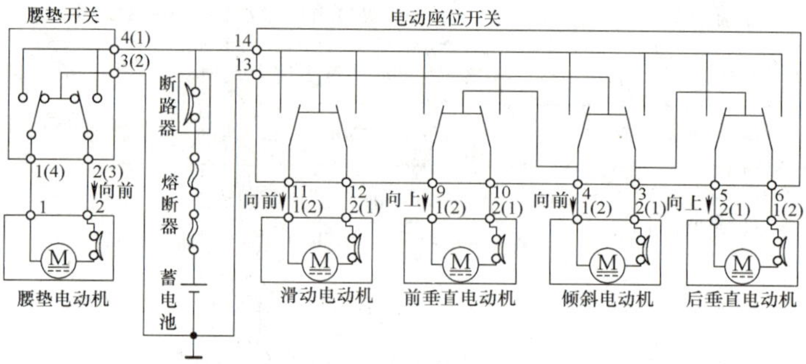

图 8-27 丰田轿车驾驶人座椅控制电路

注：括号内数字适用于 RHD 车。

4. 有储存功能的电动座椅控制电路

当他人乘车并将座椅调整后，需要重新调整座椅的位置，这显然是很麻烦的事情。如果有了电子控制的记忆装置，它就能自动（有时还需按下某一按钮），将座椅位置恢复到原来的位置。这种有储存功能的电动座椅，其控制电路如图 8-28 所示，该系统有两套控制装置：一套是手动的，各人根据其需要来调整；另一套是自动的，只要按一下按钮，电子控制装置就能按照原先储存的座椅位置数据来调整，使其恢复原来的位置。

存储装置中，有多个如图 8-29 所示的电动座椅电位计。电动机通过齿轮使螺杆转动，滑块便在电阻丝上滑动，其电压信号的大小便发生变化，滑块的位置与电压信号的大小对应。当座椅位置调好后，驾驶人按下存储器的按钮，电子控制装置就把这些电压信号储存起来，以备下次恢复座椅位置时再用。

图 8-30 所示为雷克萨斯 LS400 型轿车带储存功能的电动座椅控制电路。

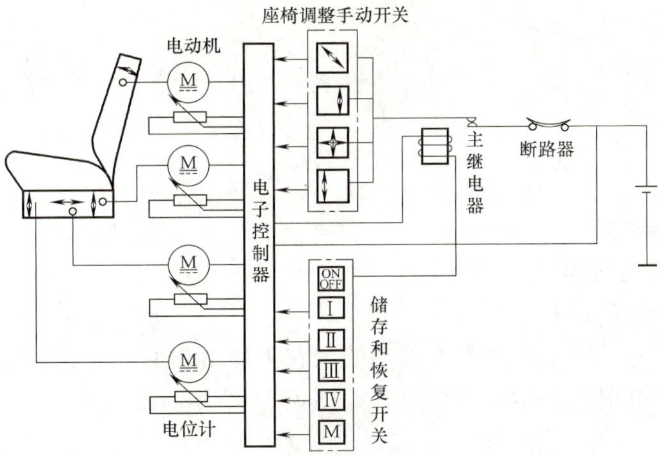

图 8-28　有储存功能的电动座椅控制电路

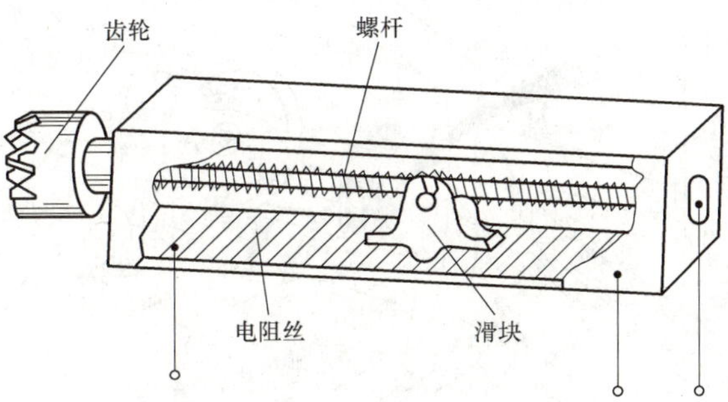

图 8-29　电动座椅电位计

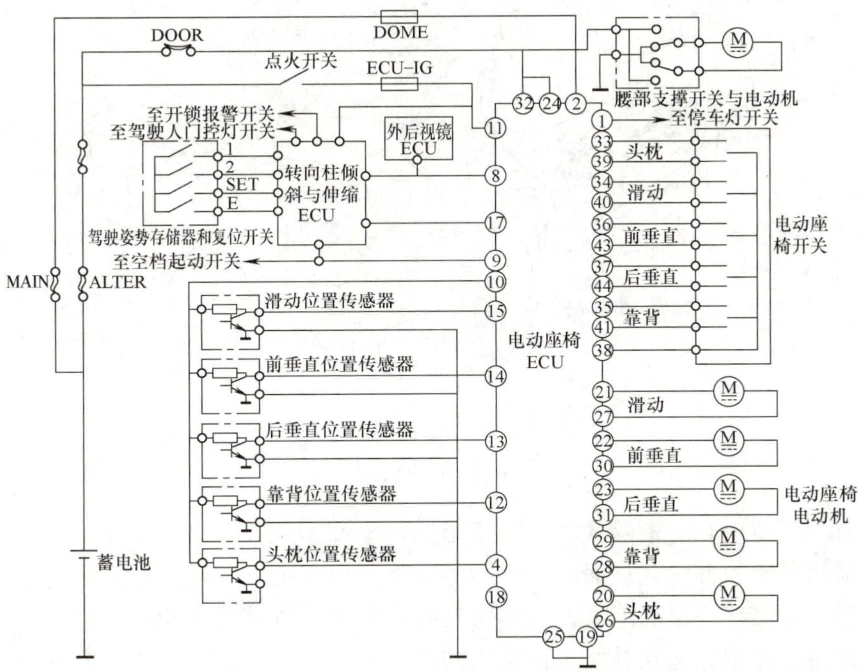

图 8-30　雷克萨斯 LS400 型轿车带储存功能的电动座椅控制电路

第三节　电动车窗电路

一、电动窗

（一）电动车窗综述

1. 电动车窗的类型与组成

电动车窗分为电动门窗和电动天窗。

电动门窗是利用电动机来升降车窗玻璃的。它主要由车窗、玻璃升降机构、电动机、主控开关、分控开关、继电器和熔丝等组成，如图 8-31 所示。

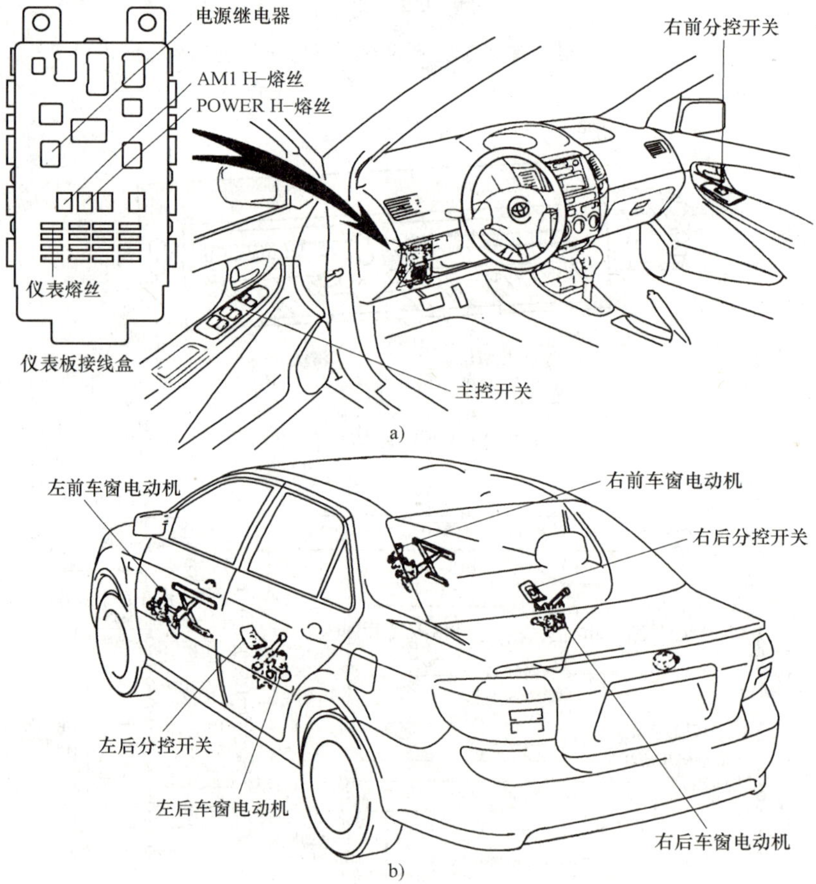

图 8-31　丰田威驰电动门窗的组成

a）驾驶舱　b）车门

电动门窗一般使用双向永磁式电动机或串励电动机。每个车窗安装有一个车窗电动机，通过开关控制其电流的方向，从而实现车窗的升降。当车窗下降时，连接在扇形齿轮上的螺旋弹簧卷绕起来，储存一定的能量，当车窗升高时，弹簧将其储存的能量释放，协助电动机升高车窗。弹簧的作用力起到补偿车窗重力的作用。若没有螺旋弹簧，车窗下降时将需要较小的力量，但升高时则需要较大的力量。螺旋弹簧的作用是：当车窗玻璃上升或下降时使驱动电动机承受相等的负荷。

2. 车窗玻璃升降机构

要求车窗玻璃升降机构动作过程要平顺、可靠、轻便。车窗玻璃升降机构由玻璃升降器和窗框导槽组成。玻璃升降器的类型有下列几种。

（1）绳轮式玻璃升降器　绳轮式电动玻璃升降器由导轨、玻璃托架、牵引钢绳、驱动电动机和减速器组成。通过开启驱动电动机，玻璃托架在牵引钢绳的拉动下沿导轨上下滑动，实现车窗玻璃的开度调节。

双导轨绳轮式玻璃升降器如图 8-32 所示。

（2）单臂式玻璃升降器　单臂式玻璃升降器由玻璃托架、举升臂、支架、驱动电机和减速器组成，如图 8-33 所示，通过开启驱动电动机，转动举升臂，此时举升臂端部的滑轮在玻璃托架上的导轨中滑移，从而带动玻璃托架上下移动，实现车窗玻璃的开度调节。

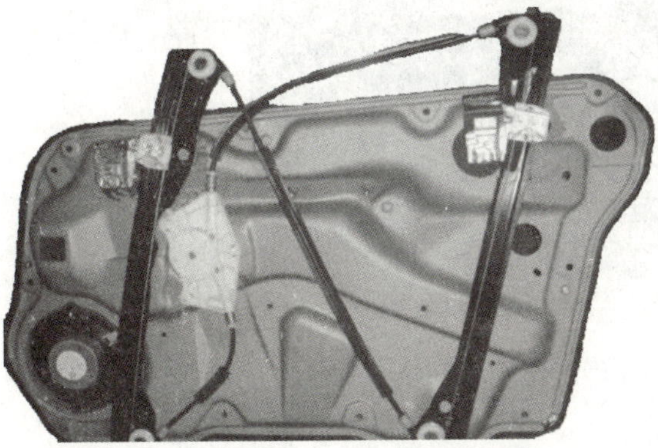

图 8-32　双导轨绳轮式玻璃升降器

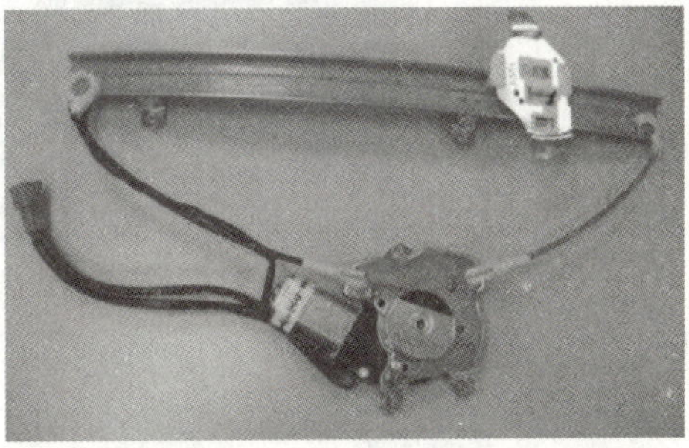

图 8-33　单臂式玻璃升降器

（3）齿条式玻璃升降器　图 8-34 中齿条是带齿的柔性带，其一端固定在车窗玻璃上。电动机通过钢丝绳或直接带动玻璃升降机构。

（4）杠杆式玻璃升降器　图 8-35 所示是通过电动机的小齿轮与扇形齿板相啮合。当驱动电动机旋转时，便可通过杠杆升降机构实现车窗玻璃的升降。

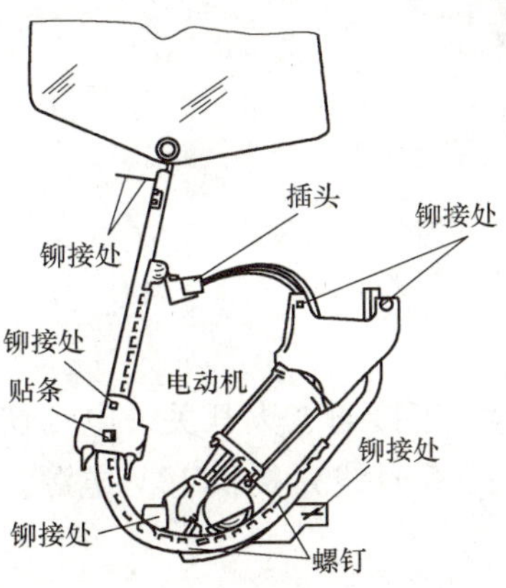

图 8-34　齿条式玻璃升降器

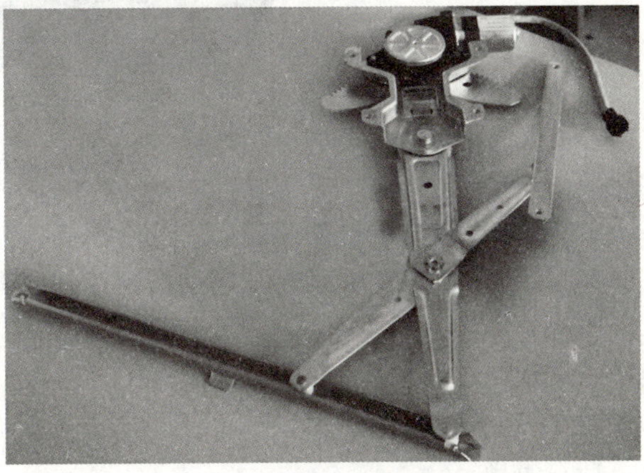

图 8-35　杠杆式玻璃升降器

3. 电动门窗控制开关

电动门窗控制开关由驾驶侧门控主控开关和各车门处的分控开关组成。本田汽车的主控开关如图 8-36 所示，它用于对所有车门锁和车窗玻璃进行控制，一般安装在左前车门把手上或变速杆附近。4 个车窗开关分别用于控制 4 个车门的玻璃升降。当窗锁开关按下时，4 个车门的玻璃不能升降。当门锁开关按下时，4 个车门不能打开，以保证行车安全。

分控开关安装在每个车门的中部或车门把手上，用于乘客对车窗进行操纵，如图 8-37 所示。

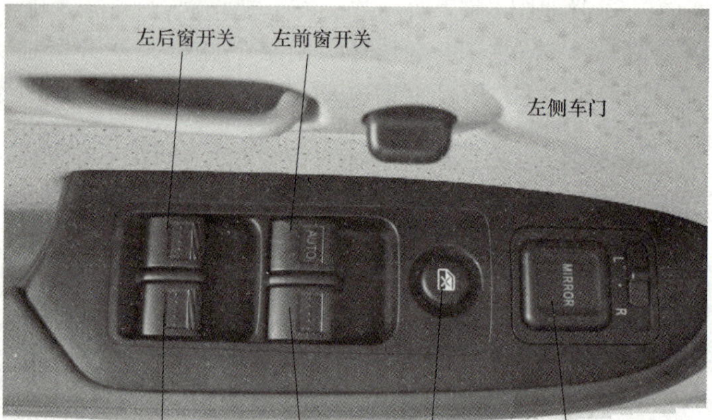

图 8-36 本田汽车的主控开关

图 8-37 分控开关

（二）丰田汽车的电动门窗

1. 雷克萨斯 UCF10 型轿车电动门窗控制原理

雷克萨斯 UCF10 型轿车电动门窗控制电路如图 8-38 所示。当接通点火开关，电动窗继电器线圈通电，通过 4 号线给主控开关（9 号线）和分控开关（5 号线）提供 12V 电源。其控制过程见表 8-3。

注意事项：

1）轻按或轻扳左前主控开关，为点动或手动，手停止按开关，玻璃也立刻停止升降。

将左前主控开关向下按到位或向上扳到位，为自动。主控开关内部自动升降控制电路给线圈 L 通电，产生磁力，吸住开关，玻璃自动升降，如图 8-38 所示。

2）当按下窗锁开关 K（图 8-38），除了左前门窗玻璃可以通过左前主控开关控制升降外，其他门窗玻璃都不能升降。

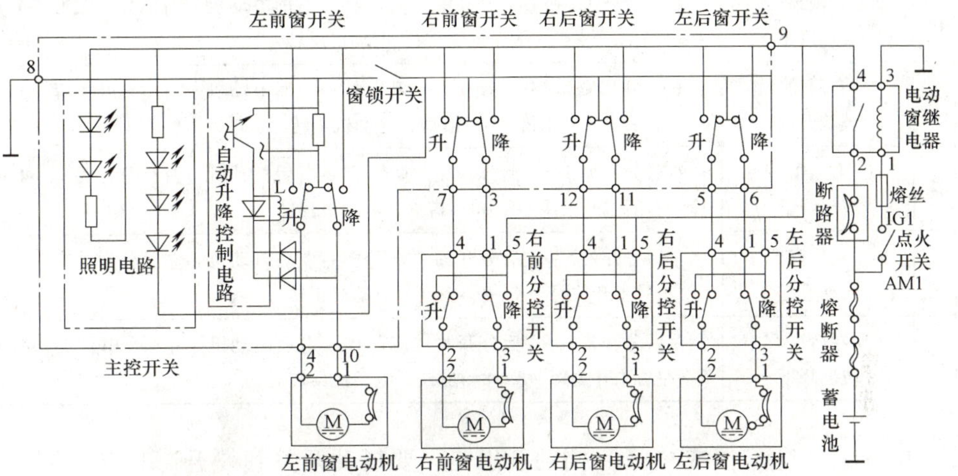

图 8-38　雷克萨斯 UCF10 型轿车电动门窗控制电路

表 8-3　雷克萨斯 UCF10 型轿车电动门窗控制过程

开关状态			动作	电流路径
主控开关	左前	升	左前窗玻璃升起	主控开关 9→左前主控开关“升”档→4→2→左前电动机→1→10→左前主控开关降→8→搭铁，电动机正转
		降	左前窗玻璃降下	主控开关 9→左前主控开关“降”档→10→1→左前电动机→2→4→左前主控开关升→8→搭铁，电动机反转
	右前	升	右前窗玻璃升起	主控开关 9→右前主控开关“升”档→右前分开关升→右前电动机→右前分开关降→右前主开关降→K→8→搭铁，电动机正转
		降	右前窗玻璃降下	主控开关 9→右前主控开关“降”档→右前分开关降→右前电动机→右前分开关升→右前主开关降→K→8→搭铁，电动机反转
	右后	升	右后窗玻璃升起	主控开关 9→右后主控开关“升”档→右后分开关升→右后电动机→右后分开关降→右后主开关降→K→8→搭铁，电动机正转
		降	右后窗玻璃降下	主控开关 9→右后主控开关“降”档→右后分开关降→右后电动机→右后分开关升→右后主开关降→K→8→搭铁，电动机反转
	左后	升	左后窗玻璃升起	主控开关 9→左后主控开关“升”档→左后分开关升→左后电动机→左后分开关降→左后主开关降→K→8→搭铁，电动机正转
		降	左后窗玻璃降下	主控开关 9→左后主控开关“降”档→左后分开关降→左后电动机→左后分开关升→左后主开关降→K→8→搭铁，电动机反转

（续）

开关状态			动　作	电流路径
分控开关	右前	升	右前窗玻璃升起	右前分开关5→右前分开关“升”档→右前电动机→右前分开关降→1→主开关3→右前主开关降→K→8→搭铁，电动机正转
		降	右前窗玻璃降下	右前分开关5→右前分开关“降”档→右前电动机→右前分开关升→4→主开关7→右前主开关降→K→8→搭铁，电动机反转
	右后	升	右后窗玻璃升起	右后分开关5→右后分开关“升”档→右后电动机→右后分开关降→1→主开关11→右后主控开关降→8→搭铁，电动机正转
		降	右后窗玻璃降下	右后分开关5→右后分开关“降”档→右后电动机→右后分开关升→4→主开关12→右后主开关降→K→8→搭铁，电动机反转
	左后	升	左后窗玻璃升起	左后分开关5→左后分开关“升”档→左后电动机→左后分开关降→1→主开关6→左后主开关降→K→8→搭铁，电动机正转
		降	左后窗玻璃降下	左后分开关5→左后分开关“降”档→左后电动机→左后分开关升→4→主开关5→左后主开关降→K→8→搭铁，电动机反转

3）表中开关“升”档或“降”档的意思是，要扳动开关到“升”档或“降”档，即从虚线位置扳到实线位置，其相应的电流方向也改变了，如图8-39所示。开关“升”或“降”的意思是不扳动开关，而电流从开关“升”或“降”这一侧触点流过。

4）“主控开关”简称“主开关”，“分控开关”简称“分开关”。

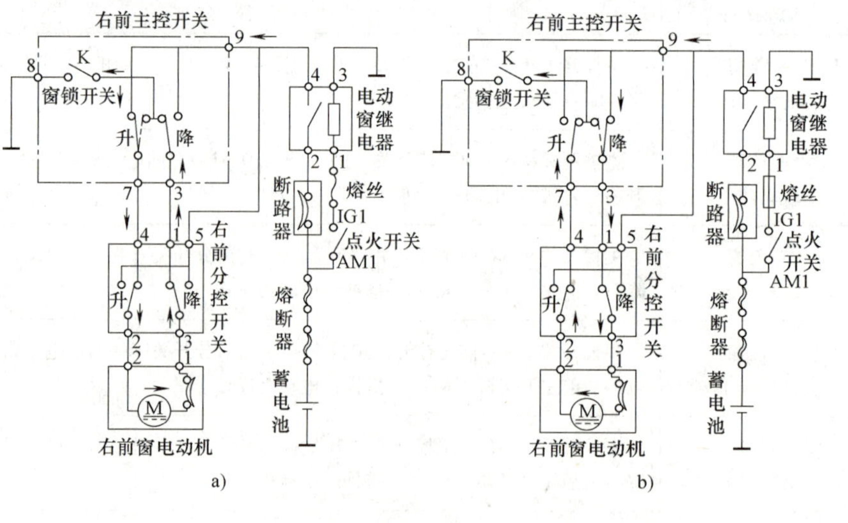

图8-39　主控开关的档位与电流流向

a）右前主控开关在“升”档　b）右前主控开关在“降”档

2. 雷克萨斯UCF10型轿车电动门窗控制电路的检修

雷克萨斯UCF10型轿车电动门窗控制开关及插座如图8-40所示。

（1）主控开关的检查　用欧姆表检测主控开关各针脚间的导通情况。其检查结果应符合图8-41中的规定；否则应更换总控开关。在车窗锁紧，即图8-38所示中的窗锁开关断开时，主控开关的8号针脚与其他针脚不通（左前主控开关除外）。

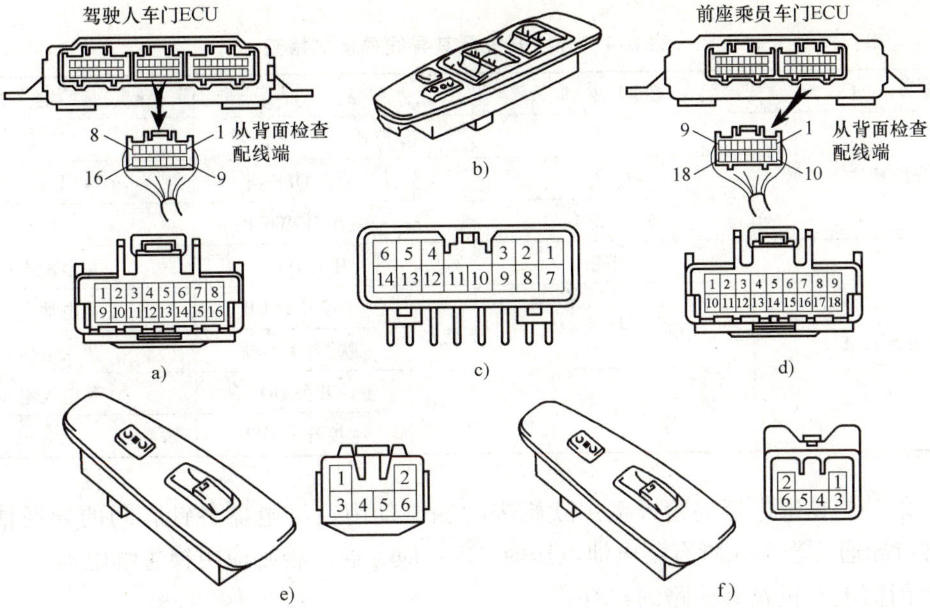

图 8-40　雷克萨斯 UCF10 型轿车电动门窗控制开关及插座

a) 驾驶侧车门 ECU 及插座　b) 主控开关　c) 主控开关配线插座　d) 乘客侧车门 ECU 及插座
e) 乘客侧分控开关及插座　f) 后门分控开关及插座

（2）主控开关连接电路的检查　拔开主控开关的导线插接器，并检测已拔开的导线连接器针脚间的导通情况或电压。当点火开关旋到 ON，图 8-40c 中的针脚 9 对搭铁应为蓄电池电压；针脚 8 对搭铁应为导通；否则应检查与其他元器件相接的电路。

（3）主控开关照明工作状况的检查　把窗锁开关置于未锁位置，将蓄电池的正极接主控开关针脚 9，负极接针脚 8，照明灯应亮；再将窗锁开关置于锁住位置，照明灯应熄灭；否则应更换主控开关。

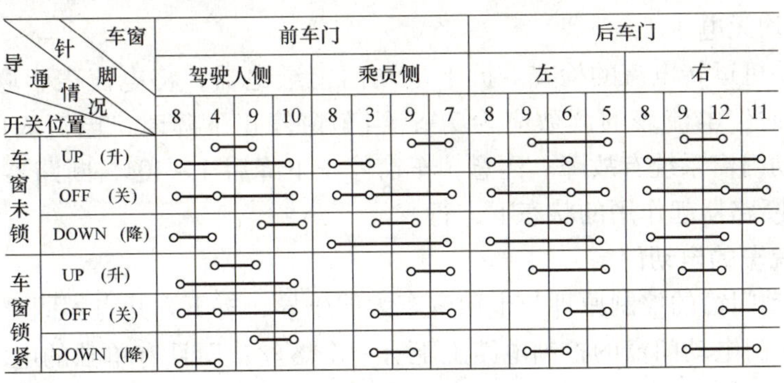

图 8-41　主控开关各档位的导通情况

（4）分控开关的检查　用欧姆表检测分控开关的导通情况或电压。其检查结果，应符合表 8-4 中的规定。否则应更换分控开关。拔开分控开关的导线插接器，并检测已拔开导线插接器针脚间的导通情况或电压。其检查结果，应符合表 8-4 中的规定，否则应检查与其他元器件相接的电路。针脚位置如图 8-40e、f 所示。

表 8-4　分控开关及其导线插接器检查

<table>
<tr><th>检查项目</th><th>检测针脚</th><th colspan="2">检测条件</th><th>规定值</th></tr>
<tr><td rowspan="3">分控开关</td><td>5-2，1-3</td><td colspan="2">分控开关在 UP 档</td><td>导通</td></tr>
<tr><td>1-3，2-4</td><td colspan="2">分控开关在 OFF 档</td><td>导通</td></tr>
<tr><td>5-3，2-4</td><td colspan="2">分控开关在 DOWN 档</td><td>导通</td></tr>
<tr><td rowspan="5">导线连接器</td><td>5-搭铁</td><td colspan="2">点火开关 ON</td><td>蓄电池电压</td></tr>
<tr><td rowspan="2">4-搭铁</td><td rowspan="4">点火开关 ON</td><td>主控开关 UP</td><td>蓄电池电压</td></tr>
<tr><td>主控开关 OFF</td><td>无电压</td></tr>
<tr><td rowspan="2">1-搭铁</td><td>主控开关 DOWN</td><td>蓄电池电压</td></tr>
<tr><td>主控开关 OFF</td><td>无电压</td></tr>
</table>

（5）电动门窗继电器的检查　用欧姆表检测电动门窗继电器各针脚间的导通情况。其中 1-3 脚应导通。当 1-3 脚有蓄电池电压时，2-4 应导通。否则应更换主继电器。

（6）门窗电动机及其线路的检查

1）检查电动机。将蓄电池正极接电动机端子 1，负极接其端子 2，电动机应逆时针转动；交换蓄电池正、负极接线，电动机应顺时针转动。

2）车窗电动机断路器的检查。将车窗升到全关位置，继续扳起各窗控制开关，在 4～40s 内倾听是否有断路器的运行噪声。再按下各窗控制开关，在 60s 内车窗应开始下降。经检查若不符合要求，则更换电动机。

3）电动机线路的检查。拔开电动机的导线插接器，并插好主控开关和各窗分控开关的导线插接器，然后检查已拔开电动机导线连接器两针脚与车身搭铁之间的电压。点火开关旋到 ON，主控开关或分控开关在 DOWN 档，1 与车身搭铁之间有蓄电池电压，2 与车身搭铁之间无电压。点火开关旋到 ON，主控开关或分控开关在 UP 档，1 与车身搭铁之间无电压，2 与车身搭铁之间有蓄电池电压。点火开关旋到 ON，主控开关或分控开关在 OFF 档，1、2 与车身搭铁之间均无电压。

4）门窗电动机运转电流的检查。拆下电动门窗继电器，将电流表串联到 2、4 两脚之间，当车窗下降时，电流表的读数应为 7A；当车窗停止下降时，电流表的读数应增加到 14.5A，否则电动门窗系统有故障。注意，车窗停止下降后 4～40s，断路器便断开，所以检查工作必须要在断路器起作用的状态下进行。

（三）本田汽车的电动门窗

本田汽车电动门窗的控制原理与丰田汽车大同小异，有下列几点不同：

1）每一个车门电动门窗的控制电路上配有一个熔丝，而且有单独的电源线，如图 8-42 所示。

2）驾驶侧门窗电动机的电枢轴上有一个 C 形铜环，与之相接触的有一对电刷，组成了“脉冲信号传感器”。当电动机旋转时，两电刷不断地通过 C 形铜环接通和断开，这一脉冲信号被送到主控开关的控制单元。控制单元根据脉冲信号给线圈通电，产生电磁力，吸住驾驶侧主控开关自动档，使驾驶侧车门玻璃自动升降。车门玻璃升降到位时，电动机阻力增大而停止转动，“脉冲信号传感器”无“脉冲信号”输出，控制单元给线圈断电，电磁力消失，驾驶侧主控开关回到“关”档，使驾驶侧车门玻璃停止升降。

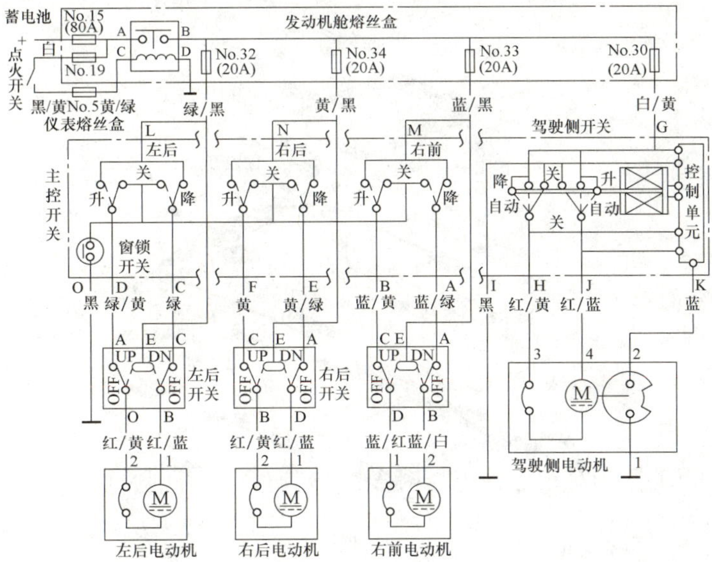

图 8-42　本田汽车电动门窗的控制电路

二、电动天窗

本田汽车电动天窗的结构如图 8-43 所示。其控制电路如图 8-44 所示。本田 CR-V 汽车电动天窗的工作原理如下。

1. 天窗开启

天窗开关打到“开启”档，这时天窗继电器线圈中的电流为：蓄电池（+）→No. 19→No. 20→白线→点火开关→No. 6→黄/绿→天窗开启继电器线圈→红/黄→天窗开关“开启”挡→黑线→搭铁。这个电流使天窗开启继电器线圈通电，并使其触点从实线位置变为虚线位置，给天窗电动机通电。天窗电动机的电流为：蓄电池（+）→No. 19→No. 13→白/蓝线→No. 7→绿→天窗开启继电器（虚线）→绿/黄→天窗电动机→绿/黑→天窗关闭继电器（实线）→黑线→搭铁。天窗电动机正转，天窗渐渐打开。当天窗打开到最大位置时，天窗限位开关均在“开启”位置。

2. 天窗关闭

天窗开关打到“关闭”档，这时天窗继电器线圈的电流为：蓄电池（+）→No. 19→No. 20→白线→点火开关→No. 6→黄/绿→天窗关闭继电器线圈→绿/白线→天窗限位开关 S_2 “开启”档→浅绿/黑线→天窗开关“关闭”档→黑线→搭铁。这个电流使天窗关闭继电器线圈通电，并使其触点从实线位置变为虚线位置，给天窗电动机通电。天窗电动机的电流为：蓄电池（+）→No. 19→No. 13→白/蓝线→No. 7→绿→天窗关闭继电器（虚线）→绿/黑→天窗电动机→绿/黄→天窗开启继电器（实线）→黑线→搭铁。天窗电动机反转，天窗渐渐关闭。当天窗完全关闭时，天窗限位开关均在“关闭”位置。

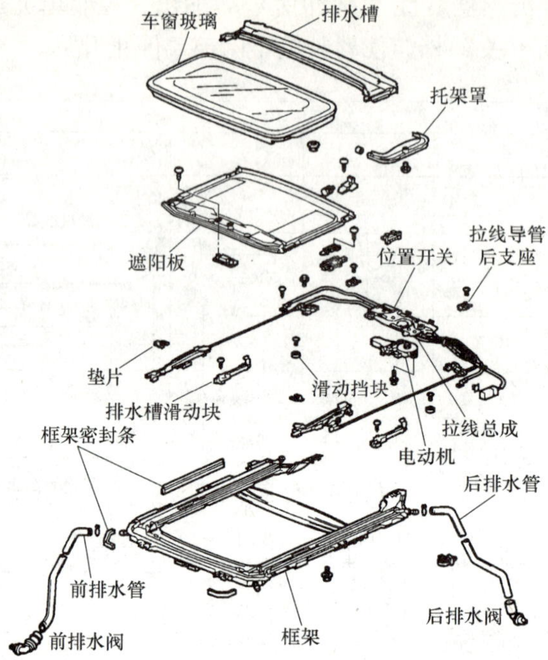

图 8-43　本田汽车电动天窗的结构

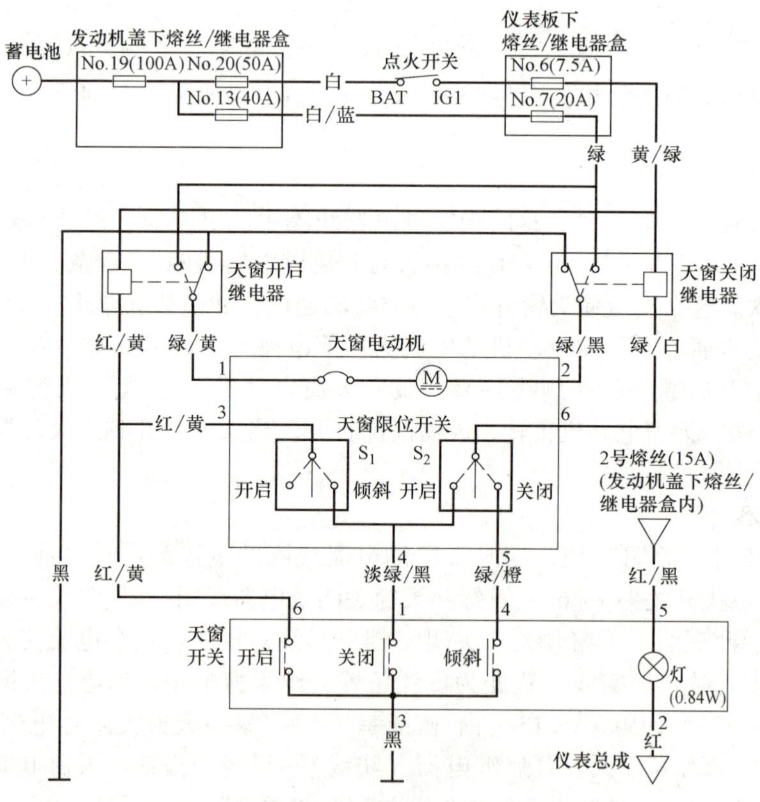

图 8-44　本田汽车电动天窗的控制电路

第四节　电动门锁与防盗系统

一、电动门锁

电动门锁又称为中央门锁。驾驶人通过操纵按钮，可控制所有车门的开锁或锁定，不用对各个车门进行单独操作，同时乘客仍可利用车门的机械锁开关车门，使用十分方便和安全。电动门锁有传统型和电子遥控型两种类型。电子遥控型电动门锁将在后面介绍。

（一）电动门锁的组成

电动门锁一般由门锁总成、连杆机构、门锁执行器、控制器、继电器和控制开关等组成，如图 8-45 所示。

1. 门锁总成

门锁总成如图 8-46 所示。

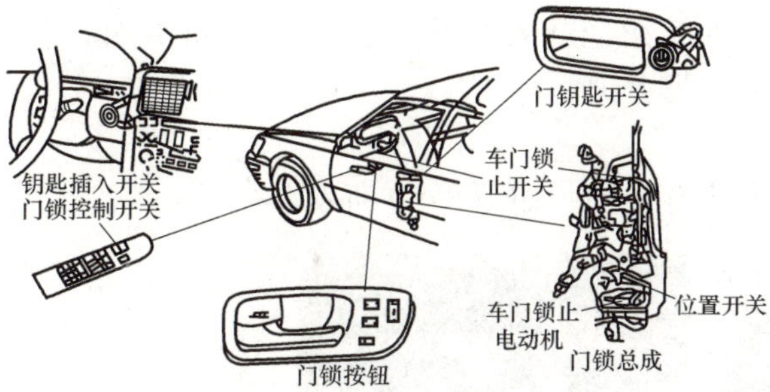

图 8-45　电动门锁的组成

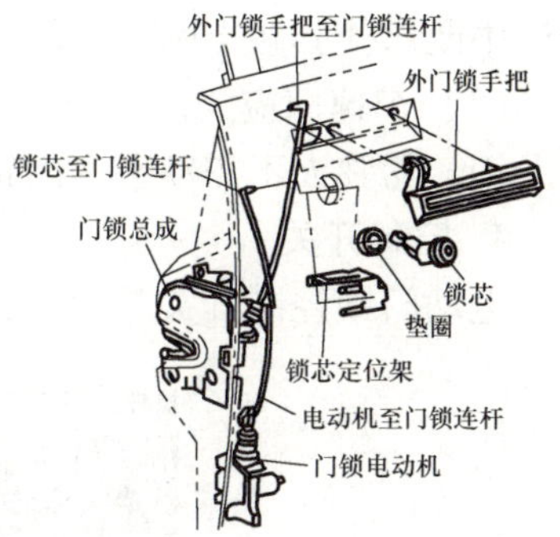

图 8-46　门锁总成

2. 门锁执行器

门锁执行器用于拨动车门门锁装置的锁扣，使车门开锁或闭锁。常用的有永磁双向电动机式和双线圈电磁式两种类型。

图 8-47 所示为永磁双向电动机式门锁执行器，它由双向永磁式电动机以及齿轮和齿条等组成，电动机旋转带动齿条伸出或缩回完成开锁或闭锁动作。

图 8-48 所示为双线圈电磁式门锁执行器，分别对锁门线圈和开门线圈通电即可使车门闭锁和开锁。

3. 控制器和继电器

门锁控制器通过改变执行机构通电电流的方向，控制连杆左右移动，实现门锁的锁止和开启。门锁控制器按控制原理不同可分为晶体管式、电容式和车速感应式三种。如图 8-49 所示为昌河汽车门锁控制器。

（1）晶体管式门锁控制器　这种门锁控制器内部有两个继电器，一个用于锁门，一个用于开门。继电器由晶体管开关电路控制，利用电容器的充放电过

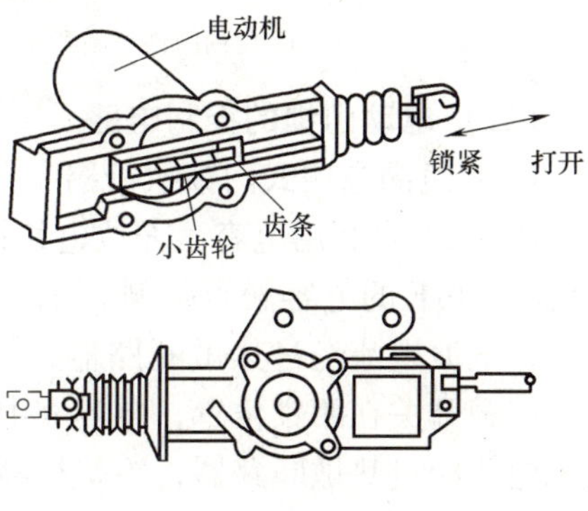

图 8-47　永磁双向电动机式门锁执行器

程，控制脉冲电流持续时间，使执行机构完成锁门和开门动作。

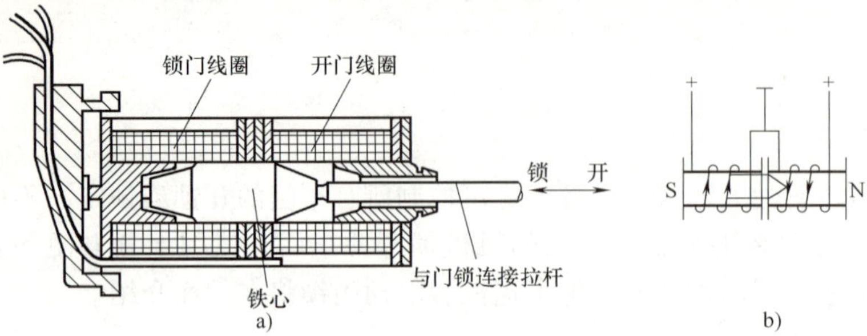

图 8-48 双线圈电磁式门锁执行器

a）结构 b）原理

图 8-49 昌河汽车门锁控制器

（2）电容式门锁控制器 利用电容器充放电特性，平时电容器充足电，工作时把它接入控制电路，使电容器放电，使继电器通电而短时吸合。电容器完全放电后，通过继电器的电流中断而使其触点断开，门锁系统不再停止动作。

（3）车速感应式门锁控制器 装有一个车速感应开关，当车速大于 10km/h 时，若车门未上锁，驾驶人不需动手，门锁控制器自动将门上锁。

4. 控制开关

电动门锁控制开关是用来开锁的。其形式有多种，如图 8-50 所示。

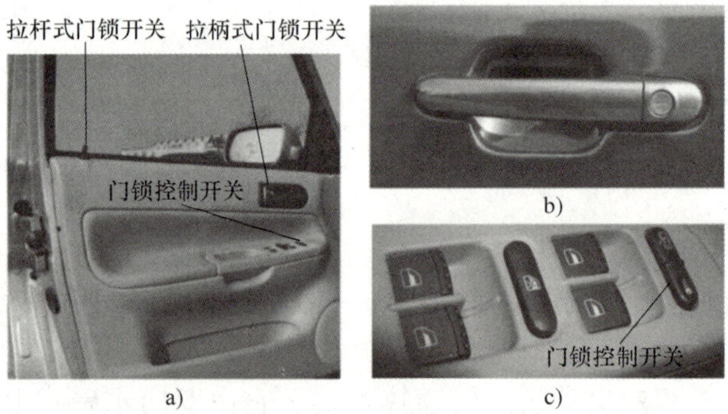

图 8-50 电动门锁的控制开关

a）门内门锁控制开关 b）门外门锁控制开关 c）门窗及门锁控制开关

（二）电动门锁的控制电路

1. 双线圈电磁式门锁执行器

图 8-51 是利用电容器充放电特性控制电动门锁的电路。转动车钥匙开门时，门锁开关与两个 10μF 的电容触点接触，电容充电，电流通过开门继电器线圈，开门继电器触点闭合，蓄电池电流经过热敏断路器，给执行器的开门线圈通电，车门打开；转动车钥匙锁门时，门锁开关在闭锁位置，电容充电，电流通过锁门继电器线圈，锁门继电器触点闭合，蓄电池电流经过热敏断路器，给执行器的锁门线圈通电，车门闭锁。

无论车门是锁还是开，电容器放完电后，车门仍保持原有状态。

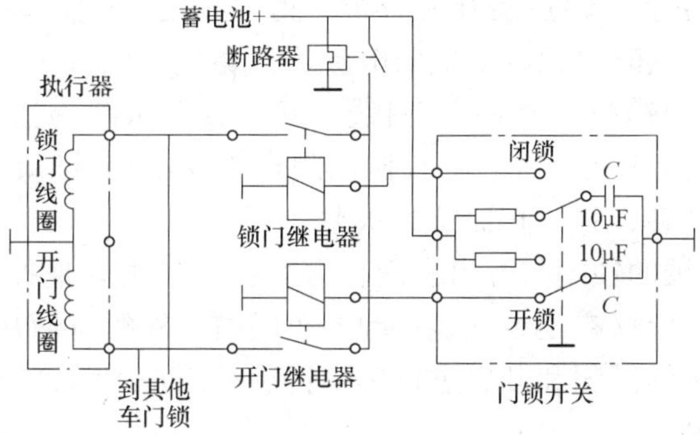

图 8-51　电容器式电动门锁控制电路

2. 电动机式门锁执行器

图 8-52 所示为别克轿车电动机式门锁控制电路，它的工作原理如下：

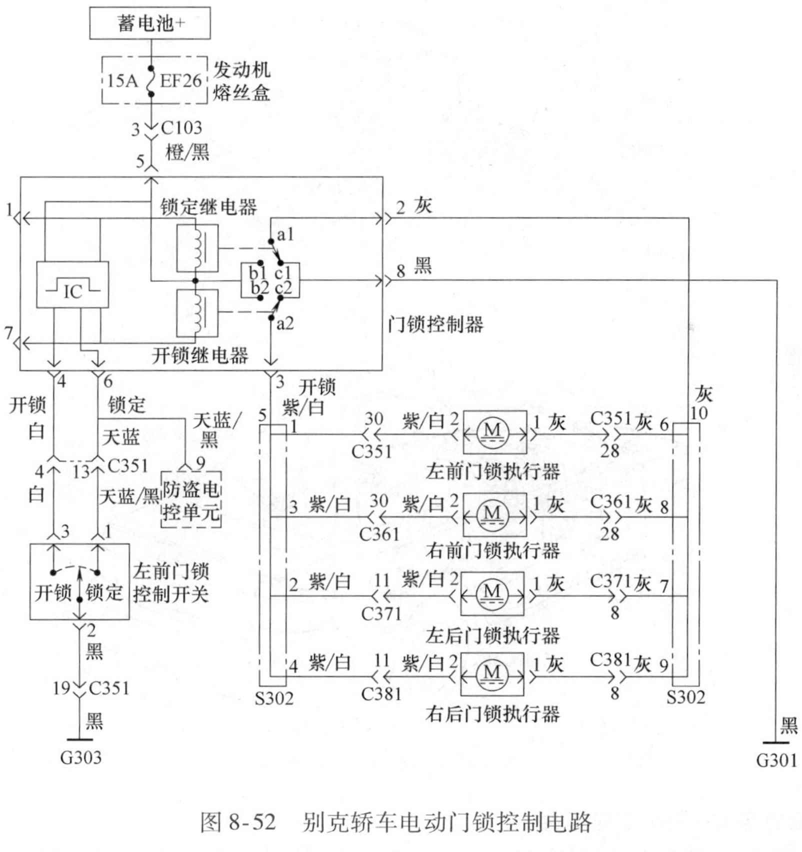

图 8-52　别克轿车电动门锁控制电路

（1）开锁控制　按左前门锁控制开关左边，为“开锁”档，开锁继电器线圈通电，触点 b2 与 a2 被短暂闭合。这时门锁电动机的电流为：蓄电池（+）→熔丝 EF26→橙/黑线→触点 b2→a2→紫/白线→各门锁执行器→灰线→a1→c1→黑线→搭铁。四个门锁电动机反转，带动各门锁机构开锁。1～2s 后，IC 控制已闭合的触点 b2 与 a2 断开，从而切断了门锁电动机的电源，电动机停转，并一直保持此状态。

(2) 锁定控制　按左前门锁控制开关右边，为“锁定”档，锁定继电器线圈通电，触点 b1 与 a1 被短暂闭合。这时门锁电动机的电流为：蓄电池（+）→熔丝 EF26→橙/黑线→触点 b1→a1→灰线→各门锁执行器→紫/白线→a2→c2→黑线→搭铁。四个门锁电动机正转，带动各门锁机构锁定。1～2s 后，IC 控制已闭合的触点 b1 与 a1 断开，从而切断了门锁电动机的电源，电动机停转，并一直保持此状态。

如图 8-50 所示，门锁的锁闭与开启有四种方式：一是独立地按下或提起各车门的拉杆开关，可以分别开锁或锁定；二是独立地拉起各车门内或外的拉柄开关，可以分别开锁；三是用钥匙对四个车门门锁的锁闭和开启进行集中控制；四是用门锁控制开关对四个车门门锁锁闭和开启进行集中控制。

（三）天津威驰电动门锁

1. 天津威驰电动门锁元器件的位置

天津威驰电动门锁元器件的位置如图 8-53 和图 8-54 所示。

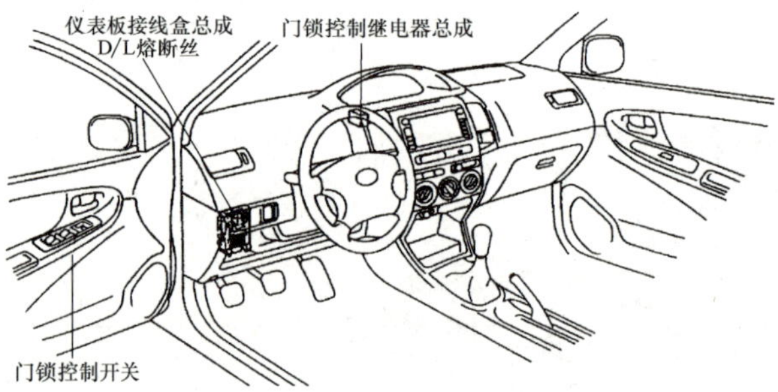

图 8-53　天津威驰电动门锁元器件的位置（1）

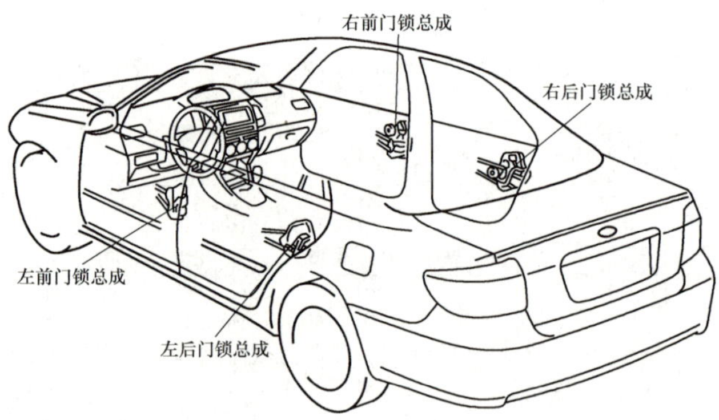

图 8-54　天津威驰电动门锁元器件的位置（2）

2. 天津威驰电动门锁控制电路

天津威驰电动门锁控制电路如图 8-55 所示。其工作原理与图 8-52 相同。

3. 常见故障及原因

1）常见故障：通过主控开关与驾驶人侧车门锁不能控制所有车门的上锁和开锁。

2）可能的原因：D/L 熔丝、电动车窗调节器主控开关总成、左侧前门锁总成、门锁控制继电器总成、线束等处。

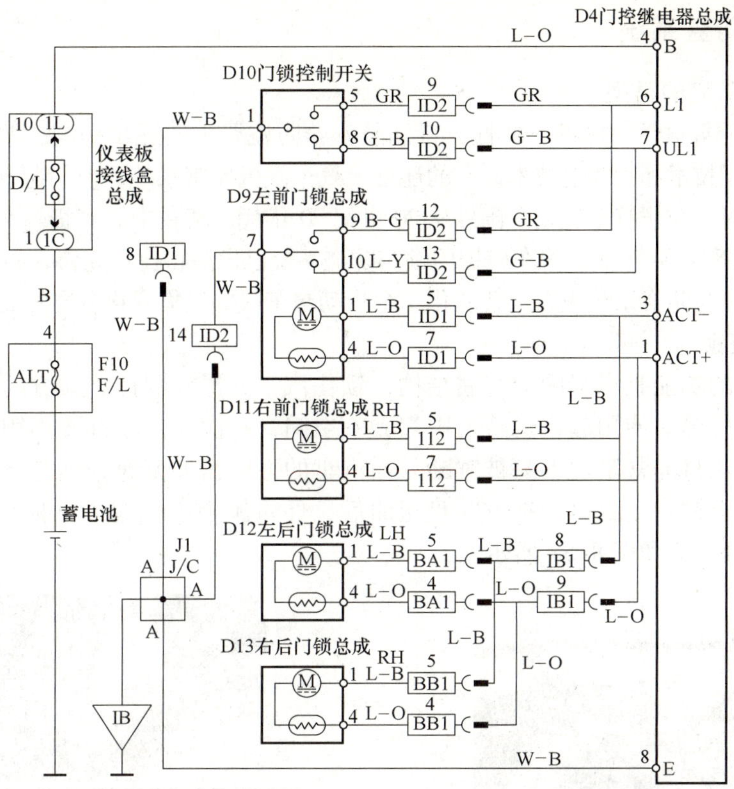

图 8-55　天津威驰电动门锁控制电路

4. 检查门锁控制继电器总成

1）断开门锁控制继电器插接器 D4（图 8-56），检查线束一侧连接器每个端子的电压和导通情况，其标准应符合表 8-5 中的要求。如果结果不符合标准，可能是线束一侧有故障。

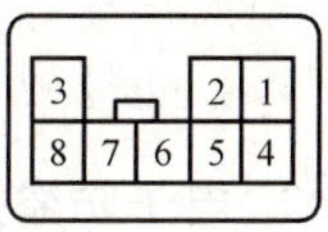

图 8-56　门锁控制继电器插接器 D4

2）重新连接门锁控制继电器插接器 D4，检查插接器每个端子的电压，其标准应符合表 8-5 中的要求。如果结果不符合标准，车辆可能有故障。此时，检查门锁控制继电器和蓄电池之间的线束、插接器和熔丝。如果有必要，应进行修理或更换。

表 8-5　门锁控制继电器各端子的检查数据

端子号	导线颜色	工况	标准状态
B（D4-4）与搭铁	L-O 与 -	任何工况	10～14V
E（D4-8）与搭铁	W-B 与 -	任何工况	导通
L1（D4-6）与搭铁	GR 与 -	门控开关（主控开关）OFF→LOCK	不通→导通
UL1（D4-7）与搭铁	G-B 与 -	门控开关（主控开关）OFF→UNLOCK	不通→导通
ACT+（D4-1）与搭铁	L-O 与 -	门控开关（主控开关）或驾驶人操作门锁 OFF→LOCK	低于 1V→10～14V→低于 1V
ACT-（D4-3）与搭铁	L-O 与 -	门控开关（主控开关）或驾驶人操作门锁 OFF→LOCK	低于 1V→10～14V→低于 1V

二、汽车防盗系统

（一）汽车防盗的类型

随着轿车乘用舒适性、操纵方便性，特别是安全防盗要求的逐步提高，发展到中央电动控制，并使用了电子技术和无线电技术，有的还接入汽车微机控制系统，或与起动、点火电路相连接，在汽车被盗时，防止汽车起动。国外从20世纪70年代，就在中、高级轿车上广泛使用电控门锁，到20世纪80~90年代，汽车电控门锁与防盗系统已发展得比较完善，而且形式多种多样，目前汽车电控门锁与防盗系统正在向智能化、全自动与车载微机集成化方向发展。

1. 机械防盗锁

机械防盗锁的功能是靠坚固的金属结构，锁住汽车的操纵部位，如方向盘、离合器、制动、挂档的变速杆等。使用起来隐蔽，占驾驶室空间，每次开停车都要用钥匙开启。由于优质的机械防盗锁用材非常坚硬不易被锯断，而汽车的方向盘及变速杆则是普通钢材，因此盗贼多数在方向盘上锯一个缺口，把方向盘扭曲后，便将锁在方向盘上的防盗锁完好取下来。机械防盗锁如图8-57和图8-58所示。

图8-57　方向盘防盗锁

图8-58　车轮防盗锁

2. 电子防盗报警器

电子防盗报警器又称为微机汽车防盗器。其功能有四种：第一是服务功能，包括遥控车门锁、遥控起动、寻车和吓阻等；第二是警惕提示功能，指触发报警记录，以提示车辆曾被人打开过车门；第三是报警提示功能，即当有人触动汽车时发出警报；第四是防盗功能，即当防盗器处于警戒状态时，切断汽车上的起动电路。该类防盗器安装隐蔽，功能齐全，无线遥控，操作简便，但需要靠良好的安装技术和完善的售后服务来保证。由于这类电子防盗报警器的使用频率普遍被限定在300~350MHz的频段上，而这个频段的电子波干扰源又比较多，电波、雷电、工业电焊等都会干扰它而产生误报警，如图8-59所示。

图8-59　电子防盗报警器

3. 电子跟踪定位监控防盗系统

该类汽车防盗系统分为卫星定位跟踪系统（简称 GPS）和利用车载电台（对讲机）通过中央控制中心定位监控系统。这类产品从技术上讲是可靠的，但效果却不尽如人意。其原因是，这些系统要构成网络，消除盲区（少数收不到信号的地方），而且要政府配合，公安部门设立监控中心。另外，这些设施及服务费用都需要安装的车主按月缴费。

4. 机电结合类防盗锁

机械性锁车坚固，结合无线遥控操作，使机械性与电子（微机）编程密码技术合二为一。其目的是注重防盗，因而无报警的噪声污染，安装专业化强，因此破除也比较困难。市场目前以“无人油路锁”和“强中强制动锁”为代表。前者为机械式锁断汽车燃油供给油路；后者为机械式锁住制动油泵，使汽车的四个车轮处于制动状态。这类锁的安装是在使用专用工具的情况下安装在汽车底部的安全处，因此破除难度相当大。

5. 电子式汽车门锁

为了安全防盗、便于操纵，汽车门锁正在由机械式向电子式转变。汽车电子门锁是采用电子控制，以电磁铁、微型电动机和锁体或继电器作为执行机构的机电一体化保险装置。电子式汽车门锁在设计上通常突出一个方便性和安全性。所谓安全性，是指驾驶人打开（或锁上）前车门，其余门锁应能自动开（或锁上）。安全性包括防止乘坐人员误开车门、防止外来人员侵入等。

6. 车载微机防盗系统

现代轿车普遍自带有车载微机防盗系统，功能齐全，方便有效。

（二）天津威驰无线门锁控制系统

1. 无线门锁控制系统部件的位置

天津威驰无线门锁控制系统部件的位置如图 8-60 和图 8-61 所示。

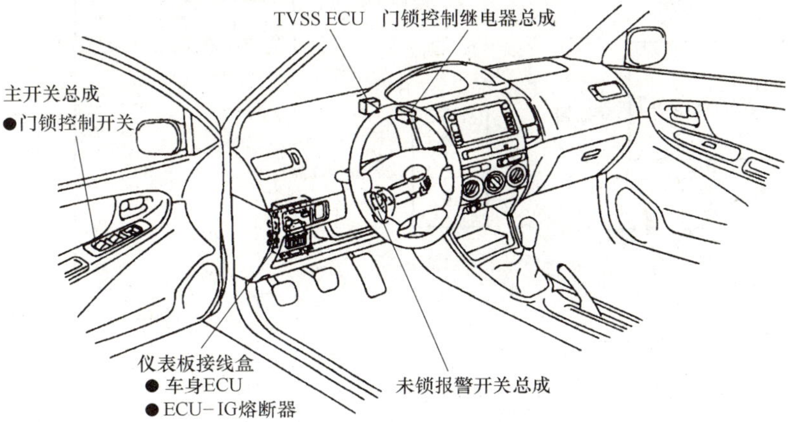

图 8-60 天津威驰无线门锁控制系统部件的位置（1）

2. 天津威驰无线门锁控制系统的电路

天津威驰无线门锁控制系统的电路如图 8-62 所示。

TVSS ECU 接收来自发射器的信号，并把这个信号发送给门锁控制继电器总成，门锁控

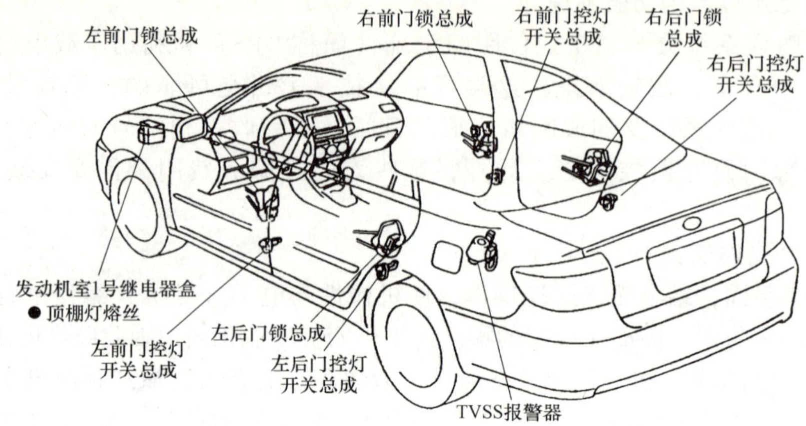

图 8-61　天津威驰无线门锁控制系统部件的位置（2）

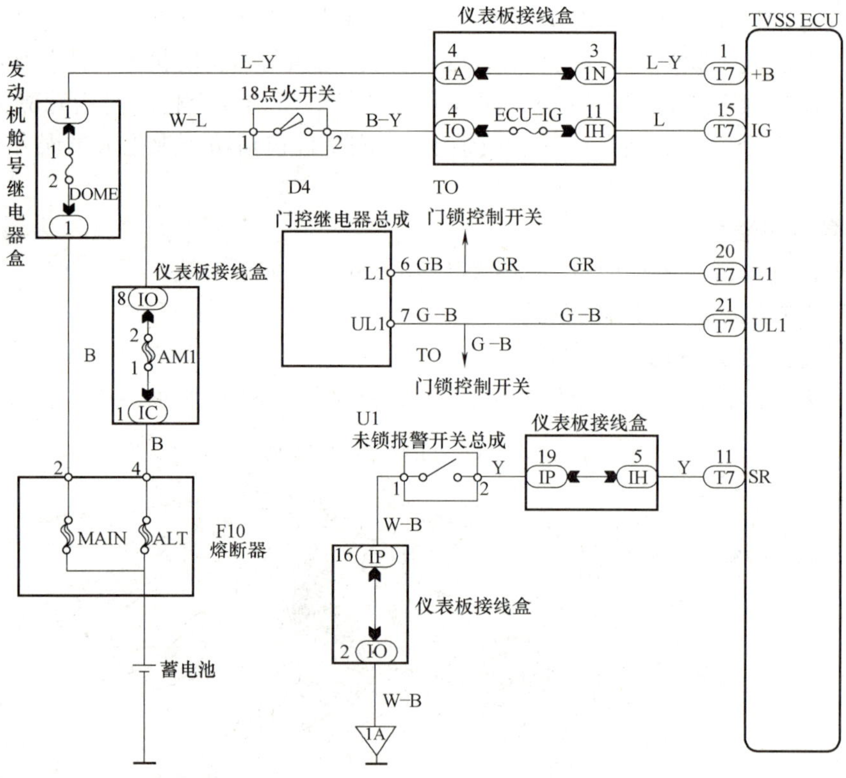

图 8-62　天津威驰无线门锁控制系统的电路

制继电器总成再向每个门锁电动机发出上锁或开锁信号实现控制。

（三）上海通用车系无钥匙防盗系统

1. 系统功能

（1）无钥匙解锁　指驾驶人不用拿出钥匙，而是放身上或随身包内，当靠近车外天线 1m 以内时，直接拉动车门后，车门门锁自动解锁并可以被打开。

（2）无钥匙上锁 指驾驶者不用拿出钥匙，而是放身上或随身包内，靠近车外天线 1m 以内时，直接按动车门把手上锁按键后，车门门锁自动上锁或上死锁的功能。

（3）无钥匙起动 指驾驶者不用拿出钥匙，只要钥匙在车内，踩制动踏板后，直接按下起动开关，车辆即可起动。

（4）无钥匙开启行李箱 指驾驶者不用拿出钥匙，而是放身上或随身包内，靠近后保险杠天线 1m 以内时，直接按行李箱上的开锁按钮后，行李箱自动打开。

（5）钥匙无电起动 指当遥控器钥匙没电或受到强无线电干扰，无钥匙起动失败时，将遥控器钥匙放入中央备用起动线圈后，大头向下靠后面时，可以汽车便可点火起动。

2. 系统部件

1）系统部件的位置，如图 8-63 所示。

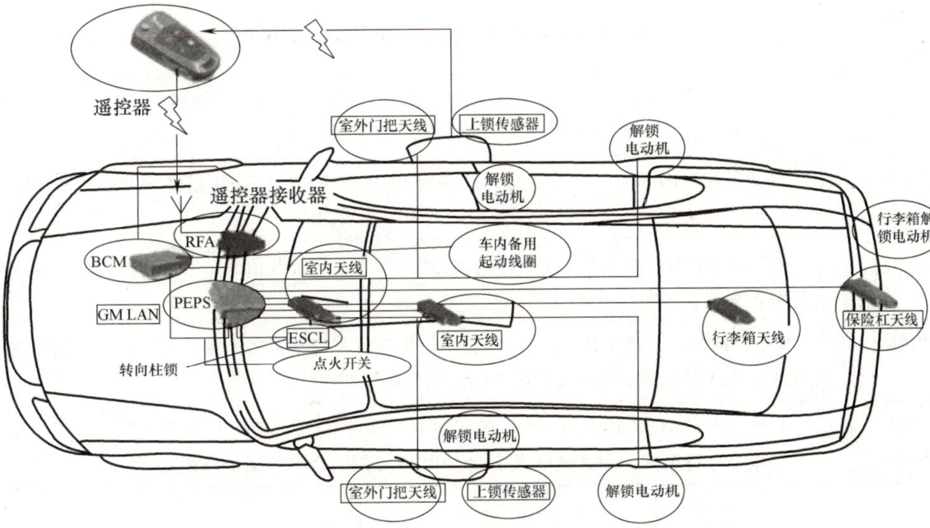

图 8-63 系统部件的位置

2）无钥匙进入及起动系统部件及功能，见表 8-6。

表 8-6 无钥匙进入及起动系统部件及功能

部 件	功 能
遥控钥匙	遥控打开车门门锁、解除防盗警戒状态、遥控打开行李箱；遥控控制车门上锁、上死锁，车辆进入防盗警戒状态；以及寻车灯功能 为无钥匙进入及起动系统提供遥控器芯片信号，实现无钥匙打开车锁、点火起动等操作 遥控器无电或存在干扰时，备用线圈读取阻断芯片信息，实现起动功能。即遥控器包含三个部分功能：遥控车门锁、无钥匙进入芯片、阻断式防盗芯片
遥控器接收器（以下简称 RFA）	接收遥控器的开、闭锁，开启行李箱、寻车、遥控起动以及无钥匙操作的遥控信息传递等功能，将遥控器信号通过 LIN 数据通信传递给 BCM，以进行各个功能的控制
车身控制模块（简称 BCM）	BCM 接收遥控接收器、行李箱触摸开关、PEPS、点火开关、制动踏板等各个信号，控制防盗进入解除、门锁开闭死锁、行李箱开启、起动、灭车等一系列操作

（续）

部　件	功　能
无钥匙进入、起动系统模块（以下简称 PEPS）	PEPS 也叫作 k77 遥控门锁接收器；接收或控制：3 个车外天线、3 个车内天线、车门闭锁开关、车门打开、点火开关等，控制车门锁的无钥匙打开，为 BCM 提供防盗解除信号、防钥匙车内上锁信号等诸多功能
转向柱电子锁（ESCL）	锁车后，有 PEPS 控制转向管柱的电子锁上锁，防止方向盘转动。但中国产车辆取消此功能
点火开关（ST SW）	点火、起动、关闭开关（触摸式点火开关）为 BCM 和 PEPS 提供点火开关状态信号
车门门锁天线	共 2 个，左右前侧车门各一个，用于接收 PEPS 信号，用以激活遥控器信号，实现车门自动锁
后保险杠天线	用于激活遥控器信息提供给 RFA，转发到 BCM 后以实现 BCM 控制的行李箱钥匙开启功能
车内天线	3 个，分别在仪表台下、中央扶手侧后部、行李箱内，用于接收 PEPS 信号以激活遥控器信息提供给 RFA，转发到 BCM 以实现防盗解除、无钥匙起动
中央仪表台备用天线	激活遥控器内部阻断芯片信息并反馈给 BCM 模块，以实现防盗解除及遥控器无电干扰时的备用模式起动着车功能，该线圈与简配的阻断器线圈完全一致
车门打开开关	4 个，每个车门把手各 1 个，由 PEPS 模块接收车门打开信号，同时控制车外天线线圈激活遥控器，实现无钥匙开门解锁
车门上锁开关	2 个，前侧车门把手各 1 个，由 PEPS 模块接收车门把手的上锁信号，同时控制同侧的车外天线线圈激活遥控器，实现无钥匙开门上锁、死锁功能
车门解锁电动机	4 个，每个车门锁块内各 1 个，该解锁电动机只负责由 PEPS 控制的无钥匙解锁，并可以超越死锁状态进行解锁，而其他解锁功能由 BCM 控制的两个门锁电动机完成

3）系统逻辑框架图。图 8-64 所示为无钥匙进入及起动系统各个部件的逻辑关系。

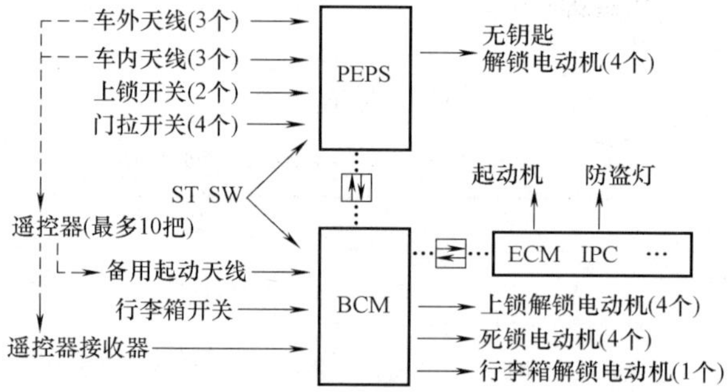

图 8-64　无钥匙进入及起动系统各个部件的逻辑关系

① 点火开关 ST SW 不仅仅提供给 BCM 信号以确定当时的点火开关状态，并且将点火信号输送给 PEPS 模块，目的是在按动点火开关时，使 PEPS 通过车内天线激活遥控器，使遥控器发送信息给 RFA，转送给 BCM，BCM 经过防盗验证之后，才允许起动或者实现点火开关的循环功能。

② 与 PEPS 连接的部件有 3 个车内天线、3 个车外天线、2 个上锁开关、4 个车门拉手

开关以及4个无钥匙解锁电动机，其中并没有负责上锁的电动机，这说明无钥匙上锁时，由BCM控制其上锁、死锁电动机。实际上PEPS并不储存遥控器的信息，不对遥控器进行合法性的验证，而只是负责起动天线激活遥控器的作用。

③ 行李箱的无钥匙开启信号是送至BCM的，PEPS的行李箱线圈只是负责激活遥控器发出信息，行李箱开启解锁电动机也是由BCM来控制的。

④ BCM作为车身各个电气系统的控制模块在此也显得十分重要，如果没有BCM的参与，无钥匙进入及起动系统是根本无法独立工作的，虽然无钥匙解锁并不是由BCM直接驱动解锁电动机，但是由BCM进行的遥控器信息的验证与信号的传递也是不可或缺的步骤，同时在无钥匙上锁、无钥匙起动、无钥匙开启行李箱中作为信号接收、输出控制的驱动模块，更是该系统的主控模块。另外，BCM在处理遥控器信息、控制驱动时，需要对车内物品防盗进行设定及解除、阻断防盗系统的判断与验证以及门锁系统的级别操作，涉及的方方面面是其他模块无法替代的。

⑤ 由图8-64可以看出，备用起动功能完全由BCM接收备用天线的信号，此时并不是该备用天线激活遥控器，给遥控器接收器信号。而是直接由备用天线激活遥控器内阻断器芯片，再将信号反馈给BCM之后，由BCM进行防盗验证。豪华版的备用起动天线，不配PEPS车辆上的阻断器防盗线圈。

3. 系统工作过程、示意图与流程

（1）无钥匙解锁开门　当驾驶人将有效遥控钥匙靠近左前车门把手天线1m以内后，直接拉动左前门把手，左前门把手内的微触开关结合，这便给PEPS模块一个打开左前门的信号，PEPS模块开始激活左前侧的门把手天线，天线激活遥控接收器RFA发送一个钥匙信息，RFA通过LIN数据线路将钥匙信息发送给车身控制模块BCM，经BCM判断该钥匙为有效钥匙后，再向无钥匙模块PEPS发出准许开锁动作信号，此时PEPS模块就会驱动四个门锁解锁电动机解锁。门锁解锁后，所有的车门便可以打开。同样，驾驶人直接拉左后门把手后，左后门把手内的微触打开开关结合，这便给PEPS模块一个左后门需要打开的信号，PEPS模块同样会激活左前侧的门把手天线，同样天线激活遥控器向RFA发送遥控器信息，RFA将该信息通过LIN线路发给BCM，BCM判定遥控器为有效钥匙后，反馈给PEPS信号可以解锁，PEPS模块就会驱动四个门锁解锁电动机解锁，这样车门就可以被打开了。其工作示意图如图8-65所示。

但是，如果有效的遥控器钥匙在左侧，有人去拉右侧的门把手，此时右侧车门天线没有检测到钥匙，所以不允许解锁，车门也不会被拉开。也就是说，有效的遥控器钥匙在左侧时，只能无钥匙先打开左前、左后两个车门。当无钥匙解锁之后，其他车门才允许被打开；同样右侧的控制关系与左侧控制也是一致的；并且行李箱也不能首先被打开，必须有效的遥控器钥匙在后保险杠1m范围内。

无钥匙解锁开门的工作流程如图8-66所示。

（2）无钥匙上锁　当驾驶人拿着有效的遥控器钥匙下车，关闭所有车门后，只要遥控器在左右车门把手上的天线1m范围之内，便允许操作者使用无钥匙上锁功能。此时，当按下位于左或右侧车门把手上的上锁开关后，PEPS模块开始激活左右前侧的门把手天线，天线激活遥控器向遥控器接收器RFA发送一个钥匙信息，RFA通过LIN数据线路将钥匙信息发送给车身控制模块BCM，经BCM判断该钥匙为有效钥匙后，然后BCM控制门锁电动机

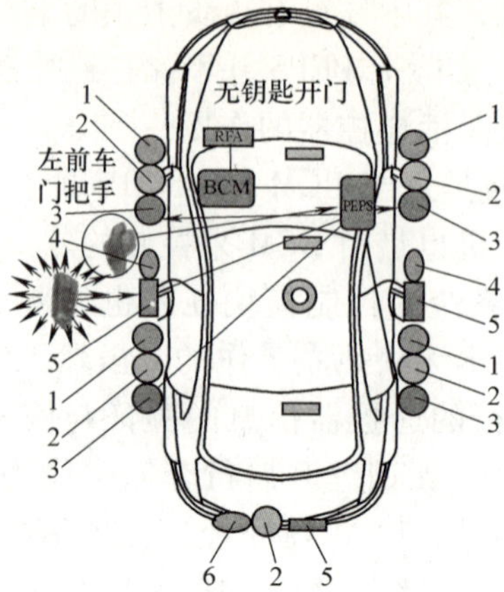

图 8-65 无钥匙解锁开门的工作示意图

1—死锁电动机 2—门锁电动机 3—解锁电动机 4—触摸开关 5—把手天线 6—行李箱开关

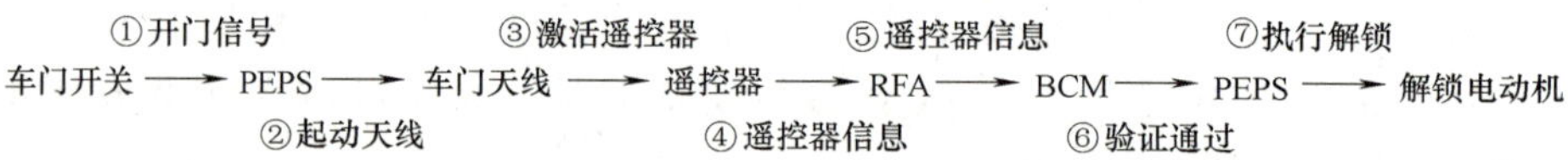

图 8-66 无钥匙解锁开门的工作流程

上锁，如果再次按动该侧车门的上锁开关，那么 PEPS 再次向 BCM 发送一个上锁信号，此时 BCM 就会控制死锁电动机将车门完全锁死，不允许车门从内部打开。其工作示意图与工作流程如图 8-67、图 8-68 所示。

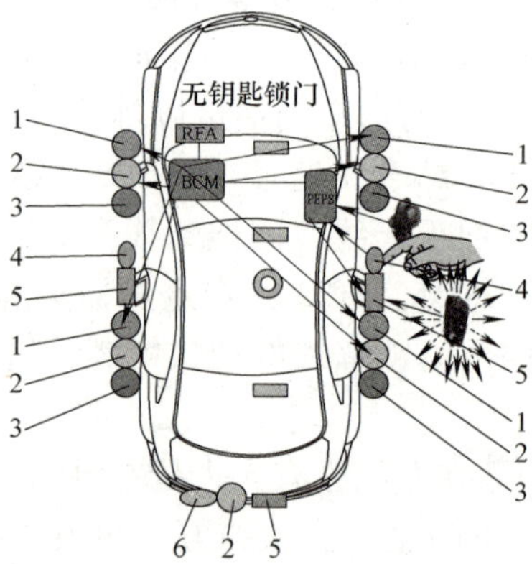

图 8-67 无钥匙上锁的工作示意图

1—死锁电动机 2—门锁电动机 3—解锁电动机 4—触摸开关 5—把手天线 6—行李箱开关

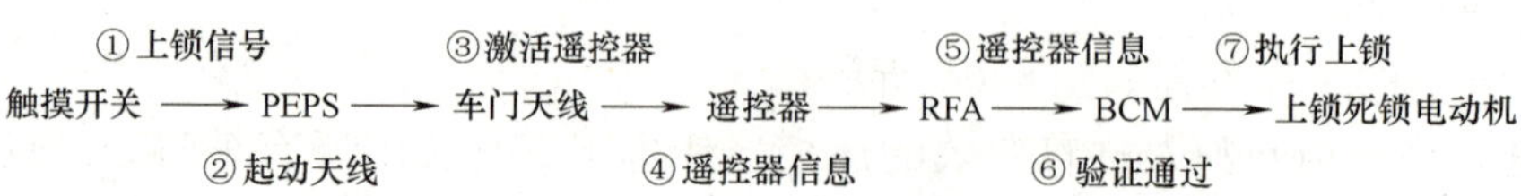

图 8-68 无钥匙上锁的工作流程

同样，对上锁开关的操作也必须是检测到有效遥控器钥匙的一侧，即：左侧检测到有效的遥控器时，只能从左侧控制无钥匙上锁，右侧则无此效果；反之亦然。

死锁功能是指，将车门死锁后，无论从车门内外都不能通过拉拔锁销的方式打开车门，这样极大地保护了车内物品的安全，防止小偷轻易地撬开门锁。

（3）无钥匙开启行李箱　无钥匙开启行李箱的功能与无钥匙开启车门的逻辑功能一样，只有有效的遥控器钥匙在保险杠天线 1m 之内，才能操作行李箱开启开关打开行李箱；但是需要注意的是，该信号的请求、释放过程却与以上开启车门的过程原理完全的不同。当驾驶人按动行李箱开关后，首先是由 BCM 接收此开启信号，然后将该请求信号传递到 PEPS 模块，PEPS 模块开始激活后保险杠侧的后部天线，天线激活遥控器向接收器 RFA 发送一个钥匙信息，RFA 通过 LIN 数据线路将钥匙信息发送给车身控制模块 BCM，经 BCM 判断该钥匙为有效钥匙后，此后 BCM 控制行李箱释放继电器吸合，指令行李箱解锁电动机打开行李箱。无钥匙开启行李箱的工作示意图与工作流程如图 8-69、图 8-70 所示。

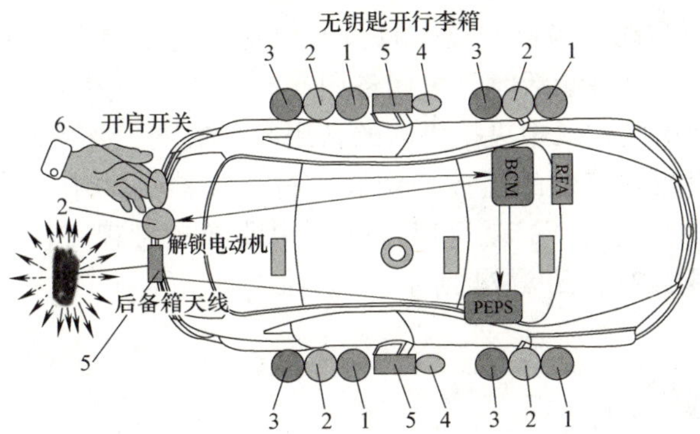

图 8-69　无钥匙开启行李箱的工作示意图

1—死锁电动机　2—门锁电动机　3—解锁电动机　4—触摸开关　5—把手天线　6—行李箱开关

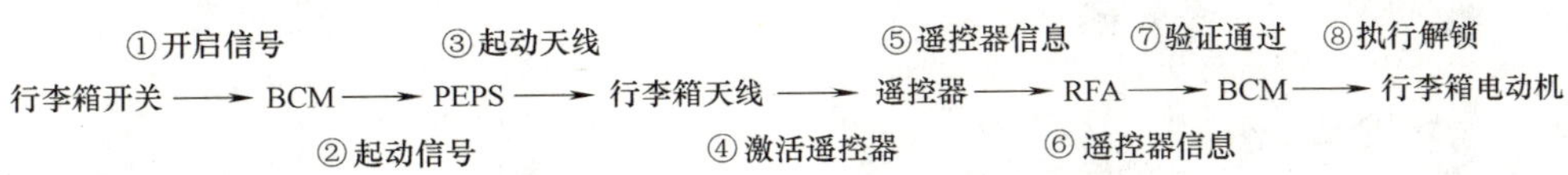

图 8-70　无钥匙开启行李箱的工作流程

在这里，再简单为大家介绍一下行李箱开启的其他功能。以上仅仅是车门上锁的状态时，无钥匙开启行李箱的一种情况，实际上如果当车门处于没有上锁的状态时，行李箱则一直处于允许开启的状态，即车门属于开锁状态时不用拿有效遥控器，只要按动行李箱开启按钮，BCM 就可以直接打开行李箱。同样，无论在哪种状态时，只要在有效范围内按动有效遥控器上的开启行李箱按键，同样也以遥控打开行李箱盖的。

（4）无钥匙起动　无钥匙起动的工作流程和工作示意图如图 8-71 和图 8-72 所示，当驾驶室内至少有一把有效的遥控器钥匙时，如果驾驶人踩住制动踏板并按动点火开关，此后 PEPS 模块与 BCM 模块共同接收点火开关的起动信号，PEPS 模块起动 3 个车内天线并激活该有效的遥控器钥匙，遥控器将钥匙信息发送给遥控器接收器 RFA，RFA 再将遥控器信息通过 LIN 数据线路传递给车身控制模块 BCM，BCM 判断该信号为有效遥控器钥匙后，BCM 才继续进行下一步的防盗验证，包括验证总线上的关键模块是否齐全，涉及防盗信息几个模块的防盗密码是否通过，以上验证全部通过之后，才通过数据线路允许发动机控制模块 ECM（以下发动机控制模块简称 ECM）控制起动机运转，合理的喷油点火。其中车身控制模块 BCM

作为防盗控制的主控模块，而涉及的其他几个防盗模块有：ECM 发动机控制模块、IPC 仪表模块、EBCM 电子制动控制模块、SDM 安全气囊控制模块、HVAC 加热制冷空调控制模块。

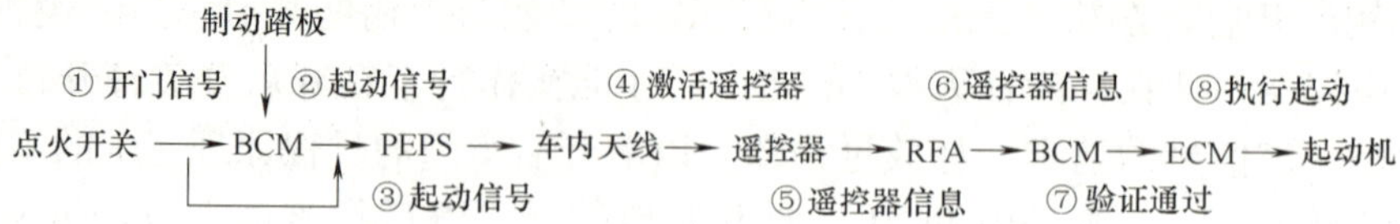

图 8-71　无钥匙起动的工作流程

在此过程中，3 个车内天线没有位置之分，只要有一个天线激活有效的遥控器钥匙，向 RFA 发送遥控器信息，BCM 认证遥控器为合法有效之后，才进行其他防盗认证步骤，但是之后的系统防盗认证也是相当复杂的一个过程，在此不再赘述。

（5）钥匙没电备用起动　当遥控器一旦没有电池、电池老化或者被强电波干扰之后无法被 3 个车内天线有效地自检激活时，采用备用起动模式：当发生上述无法检测遥控器钥匙情况时，可以将遥控器钥匙放入中央扶手内的备用起动线圈中，此时驾驶人起动着车时，备用线圈就可以激活并检测到有效的遥控器钥匙，将遥控器钥匙中的阻断器芯片信息发送给 BCM，BCM 经过阻断式防盗验证，就可以排除无钥匙起动过程直接起动着车了。其工作示意图与工作流程，如图 8-73、图 8-74 所示。

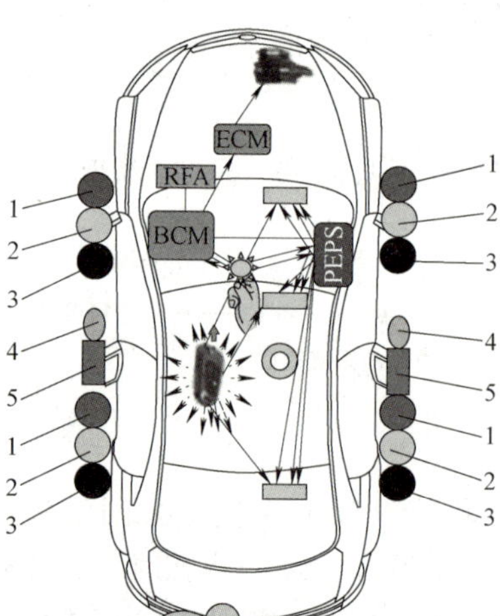

图 8-72　无钥匙起动的工作示意图

1—死锁电动机　2—门锁电动机　3—解锁电动机
4—触摸开关　5—把手天线　6—行李箱开关

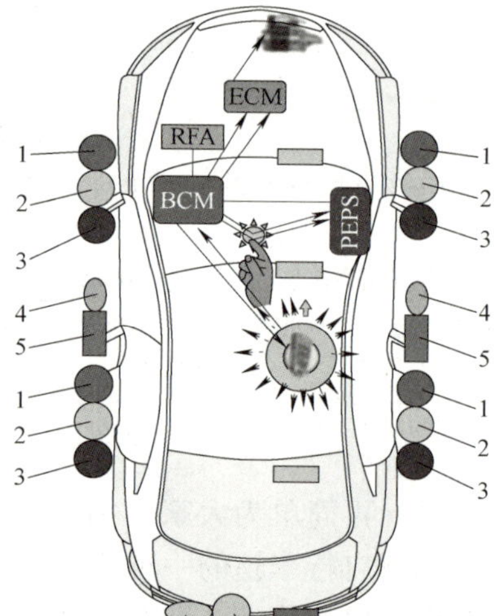

图 8-73　钥匙没电备用起动的工作示意图

1—死锁电动机　2—门锁电动机　3—解锁电动机
4—触摸开关　5—把手天线　6—行李箱开关

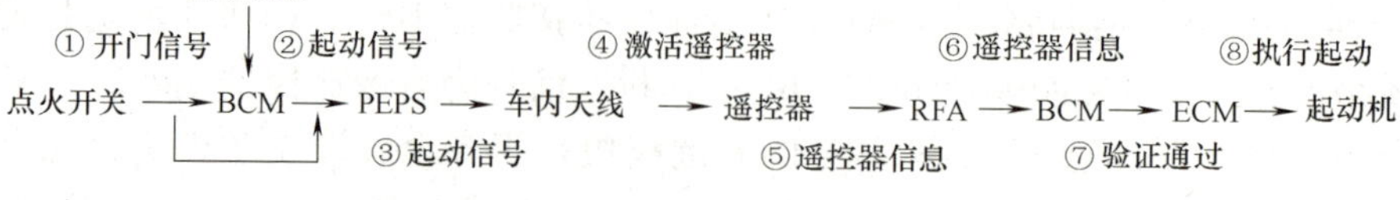

图 8-74　钥匙没电备用起动的工作流程

但是需要格外注意的是，该备用线圈并不是由 PEPS 模块驱动、监测，而是直接由 BCM 进行检测的，这一点与不带 PEPS 的防盗 IMMO 系统模块的起动着车过程完全一致，而此过程就与 PEPS 系统没有任何关联了；并且遥控器即使电池完全拿掉，只要按照正确的角度将遥控器钥匙放入备用线圈都可以实现起动着车的。但必须注意的是，遥控器放置的方向，且各个车型并不相同。

（6）遥控器上锁、上死锁、开锁以及开启行李箱　遥控器的上锁、死锁、解锁，完全与其他普通车辆类似。当驾驶人按动有效的遥控器钥匙后，遥控器将开锁或者解锁的信息传递给遥控器接收器 RFA，RFA 将该信息通过 LIN 数据专线传递给 BCM 模块，BCM 根据该信号进行上锁、死锁、解锁以及遥控开启行李箱的操作。

与无钥匙上锁一样，遥控器上锁一次为普通门锁上锁，继续按动上锁按钮后门锁进入死锁状态。解锁时只需按动一次解锁按钮就可以解开死锁状态。遥控器上锁、上死锁、开锁以及开启行李箱的工作示意图与工作流程，如图 8-75、图 8-76 所示。

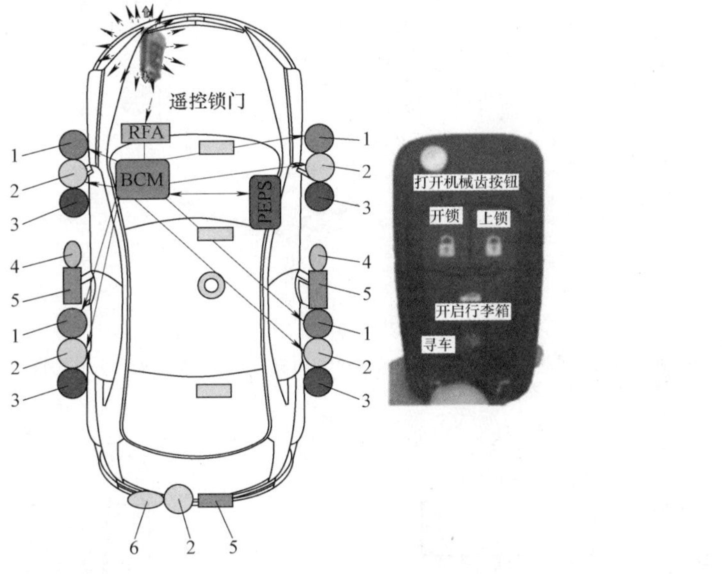

图 8-75　遥控器上锁、上死锁、开锁以及开启行李箱的工作示意图

1—死锁电动机　2—门锁电动机　3—解锁电动机　4—触摸开关　5—把手天线　6—行李箱开关

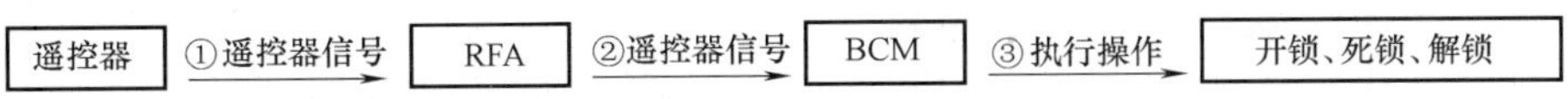

图 8-76　遥控器上锁、上死锁、开锁以及开启行李箱工作流程

（7）机械钥匙开锁、上锁　当遥控器电池损坏、电力不足时或者当车辆蓄电池亏电时保证驾驶人能够进入车辆的备用功能，同样也可以使用机械钥匙打开车门锁，并且无论是普通上锁状态还是死锁状态，机械解锁的级别都高于两者，可以利用机械钥匙打开驾驶人侧车门上车。当驾驶人利用机械钥匙拧动左前门机械锁芯后，该侧门锁锁块就会出现上锁、解锁两种信号，门锁锁块便会将这一信息首先传递给离它最近的驾驶人侧玻璃升降器开关（或玻璃升降器电动机，配置不同信号传递给的模块也不同，同时该开关还传递车门的开启信

号），该开关实际上是玻璃升降开关也是 BCM 模块的一个 LIN 模块，并将它所接收到的锁芯状态信号通过 LIN 数据线路发送给 BCM，BCM 再根据接收到信号直接控制门锁电动机进行上锁、解锁，具体控制过程如图 8-77 所示，控制电路如图 8-78 所示。这里需要注意的是，全车只有左前车门有一个锁孔。

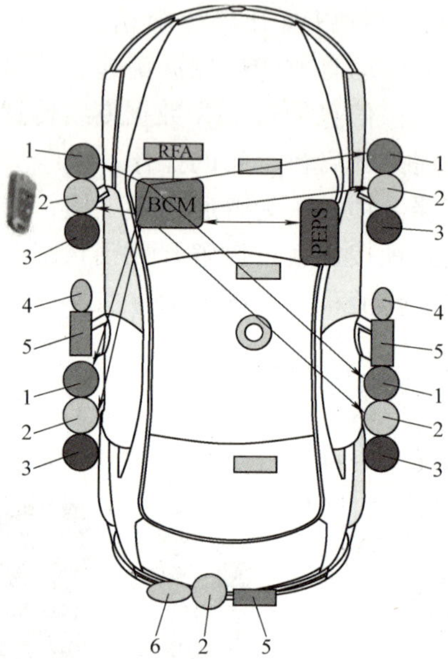

图 8-77　机械钥匙开锁、上锁的控制过程

1—死锁电动机　2—门锁电动机　3—解锁电动机　4—触摸开关　5—把手天线　6—行李箱开关

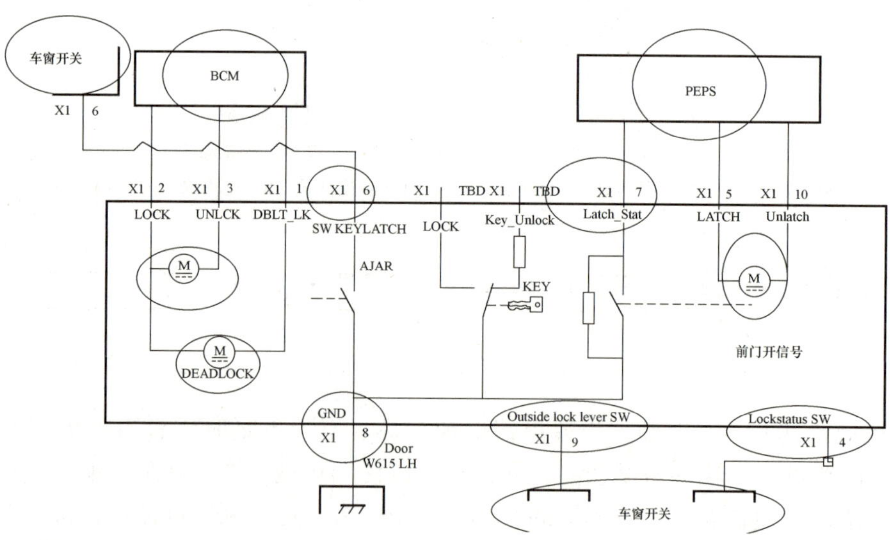

图 8-78　机械钥匙开锁、上锁的控制电路

4. 电路

1）PEPS 四门解锁执行器电路如图 8-79 所示。

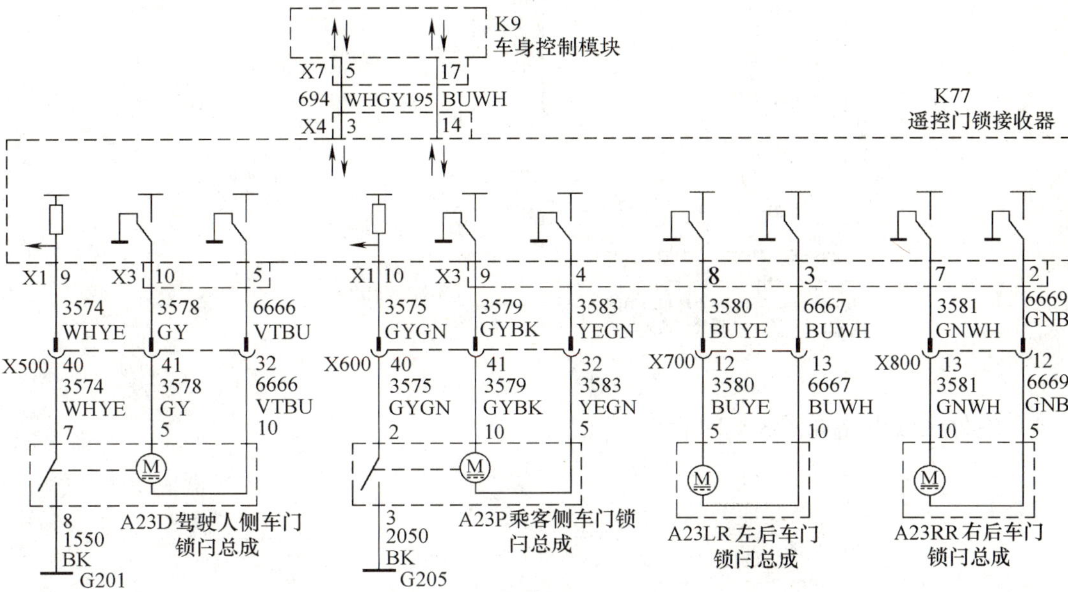

图 8-79 PEPS 四门解锁执行器电路

2）PEPS 门把手开关电路如图 8-80 所示。

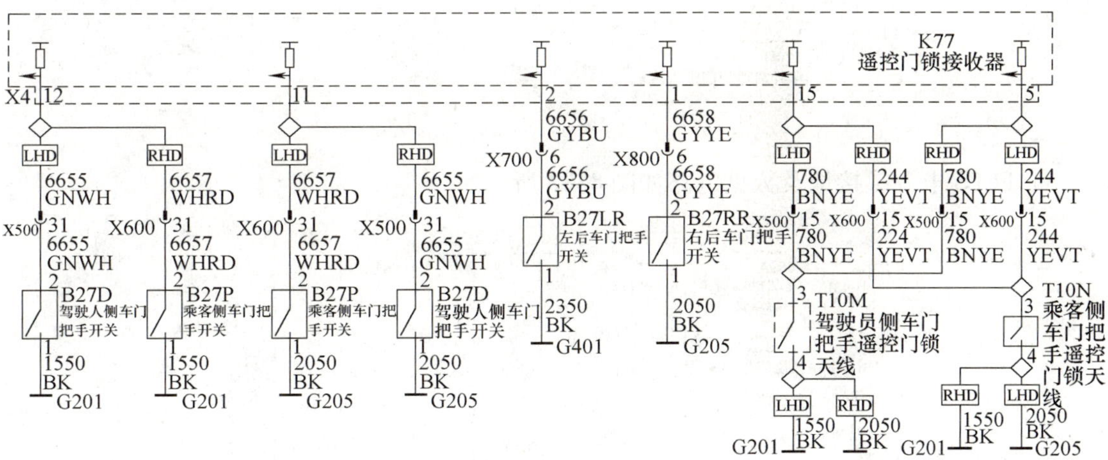

图 8-80 PEPS 门把手开关电路

3）室内天线电路如图 8-81 所示，天线的连接线多采用屏蔽线。

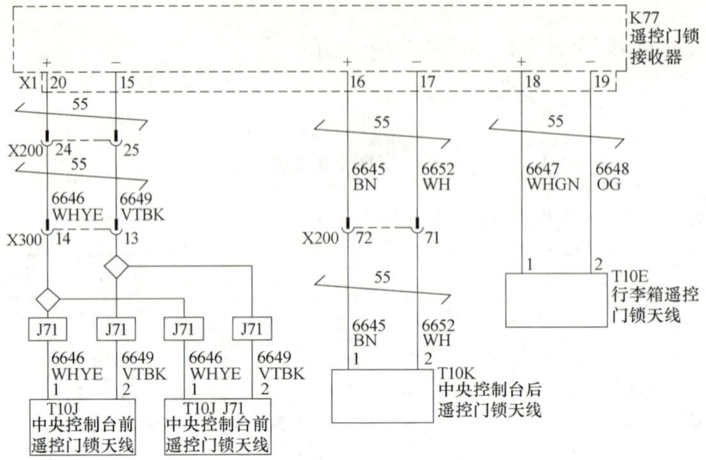

图 8-81 室内天线电路

4）室外天线电路如图 8-82 所示。

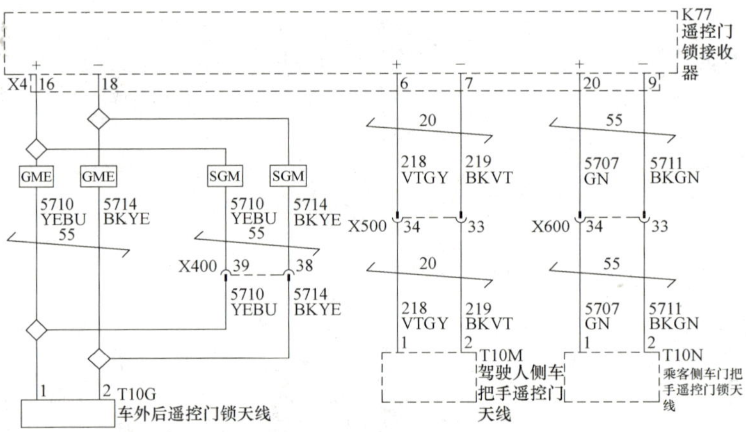

图 8-82 室外天线电路

5）PEPS 电源、接地及数据电路如图 8-83 所示。

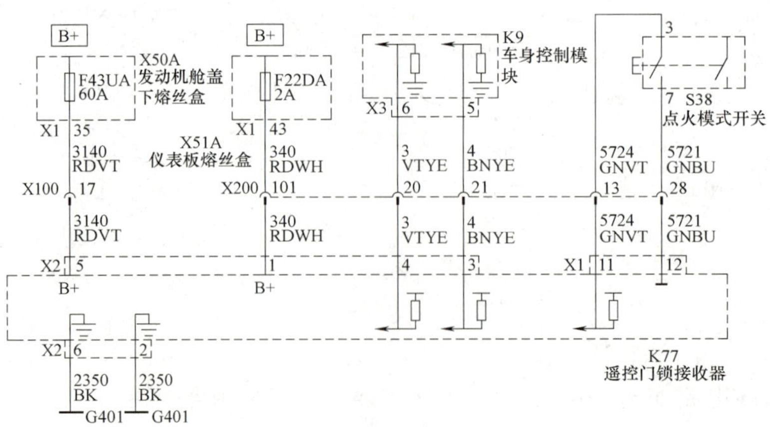

图 8-83 PEPS 电源、接地及数据电路

6）行李箱开启信号与释放电路如图 8-84 所示。

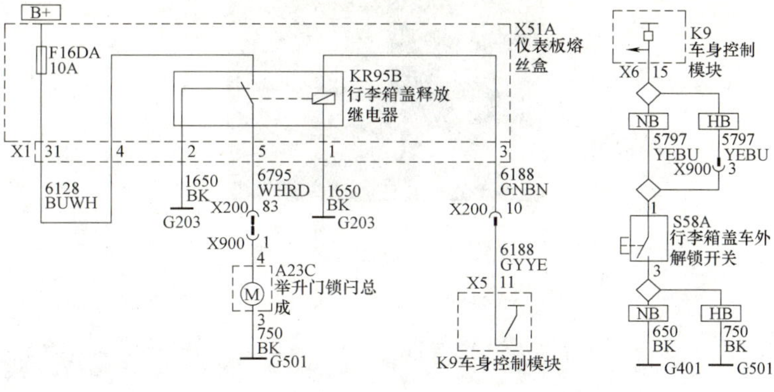

图 8-84　行李箱开启信号与释放电路

7）门锁电路如图 8-85 所示。

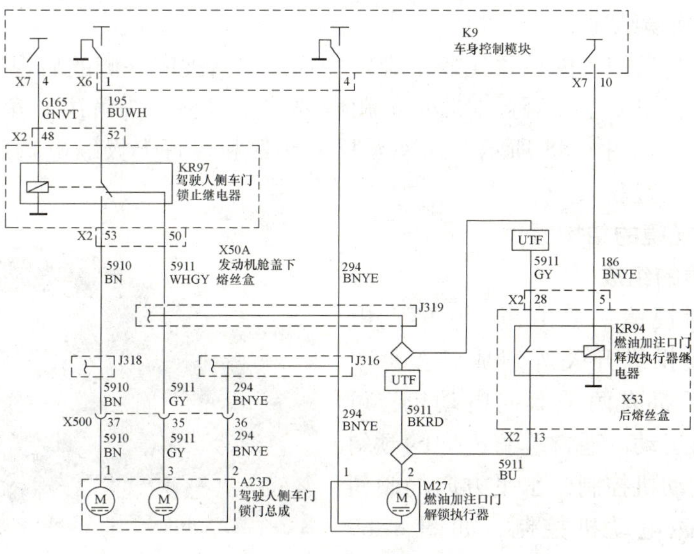

图 8-85　门锁电路

无钥匙起动电路如图 8-86 所示，点火开关如图 8-87 所示。

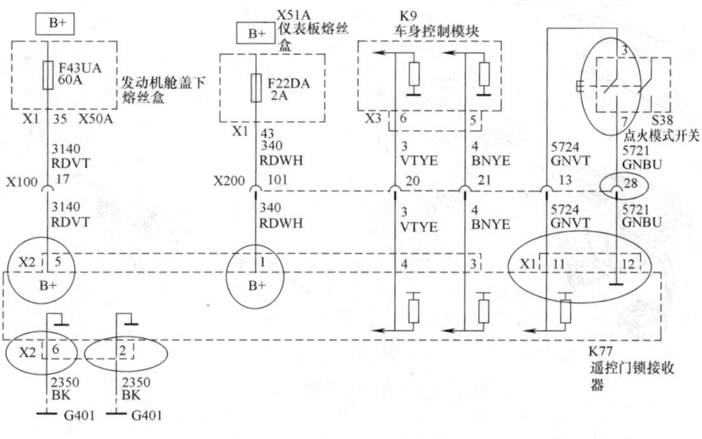

图 8-86　无钥匙起动电路

图 8-87　点火开关

第五节　电动后视镜与除霜装置

一、电动后视镜

（一）电动后视镜综述

驾驶人手动调整后视镜的位置比较困难，特别是副驾驶座一侧的后视镜调整更难。由于后视镜直接关系到行车安全，因此对其反射角度要求很严格，为解决其角度难调整的问题，设计了电动后视镜，如图 8-88 所示。驾驶人只需在驾驶位置上操纵电动后视镜开关，就可获得理想的后视镜位置。

（二）电动后视镜的结构原理

1. 电动后视镜的组成

汽车的电动后视镜一般由镜片、驱动电动机、控制电路及操纵开关等组成。在每个后视镜镜片的背后都有两个双向电动机，可操纵其上下及左右运动。通常垂直方向的倾斜运动由一个永磁电动机控制，水平方向的倾斜运动由另一个永磁电动机控制，如图 8-89 所示。

图 8-88　电动后视镜

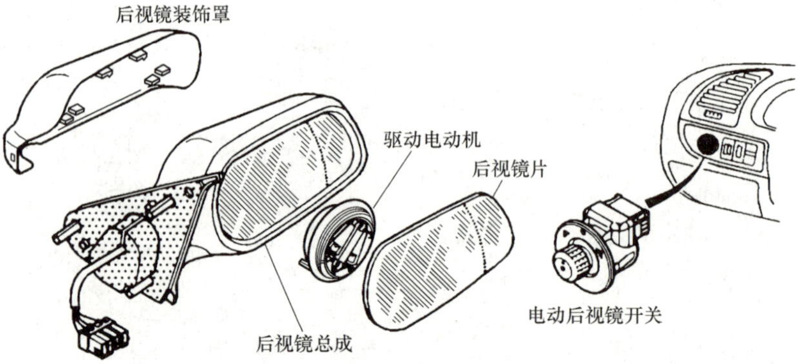

图 8-89　电动后视镜的组成

2. 电动后视镜控制电路

（1）控制开关　电动后视镜控制开关如图8-90所示，由左右侧后视镜选择开关和后视镜控制开关组成。选择开关用来选择调节左侧或右侧电动后视镜。后视镜开关具有上、下、左、右4个档位，通过电动后视镜内的两个永磁双向微型电动机来调节后视镜片作垂直或水平方向的摆动，使其达到理想的位置。有的车型电动后视镜还有电动折合、镜面加热除霜、驾驶姿势存储等功能。

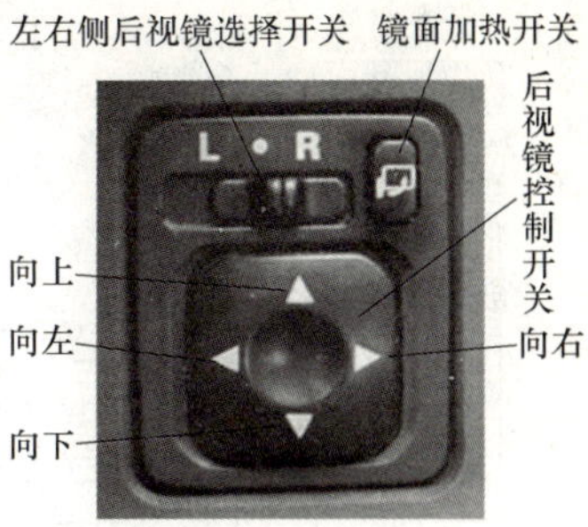

图8-90　控制开关

（2）控制电路　电动后视镜控制电路如图8-91所示。图8-92和图8-93所示为左侧后视镜上下倾斜电流路径。

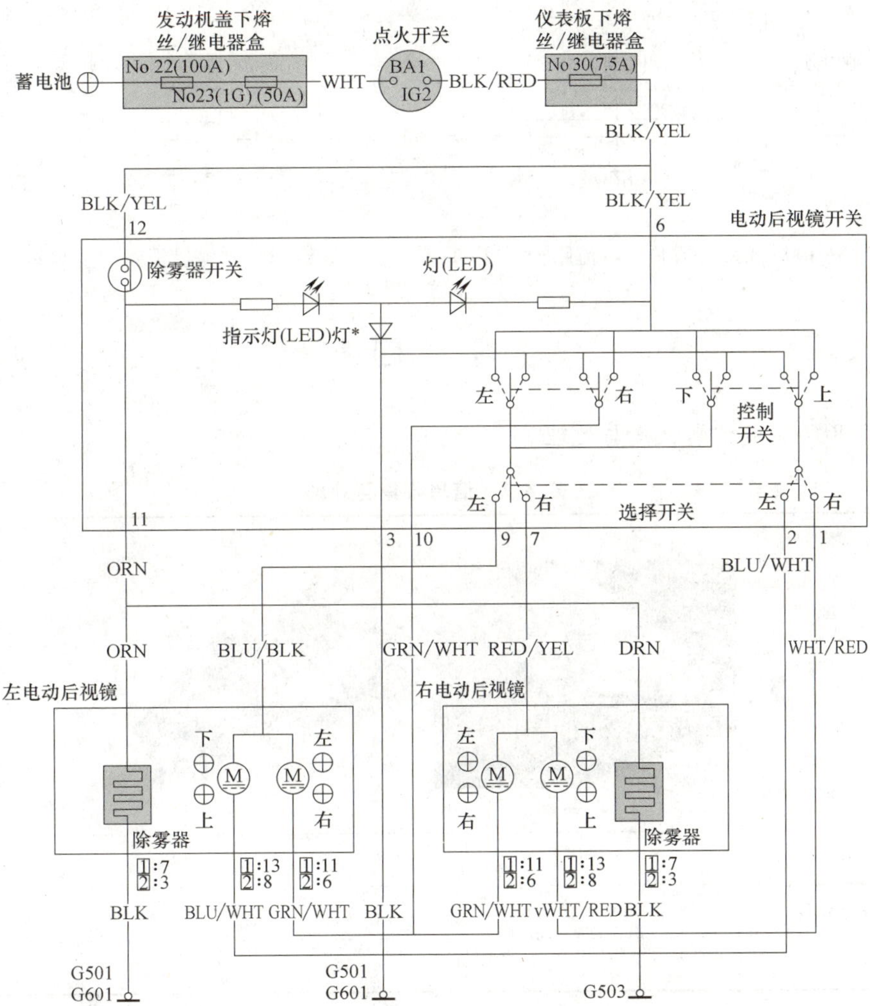

图8-91　电动后视镜控制电路

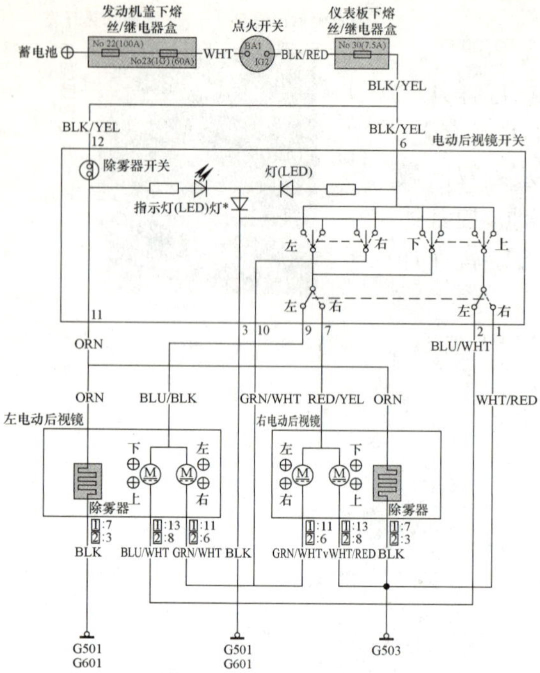

图 8-92　左侧后视镜向下倾斜电流路径

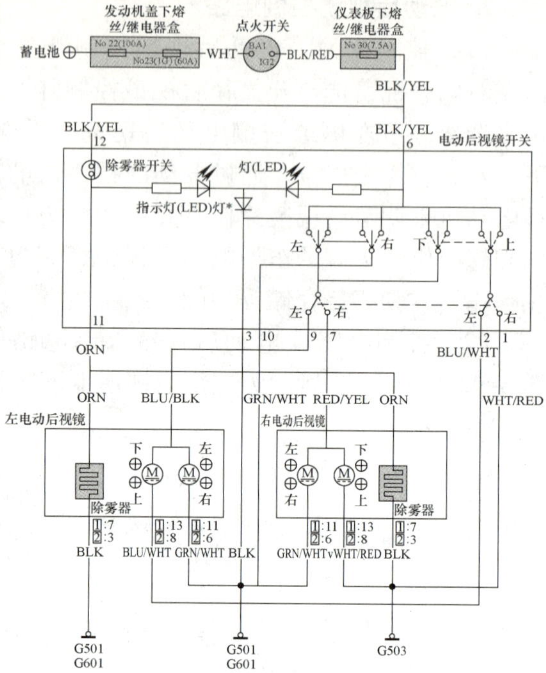

图 8-93　左侧后视镜向上倾斜电流路径

习　　题

1. 按表 8-7 完成信息收集与处理。

表 8-7　信息收集与处理

刮水器的作用	
刮水器电路的类型	
刮水器的组成	

2. 按表 8-8 完成电动座椅信息的收集与处理。

表 8-8　信息收集与处理

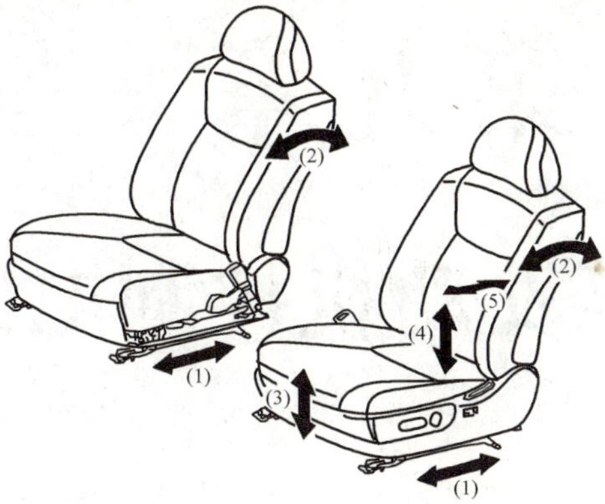

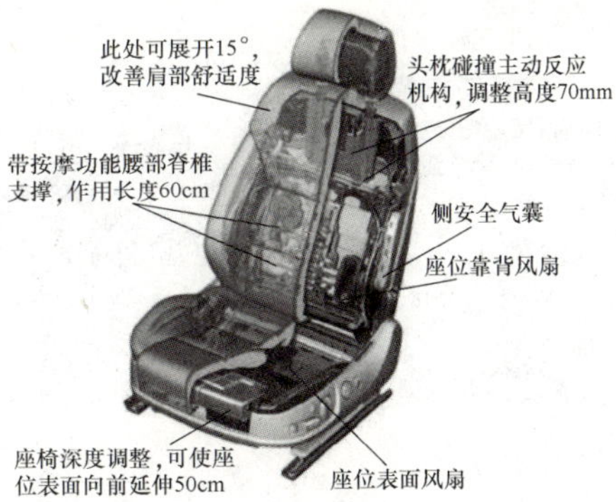

电动座椅的作用	
电动座椅的类型	
电动座椅的组成	
电动座椅的技术检查	
电动座椅的拆装	
电动座椅的维护	

3. 表 8-9 完成电动后视镜信息的收集与处理。

表 8-9　信息收集与处理

电动后视镜的作用	
后视镜的类型	
电动后视镜的组成	
电动后视镜的技术检查	
电动后视镜的拆装	
电动后视镜的维护	

第九章 汽车发动机控制电路

第一节 丰田汽车发动机控制电路

一、丰田凯美瑞发动机控制系统的特征

丰田凯美瑞采用的1AZ-FE和2AZ-FE型发动机的控制系统具有如下特征：

（1）电子燃油喷射（EFI）

1）L型EFI系统使用热线型空气流量传感器直接检测进气涡流。

2）燃油喷射系统为顺序多点燃油喷射系统。

3）燃油喷射有两种形式：同步喷射，根据基本喷射周期进行同步喷射，并根据传感器提供的信号进行追加校正。同步喷射还划分为冷起动时的喷射和发动机起动后的独立喷射。非同步喷射，不管曲轴位置如何，只要检测到根据传感器提供信号的喷射请求就进行非同步喷射。

（2）电控点火提前（ESA）

1）由发动机电子控制系统根据各种传感器提供的信号确定并校正点火正时，以响应发动机爆燃。

2）系统根据接受自传感器的信号选择最佳点火正时，并将（IGT）点火信号发送给点火器。

（3）智能电子节气门控制系统（ETCS-i） 它根据加速踏板作用力及发动机和车辆的状态，将节气门控制在最佳开度。

（4）智能可变气门正时（VVT-i） 它根据发动机状态将进气凸轮轴控制为最佳气门正时。

（5）燃油泵控制

1）由来自发动机电子控制系统的信号控制燃油泵的运行。

2）在正面、侧面和后面受到碰撞，引爆SRS空气囊时停止燃油泵。

（6）空调切断控制 根据发动机状态打开或关闭空调压缩机，以保持操纵性能。

（7）冷却风扇控制 发动机电子控制系统根据冷却液温度传感器的信号和空调工况来控制冷却风扇的运行。

（8）起动机控制及转动保持功能 一旦踩下制动踏板并按下点火开关，该控制功能就会连续运行起动机，直至发动机起动。

（9）空燃比传感器和氧传感器加热器控制 将空燃比传感器或氧传感器的温度维持在

相应水平，以提高废气中氧浓度检测的精确度。

（10）燃油蒸发排放控制　发动机电子控制系统根据发动机状态控制炭罐中燃油蒸发排放（HC）的净化。

（11）发动机停机　在企图使用无效钥匙起动发动机时，禁止燃油输送和点火。

（12）诊断　发动机电子控制系统检测到故障时，发动机电子控制系统会进行诊断并记录下有故障的部分。

（13）失效保护　发动机电子控制系统检测到故障时，会根据记忆中存储的数据停止或控制发动机。

二、丰田凯美瑞发动机控制系统的电路框图

丰田凯美瑞发动机控制系统的电路框图如图9-1所示。在发动机电控系统中，电子控制系统（ECU）接收来自各种传感器的信号，并处理接收到的信息，同时发出相应的控制指令，来控制各种执行器完成正确的动作，使发动机在不同工况下均能使混合气获得合适的空燃比。发动机电控系统的控制功能见表9-1。各系统的位置如图9-2所示。

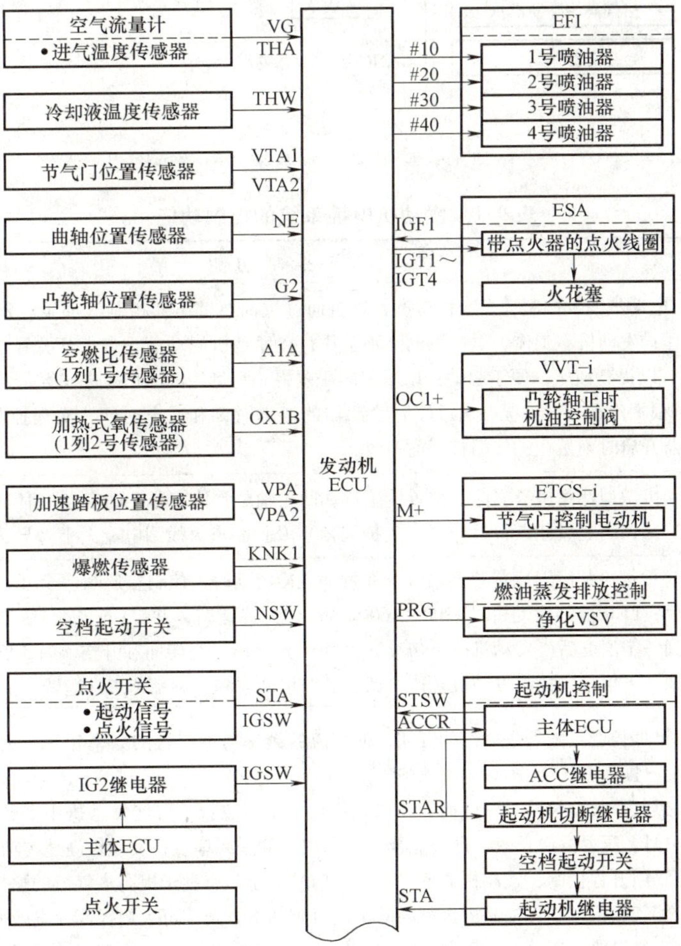

图9-1　丰田凯美瑞发动机控制系统的电路框图

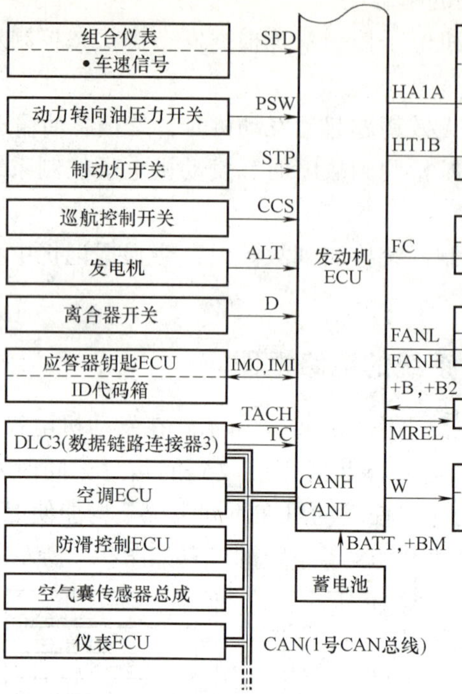

图 9-1 丰田凯美瑞发动机控制系统的电路框图（续）

表 9-1 发动机电控系统的控制功能

控 制 名 称	控 制 功 能
燃油控制	1）电动汽油泵控制：发动机微型计算机通过汽油泵继电器控制汽油泵。发动机工作，电动汽油泵工作；发动机不工作，电动汽油泵不工作；在发动机起动前，点火开关置于 ON 档时，汽油泵运转 2s，以提高油压，便于起动；以恒定的压差将一定量的汽油喷入进气管 2）根据汽车运行工况，通过控制喷油器的通电时刻和通电时间，实现控制喷油时刻和喷油量。喷油器开启时刻是在进气门打开前 70°
点火控制	发动机微型计算机根据曲轴位置传感器和凸轮轴位置传感器，确定点火时刻基准；再根据发动机运行工况，确定最佳点火时刻（点火提前角）及控制点火线圈电流大小（导通角）
怠速控制	ECU 根据冷却液温度传感器信号，在发动机冷起动时，控制怠速阀门全开，以便于着车。发动机起动后，ECU 控制发动机以 1200～1600r/min 快怠速运转，并提前点火，便于暖车；当冷却液温度升高到一定温度后，发动机以 800r/min 正常怠速运转。当转向和开空调时，ECU 根据动力转向开关和空调开关信号，提高发动机转速，保证转向机油泵和空调系统正常运转
进气控制	1）谐振控制：随着进气门的开闭，使气流的频率与进气管的频率相等，利用进气流的惯性和谐振效应，提高进气量 2）进气管长度控制：一般而言，进气管长，压力波长，可使发动机中低转速区功率增大；进气管较短时，压力波波长短，进气能量大，利用了共振原理可使发动机高速区功率增大 3）气门升程控制：发动机低速时，进气门开度小，有利于提高进气流的惯性和进气量 4）配气相位控制：控制进排气门的关闭时刻和重叠角，可大幅提高充气效率，减少废气污染 5）废气涡轮增压：用增压器是将空气先压缩，增加其密度，使进入气缸的实际进气量比自然进气量多，从而达到增加发动机功率、改善燃料经济性和排放性能

（续）

控制名称	控制功能
排放控制	1）三元催化器：当 CO、HC 和 NO_x 通过三元催化器孔道时，转化为无毒的水（H_2O）、氧气（O_2）和氮气（N_2） 2）废气再循环控制：在发动机中高速时，ECU 控制 EGR 阀，使部分废气进入气缸中再循环，降低气缸中的温度，从而减少 NO_x 的排放 3）油箱汽油蒸发控制：油箱和化油器内的汽油受热蒸发后，利用炭罐吸附，防止挥发到大气中；发动机工作时，节气门打开，负压通过真空管吸开控制阀，将汽油蒸汽吸入进气管，进入气缸燃烧 4）曲轴箱通风控制：发动机做功时，燃气从活塞与气缸间窜入曲轴箱；窜气需要导入气缸燃烧，以免造成空气污染，新鲜空气补充进入曲轴箱
自诊断控制	出现故障时，ECU 检测有问题的传感器，在 ECU 中贮存故障码，并点亮故障灯。采用人工或用解码器，从 ECU 中可读取故障码

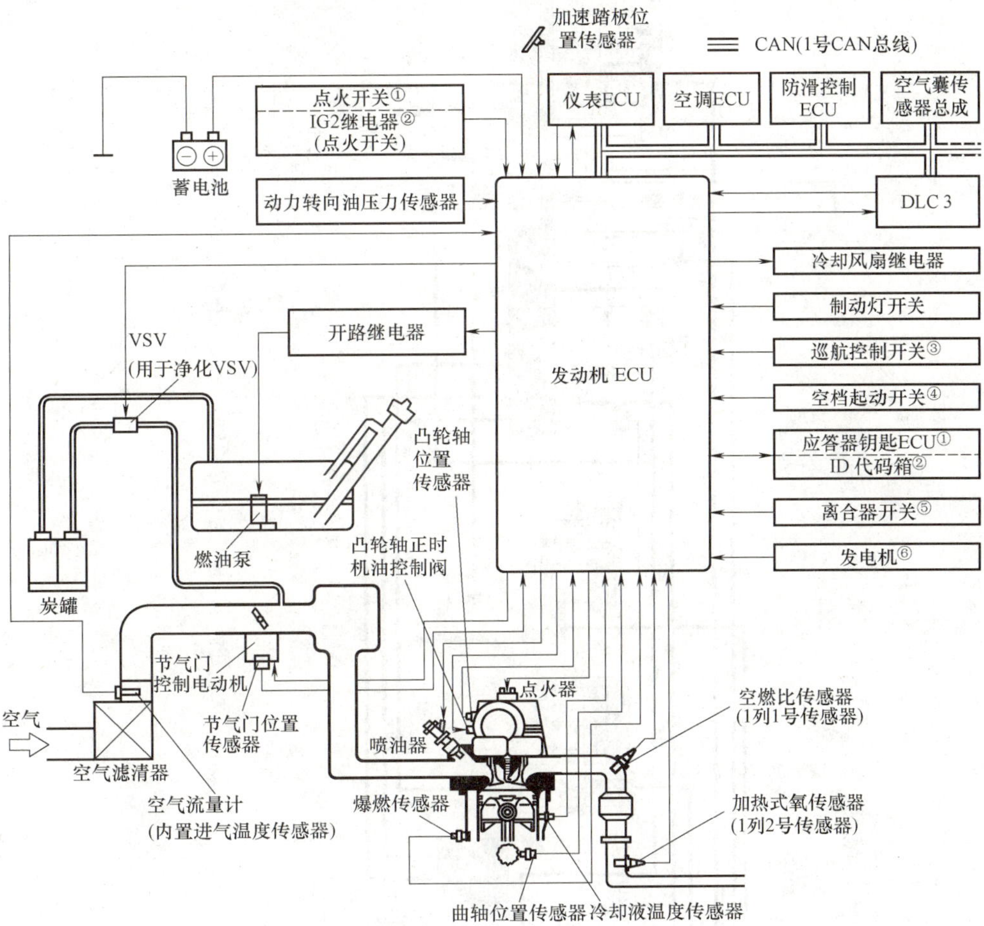

图 9-2　电控系统的位置图

注：①仅适用于无智能进入和起动系统的型号。②仅适用于带有智能进入和起动系统的型号。③仅适用于带有巡航控制系统的型号。④仅适用于带有自动传动桥的型号。⑤仅适用于带有巡航控制系统的手动传动桥型号。⑥澳大利亚和 G. C. C. 国家使用的型号除外。

三、丰田发动机的控制系统的电路图

丰田威姿 CA7136Z 型发动机控制系统的电路如图 9-3 所示。

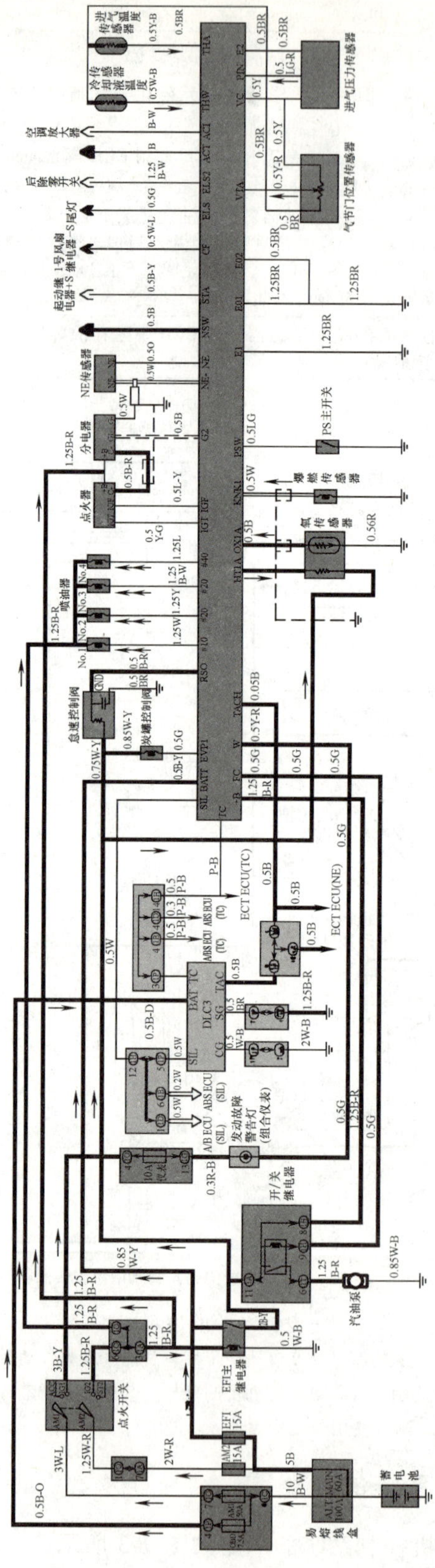

图9-3 丰田威姿CA7136Z型发动机控制系统的电路

四、发动机电控系统传感器的位置及功能

以威驰发动机电控系统为例，说明发动机电控系统传感器的位置及功能。图9-4所示为威驰发动机电控系统的元件位置图，图中标明了各传感器的实际位置。它们的外形、安装位置及功用见表9-2。

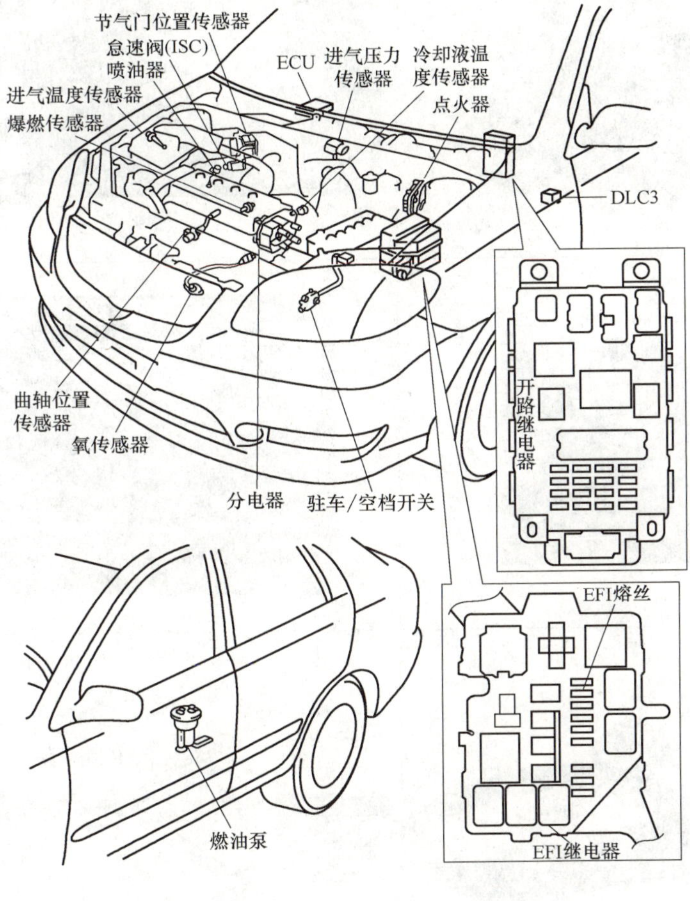

图9-4 威驰发动机电控系统的元件位置图

表9-2 各传感器的外形、位置及功用

<table>
<tr><th>传感器名称</th><th>外 形</th><th>安装位置</th><th>功 用</th></tr>
<tr><td>节气门位置传感器</td><td></td><td>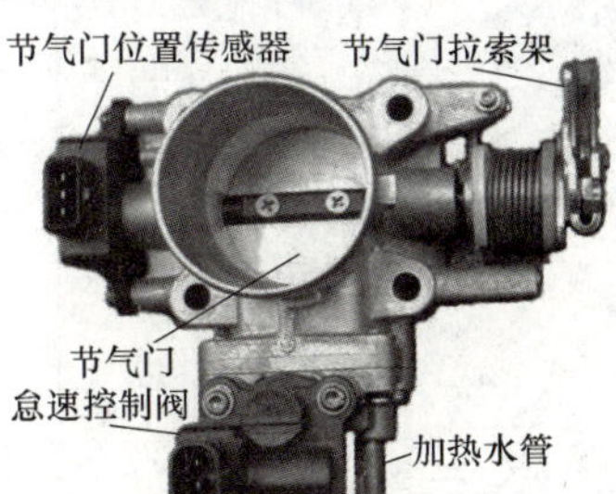</td><td>检测发动机的工况，怠速阀用来控制发动机的怠速</td></tr>
</table>

（续）

传感器名称	外　形	安装位置	功　用
空气流量传感器			用来检测进气量，是进气管路的一部分
进气压力传感器			用来检测进气量
氧传感器	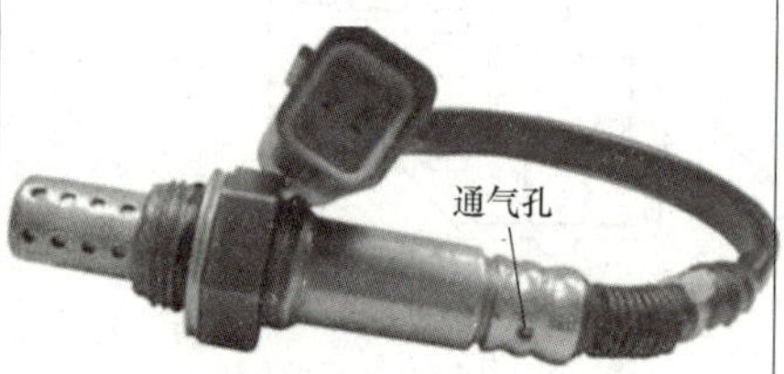	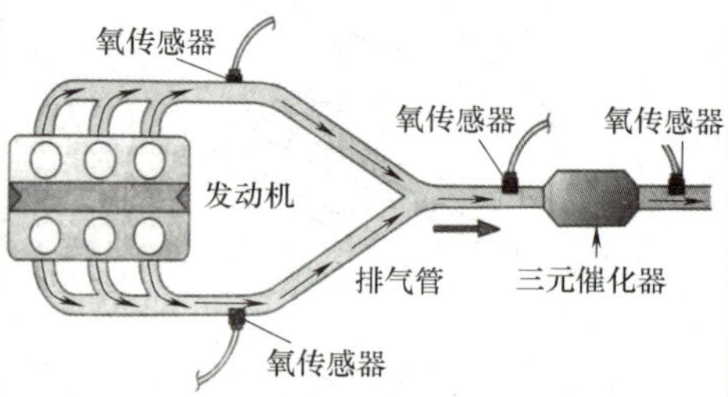	检测废气中含氧量，实现空燃比的闭环控制
冷却液温度传感器			检测发动机冷却液温度，修正空燃比和点火时间

（续）

传感器名称	外　形	安装位置	功　用
进气温度传感器		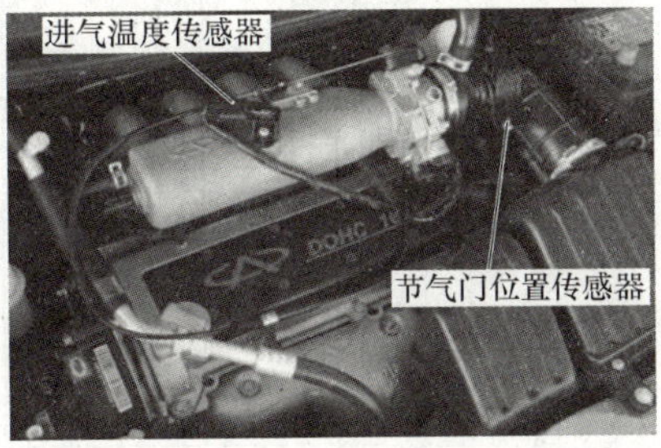	检测进气温度，修正空燃比和点火时间
曲轴位置传感器		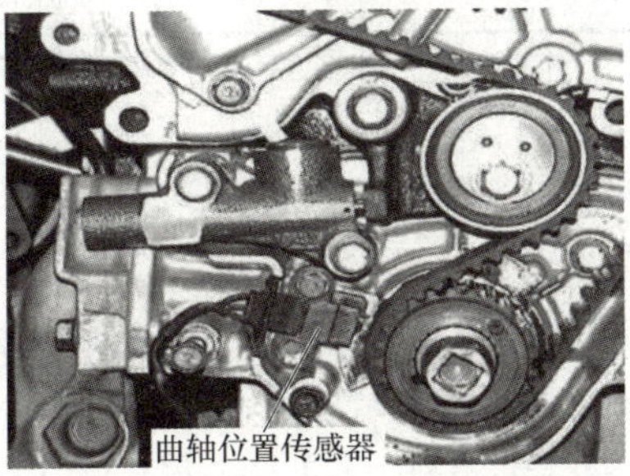	检测曲轴转动位置，作为点火时间和喷油时间的计时
爆燃传感器		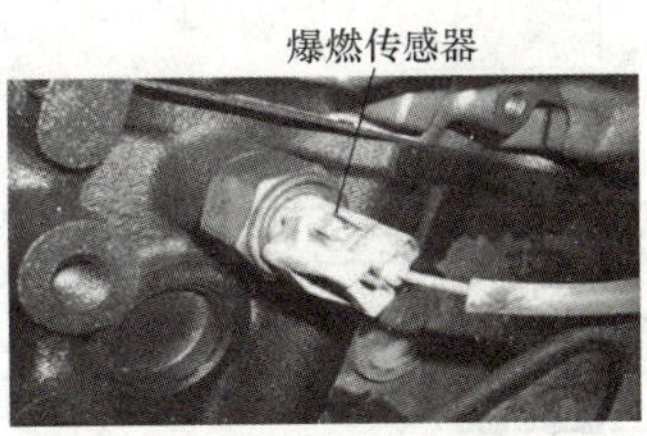	检测做功时，是否产生爆燃，以实现点火时刻的闭环控制

第二节　大众汽车发动机控制电路

捷达 AKT 发动机控制电路如图 9-5 所示。

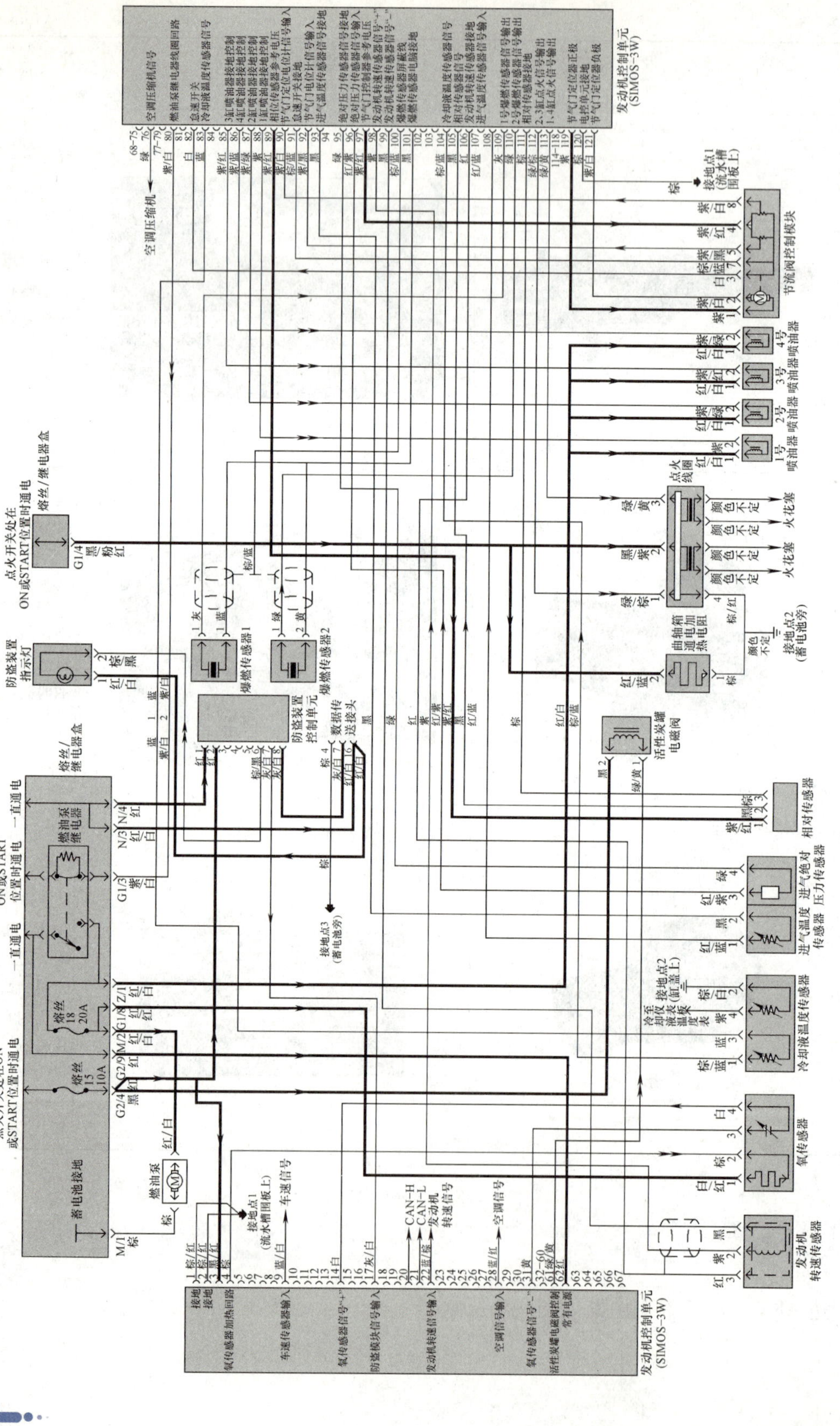

图 9-5　捷达 AKT 发动机控制电路

习　题

1. 简述丰田凯美瑞汽车发动机控制系统的特征。
2. 简述威驰汽车发动机电控系统传感器的外形、位置及功用。

第十章 汽车自动变速器控制电路

第一节 自动变速器的分类

（一）按驱动方式分类

由于汽车的驱动方式有前轮驱动和后轮驱动两种，相应分别配套前驱式（FD）、后驱式（RD）和四驱自动变速器。

1）前驱式自动变速器，又称为自动驱动桥，将自动变速器、主减速器和差速器组装在一起。由于发动机横置，自动变速器的横向尺寸较短，其输出轴与输入轴大都平行设计，以减小变速器的轴向尺寸。如图 10-1 所示为本田汽车的平行轴式自动变速器。大众汽车通常采用发动机纵置前轮驱动，其采用自动变速器的外形如图 10-2 所示。

图 10-1　本田汽车的平行轴式自动变速器

2）后驱式自动变速器。这种变速器的输入轴与输出轴成一条轴线布置，其轴向尺寸较大，如图 10-3 所示。

图 10-2　大众汽车的 01N 自动变速器

图 10-3　后驱式自动变速器

（二）按前进档位数量分类

按自动变速器前进档位数可以将自动变速器分为 3 ~ 9 个前进档。早期的自动变速器只有 3 ~ 4 个前进档，直接档和超速档为最高档。档位越多，结构越复杂，但汽车的经济性和平顺性得到很大改善。图 10-4 所示为 ZF 公司的 8 速自动变速器。

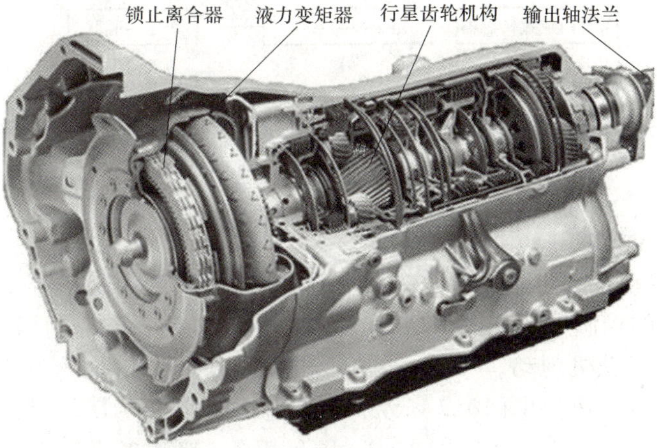

图 10-4　ZF 公司的 8 速自动变速器

（三）按控制方式分类

自动变速器内部控制方式有全液压控制、电子控制和电子液压控制三种，如图 10-5 所示。

（1）全液压控制　最初的自动变速器几乎没有电子元器件，采用全液压控制，将车辆的行驶速度和发动机负荷这两个换档信号分别通过车速阀和节气门阀转变为液压信号，液压控制系统根据这两个液压信号控制换档阀进行换档。

（2）电子控制　这种自动变速器则是接受节气门位置传感器、车速传感器等信号，电子控制系统进行分析、对比、判断和运算，并根据结果向各电磁阀发出控制信号，直接控制换档，实现档位的自动变换。

（3）电子液压控制　它是介于全液压控制和电子控制之间的过渡控制方式。它取消了车速阀和节气门阀，代之以节气门位置传感器、车速传感器。电子控制系统接受这两个信号，通过电磁阀控制换档阀，实现档位的自动变换。

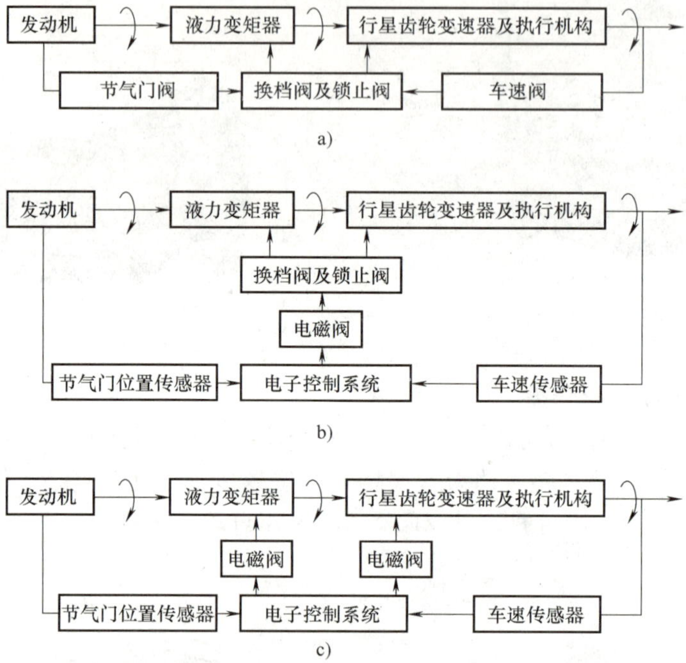

图 10-5　自动变速器有控制方式

a）全液压控制　b）电子液压控制　c）电子控制

（四）按操作手柄分类

按操作方式分自动控制、手/自一体控制、拨片控制式自动变速器。

1）自动变速器的控制手柄如图 10-6 所示，P 为停车档、R 为倒档、N 为空档、D 为前进档、2 档和 1 档有发动机制动。

2）手/自一体控制手柄如图 10-7 所示，S 为运动模式，在 D 位时，“＋”为手动加档，“－”为手动减档，P、R、N、D 与图 10-6 所示相同。驾驶者可以自由选择档位和换档时机，而且将手动档的驾驶乐趣和自动档的方便舒适完美融合在一起，自由度更大。

图 10-6　自动变速器的控制手柄

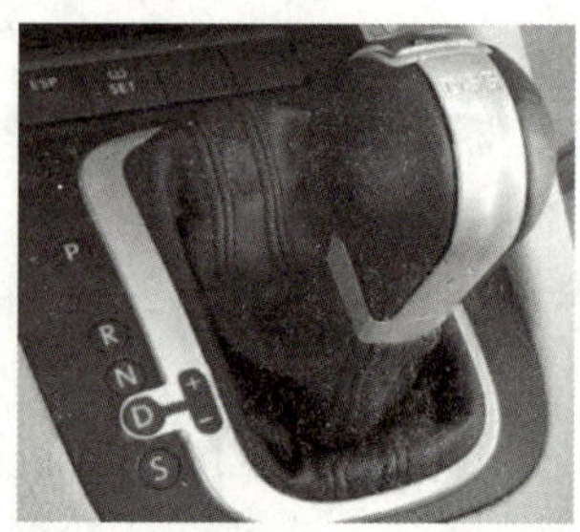

图 10-7　大众 CC 手/自一体控制手柄

3）拨片换档如图 10-8 所示，最早起源于 F1 赛车，便于在较小空间安装。在方向盘背后的 2 个旋桨式的拨片，通过手指拨动，分别控制变速箱升档和降档，使换档速度更快，更简便。选择手动模式，然后将换档杆推至“D”位，再通过拨片加、减档。

a)　　　　　　　　　　b)

图 10-8　丰田凯美瑞换挡拨片

a）换档拨片与组合开关　b）安装在方向盘背后

（五）按结构类型分类

自动变速器按结构分为定轴式、动轴式（AT）和无级变速器（CVT）三大类，如图 10-9所示。

- 自动变速器的类型
  - 定轴式
    - 本田平行轴式自动变速器
    - AMT
    - DCT（DSG）
  - 动轴式（AT）
    - 辛普森式（Simpson）
    - 拉维那式（Ravigneaus）
    - 莱佩莱捷式（Lepelletier）
    - 多档组合式
  - 无级式（CVT）
    - 钢链（钢带）式无级变速器
    - 摩擦轮式无级变速器
    - 锥环式无级变速器

图 10-9　自动变速器的分类

1. 定轴式

（1）本田平行轴式自动变速器　如图 10-1 所示，本田平行轴式自动变速器是在手动变速器的基础上，将同步器改为液压控制的离合器，取消了拨叉和拨叉轴等换档操纵机构。它与手动变速器的比较如图 10-10 所示。

（2）AMT　Automated Mechanical Transmission 意思是“电控机械式自动变速器”，简称 AMT，如图 10-11 所示。它也是从手动变速器改进而来的，是利用电子控制系统、电磁阀和油缸控制离合器和拨叉轴移动换档的，取消了手动变速器（图 10-12）的拉线和选档摇臂和换档摇臂。这种变速器糅合了液力自动变速器和手动变速器齿轮传动两者的优点，效率高、成本低、结构简单、易制造。

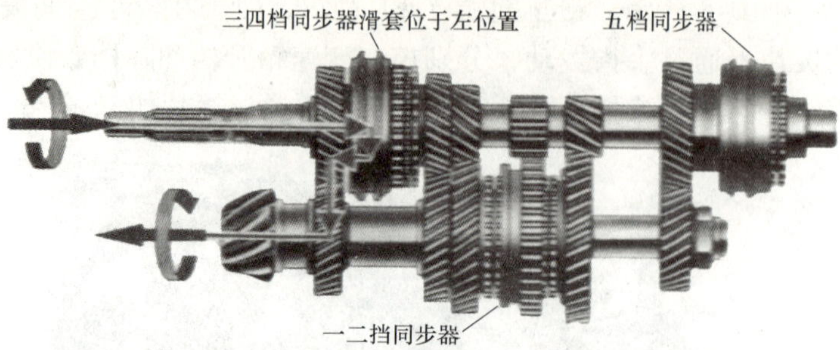

a)

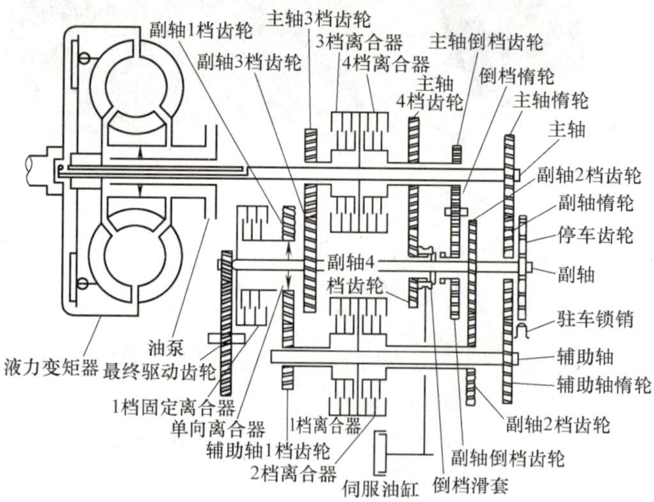

b)

图 10-10　本田平行轴式自动变速器与手动变速器的比较

a）两轴式手动变速器　b）本田雅阁平行三轴式自动变速器

图 10-11　AMT

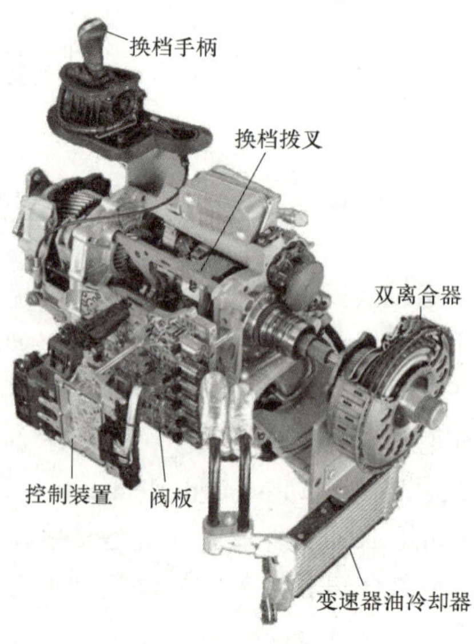

图 10-12　手动变速器

（3）DCT（DSG）　DCT 是 Dual Clutch Transmission 的缩写，意思是“双离合器变速器”，如图 10-13 所示。大众公司称为 DSG（Direct Shift Gearbox），意思是“直接换档变速箱”。大众 7 档双离合器变速器的型号是 0AM 。它是在手动变速器的基础上发展起来的“自动变速器”。奥迪称为“S Tronic”，宝马称为“M DKG（M Double Clutch gearbox）”，福特和沃尔沃称为“Powershift”，保时捷称为“PDK（Porsche Doppel Kupplungen）”，三菱称为“Twin Clutch SST”。

DCT 将两套手动变速器和离合器组合而成，如图 10-13 所示。当变速器在某个档位工作时，计算机根据各传感器计算下一位档位，并使齿轮结合，但与该组齿轮对应的离合器仍处于分离状态，直到换档时结合，这样就缩短了换档时间，动力不会中断。另外，它还具有手动变速器的灵活性及自动变速器的舒适性，大大改善了汽车的燃油经济性和输出转矩大等特点。

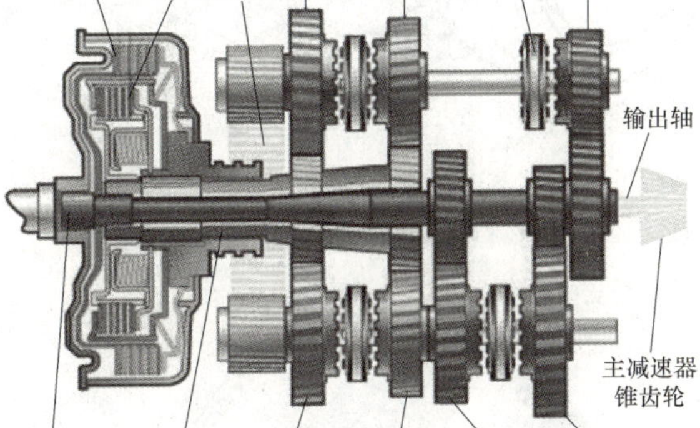

图 10-13　双离合器变速器

1940 年 Darmstadt 大学的 Rudolph Franke 教授第一个申请了双离合器变速器的专利。随后保时捷也发明了专用于赛车的双离合变速器（PDK），但未投入批量生产。

1985 年奥迪将双离合器技术应用于赛车上，当时被命名为“Audi Sport Quattro S1 赛车配合双离合器技术”。这种技术使奥迪赛车驰骋于当时的各大越野赛场，获得多项赛事的胜利。

20 世纪 90 年代末期，大众公司和博格华纳携手合作生产了第一个适用于大批量生产和应用于主流车型的 DualTronic（R）技术双离合变速器。博格华纳公司使用新的电子液压元件，增强了 DCT 变速器实用性。2004 年 DCT 在德国大众途安（Touran）上首次与 TDI 柴油发动机匹配。

2. 动轴式

动轴式自动变速器又称为行星齿轮式，简称 AT（Automatic Transmission）。通常与液力变矩器配合，采用液压和电控系统控制实现自动换档。它是最早得到广泛应用的自动变速器，技术成熟，可靠性高，技术风险低；但是，其制造工艺复杂，成本高，投资大，传输效率低，经济性相对差，结构复杂，修理困难，维修成本高。目前，我国还不完全具备自主开发能力，且手动变速器的工艺和技术继承性较差。

动轴式自动变速器又分为辛普森式（Simpson）、拉维那式（Ravigneaus）、莱佩莱捷式（Lepelletier）和多档组合式。

（1）辛普森式（Simpson） 如图 10-14 所示，辛普森式自动变速器由 2～3 套单级行星齿轮（图 10-15）组成。

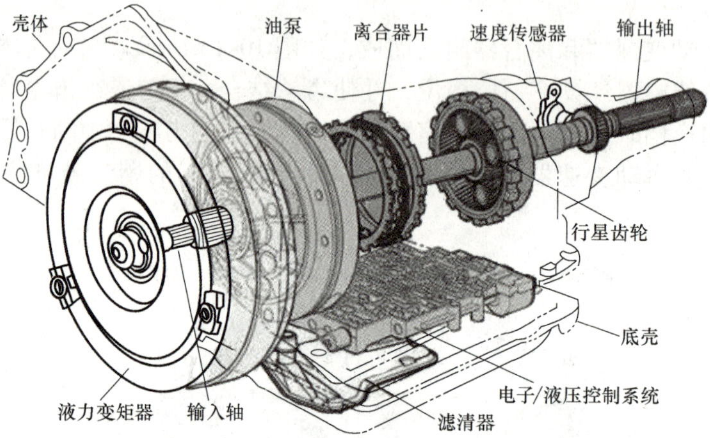

图 10-14 辛普森式自动变速器

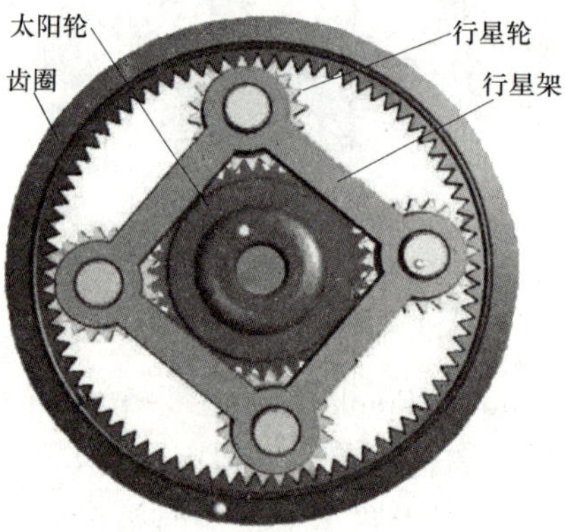

图 10-15 辛普森式行星齿轮组

（2）拉维那式（Ravigneaus） 如图 10-16 所示，拉维那式自动变速器由 1 套行星齿轮组成，可以分解为一个单级行星齿轮组和一个双级行星齿轮组（图 10-17）。

（3）莱佩莱捷式（Lepelletier） 如图 10-18 所示，莱佩莱捷式自动变速器由辛普森式和拉维那式两组行星齿轮组成，有 5 个换档执行元件，实现 6 个前进档。

（4）多档组合式 雷克萨斯 8 速变速器如图 10-19 所示。从其结构示意图（图 10-20）可以看出，有三个行星齿轮组，前组是双级，后两组为单级，且共用太阳轮。

3. 无级式（CVT）

CVT 是 Continuously Variable Transmission 的简称，意思是无级变速器，它采用传动带和工作直径可变的主、从动轮相配合来传递动力，可以实现传动比的连续改变，从而保证传动

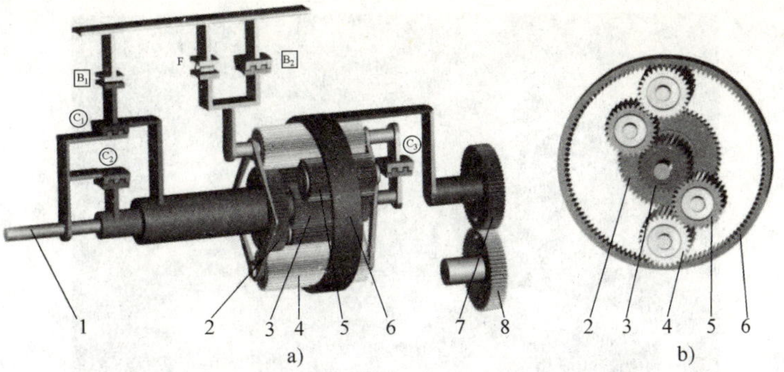

图 10-16 拉维那式自动变速器

a）结构 b）行星齿轮

1—输入轴 2—大太阳轮 3—小太阳轮 4—长行星轮 5—短行星轮 6—齿圈 7—输出齿轮 8—主减速器齿轮 B_1、B_2—制动器 F—单向离合器 C_1、C_2、C_3—离合器

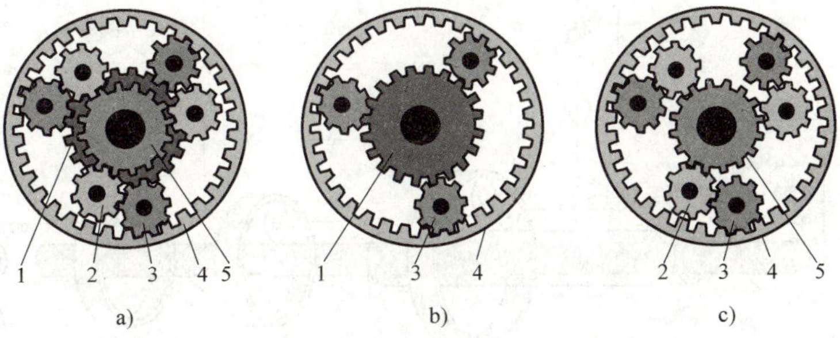

图 10-17 拉维那式自动变速器分解为单级和双级行星齿轮

a）拉维那式行星齿轮组 b）单级行星齿轮组 c）双级行星齿轮组

1—大太阳轮 2—短行星轮 3—长行星轮 4—齿圈 5—小太阳轮

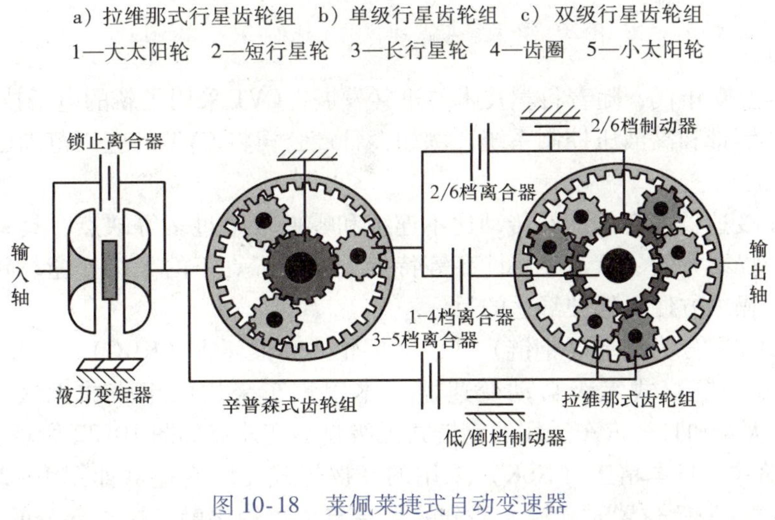

图 10-18 莱佩莱捷式自动变速器

系统与发动机工况的最佳匹配。

CVT 技术已经有了 100 多年的历史，座式摩托车采用的就是这种变速器。德国奔驰汽车早在 1886 年就将 V 形橡胶带式 CVT 安装在汽车上。

图 10-19　雷克萨斯 8 速自动变速器

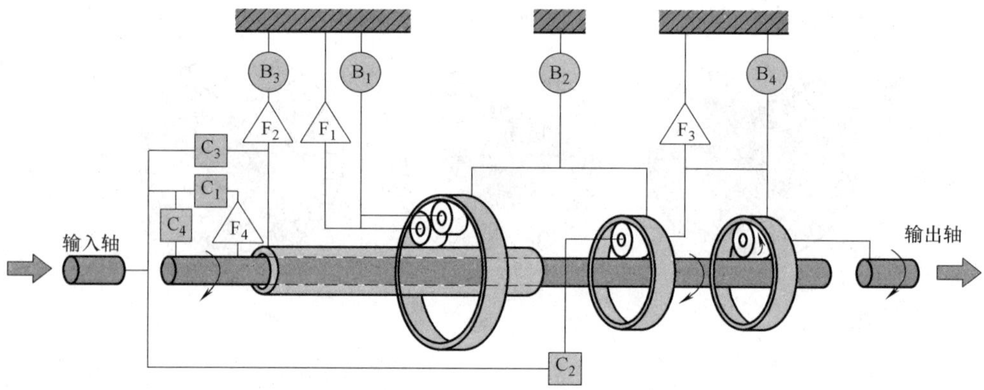

图 10-20　雷克萨斯 8 速自动变速器结构示意图

进入 20 世纪 90 年代，随着科学技术的迅猛发展，CVT 采用了新的电子技术、自动控制技术、高强度宽钢带和高液压控制系统。例如：日产公司将 CVT 的应用范围已经从 1.0L 扩大到 3.0L 轿车上。

CVT 克服了变速器固有的齿轮传动比不连续和零件数量过多等缺点，具有传动比连续、传递动力平稳、操纵方便、燃油经济性高等特点，实现了真正的无级变速，并达到了省油、降低排气污染、操纵方便、驾驶舒适的目标。

无级式（CVT）分为钢带（钢链）式、摩擦轮式和锥环式（KRG）三种。

（1）钢带（钢链）式无级自动变速器　本田汽车采用的钢带式无级自动变速器如图 10-21所示。大众和日产汽车采用的钢链式无级自动变速器如图 10-22 所示。

（2）摩擦轮式　日本精工（NSK）采用的摩擦轮式无级变速器如图 10-23 所示。当摩擦轮在如图 10-24a 所示位置时，输入部分的大端与摩擦轮接触，输出部分的小端与摩擦轮接触，变速器为加速状态。当摩擦轮在如图 10-24b 所示位置时，输入部分的小端与摩擦轮接触，输出部分的大端与摩擦轮接触，变速器为减速状态。

图 10-21　钢带式无级自动变速器

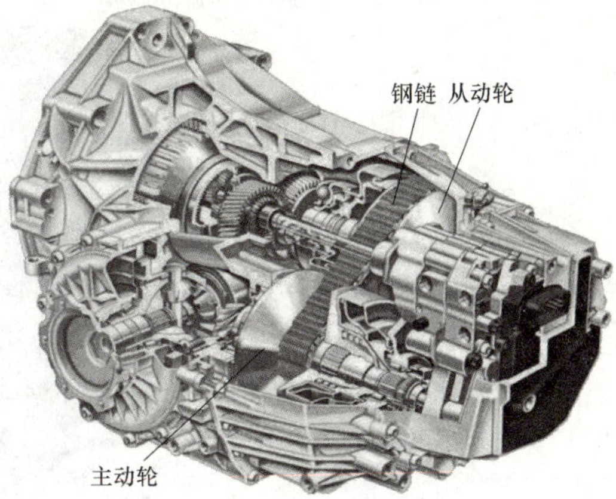

图 10-22　钢链式无级自动变速器

图 10-23　摩擦轮式无级变速器

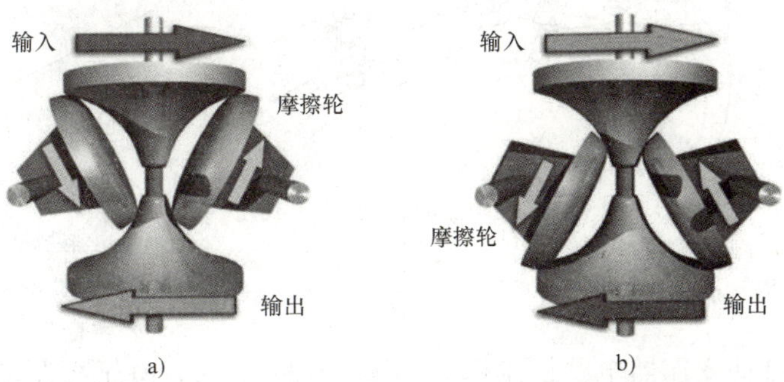

图 10-24　摩擦轮式无级变速器的工作原理

a）加速状态　b）减速状态

(3) 锥环式　锥环式无级变速器如图 10-25 所示。

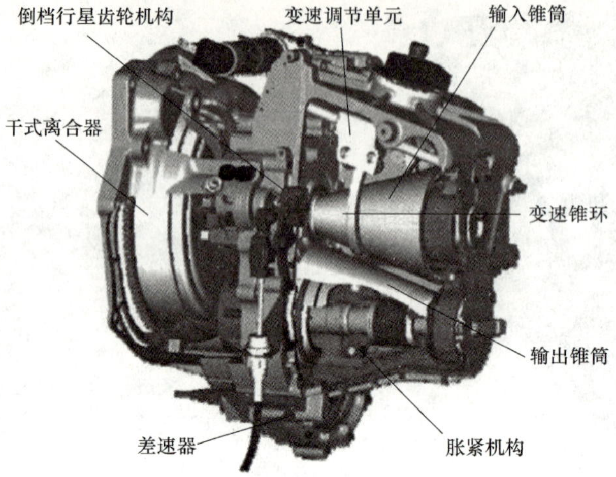

图 10-25　锥环式无级变速器

第二节　自动变速器电子控制系统电路

丰田 U241E 型自动变速器属于辛普森式行星齿轮式，电子控制系统各部件的安装位置如图 10-26 和图 10-27 所示。

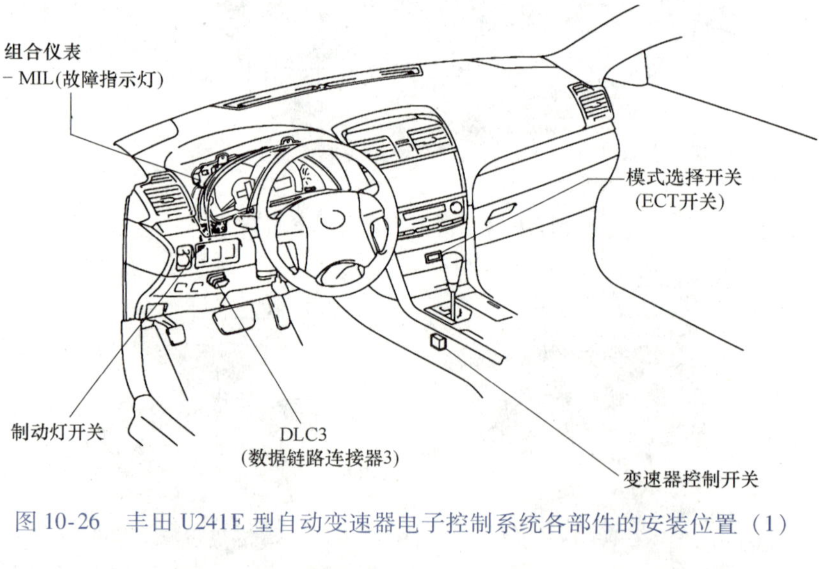

图 10-26　丰田 U241E 型自动变速器电子控制系统各部件的安装位置（1）

丰田 U241E 型自动变速器电路控制框图如图 10-28 所示。电子控制器 ECM 将根据各传感器的输入信号通过电磁阀对变速器实现换档和锁止控制，因而大大地改善了自动变速器的使用性能。该自动变速器在车辆行驶过程中，根据需要具有换档控制、锁止控制和坡度逻辑控制行功能。

丰田 U241E 型自动变速器档位开关电路如图 10-29 所示。其中，至 ST 继电器是指到起动继电器，用于控制起动机运转，以起动发动机。

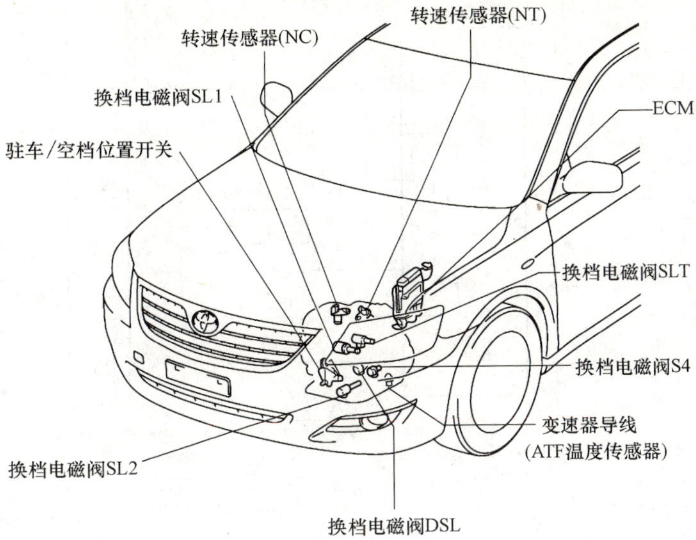

图 10-27　丰田 U241E 型自动变速器电子控制系统各部件的安装位置（2）

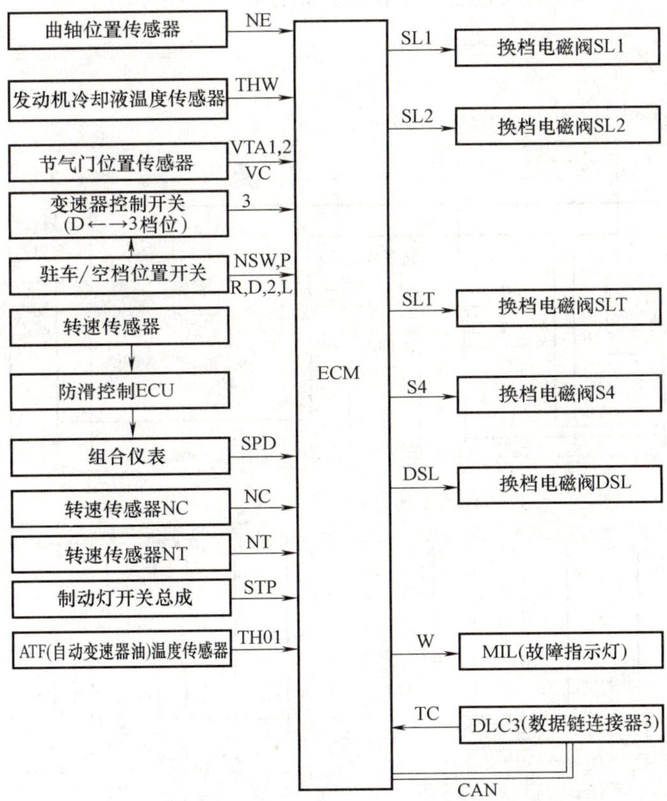

图 10-28　丰田 U241E 型自动变速器电路控制框图

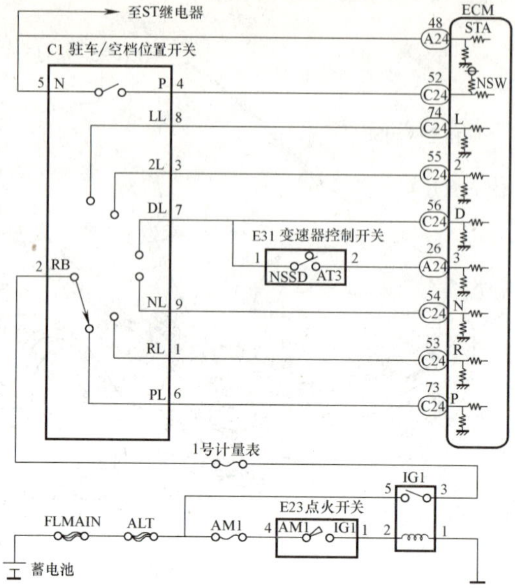

图 10-29　丰田 U241E 型自动变速器档位开关电路

一汽宝来汽车 01M 型自动变速器控制电路如图 10-30 所示。

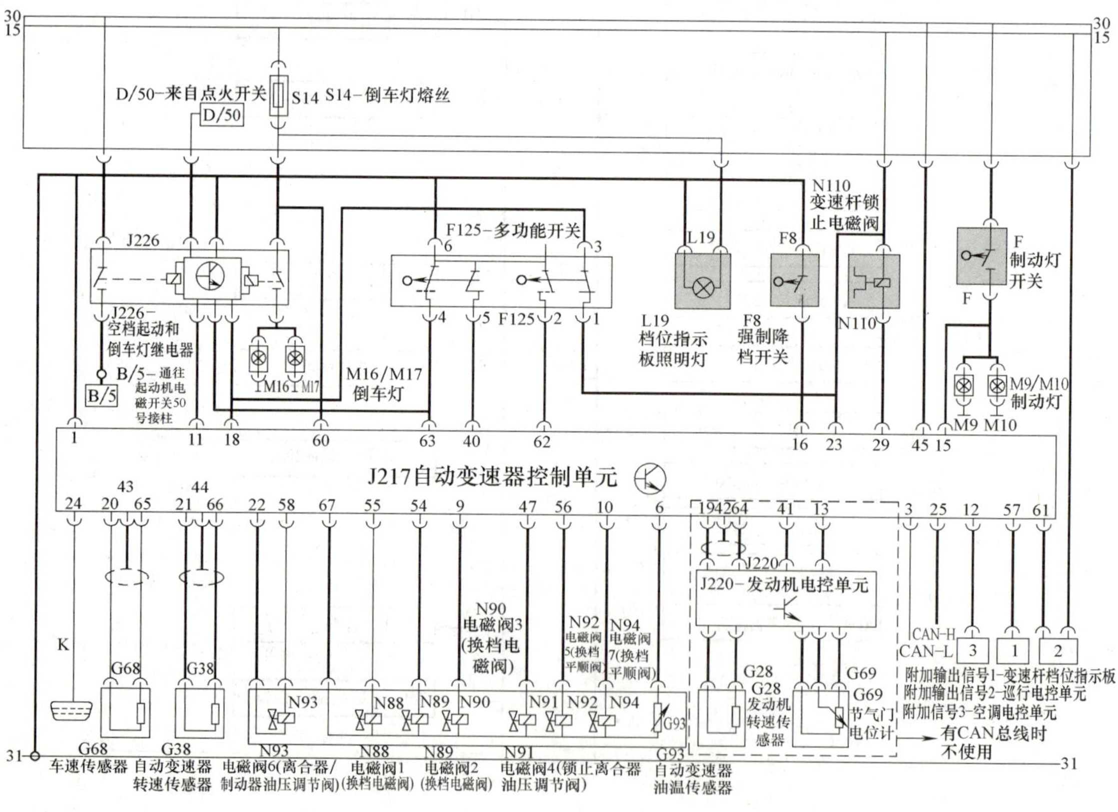

图 10-30　一汽宝来汽车 01M 型自动变速器控制电路

习　题

请画出丰田 U241E 型自动变速器档位开关电路图。

参考文献

[1] 边焕鹤．汽车电器与电子设备［M］．北京：人民交通出版社，1997.
[2] 徐向阳．汽车电器与电子控制技术［M］．北京：机械工业出版社，1999.
[3] 张先达，等．现代汽车电器维修与使用［M］．北京：北京理工大学出版社，1996.
[4] 付百学．汽车电子控制技术［M］．北京：机械工业出版社，2000.
[5] 林平．新型汽车自动变速器结构原理检修［M］．福州：福建科学技术出版社，1997.
[6] 古永棋．汽车电器及电子设备［M］．重庆：重庆大学出版社，1999.
[7] 王遂双，等．汽车电子控制系统的原理与检修［M］．北京：北京理工大学出版社，1995.
[8] 赵福堂．汽车电器与电子设备［M］．北京：北京理工大学出版社，1997.
[9] 刘振闻，等．汽车电器与电子技术［M］．北京：人民交通出版社，1998.
[10] 邹长庚．现代汽车电子控制系统构造原理与故障诊断［M］．北京：北京理工大学出版社，2000.
[11] 王囤．现代汽车点火系统［M］．西安：西安交通大学出版社，1997.
[12] 葛仁礼．最新汽车电器与电控系统原理与检修［M］．沈阳：辽宁科学技术出版社，1999.
[13] 皇甫鉴，等．现代汽车电子技术与装置［M］．北京：北京理工大学出版社，1999.
[14] 李东江，等．现代汽车电子控制技术［M］．北京：科学技术文献出版社，1998.
[15] 鞠峰，等．新型夏利轿车结构与维修［M］．沈阳：辽宁科学技术出版社，2001.
[16] 戴冠军．汽车维修工程［M］．北京：人民交通出版社，1999.
[17] 郭禧光，等．桑塔纳2000型轿车使用与维修手册［M］．北京：机械工业出版社，1999.
[18] 徐通法，等．汽车维修质量检验员岗位培训教材［M］．北京：科学技术文献出版社，1999.
[19] 刘衡章．实用现代汽车电气电子技术［M］．北京：电子工业出版社，1999.
[20] 珠海欧亚汽车技术有限公司．进口汽车检测诊断设备原理与使用［M］．沈阳：辽宁科学技术出版社，2000.